Dr. Mikao Usui & Frank A

Το Αυθεντικο

Εγχειρίδιο του Ρέικι

του Δρα Mikao Usui

霊気療法必携

ΕΚΔΟΣΕΙΣ ΔΙΟΠΤΡΑ

Σημαντική Σημείωση:
Οι πληροφορίες που παρουσιάζονται σ' αυτό το βιβλίο ερευνήθηκαν με προσοχή και αντιπροσωπεύουν τις καλύτερες δυνατές γνώσεις που μπορέσαμε να συγκεντρώσουμε, με συνείδηση του ηθικού μας χρέους. Όμως, ο συγγραφέας και ο εκδότης δεν αναλαμβάνουν καμία απολύτως ευθύνη για βλάβες οποιουδήποτε είδους που μπορεί να προκύψουν άμεσα από την εφαρμογή ή χρήση των οδηγιών αυτού του βιβλίου. Αυτές οι πληροφορίες δίνονται ενημερωτικά για τους τυχόν ενδιαφερόμενους. Οι μέθοδοι θεραπείας και οι ασκήσεις που υπάρχουν σ' αυτό το βιβλίο δεν αποτελούν υποκατάστατο για την αναζήτηση συμβουλών από γιατρούς ή φυσιοπαθολόγους. Έχουν σκοπό να υποστηρίξουν τη θεραπευτική διαδικασία, σαν μια πρόσθετη αγωγή.

Τίτλος Πρωτοτύπου:
The Original Reiki Handbook of Dr. Mikao Usui

Μετάφραση: Γ. Μπαρουξής

Επιμέλεια: Γ. Κυπραίος

ISBN: 978-960-364-215-2

Πρώτη Ελληνική Έκδοση: Οκτώβριος 2002

Ηλεκτρονική Σελιδοποίηση, Φιλμ, Μοντάζ:
ΤΥΠΟΛΟΓΙΚΗ 210 3614600

ΕΔΡΑ

Εκδόσεις Διόπτρα

Αγ. Παρασκευής 40, 121 32 Περιστέρι,
Τηλ.: 210 380 52 28, Fax: 210 330 04 39

ΥΠΟΚΑΤΑΣΤΗΜΑ

Στοά του Βιβλίου

Πεσμαζόγλου 5, 105 64 Αθήνα,
Τηλ.: 210 330 07 74

http://www.dioptra.gr
e-mail: sales@dioptra.gr • info@dioptra.gr

Περιεχόμενα

Ευχαριστίες

Τα τελευταία λίγα χρόνια έχει ανθίσει μια αίσθηση ευγνωμοσύνης στην καρδιά μου, μια βαθιά διάθεση ευχαριστίας για κάθε στιγμή της ζωής μου. Μια ευγνωμοσύνη για όλους τους ανθρώπους και τις καταστάσεις που έχω συναντήσει στο δρόμο μου. Μια ευγνωμοσύνη χωρίς στόχο και χωρίς πηγή.

Ωστόσο, θα ήθελα να εκφράσω τις εγκάρδιες ευχαριστίες μου σε μερικούς φίλους, χωρίς τη βοήθεια των οποίων δεν θα είχε ολοκληρωθεί αυτό το έργο: πρώτα, στη γυναίκα μου Τσέτνα, για την αγάπη και την ανεξάντλητη ενέργεια που μοιράζεται μαζί μου κάθε μέρα της ζωής μας· και στους Τ. Όισι και Σιζούκο Ακιμόρο για την απέραντη εμπιστοσύνη τους. Στην ομάδα των εκδόσεων Windpferd για την ικανή και γεμάτη αγάπη υποστήριξή της τόσο στο επαγγελματικό όσο και στο προσωπικό επίπεδο. Στον Γουόλτερ Λούμπεκ, που με ενθαρρύνει ξανά και ξανά να συνεχίσω τις έρευνες. Στην Κριστίν Μ. Γκριμ, για την υπέροχη μετάφρασή της από τα γερμανικά στα αγγλικά. Στον Σούνιου Τσικάι για τη θαυμάσια καλλιγραφική δουλειά. Στον Σούγια Π. Τ. Γκριγκ, για τις υπέροχες φωτογραφίες που απεικονίζουν το πνεύμα του ρέικι τόσο καλά. Θέλω ακόμη να εκφράσω την αγάπη και τις ευχαριστίες μου στο μοντέλο μας, την Κουμίκο Κόντο, και στην Μασάνο Κομπαγιάσι, την πεθερά μου, για τη μετάφραση των Χρονικών Ουσούι.

Αυτό το βιβλίο αφιερώνεται επίσης στην πολύ ξεχωριστή μνήμη του Φουμίο Αγκάβα, που πέθανε το καλοκαίρι του 1998. Στο όνομα της παγκόσμιας κοινότητας του ρέικι, τον ευχαριστώ μετά θάνατο για τις πληροφορίες που μοιράστηκε μαζί μας τόσο ανοιχτόκαρδα.

Και φυσικά ένα ειλικρινές ευχαριστώ σε όλους εσάς, τους αγαπητούς μου αναγνώστες, για το χείμαρρο των χιλιάδων επιστολών, της αγάπης και των συμβουλών σας.

Αφιέρωση

Αφιερώνεται στον Μικάο Ουσούι με αγάπη και ευγνωμοσύνη

靈氣

Πρόλογος

Μια ισχυρή διαδικασία συμβαίνει στον πλανήτη μας, μια διαδικασία που μέλλει να φέρει την ειρήνη που τόσο απεγνωσμένα χρειαζόμαστε. Το τέλος του ψυχρού πολέμου, η βελτίωση των παγκόσμιων επικοινωνιών και η αναπτυσσόμενη κατανόηση ότι όλοι οι λαοί του κόσμου μπορούν και πρέπει να συνεργαστούν, αν θέλουμε να επιβιώσει ο πλανήτης, λειτουργούν για να μετασχηματίσουν τις πιο βασικές μας έννοιες. Μια μεγαλύτερη αίσθηση ασφάλειας, μαζί με την αποδοχή ότι ο κόσμος έχει ένα βιώσιμο μέλλον, ενθαρρύνει τους ανθρώπους να δημιουργήσουν θετικές αλλαγές οι οποίες να υποστηρίζουν έναν ειρηνικό πλανήτη.

Ένα μέρος αυτής της διαδικασίας αφορά τη διάλυση παλιών περιοριστικών πεποιθήσεων και την αντικατάστασή τους με την αλήθεια. Καθώς συμβαίνει αυτό, οι άνθρωποι αποκτούν μεγαλύτερη ελευθερία και είναι σε καλύτερη θέση να δημιουργήσουν έναν πιο επιθυμητό κόσμο.

Βλέπουμε αυτή τη διαδικασία να συμβαίνει και στον κόσμο του ρέικι. Η αρχική δυτική εκδοχή του ρέικι έχει αμφισβητηθεί και τελευταία ανακαλύπτονται πιο ακριβείς πληροφορίες για την ιστορία και την πρακτική του, από την οποία μπορούν να ωφεληθούν όλοι. Τα τελευταία χρόνια, ο Αργιάβα Πέτερ και η Γιαπωνέζα σύζυγός του Τσέτνα Κομπαγιάσι έχουν ανακαλύψει σημαντικές πληροφορίες γύρω από την εμφάνιση και την πρακτική του ρέικι στην Ιαπωνία. Παρά την αντίθεση εκείνων στη Δύση που θα ωφελούνταν από τη διατήρηση του στάτους κβο, συνέχισαν τις έρευνές τους και με την έκδοση αυτού του βιβλίου μοιράζονται τις πιο σημαντικές ανακαλύψεις τους. Το γεγονός ότι ο Ουσούι είχε ένα εκπαιδευτικό εγχειρίδιο που έδινε σε όλους τους μαθητές τού ρέικι είναι ύψιστης σημασίας. Δείχνει ότι το ρέικι δεν είναι μια προφορική παράδοση, και ότι το γραπτό υλικό αποτελούσε ένα σημαντικό μέρος της πρακτικής του. Η εκμάθηση της φιλοσοφίας και των πρακτικών ασκήσεων που δίδασκε ο Ουσούι δημιουργεί ένα σημαντικό επίπεδο κατανόησης που μας συνδέει περισσότερο με την ουσία του ρέικι. Μας δίνει μια καλύτερη αντίληψη για το ποιος ήταν ο Ουσούι, και μας βοηθά να βελτιώσουμε την ποιότητα της θεραπείας που χρησιμοποιούμε για τον εαυτό μας και για τους άλλους. Γι' αυτό το λόγο, είναι εύκολο να καταλάβουμε γιατί η μετάφραση και η κυκλοφορία αυτού του εγχειριδίου είναι η σημαντικότερη συνεισφορά στην πρακτική του Ρέικι Ουσούι από τότε που πρωτοήρθε στη Δύση το 1938. Αυτές οι πληροφορίες θα δημιουργήσουν μια σημαντική μεταστροφή στην κοινότητα του ρέικι, βοηθώντας να επέλθει ενότητα και ταυτόχρονα βελτιώνοντας την αυθεντικότητα της πρακτικής και την αξία που προσφέρει. Είμαι σίγουρος ότι όλοι όσοι διαβάσουν αυτό το βιβλίο θα ωφεληθούν με πολλούς τρόπους.

Γουίλιαμ Λι Ραντ
Σεπτέμβριος 1999
Διεθνές Κέντρο Εκπαίδευσης Ρέικι, Σάουθφιλντ, Μινεσότα

Εισαγωγή

Αγαπητοί φίλοι του ρέικι, θα ήθελα να σας παρουσιάσω για άλλη μια φορά κάτι "νέο" από την πατρίδα του ρέικι: το πρακτικό τμήμα του *Ουσούι Ρέικι Ριόχο Χικέι*, στο οποίο ο δόκτωρ Ουσούι δίνει μια λεπτομερή περιγραφή των θέσεων των χεριών για την αγωγή ορισμένων περιοχών του σώματος και ορισμένων διαταραχών της υγείας. Όταν το καλοκαίρι του 1997, η γυναίκα μου, Τσέτνα, κι εγώ λάβαμε το εγχειρίδιο, μαζί με μερικά άλλα ιστορικά ιαπωνικά κείμενα για το ρέικι από τον Τ. Όισι, αποφασίσαμε να δημοσιεύσουμε αυτό το τμήμα μετά από μια διεξοδική διερεύνησή του. Θέλαμε επίσης να περιμένουμε μέχρι ν' αποκτήσουμε αρκετή πείρα από αυτή την πλευρά του ρέικι, το οποίο ήταν καινούριο για μας εκείνη την εποχή.

Τώρα ήρθε η ώρα να σας τα παρουσιάσουμε.

Οι θέσεις των χεριών που περιγράφονται στο εγχειρίδιο του δόκτορα Ουσούι θεωρούνται πιο εκτεταμένες από κείνες που έχουμε μάθει να χρησιμοποιούμε και ν' αγαπάμε στη Δύση.

Ωστόσο, εκδίδοντας αυτό το βιβλίο, δεν υποστηρίζω ότι οι δώδεκα θέσεις των χεριών της Δύσης είναι "λάθος". Παραμένουν η βάση για την ολόσωμη αγωγή. Είναι σίγουρα ωφέλιμες και σημαντικές, ιδιαίτερα για τους αρχάριους στο μονοπάτι του ρέικι. Αυτό το βιβλίο έχει σκοπό να μας πάει πίσω στις ρίζες του ρέικι. Επιπλέον έχει επίσης στόχο να μας βοηθήσει να καταλάβουμε καλύτερα και σε μεγαλύτερο βάθος τη δύναμη του ρέικι.

Το εγχειρίδιο του δόκτορα Ουσούι περιλαμβάνει μια θαυμάσια ποικιλία πληροφοριών. Κατά τη γνώμη μου, για να μπορέσουμε να κατανοήσουμε αυτές τις πληροφορίες σε όλη τους την έκταση, πρέπει να τις παρουσιάσουμε και με οπτικό τρόπο.

Γι' αυτό η Τσέτνα κι εγώ αποφασίσαμε να προσθέσουμε φωτογραφίες με τις θέσεις των χεριών, καθώς και σκίτσα των περιοχών του σώματος που περιγράφονται, ώστε να σας δώσουμε ένα εγχειρίδιο που να μπορείτε να το κατανοήσετε ξεκάθαρα και να το εφαρμόσετε εύκολα στην πράξη. Μπορείτε επίσης να το συμβουλευτείτε σε σχέση με τον τρόπο που ασκείτε το ρέικι. Έχω προσθέσει τα τέσσερα πρώτα κεφάλαια –"Η Βουδιστική Βάση του Ρέικι", "Οι Τρεις Στήλες του Ρέικι", "Η Αναπνοή" και "Οι Θεραπευτικές Τεχνικές"– για να σας δώσω τα θεμέλια της δουλειάς του δόκτορα Ουσούι με τον πληρέστερο δυνατό τρόπο. Οι πληροφορίες που περιέχονται εδώ προέρχονται από μια συνέντευξη με τον Δρα Ουσούι, που δημοσίευσα στο βιβλίο μου "Ρέικι- Η Κληρονομιά του Δρ Ουσούι" και επίσης από συζητήσεις ανάμεσα στον Σιζούκο Ακιμότο και τον Φούμιο Ογκάβα, καθώς και από άλλες ιαπωνικές πηγές για το ρέικι.

Ο δόκτωρ Ουσούι δίδασκε εντατικά το ρέικι. Οι μαθητές συναντιόνταν μια φορά τη βδομάδα για να διαλογιστούν, να εφαρμόσουν το ρέικι μαζί και να κάνουν εξάσκηση στην ανίχνευση του σώματος μέχρι να καταφέρουν να καταλήξουν σ' ένα είδος ενεργειακής διάγνωσης. Αν η ανίχνευση εντόπιζε κάποιο πρόβλημα, οι αντίστοιχες περιοχές του σώματος υποβάλλονταν αμέσως σε αγωγή. Μερικοί μαθητές του ρέικι είχαν αμέσως επιτυχία σ' αυτή την πρακτική, ενώ άλλοι χρειάζονταν μερικές βδομάδες, μήνες ή χρόνια. Η δύναμη του ρέικι βρίσκει από τη φύση της τις δικές της διαδρομές, και πηγαίνει εκεί ακριβώς που χρειάζεται. Όμως, αυτό δεν αποκλείει το ενδεχόμενο το άτομο που κάνει την αγωγή ν' ακολουθεί τη δική του έμπνευση με τα χέρια του. Μια δυτική αγωγή ρέικι είναι ένα είδος αγωγής μεγάλης κλίμακας. Η ιαπωνική διαισθητική αγωγή έχει συγκεκριμένο στόχο: όσο πιο ακριβής η δουλειά, τόσο καλύτερα, θα είναι τα φυσικά αποτελέσματα.

Στην Ιαπωνία, ο δρόμος του ρέικι θεωρείται μια πορεία ζωής που την ακολουθεί κανείς για πολλές δεκαετίες, μέχρι το τέλος της ζωής του. Ένας μαθητής στην Ιαπωνία παίρνει, μερικές φορές, το Δεύτερο Βαθμό του ρέικι μετά από δέκα ή δώδεκα χρόνια πρακτικής. Και η πλειοψηφία των μαθητών δεν έφτανε ποτέ στα ανώτερα επίπεδα. Ήταν και παρέμεναν πάντα μαθητές.

Εδώ στη Δύση, το ρέικι έχει αναπτυχθεί σε μια κατεύθυνση που εναρμονίζεται περισσότερο με τη δική μας κουλτούρα. Οι μαθητές συναντιούνται μια μέρα ή ένα Σαββατοκύριακο για να μάθουν τον Πρώτο Βαθμό. Συχνά δεν υπάρχει αρκετός χρόνος για να μάθουν να ακούνε το σώμα τους, τα χέρια τους και τη διαίσθησή τους. Αν και αυτό είναι κρίμα, απλούστατα είναι αδύνατο για πολλούς Δυτικούς μαθητές και δασκάλους του ρέικι να έρθουν σ' επαφή με αυτή την ενέργεια με οποιονδήποτε άλλο τρόπο. Η ζωή στο δυτικό πολιτισμό –και εδώ συμπεριλαμβάνω και το σύγχρονο ιαπωνικό τρόπο ζωής– έχει πολύ γρήγορο ρυθμό. Πολλοί από μας έχουμε πλέον ελάχιστο χρόνο, και θέλουμε ν' αποκτάμε αμέσως ό,τι βλέπουμε μπροστά μας.

Δεν υποστηρίζω ότι πρέπει να γυρίσουμε το ρολόι πίσω. Πρέπει να αντιμετωπίσουμε τις απαιτήσεις του παρόντος. Και αυτές οι δώδεκα θέσεις των χεριών ιδιαίτερα, είναι ένα σημαντικό εργαλείο που ο μαθητής μπορεί να το μάθει γρήγορα. Με τη βοήθειά τους, ο καθένας μας μπορεί να εφαρμόσει το ρέικι στο σπίτι του, χωρίς οδηγίες και χωρίς το φόβο μήπως κάνει κάτι "λάθος". Αυτές οι θέσεις των χεριών καλύπτουν ολόκληρο το σύστημα των ενδοκρινών αδένων, καθώς και όλα τα εσωτερικά όργανα. Ενεργοποιούν τον ανθρώπινο οργανισμό σε πολλά επίπεδα ταυτόχρονα:

- Στο φυσικό επίπεδο με τη θερμότητα των χεριών
- Στο νοητικό επίπεδο με τις σκέψεις ή τα σύμβολα του ρέικι
- Στο συναισθηματικό επίπεδο με την αγάπη που ρέει μέσα από τα σύμβολα
- Στο ενεργειακό επίπεδο με την παρουσία του μυημένου ατόμου, καθώς και της ίδιας της δύναμης του ρέικι.

Ένα ακόμη πλεονέκτημα των δώδεκα θέσεων των χεριών είναι ότι τα άτομα που ασκούνται καθημερινά κάνοντας αγωγή στον εαυτό τους μαθαίνουν να χρησιμοποιούν την ενέργεια του ρέικι. Αν έχετε δεχθεί ποτέ μια ολόσωμη αγωγή από χέρια που καθοδηγούνται από την αγάπη, ή αν έχετε κάνει αγωγή στον εαυτό σας για μερικές βδομάδες, αυτή η εμπειρία θα παραμείνει μέσα σας για πολύ καιρό.

Το διαισθητικό ρέικι του δόκτορα Ουσούι είναι διαφορετικό: Μας ζητά ν' απελευθερωθούμε από τους κανόνες. Οι κανόνες έχουν σκοπό να μας παρέχουν υποστήριξη. Τη στιγμή που αρχίζουν να μας παρεμποδίζουν, δεν εκπληρώνουν πια το σκοπό τους.

Η καλύτερη προσέγγιση είναι ν' αρχίσετε να περιλαμβάνετε σταδιακά τις τεχνικές και τις πληροφορίες που περιγράφονται σ' αυτό το βιβλίο στη δική σας πρακτική του ρέικι – και θα δείτε ότι οι πελάτες θα αγαπήσουν τα χέρια σας.

Πολλοί από σας σίγουρα δουλεύετε με διαισθητικό τρόπο εδώ και πολύ καιρό. Χαίρομαι, λοιπόν, όπως κι εσείς, που τώρα έχουμε την "επίσημη" άδεια του δόκτορα Μικάο Ουσούι σ' αυτό τον τομέα!

Από τα βάθη της καρδιάς μου εύχομαι σε όλους σας μεγάλη χαρά κι ευχαρίστηση στο διάβασμα και την εξερεύνηση αυτών των νέων υπέροχων δυνατοτήτων του ρέικι. Αυτός είναι ο σκοπός τους!

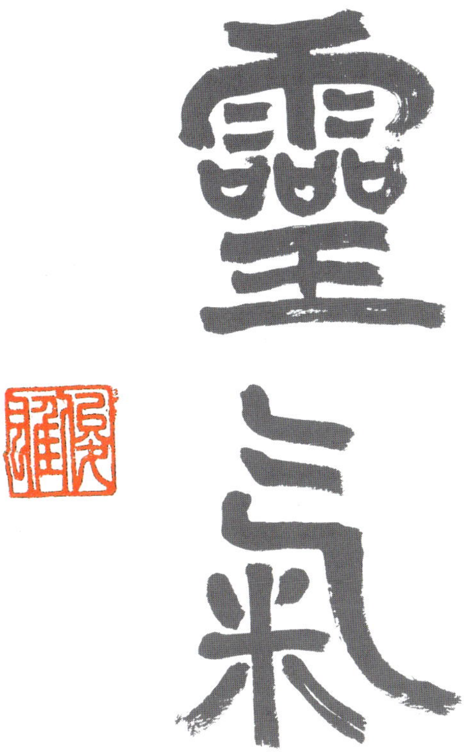

Το παλιό ρέικι-κάντζι, όπως γραφόταν πριν το 1940

Καλλιγραφία του Σούνιου Τσικάι, ο οποίος γεννήθηκε το 1950 και χειροτονήθηκε μοναχός Σινγκόν το 1973. Ίδρυσε το άσραμ Σάκια γιόγκα στο Μαρουγκάμε του Σικόκου στην Ιαπωνία, όπου διδάσκει τεχνικές διαλογισμού και ρέικι στους μαθητές του.

靈氣

Η Βουδιστική Βάση του Ρέικι

Η επιγραφή στον τάφο του δόκτορα Ουσούι μας λέει ότι βίωσε τη δύναμη του ρέικι ενώ είχε αποσυρθεί στο Όρος Κουράμα και νήστευε επί είκοσι μία μέρες.

Ο μοναχός Γκαντέι, ένας μαθητής του Γκαντζίν (του ιδρυτή του Ναού Τοσοντάιτζι στη Νάρα) ίδρυσε τον επιβλητικό ναό Κουράμα το έτος 770, αφού βίωσε μια βαθιά θρησκευτική εμπειρία εκεί. Μέχρι το 1949, ο ναός Κουράμα συνδεόταν με το βουδισμό τεντάι. Μετά έγινε το αρχηγείο του δόγματος Κουράμα-Κόκιο. Στα γραφεία του ναού μάς διαβεβαίωσαν ότι ποτέ δεν γινόταν απομόνωση και νηστεία είκοσι μιας ημερών εκεί. Όμως, άφησαν να εννοηθεί ότι κάποιο μεμονωμένο άτομο μπορεί να το έκανε μόνο του, ιδιαίτερα τις παλιότερες εποχές. Χάρη στο μέγεθός του, την ισχυρή του ενέργεια και το αρχαίο δάσος από γιγάντιους κέδρους, το Όρος Κουράμα προσφέρει το τέλειο περιβάλλον για διαλογισμό και αναζήτηση του εαυτού. Σήμερα μπορεί κανείς να περάσει μια μέρα και μια νύχτα κάνοντας διαλογισμό και γράφοντας μάντρα στο ναό Κουράμα, φτάνει να εγγραφεί για το σκοπό αυτό πριν από την επίσκεψή του.

Επιπλέον, υπάρχουν ακόμη μερικοί μικροί όμορφοι ναοί Σίντο πάνω και γύρω από το Όρος Κουράμα. Πρέπει ν' αναφέρουμε ιδιαίτερα τον Τζίντζα (ναό) Κουμπούνε, που βρίσκεται κάτω από το Κουράμα στο δρόμο προς το Κιότο. Ο σιντοϊσμός και ο βουδισμός είναι βαθιά αλληλένδετοι στην Ιαπωνία, έτσι δεν είναι πάντα εύκολο για τους λαϊκούς να καταλάβουν αν ένας ναός στον οποίο βρίσκονται είναι βουδιστικός ή σιντοϊκός. Όπως και να έχει το πράγμα όμως, το ταξίδι ως το Κουράμα αξίζει τον κόπο!

Ο δόκτωρ Ουσούι ήταν βουδιστής, έτσι θα ήθελα στις επόμενες σελίδες να κάνω μια μικρή παρέκβαση και να δώσω κάποια συνοπτικά στοιχεία από την ιαπωνική ιστορία, καθώς και από τις ιδέες που επηρέασαν βαθιά το δόκτορα Ουσούι. Θα ήταν δυνατό να γράψει κανείς ένα ολόκληρο βιβλίο πάνω σ' αυτό το θέμα, αλλά θα ξέφευγε από το νόημα και το σκοπό αυτού του έργου, και θα ξεπερνούσε επίσης τις προσωπικές μου γνώσεις γύρω από το βουδισμό.

(Η διεύθυνση του ναού Κουράμα είναι: Kurama Honmachi, Sakyo-Ku, Kyoto, Japan. Τηλέφωνο: 0081-75-7412003.
Ο καλύτερος τρόπος για να πάει κανείς στο ναό είναι να πάρει είτε τον υπόγειο είτε το λεωφορείο για το Σταθμό Ντεματσιιανάγκι από τον κεντρικό σιδηροδρομικό σταθμό του Κιότο.
Μετά παίρνετε ένα άνετο τρένο, γραμμή Εϊζάν-Κουράμα, μέχρι τον τελικό σταθμό. Από εκεί μπορείτε να περπατήσετε πέντε λεπτά μέχρι την είσοδο του ναού Κουράμα.)

Η Προέλευση και ο Στόχος

Ο εσωτερικός ταντρικός βουδισμός έφτασε στην Ιαπωνία στις αρχές του ένατου αιώνα, στο πρόσωπο του Ιάπωνα μοναχού Κουκάι (Κόμπο Ντάισι, 774-835) και του Σάιτσο (Ντένγκιο Ντάισι, 767-822), που είχαν μαθητεύσει στην Κίνα.

Ο Κουκάι ήταν μαθητής του Χουϊκούο (στα ιαπωνικά: Κέικα, 746-805), ενός μαθητή του Ινδού μοναχού Αμογκαβάτζρα, ο οποίος ήταν με τη σειρά του μαθητής του φημισμένου Ινδού δασκάλου Βατζραμπόντι. Και οι δύο Ινδοί ζούσαν στο Ναό Τάσχινγκσαν στο Τσ'άνγκαν, το σύγχρονο κέντρο της *Βουδιστικής Ένωσης Σένσι* στην Κίνα. Μετά το θάνατο του δασκάλου του, ο Κουκάι επέστρεψε στην Ιαπωνία και δίδαξε όσα είχε μάθει στην Κίνα. Έγινε λοιπόν, ο ιδρυτής του βουδισμού *Σινγκόν*.

Ο Σάιτσο μαθήτευσε στο όρος Τιεν-τάι στην Κίνα. Μετά την επιστροφή του, έγινε ο ιδρυτής του βουδισμού τεντάι, που έχει έδρα του το αρχηγείο του στο Κιότο.

靈氣

Στην Ιαπωνία, και οι δύο αυτές σχολές παίρνουν συχνά το κοινό όνομα Μικίο.

Ο προστάτης άγιος του εσωτερικού βουδισμού στην Ιαπωνία είναι ο Νταϊνίτσι Νιοράι (Μαχαβαϊροκάνα Ταθαγκάτα), και τα σημαντικότερα και ιερότερα κείμενα είναι το *Νταϊνίτσι-Κίο (Μαχαβαϊροκάνα Σούτρα) και το Κονγκότσο Γκίο (Βατζρασεκάνα Σούτρα).* Να το θαυμάσιο μάντρα του Νταϊνίτσι Νιοράι:

Απεικόνισε Νοερά:

Ολόκληρο το σύμπαν αποτελείται από έξι στοιχεία.
Το σώμα μου, το οποίο αποτελείται από έξι στοιχεία, είναι το σώμα του Νταϊνίτσι Νιοράι.

Είμαι γεμάτος από ολοκληρωτική, τέλεια και απεριόριστη ζωή.

Οι πέντε σοφίες ενσαρκώνονται σε απέραντη, μεγάλη συμπόνια.

Η μεγάλη συμπόνια του Νιοράι με διαπερνά.
Περιλαμβάνομαι μέσα στη μεγάλη συμπόνια του Νιοράι.
Είμαι ευλογημένος, είμαι ευλογημένος

(Από το βιβλίο Ενδυνάμωση Κάτζι και Θεραπεία στον Εσωτερικό Βουδισμό - Kaji-Empowerment and Healing in Esoteric Buddhism), του σεβάσμιου Ριούκο Όντα, ISBN 4-905757-23-1 C0015.

Συνοπτικά, ο στόχος του εσωτερικού βουδισμού είναι η σουνιάτα, το κενό. Αυτό το κενό δεν είναι μια αρνητική κατάσταση απουσίας. Μάλλον θα πρέπει να το αντιληφθούμε ως την υπέρβαση της διττότητας. Τη στιγμή στην οποία ο "εαυτός" δεν ξεχωρίζει πια από τον "άλλο", η ενότητα του όλου έχει αποκατασταθεί ξανά. Ο "εαυτός" υπάρχει μόνο στη φαντασία μας, στο νου μας. Εμείς δημιουργούμε το εγώ και τον κόσμο με τις σκέψεις μας. Η φυσική κατάσταση της ύπαρξής μας είναι το κενό, ένα κενό ακηλίδωτο από ιδιότητες, από το παρόν και το μέλλον.

Για πολλούς από μας, αυτός ο στόχος συνδέεται επίσης με το ρέικι μ' έναν παρόμοιο τρόπο: τη βίωση της ενότητας με το σύμπαν, την επιστροφή στην προέλευση, στην ενότητα.

Κατά τη γνώμη μου, η ομορφότερη περιγραφή της κατάστασης στην οποία ξεφεύγουμε από τα όρια της διττότητας, υπάρχει στη λεγόμενη Σούτρα της Καρδιάς *(Πρατζναπαραμίτα Χριντάγιάμ Σούτρα).*

Η Σούτρα της Καρδιάς

1. Η Επίκληση.
Φόρος τιμής στην τελειότητα του σοφού, του ωραίου, του ιερού!

2. Ο Πρόλογος.
Ο Αβαλοκίτα, ο ιερός Κύριος και Μποντισάτβα, κινούνταν στη βαθιά πορεία της σοφίας η οποία έχει προχωρήσει ως το υπερπέραν. Κοίταξε κάτω από ψηλά, είδε μόνο πέντε σωρούς, και είδε ότι στην οντότητά τους ήταν άδειοι.

3. Η Διαλεκτική του Κενού. Πρώτο Στάδιο.
Εδώ, ω Σαριπούτρα, η μορφή είναι κενό, και το ίδιο το κενό είναι μορφή. Το κενό δεν διαφέρει από τη μορφή, και η μορφή δεν διαφέρει από το κενό. Οτιδήποτε είναι μορφή, αυτό είναι κενό, οτιδήποτε είναι κενό, αυτό είναι μορφή. Το ίδιο ισχύει για τα συναισθήματα, τις αντιλήψεις, τις παρορμήσεις και τη συνειδητότητα.

4. Η Διαλεκτική του Κενού. Δεύτερο Στάδιο.
Εδώ, ω Σαριπούτρα, όλα τα ντάρμα είναι σημαδεμένα από το κενό. Δεν παράγονται ούτε σταματιούνται, δεν είναι ούτε σπιλωμένα ούτε άσπιλα, δεν είναι ούτε ελλιπή ούτε πλήρη.

5. Η Διαλεκτική του Κενού. Τρίτο Στάδιο.
Επομένως, ω Σαριπούτρα, μέσα στο κενό δεν υπάρχει μορφή ούτε συναίσθημα ούτε αντίληψη ούτε παρόρμηση ούτε συνειδητότητα· δεν υπάρχει μάτι, αυτί, μύτη, γλώσσα, σώμα, νους· δεν υπάρχουν μορφές, ήχοι, οσμές, γεύσεις, απτά ή αντικείμενα του νου· δεν υπάρχει όραση-όργανο-στοιχείο, και ούτω καθεξής, μέχρι που φτάνουμε σ' αυτό: στοιχείο συνειδητότητας χωρίς νου· δεν υπάρχει άγνοια, ούτε εξάλειψη της άγνοιας, και ούτω καθεξής, μέχρι που φτάνουμε σ' αυτό: δεν υπάρχει σήψη και θάνατος, ούτε εξάλειψη της σήψης και του θανάτου· δεν υπάρχει πόνος ούτε απαρχή ούτε τέλος ούτε μονοπάτι· δεν υπάρχει γνωστική λειτουργία ούτε επίτευξη ούτε και μη επίτευξη.

6. Η Απτή Ενσάρκωση και Πρακτική Βάση του Κενού.
Επομένως, ω Σαριπούτρα, είναι λόγω της αδιαφορίας του για κάθε είδους προσωπική επίτευξη που ένας Μποντισάτβα, έχοντας στηριχτεί στην τελειότητα της σοφίας, υπάρχει χωρίς σκέψεις-καλύμματα.
Εφόσον δεν υπάρχουν σκέψεις-καλύμματα, τίποτα δεν τον κάνει να τρέμει, έχει ξεπεράσει αυτά που μπορούν ν' αναστατώσουν, και στο τέλος πετυχαίνει τη νιρβάνα.

7. Το Πλήρες Κενό Είναι Επίσης η Βάση της Ιδιότητας του Βούδα.
Όλοι εκείνοι που εμφανίζονται σαν Βούδες στις τρεις χρονικές περιόδους αφυπνίζονται πλήρως στην υπέρτατη, ορθή και τέλεια φώτιση, γιατί έχουν στηριχτεί στην τελειότητα της σοφίας.

8. Η Διδασκαλία Έρχεται μέσα στις Δυνατότητες των Σχετικά Αφώτιστων.
Επομένως θα πρέπει κανείς να γνωρίζει το Πρατζναπαραμίτα ως το μεγάλο ξόρκι, το ξόρκι της μεγάλης γνώσης, το υπέρτατο ξόρκι, το απαράμιλλο ξόρκι, κατευναστή όλου του πόνου, αληθινά – γιατί τι θα μπορούσε να είναι λάθος; Από το Πρατζναπαραμίτα έχει δοθεί αυτό το ξόρκι. Πηγαίνει ως εξής: Πάει, Πάει, Πάει πέρα, Πάει τελείως πέρα. Ω, τι αφύπνιση. Ζητωκραυγάστε όλοι! Αυτό ολοκληρώνει την Καρδιά της Τέλειας Σοφίας.

Οι κατακόρυφες γραμμές διαβάζονται από δεξιά προς τ' αριστερά και από πάνω προς τα κάτω:

1η στήλη: Σώμα και πνεύμα θ' αναπτυχθούν καλύτερα με τη διδασκαλία Ουσούι Ρέικι Ριόχο
2η στήλη: Ο μυστικός νόμος για την πρόσκληση της ευτυχίας
3η στήλη: Πνευματικό φάρμακο ενάντια σε όλες τις αρρώστιες
4η-9η στήλη: Οι πέντε αρχές του ρέικι

心身改善
臼井霊気療法教義

招福の秘法

萬病の霊薬

今日丈けは怒るな

心配すな感謝して

業をはげめ人に親切に

朝夕合掌して

心に念じ

口に唱へよ

Οι Τρεις Στήλες του Ρέικι

Εκτός από τις πέντε αρχές του ρέικι, ο δόκτωρ Ουσούι δίδασκε και το σύστημα του ρέικι, το οποίο βασίζεται σε τρεις "στήλες": *το γκασό, το ρέιτζι-χο και το τσίριο.*

Γκασό

Γκασό στην κυριολεξία σημαίνει "δυο χέρια που ενώνονται", και ο δόκτωρ Ουσούι δίδασκε ένα διαλογισμό με την ονομασία "διαλογισμός γκασό". Αυτός ο διαλογισμός γίνεται κάθε φορά στην αρχή του εργαστηρίου ή των συναντήσεων ρέικι. Πρέπει επίσης να γίνεται για 20 30 λεπτά αφού σηκωθούμε το πρωί από το κρεβάτι, ή το βράδυ πριν πέσουμε για ύπνο, ή και τα δύο. Το γκασό μπορείτε να το κάνετε μόνοι ή σε ομάδα. Οι ομαδικοί διαλογισμοί είναι μια υπέροχη εμπειρία καθώς η ενέργεια αυξάνεται πολύ περισσότερο από το άθροισμα των ενεργειών των ατόμων που συμμετέχουν.

Ο διαλογισμός γκασό είναι τόσο απλός ώστε μπορούν να τον κάνουν άτομα κάθε ηλικίας. Το αν θα σας αρέσει ή όχι είναι άλλο θέμα. Προσωπικά μου αρέσει πάρα πολύ, και μπορώ να τον συστήσω ένθερμα. Μετά από τρεις μέρες εφαρμογής του, θα καταλάβετε από τα συναισθήματά σας αν είναι κατάλληλος για σας. Μετά, αν είναι δυνατό, πρέπει να τον εφαρμόζετε καθημερινά, τουλάχιστον για τρεις μήνες.

Όμως, αν μετά από μία ή δύο μέρες νιώθετε ένα συναίσθημα ανησυχίας, εκνευρισμού ή κάποια άλλη μορφή ενόχλησης, αυτός ο διαλογισμός μπορεί να μην είναι κατάλληλος για σας. Δεν λειτουργούν όλα τα φάρμακα για όλους τους ασθενείς. Σ' αυτή την περίπτωση μπορείτε απλώς να τον δοκιμάσετε πάλι μετά από μερικές βδομάδες.

Πολλά άτομα που έχουν πείρα στο διαλογισμό ξέρουν πόσο δύσκολο είναι να ξεχάσουμε τα πάντα και ν' απαγκιστρωθούμε από το λογικό μας νου και τον εσωτερικό διάλογο. Όμως, έχουμε την τάση να ξεχνάμε, ιδιαίτερα όταν θέλουμε να θυμηθούμε κάτι! Η συμβουλή μου είναι ν' αποσυνδεθείτε από τις σκέψεις και τα συναισθήματά σας κατά το διαλογισμό, καθώς και από τις αισθήσεις σας, αλλά χωρίς να κλείσετε τελείως τον εαυτό σας σε όλ' αυτά. Κάθε φορά που προσπαθούμε να κλείσουμε τον εαυτό μας, τότε είναι που ξεκινά πραγματικά ο εσωτερικός διάλογος.

- Όταν κάνετε γκασό, καθίστε με κλειστά μάτια και τα χέρια ενωμένα μπροστά στο στήθος σας. Εστιάστε όλη την προσοχή σας στο σημείο όπου συναντιούνται τα δύο μεσαία δάχτυλα. Προσπαθήστε να ξεχάσετε καθετί άλλο. Αν κατά το διαλογισμό αρχίσετε να σκέφτεστε το μεσημεριανό φαγητό ή τις δουλειές που έχετε να κάνετε, παρατηρήστε αυτή τη σκέψη και μετά αφήστε τη να φύγει.

- Εδώ δεν είναι θέμα να πετύχετε κάτι. Χαλαρώστε όσο καλύτερα μπορείτε. Μετά στρέψτε την προσοχή σας στο σημείο όπου συναντιούνται τα μεσαία δάχτυλα.
- Αν σας είναι επώδυνο να κρατάτε τα χέρια σας ενωμένα μπροστά στο στήθος σας για είκοσι λεπτά, αφήστε τα (κρατώντας τα ενωμένα) να χαμηλώσουν αργά και ν' ακουμπήσουν στα πόδια σας σε μια άνετη θέση, και συνεχίστε το διαλογισμό.
- Μπορεί επίσης να συμβούν ενεργειακά φαινόμενα, όπως να ζεσταθούν πολύ τα χέρια σας ή η βάση της σπονδυλικής σας στήλης: Παρατηρήστε τα, αλλά μην αφήσετε τον εαυτό σας να επηρεαστεί από αυτά τα φαινόμενα. Στρέφετε πάντα την εστίασή σας στα δυο μεσαία δάχτυλα.
- Αν πρέπει ν' αλλάξετε τη στάση σας στη διάρκεια του διαλογισμού, κινηθείτε αργά, μελετημένα και συνειδητά. Η πείρα μου μού έχει δείξει ότι ο διαλογισμός είναι πιο εύκολος όταν η σπονδυλική στήλη είναι όσο το δυνατό πιο ίσια, και το κεφάλι δεν γέρνει μπροστά, πίσω ή στο πλάι. Φανταστείτε ότι το κεφάλι σας συνδέεται μ' ένα μπαλόνι γεμάτο ήλιο, το οποίο το κρατά απαλά σε τέλεια στάση. Αν έχετε προβλήματα με τη μέση ή την πλάτη σας, ή δεν είστε συνηθισμένοι να κάθεστε τόση ώρα, σας συστήνω να καθίσετε σε μια καρέκλα με πλάτη, βάζοντας μερικά μαξιλάρια πίσω σας, ή με την πλάτη ακουμπισμένη στον τοίχο. Βασικά, δεν υπάρχουν αντιρρήσεις στο να διαλογιστείτε ξαπλωμένοι, πέρα από το γεγονός ότι είναι εύκολο να αποκοιμηθείτε.

Στην Ιαπωνία την εποχή του δόκτορα Ουσούι, όλοι στέκονταν στα γόνατά τους, όπως βλέπετε στη φωτογραφία. Επειδή όμως αυτή η στάση είναι άβολη για τους περισσότερους από μας, μπορείτε να χρησιμοποιήσετε έναν πάγκο διαλογισμού ή μια καρέκλα.

Ρέιτζι-Χο

Η λέξη ρέιτζι σημαίνει "ένδειξη της δύναμης του ρέικι". Χο σημαίνει "μέθοδοι". (Στο ημερολόγιο της Χαουάγιο Τακάτα, αυτή η μέθοδος, καθώς και η τεχνική αναπνοής που δίνουμε στο επόμενο κεφάλαιο, αναφέρεται σε μια εγγραφή του Μαΐου του 1936.)

Το ρέιτζι-χο αποτελείται από τρεις σύντομες τελετουργίες που γίνονται πριν από κάθε αγωγή:

- Ενώστε τα χέρια μπροστά στο στήθος σας στη στάση γκασό και κλείστε τα μάτια. Τώρα συνδεθείτε με τη δύναμη του ρέικι. Αυτό είναι πολύ απλό: ζητήστε από τη δύναμη του ρέικι να κυλήσει από μέσα σας. Μέσα σε μερικά δευτερόλεπτα θα προσέξετε πώς ρέει. Μπορεί να τη νιώσετε να μπαίνει από το τσάκρα του στέμματος, ή μπορεί να την προσέξετε πρώτα στην καρδιά σας ή στα χέρια σας. Δεν έχει σημασία σε ποιο μέρος του σώματος εμφανίζεται πρώτα η ένδειξη. Αν έχετε ολοκληρώσει το Δεύτερο Βαθμό του ρέικι, μπορείτε να χρησιμοποιήσετε το σύμβολο της θεραπείας από απόσταση για να συνδεθείτε με τη δύναμη του ρέικι. Επαναλάβετε *τρεις φορές* μέσα στο νου σας την επιθυμία να ρεύσει το ρέικι, και μετά στείλτε το σύμβολο της νοητικής θεραπείας και σφραγίστε τα όλα με το σύμβολο της δύναμης. Και τα δύο σύμβολα τα μαθαίνει κανείς στη μύηση του Δεύτερου Βαθμού. Αμέσως μόλις νιώσετε την ενέργεια, συνεχίστε στο επόμενο βήμα.
- Προσευχηθείτε για την ανάρρωση ή την υγεία του ασθενή σε όλα τα επίπεδα. Εδώ θα ήθελα να τονίσω ότι συχνά δεν ξέρουμε καν τι είναι "καλό" και τι "κακό" για τους ασθενείς μας. Απλώς βάλτε τούς όρους "ανάρρωση" και "υγεία" στα χέρια της δύναμης του ρέικι κι εσείς γίνετε ένα όργανο αυτής της δύναμης.
- Τώρα κρατήστε τα ενωμένα χέρια σας μπροστά στο τρίτο μάτι και ζητήστε από τη δύναμη του ρέικι να καθοδηγήσει τα χέρια σας εκεί όπου χρειάζεται η ενέργεια.

Με την πρώτη ματιά, αυτή η τεχνική μπορεί να φαίνεται παράξενη για μερικούς από σας, να σας φαίνεται ότι αντιφάσκει με ό,τι έχετε μάθει για το ρέικι. Όμως, με βάση τη δική μου εμπειρία με αυτή την τεχνική, θέλω να σας ενθαρρύνω όλους στο μεγαλύτερο δυνατό βαθμό να πειραματιστείτε μαζί σας. Προσωπικά δεν είμαι πολύ οπτικός τύπος. Έτσι δεν μου είναι εύκολο να δω στο αιθερικό επίπεδο. Γι' αυτό το λόγο, για πολλά χρόνια χρησιμοποιούσα ένα εκκρεμές για να βρίσκω τα μέρη του σώματος με αρνητική φόρτιση. Όμως, από τότε που άρχισα να εφαρμόζω το ρέιτζι, δεν χρειάζομαι πια το εκκρεμές.

Τα χέρια σας ξέρουν τι συμβαίνει, γι' αυτό μάθετε να τα εμπιστεύεστε. Κάποιοι από σας μπορεί να νομίζετε ότι η διαίσθηση είναι κάτι που πρέπει να το αναπτύξετε και να το μάθετε σταδιακά. Στην πραγματικότητα όμως η κατάσταση είναι πολύ διαφορετική: Βασικά, είμαστε όλοι διαισθητικά άτομα. Απλώς πρέπει να μάθουμε ν' ακούμε την έμπνευση που υπάρχει ήδη και να τη "μεταφράζουμε" σωστά. Το πώς θα έρθετε σ' επαφή με τη διαίσθησή σας και σε ποια περιοχή θα εκδηλωθεί διαφέρει για τον καθένα. Εμένα μου αρέσει πολύ η μουσική, πράγμα που σημαίνει ότι είμαι ακουστικός τύπος. Αντιλαμβάνομαι το περιβάλλον μου έντονα με την αίσθηση της ακοής, κι έτσι "ακούω" και την έμπνευσή μου: για παράδειγμα, αυτή τη στιγμή ακούω αυτό το κείμενο καθώς το γράφω.

Σε περίπτωση που είστε ακόμη αβέβαιοι, βρείτε σε ποιες καταστάσεις έχει ήδη λειτουργήσει καλά η διαίσθησή σας. Είναι σίγουρο ότι θα υπάρχει ένας τομέας - ίσως (όπως συμβαίνει με τη γυναίκα μου) την ώρα που κάνετε ντους ή μαγειρεύετε ή κάνετε έναν περίπατο ή οδηγείτε. Μετά μπορείτε να μεταφέρετε αυτή την ικανότητα και σε άλλους τομείς της ζωής σας.

Τώρα όμως ας επανέλθουμε στη δουλειά με τον πελάτη: Μπορεί να βλέπετε πού βρίσκεται το ενεργειακό μπλοκάρισμα στο σώμα του, ή σε ένα πιο λεπτό επίπεδο. Μπορεί να το νιώθετε ή να το μυρίζετε.

Είναι απλό να κάνετε την τελετουργία ρέιτζι με μηχανικό τρόπο, αλλά δεν είναι αυτός ο σκοπός της. Προσπαθήστε να συμμετέχετε με όλη την καρδιά σας κάθε φορά που την εφαρμόζετε, όπως την πρώτη πρώτη φορά. Τα σημαντικότερα συστατικά στοιχεία της είναι η αγάπη και η προσοχή. Αυτές οι δύο ιδιότητες θα δείξουν στον πελάτη σας και σ' εσάς το δρόμο προς τη θεραπεία και την ευεξία.

Τσίριο

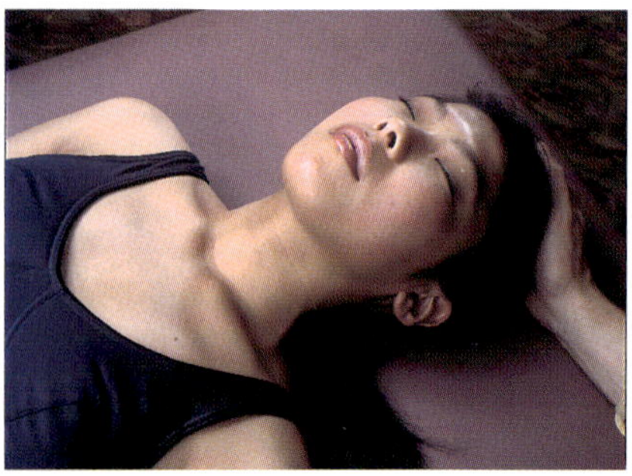

Τσίριο (τσάκρα του στέμματος)

Τσίριο σημαίνει "αγωγή". Την εποχή του δόκτορα Ουσούι, η αγωγή γινόταν κατά έναν ιαπωνικό τρόπο. Ο ασθενής ξάπλωνε στο πάτωμα ή σ' ένα φούτον (βαμβακερό στρώμα) ή σ' ένα στρώμα τατάμι (στρώμα από βούρλα).

- Ο θεραπευτής γονάτιζε δίπλα στον πελάτη. Ευτυχώς, δεν υπάρχει τίποτα που να εμποδίζει να γίνεται η αγωγή πάνω σε τραπέζι του μασάζ!
- Ο θεραπευτής κρατά το κυρίαρχο χέρι του – ανάλογα αν είναι δεξιόχειρας ή αριστερόχειρας – πάνω από το τσάκρα του στέμματος του πελάτη (βλ. φωτογραφία), και περιμένει μέχρι να έρθει μια παρόρμηση ή έμπνευση, την οποία κατόπιν ακολουθεί το χέρι.
- Κατά την αγωγή, ο θεραπευτής αφήνει ελεύθερα τα χέρια του, αγγίζει τις επώδυνες περιοχές του σώματος μέχρι να πάψουν να πονούν ή μέχρι τα χέρια να σηκωθούν από το σώμα μόνα τους και να βρουν μια νέα περιοχή για να κάνουν αγωγή.

Ο δόκτωρ Ουσούι χρησιμοποιούσε πολλές διαφορετικές θεραπευτικές τεχνικές, και μερικές απ' αυτές περιγράφονται με περισσότερες λεπτομέρειες στο κεφάλαιο "Οι Θεραπευτικές Τεχνικές".

Προσωπικά αντιλαμβάνομαι τις τρεις στήλες του ρέικι με τον εξής τρόπο:

1. Με το *διαλογισμό γκασό*, φέρνουμε τον εαυτό μας σε κατάσταση διαλογισμού, μια κατάσταση ενότητας με το σύμπαν. Καθαρίζουμε το σπίτι πριν έρθει ο καλεσμένος – σ' αυτή την περίπτωση, η ενέργεια του ρέικι. Στην Ινδία, το γκασό ονομάζεται *ναμάστε*, που σημαίνει "Χαιρετώ το θεϊκό μέσα σου". Αφού φτάσουμε σ' αυτή την κατάσταση, μπορούμε να κάνουμε το επόμενο βήμα. Ο διαλογισμός γκασό γίνεται καθημερινά ώστε να εφαρμόζεται πριν την αγωγή και στη διάρκεια του ρέιτζι, για το οποίο τα χέρια ενώνονται επίσης μπροστά στο στήθος. Αυτό βοηθά την καρδιά να συντονιστεί με την αγωγή. Μας διδάσκει επίσης να συνδέουμε την ένωση των χεριών μπροστά στο στήθος με το διαλογισμό. Όταν ενώνουμε τα χέρια και κλείνουμε τα μάτια μας, περνάμε αυτόματα σε κατάσταση διαλογισμού.

2. *Το ρέιτζι* μπορεί να εφαρμοστεί αποτελεσματικά μόνο όταν το εγώ απενεργοποιηθεί προσωρινά μέσω του διαλογισμού. Με την πρώτη ματιά, το ρέιτζι μοιάζει σαν μια σκόπιμη πράξη, στην πραγματικότητα όμως με το ρέιτζι αφιερώνουμε τον εαυτό μας στην ενέργεια ρέικι. Και η αφιέρωση δεν έχει στόχο. Η πνευματική στάση του ρέιτζι είναι: Γεννηθήτω το θέλημά Σου. Σε τελική ανάλυση, δεν είμαστε εμείς εκείνοι που επιφέρουν τη θεραπεία. Απλώς η θεραπεία συμβαίνει μέσα από μας.

Μια μικρή τελετουργία πριν την αγωγή θα μπορούσε να βοηθήσει μερικούς από σας. Πλύντε τα χέρια σας κάτω από κρύο τρεχούμενο νερό, και ξεπλύντε για λίγο το στόμα σας. Στην αίθουσα αγωγής, καθίστε ή σταθείτε όρθιοι, άνετα, σε στάση γκασό. Κλείστε τα μάτια σας και αφήστε να φύγουν οι ανησυχίες, οι σκέψεις και τα συναισθήματά σας. Τώρα αρχίστε το ρέιτζι.

3. Αφού αρχίσετε την αγωγή, το *τσίριο*, δεν χρειάζεται ν' ανησυχείτε πια για τη θεραπεία ή για οποιονδήποτε άλλο στόχο της αγωγής.

Άγγιγμα και Θεραπεία

Αν τα χέρια σας είναι κρύα, τρίψτε τα δυνατά μεταξύ τους μερικές φορές για να τα ζεστάνετε. Όταν τα βάζετε σ' ένα μέρος του σώματος, τα κρύα χέρια μπορούν να του αφαιρέσουν προσωρινά τη θερμότητα. Ακόμη και όταν κάνουμε αγωγή σε κάποιον με πυρετό, δεν θέλουμε να απορροφήσουμε τον πυρετό εμείς. Υπάρχει η δυνατότητα να τραβήξουμε μια αρρώστια από το σώμα και να την περάσουμε σε φυτά, για παράδειγμα. Όμως, αυτές οι μέθοδοι δεν είναι τελείως ασφαλείς και επομένως πρέπει να εφαρμόζονται μόνο από εκείνους που ξέρουν καλά τι κάνουν.

Μερικές φορές ακούω για άτομα που τους πήραν ενέργεια σε μια αγωγή ρέικι. Σε μια τέτοια αγωγή υπάρχει κάποιο πρόβλημα. Η πείρα μου μού έχει δείξει ότι εκείνοι που έχουν μυηθεί σωστά στο ρέικι ούτε εξασθενούν τους άλλους ούτε εξασθενούν οι ίδιοι. Στην πραγματικότητα, και τα δύο άτομα –και αυτός που κάνει την αγωγή και αυτός που τη δέχεται– θα φορτιστούν με ρέικι από το σύμπαν. Αν στη διάρκεια μιας αγωγής ρέικι αναπνέετε όπως περιγράφουμε στο επόμενο κεφάλαιο, θα είναι αδύνατο να παίρνετε ενέργεια από τον πελάτη.

Όταν θέλουμε να εκφράσουμε το γεγονός ότι μια κατάσταση ενεργοποίησε έντονα συναισθήματα στην περιοχή της καρδιάς ή της κοιλιάς, λέμε, "Με άγγιξε". Πρέπει να νιώθουμε τυχεροί που έχουμε τη δυνατότητα -λόγω της δύναμης του ρέικι- να μάθουμε την τέχνη του αγγίγματος.

Το "άγγιγμα" και η θεραπεία είναι δύο πλευρές μιας ενότητας. Όλοι οι άνθρωποι, όταν χτυπήσουν το κεφάλι τους, αγγίζουν αυτόματα το σημείο όπου χτύπησαν. Σε πολλές κουλτούρες, οι άνθρωποι σφίγγουν τα χέρια, φιλιούνται ή αγκαλιάζονται υπό τύπο χαιρετισμού. Μέσα από αυτό το πρώτο "άγγιγμα", ένα ευαίσθητο άτομο νιώθει άμεσα σε ποιο επίπεδο θα λάβει χώρα η επικοινωνία με το άλλο άτομο.

Τα ζώα προφανώς μας μοιάζουν από αυτή την άποψη: η Τάο, η γάτα μας, μοιάζει να ξέρει αν τα χέρια που την αγγίζουν εκπέμπουν αγάπη, ενέργεια, φόβο ή αδιαφορία.

Να μια απλή άσκηση που μπορείτε να κάνετε μαζί με κάποιον άλλο σ' αυτό τον τομέα:

- Δώστε στο σύντροφό σας το χέρι σας ή ακουμπήστε το σε κάποιο σημείο του σώματός του. Μην πείτε αν μέσα από αυτό το άγγιγμα στέλνετε αγάπη και φροντίδα, αλλά αφήστε τον να νιώσει εκείνος τι ακτινοβολείτε. Μετά αλλάξτε θέσεις και επαναλάβετε αυτή την άσκηση για όσο είναι διασκεδαστική και για τους δυο σας.

Το άγγιγμα με τα χέρια είναι ένα από τα πιο φυσικά πράγματα στον κόσμο. Στην Ιαπωνία ονομάζεται *τε α τε*, και ο πεθερός μου μού είπε πρόσφατα, ενώ απολαμβάναμε ένα ποτήρι σάκε, πως όταν πονά, πάντα βάζει τα χέρια του πάνω στο επώδυνο σημείο. Στην Ευρώπη, αυτή η τέχνη δυστυχώς χάθηκε μετά το Δεύτερο Παγκόσμιο Πόλεμο. Η μητέρα μου θυμάται ότι υπήρχε κάποιος στο χωριό της που θεράπευε αρρώστους βάζοντας πάνω τους τα χέρια του.

Και πάλι οι γυναίκες είναι μπροστά από μας τους άντρες στην τέχνη του αγγίγματος. Λόγω των μητρικών τους ενστίκτων, η βασική τους φύση τους επιτρέπει να μπορούν ν' αγγίξουν τους άλλους, αλλά και τον εαυτό τους, με αγάπη και χωρίς σεξουαλική* υστεροβουλία. Το άγγιγμα φέρνει χαρά και ευεξία τόσο στο άτομο που αγγίζει όσο και στον αποδέκτη του αγγίγματος.

Βασικά υπάρχουν δύο τύποι αγγίγματος, το συνειδητό άγγιγμα αγάπης και το ασυνείδητο χλιαρό άγγιγμα. Όταν ήμουν καινούριος δάσκαλος του ρέικι, έλεγα στους μαθητές μου ότι μπορούν να κάνουν αγωγή στον εαυτό τους ενώ βλέπουν τηλεόραση. Σήμερα βλέπω τα πράγματα διαφορετικά, και εξηγώ στους μαθητές: Στη διάρκεια της αγωγής, να είστε όσο περισσότερο μπορείτε σε κατάσταση περισυλλογής και διαλογισμού, χωρίς όμως να καταλήξετε να σφίγγεστε από την πολλή συγκέντρωση. Δώστε στον ασθενή σας –ή στον εαυτό σας, αν κάνετε αυτο-αγωγή– όλα όσα έχετε. Αφήστε όλη σας την καρδιά, όλο σας το είναι να περάσει στο άγγιγμα, χωρίς να κρατάτε τίποτα.

靈
氣

Φανταστείτε ότι αυτή θα είναι η τελευταία στιγμή της ζωής σας. Η αγωγή ρέικι που γίνεται με τέτοιο τρόπο είναι καθαρός διαλογισμός.

Όταν κάνετε αγωγή σε κάποιον άλλο, να είστε ανοιχτοί σε ό,τι συναντούν οι αισθήσεις σας. Όμως, μην αφήνετε τον εαυτό σας να παρασύρεται από τις αισθήσεις, αν γίνεται. Γίνετε η προσωποποίηση της προσοχής: Καταγράφετε κάθε σκέψη, κάθε συναίσθημα, κάθε έμπνευση, ακόμη κι αν φαίνεται να είναι κάτι εντελώς άσχετο. Κοιτάξτε καλά τον ασθενή σας. Παρατηρήστε το χρώμα του δέρματός του και τη στάση του σώματος. Είναι όλα του τα μέλη απλωμένα ομοιόμορφα; Είναι η σπονδυλική στήλη ίσια ή μήπως κάποιος από τους σπονδύλους ξεπροβάλλει; Κινείται το σώμα στη διάρκεια της αγωγής; Μήπως υπάρχουν συσπάσεις; Είναι ζεστό ή κρύο, δροσερό ή καυτό; Είναι η αναπνοή βαθιά ή ρηχή, ομοιόμορφη ή ανομοιόμορφη; Νιώθετε ένταση, στρες, συναισθήματα ή οτιδήποτε άλλο; Τι έκφραση έχει το πρόσωπο του πελάτη σας; Πώς ακτινοβολεί η αύρα του;

Να θυμάστε όλες αυτές τις πληροφορίες, να δουλεύετε με αυτές, και –αν το θεωρείτε χρήσιμο– ενημερώστε σχετικά τον ασθενή μετά την αγωγή. Αν δεν εμπιστεύεστε τη μνήμη σας, έχετε έτοιμο ένα στυλό κι ένα σημειωματάριο.

Έτσι
το τσίριο (αγωγή)
χτίζει πάνω στο ρέιτζι (αφοσίωση)
και το γκασό (στάση διαλογισμού). Μόνο όταν
μπορούμε ν' αφοσιωνόμαστε χωρίς να έχουμε
προκαταλήψεις από τις σκέψεις και
τα συναισθήματά μας, θα γίνουμε
ένα όργανο για τη συμπαντική
ζωτική ενέργεια.

Τώρα όμως θα προχωρήσουμε στο επόμενο σημαντικό θέμα, που συχνά παραμελείται στο δυτικό ρέικι μέχρι τώρα: την αναπνοή.

* Τα σεξουαλικά συναισθήματα είναι τα πιο φυσικά στον κόσμο. Όμως, αν η σεξουαλικότητα καταπιεστεί, εμφανίζεται και πάλι σε κάποιο άλλο, συχνά ανεπιθύμητο, μέρος. Μέχρι τώρα, μόνο οι άντρες μαθητές μου με έχουν ρωτήσει τι μπορούν να κάνουν όταν διεγείρονται σεξουαλικά στη διάρκεια μιας αγωγής Ρέικι. Η απλούστερη μέθοδος είναι να σκεφτείτε κάτι άλλο! Αν η διέγερση είναι τόσο δυνατή ώστε να μη φέρνει αποτέλεσμα αυτή η μέθοδος, τότε εισπνεύστε από τη μύτη σας και φανταστείτε ότι η ενέργεια εισρέει στο σώμα σας μέσα από το πρώτο τσάκρα. Όπως η αναπνοή έλκεται προς την κοιλιά, έτσι και η ενέργεια έλκεται προς την αντίθετη κατεύθυνση, προς τα πάνω, περνώντας με τη σειρά από τα τσάκρα 1 έως 6, για να φτάσει τελικά στη μύτη, απ' όπου βγαίνει για λίγο έξω από το σώμα, για να εισρεύσει και πάλι στο ενεργειακό κανάλι με την εκπνοή, και κατόπιν να κατεβεί στο πρώτο τσάκρα. Η ενέργεια εκρέει πάλι για λίγο έξω από το σώμα σε αυτό το σημείο, και όλη η διαδικασία επαναλαμβάνεται με την επόμενη αναπνοή.

Η Αναπνοή

Η γέφυρα ανάμεσα στο σώμα και στη συνειδητότητα είναι η αναπνοή. Σε όλες τις εσωτεριστικές παραδόσεις υπάρχει η γνώση της ειδικής σημασίας της αναπνοής.

Με την αναπνοή, οι άνθρωποι και τα ζώα προσλαμβάνουν όχι μόνο ένα μείγμα από διάφορα αέρια, αλλά και ένα μυστηριώδες "κάτι" που το ονομάζουμε ρέικι στους κύκλους μας. Στην Ινδία ονομάζεται *Πράνα*, στην Κίνα *Τσι*, στην Ιαπωνία *Κι*, ενώ ο Βίλχελμ Ράιχ το ονόμαζε *οργονική ενέργεια*.

Ο Όσο, ο πνευματικός μου δάσκαλος, και ο Ντα Λίου, ο δάσκαλός μου στο τάι τσι, από τον οποίο έμαθα τα θεμελιώδη στοιχεία του τάι τσι σε μια εξάμηνη επίσκεψη στη Νέα Υόρκη, στα μέσα της δεκαετίας του 1980, έλεγαν ότι η αναπνοή είναι το όχημα. Η ενέργεια που ρέει μαζί με την αναπνοή είναι ο πραγματικός επιβάτης: το ελιξίριο της ζωής.

Στην Ινδία και την Αίγυπτο, επί χιλιάδες χρόνια υπήρχαν μύστες που επιζούσαν όταν τους έθαβαν ζωντανούς για ένα χρονικό διάστημα. Υποτίθεται ότι ένας από αυτούς επέζησε επί είκοσι χρόνια. Είχε μάθει ν' απορροφά τη ζωτική ενέργεια στο ενεργειακό του σύστημα με έναν άλλο τρόπο και όχι μέσα από την αναπνοή, κι έτσι μπορούσε να επιζεί υπό αυτές τις συνθήκες χωρίς οξυγόνο. Όλα τα κύτταρα του δέρματος μπορούν ν' αναπνέουν, και το κάνουν χωρίς δική μας συνειδητή προσπάθεια.

Υπάρχει επίσης μια ομάδα ατόμων που έχουν μάθει με την εξάσκηση να τρέφονται από το *Πράνα*, και τρώνε ελάχιστη ή καθόλου "στερεή" τροφή. Δεν προσπαθώ να σας πείσω να θαφτείτε ζωντανοί ή να κόψετε το φαγητό. Βασικά μ' ενδιαφέρει κάτι πολύ απλό και καθόλου θεαματικό: το να μάθουμε να χρησιμοποιούμε την αναπνοή σαν ένα όχημα.

Τζόσιν Κοκίου-Χο

Ο δόκτωρ Ουσούι δίδασκε στους μαθητές του μια τεχνική αναπνοής που ονομάζεται *Τζόσιν Κοκίου-Χο*. Αυτό σημαίνει κατά προσέγγιση "η αναπνευστική μέθοδος για τον καθαρισμό του πνεύματος". Μια παραλλαγή αυτής της τεχνικής χρησιμοποιείται επίσης, στο τάι τσι και σε άλλες πολεμικές τέχνες, ώστε το άτομο να μάθει να νιώθει και να εντείνει τη ροή της ενέργειας. Τη χρησιμοποιούμε, επίσης για να φορτίζουμε τον εαυτό μας με ενέργεια.

Σύμφωνα με το δόκτορα Ουσούι, γίνεται με τον εξής τρόπο:

- Καθίστε κάτω άνετα, κρατώντας τη σπονδυλική σας στήλη όσο πιο ίσια γίνεται χωρίς να σφίγγεστε, και εισπνεύστε αργά από τη μύτη σας. Φανταστείτε όχι μόνο ότι εισπνέετε αέρα από τη μύτη σας αλλά και ότι απορροφάτε ενέργεια ρέικι από το τσάκρα του στέμματος. Πολλοί από σας θα νιώσετε άμεσα την είσοδο αυτής της ενέργειας από το τσάκρα του στέμματος. Προσωπικά τη νιώθω σαν ένα είδος εκστατικής πίεσης, ή σαν κάτι γλυκό που πέφτει πάνω μου και με ενεργοποιεί. Άλλοι μπορεί να νιώθουν ανάλαφροι ή να αισθάνονται ζεστασιά. Αν δεν τη νιώθετε άμεσα, μην ανησυχείτε αλλά συνεχίστε ν' αναπνέετε ήρεμα και γαλήνια.

Με το πέρασμα του χρόνου, θα αισθανθείτε την επίδραση αυτής της άσκησης και μια έντονη αίσθηση της ενέργειας που ρέει μέσα σας. Νιώστε πώς ολόκληρο το σώμα σας εμπλουτίζεται με ενέργεια όσο κάνετε αυτό το είδος αναπνοής, και τραβάτε την ανάσα μέχρι κάτω στην κοιλιά σας, στο ενεργειακό κέντρο που βρίσκεται δύο ή τρία δάχτυλα κάτω από τον αφαλό. Στην Ιαπωνία, αυτό το κέντρο ονομάζεται τάντεν, ενώ οι Κινέζοι το ονομάζουν τάν τιεν.

Το Τάντεν

Το *Τάντεν* είναι το κέντρο του σώματος, η έδρα της ζωτικότητας κάθε ατόμου. Όπως θα δείτε παρακάτω, το τάντεν παίζει βασικό ρόλο στις θέσεις χεριών του δόκτορα Ουσούι.

Κρατήστε στο τάντεν για μερικά δευτερόλεπτα την ανάσα σας και την ενέργεια που έχετε απορροφήσει μαζί της. Εδώ δεν προσπαθείτε να μπείτε στο *Βιβλίο Ρεκόρ Γκίνες*, γι' αυτό να είστε καλοί με τον εαυτό σας σ' αυτή την άσκηση. Θέλουμε να τροφοδοτήσουμε το σώμα με αγάπη και ενέργεια, όχι με στρες και φόβο για τη ζωή. Ενώ κρατάτε την ανάσα σας, φανταστείτε ότι η ενέργεια από το τάντεν εξαπλώνεται σε όλο το σώμα σας και το ενεργοποιεί.

Τώρα εκπνεύστε από το στόμα. Καθώς το κάνετε αυτό, φανταστείτε ότι η ανάσα και η ενέργεια του ρέικι δεν εκρέουν μόνο από το στόμα σας, αλλά και από τα ακροδάχτυλα των χεριών και των ποδιών, και από τα τσάκρα των χεριών και των ποδιών. Έτσι γινόμαστε ένα καθαρό κανάλι του ρέικι. Η ενέργεια εισρέει μέσα μας από το σύμπαν κι επιστρέφει πάλι στο σύμπαν. Ο ενεργειακός κύκλος από το μακρόκοσμο στο μικρόκοσμο, και αντίστροφα, έχει ολοκληρωθεί.

Στο τάι τσι και το κιγκόνγκ*, γίνονται πάντα οι ακόλουθες συστάσεις για τέτοιες αναπνευστικές ασκήσεις: Καθώς εισπνέετε, κρατάτε τη γλώσσα στον ουρανίσκο, έτσι που ν' αγγίζει τα μπροστινά δόντια, και καθώς εκπνέετε αφήστε την να κατεβεί και ν' ακουμπήσει στο κάτω μέρος του στόματος.

*** Περισσότερες πληροφορίες για τεχνικές και ασκήσεις σχετικά με την αναπνοή, θα βρείτε στο βιβλίο της Nancy Zi "Η Τέχνη της Αναπνοής", που κυκλοφορεί από τις εκδόσεις ΔΙΟΠΤΡΑ.**

Προτιμώ να δείχνω στους μαθητές μου αυτή την άσκηση όρθιος, αφού είναι πολύ εύκολο να νιώσει κανείς το τάντεν στην κοιλιά του με αυτό τον τρόπο. Όταν το βιώσουμε εμείς οι ίδιοι, δεν χρειάζεται να στηριζόμαστε στο τι λένε οι άλλοι γι' αυτό. Όλοι έχουμε τα ενεργειακά μας κέντρα στα ίδια σημεία, με πολύ μικρές διαφορές από άτομο σε άτομο.

Να η άσκηση:

- Σταθείτε με τα πέλματα παράλληλα μεταξύ τους, και τα πόδια ανοιχτά στο ίδιο πλάτος με το πλάτος των ώμων. Οι άκρες των ποδιών δείχνουν ίσια μπροστά. Τώρα λυγίστε και τα δύο γόνατα λιγάκι μέχρι να νιώσετε το κεντρικό σημείο ανάμεσα στον αφαλό και το τάντεν. Κρατήστε αυτή τη στάση και συνεχίστε όπως περιγράφεται παραπάνω. Εισπνέετε και εκπνέετε βαθιά, ομοιόμορφα και αργά επί δέκα λεπτά. Νιώστε την ανάσα και την ενέργεια να ρέουν μέσα σας καθώς το κάνετε αυτό.

Πειραματιστείτε με αυτή την τεχνική καθώς κάνετε αγωγή στον εαυτό σας ή σε άλλους. Προσωπικά τη χρησιμοποιώ σε όλη σχεδόν τη διάρκεια της αγωγής. Η Τσέτνα τη χρησιμοποιεί μόνο όταν θέλει να δώσει πρόσθετη ενέργεια σε συγκεκριμένες περιοχές του σώματος.

Όπως περιγράφουμε στο επόμενο κεφάλαιο, ο δόκτωρ Ουσούι χρησιμοποιούσε όχι μόνο το άγγιγμα των χεριών, αλλά και το μασάζ, την πίεση και τα απαλά χτυπήματα. Έτσι, αν θέλετε να συνδυάσετε τη δακτυλοπίεση με μια αγωγή ρέικι, ή να φορτίσετε συγκεκριμένα σημεία βελονισμού και μικρότερες περιοχές του σώματος με ενέργεια ρέικι, αναπνεύστε όπως περιγράφεται παραπάνω, και πολύ συνειδητά δώστε ενέργεια καθώς εκπνέετε. Αν χρησιμοποιήσετε πίεση, αυξήστε την καθώς εκπνέετε και πάψτε να πιέζετε καθώς εισπνέετε.

Αντένδειξη: Οι θεραπευτές ρέικι που έχουν πολύ ψηλή πίεση ή άσθμα δεν πρέπει να χρησιμοποιούν αυτή την τεχνική. Αν νιώσετε μια αίσθηση σύσφιξης, σταματήστε αμέσως. Εισπνέετε και εκπνέετε με φυσιολογικό τρόπο, αφήνοντας την αναπνοή σας ν' ακολουθεί τη δική της πορεία.

Αποθήκευση Ζωτικής Ενέργειας στο Τάντεν

Η Τσέτνα πειραματίζεται από τα μέσα της δεκαετίας του '80 με τις θεραπευτικές μεθόδους του Χαρουτσίκα Νογκούτσι (1911-1976), ενός από τους μεγαλύτερους θεραπευτές στην ιστορία της Ιαπωνίας. Ο Νογκούτσι δίνει τις ακόλουθες οδηγίες, για το πώς μπορούμε ν' αποθηκεύσουμε τη ζωτική ενέργεια στο τάντεν και να την αφήσουμε να εκρεύσει από τα χέρια:

"Γαληνέψτε το νου σας και την αναπνοή σας έτσι που η ενέργεια να γίνει αγνή (έχω διαπιστώσει ότι η αναπνοή μας διαποτίζεται από συναισθήματα και σκέψεις, και γι' αυτό ο πρώτος μας στόχος πρέπει να είναι το καθάρισμα της ενέργειας και της αναπνοής). Μετά εισπνεύστε βαθιά, φανταστείτε ότι ο αέρας εισέρχεται από τη βάση της σπονδυλικής στήλης και αφήστε την ενέργεια να περάσει στο τάντεν. Κρατήστε την ανάσα εκεί, και το τάντεν θα εμπλουτιστεί με ενέργεια. Εκπνεύστε και νιώστε τον αέρα να βγαίνει μέσα από τα δάχτυλά σας. Μόλις νιώσετε την ενέργεια να ρέει στα δάχτυλα και τις παλάμες των χεριών σας, αρχίστε την αγωγή".

Ο Νογκούτσι ονόμαζε αυτή την τεχνική αγωγής *Γιούκι*. Γίνεται με τον ακόλουθο τρόπο:

- Αρχίστε την παραπάνω άσκηση.
- Συγκεντρώστε την ενέργεια στα χέρια σας, ενώστε τα (γκασό) και φανταστείτε ότι εισπνέετε κι εκπνέετε μέσα από τα ενωμένα χέρια σας. Αρχίστε να κάνετε όλο και πιο βαθιά την αναπνοή σας, ώστε να εισπνέετε από τα ενωμένα χέρια σας στο τάντεν, και εκπνέετε αντίστροφα. Μόλις αγγίζετε μια περιοχή του σώματος που είναι αρνητικά φορτισμένη, θα νιώσετε ένα "γαργάλημα" στα χέρια. Αφήστε τα χέρια σας ν' ακουμπήσουν σ' αυτή την περιοχή του σώματος μέχρι να εξαφανιστεί το γαργάλημα.

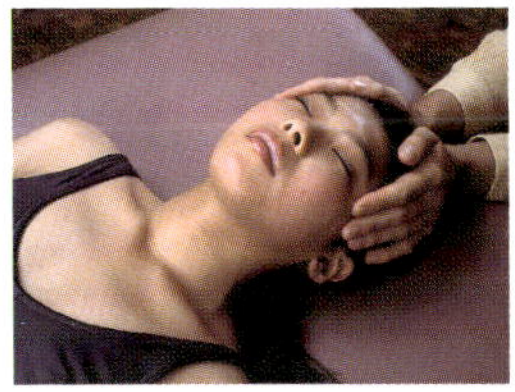

Άγγιγμα (φωτογραφία 1)

Οι Θεραπευτικές Τεχνικές

Ο δόκτωρ Ουσούι χρησιμοποιούσε μια σειρά από θεραπευτικές τεχνικές τις οποίες συνδύαζε σ' ένα θαυμάσιο σύνολο, το σύστημα Ουσούι Ρέικι Ριόχο. Στη συνέντευξη που έχουμε δημοσιεύσει ήδη στο βιβλίο μας *Ρέικι, Η Κληρονομιά του Δόκτορα Ουσούι*, ο δόκτωρ Ουσούι έδωσε την εξής απάντηση όταν ρωτήθηκε αν το *Ουσούι Ρέικι Ριόχο* χρησιμοποιεί φάρμακα και αν υπάρχουν κάποιες παρενέργειες: "Δεν χρησιμοποιεί ούτε φάρμακα ούτε εργαλεία. Χρησιμοποιεί μόνο το κοίταγμα, το φύσημα, το χάιδεμα, τα (ελαφρά) χτυπήματα, και το άγγιγμα (του προσβεβλημένου μέρους του σώματος). Αυτό θεραπεύει τις ασθένειες". Χωρίς αυτές τις τεχνικές, θα ήταν αδύνατο να κατανοήσουμε τη διαισθητική σωματική δουλειά του δόκτορα Ουσούι.

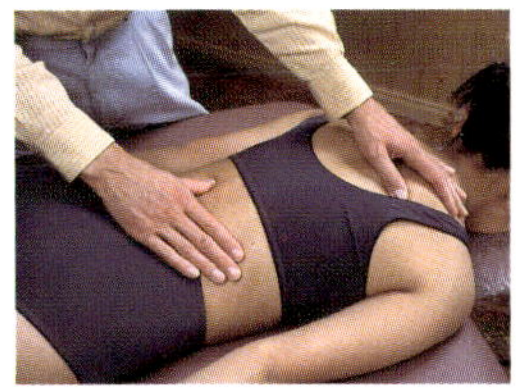

Μασάζ (φωτογραφία 2)

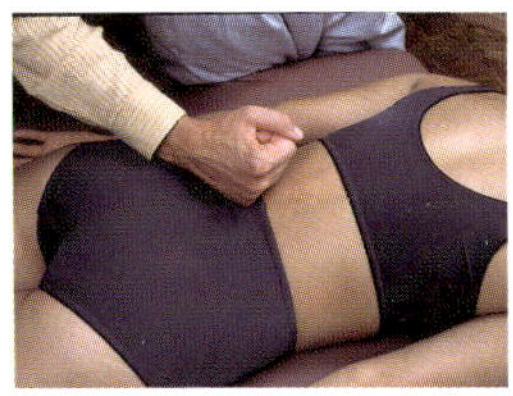

Ελαφρό χτύπημα (φωτογραφία 3)

1. Άγγιζε τα άρρωστα μέρη του σώματος.
2. Τους έκανε μασάζ (φωτογραφία 2)
3. Τους έδινε ανάλαφρα χτυπήματα * (φωτογραφία 3)
4. Τα χάιδευε (φωτογραφία 4)
5. Φυσούσε πάνω τους (φωτογραφία 5)
6. Προσήλωνε το βλέμμα του πάνω τους για δύο ή τρία λεπτά (φωτογραφία 6)

Και υπάρχει ακόμη μια πρόσθετη τεχνική που προσωπικά μου αρέσει πολύ:

7. Τους έδινε ειδικά ενέργεια (φωτογραφία 7)

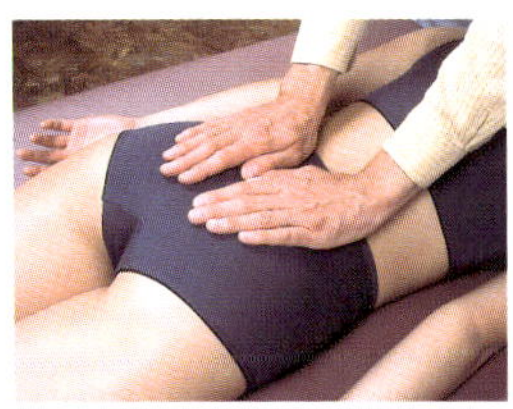

Χάιδεμα (φωτογραφία 4)

霊氣

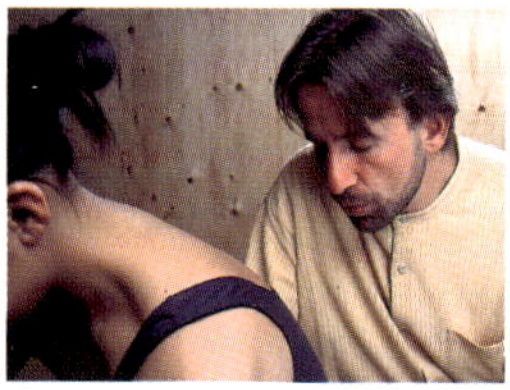

Φύσημα (φωτογραφία 5)

Κοίταγμα (φωτογραφία 6)

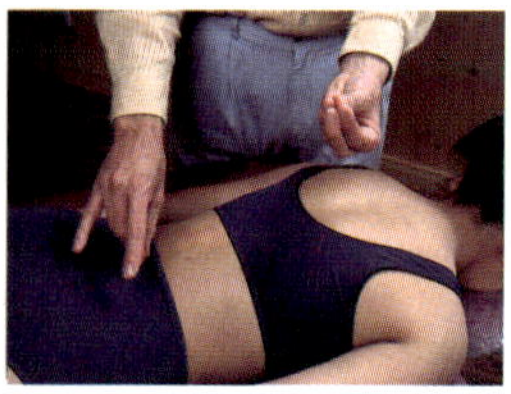

Συγκεκριμένη διοχέτευση της ενέργειας (φωτογραφία 7)

Μια ιαπωνική σχολή ρέικι διδάσκει ότι ο δόκτωρ Ουσούι έπαιρνε την ενέργεια ρέικι με το αριστερό του χέρι και την έδινε με το δεξί. Λέγεται ότι ένωνε τ' ακροδάχτυλα του αριστερού χεριού με την άκρη του αντίχειρα, σαν να κρατούσε ένα αβγό. Οι άκρες του μεσαίου και παράμεσου δαχτύλου του δεξιού χεριού ακουμπούσαν στην άκρη του δεξιού αντίχειρα. Το μικρό δάχτυλο και ο δείκτης ήταν μακριά από το μέσο και το παράμεσο δάχτυλο, σε γωνία ενενήντα μοιρών (φωτογραφία 7).

Ο παλιός μου φίλος και δάσκαλος του ρέικι Αγκεχανάντ Ποπάντ μου είπε ότι ένας Ινδός θεραπευτής πίστης τού έκανε αγωγή με ακριβώς αυτό τον τρόπο. Εμείς έχουμε διαπιστώσει ότι η ενέργεια ρέικι που δίνεται με αυτό τον τρόπο γίνεται μια ακτίνα λέιζερ με πολύ έντονα αποτελέσματα σε μια μικρή περιοχή του σώματος, όπως σε ένα δόντι ή σε ένα σημείο βελονισμού.

Δεν χρειάζεται ν' αναφερθούμε εδώ λεπτομερειακά στις τεχνικές θεραπείας από απόσταση που χρησιμοποιούσε ο δόκτωρ Ουσούι. Λέγεται ότι τις χρησιμοποιούσε συχνά, ακόμη και όταν ο ασθενής ήταν στο διπλανό δωμάτιο. Σύστηνε, επίσης, να δουλεύουμε με φωτογραφίες, όποτε μπορούμε.

* Σύμφωνα με τον *Ντα Λίου*, η τεχνική των ελαφρών χτυπημάτων του Τσεν Τ'ουάν, ενός Ταοϊστή φιλόσοφου, εμφανίστηκε στο δέκατο αιώνα. Η παραδοσιακή τεχνική ήταν να γίνονται ελαφρά χτυπήματα κατά μήκος των ψυχικών καναλιών: Του Μο, Τζεν Μο, Τάι Μο, Τσ'ουένγκ Μο, Γιανγκ Γουέι Μο, Γιν Γουέι Μο, Γιανγκ Τσιάο και Γινγκ Τσιάο. (Βλέπε το βιβλίο του Ντα Λίου, *Ταοϊστικό Βιβλίο Ασκήσεων Υγείας*, Athena Books, ISBN 1-56924-901-6). Στην Ιαπωνία, ακόμη και μια κομμώτρια μπορεί να σου κάνει μασάζ χτυπημάτων. Για το σκοπό αυτό είτε χρησιμοποιούμε τις παλάμες των χεριών, είτε κλείνουμε το χέρι σε ελαφριά γροθιά και χρησιμοποιούμε τις τρεις πλευρές του (βλέπε φωτογραφία 3). Μερικοί εξπέρ των πολεμικών τεχνών κάνουν το ίδιο πράγμα με ρόπαλα, τούβλα ή μαχαίρια! Σας παρακαλώ, πάντων, μη δοκιμάσετε κάτι τέτοιο!

Ρέικι Ριόχο Χικέι

靈気療法必携

靈氣

Οι Θέσεις Χεριών του Δόκτορα Ουσούι

Στις σελίδες που ακολουθούν φαίνονται οι πρωτότυπες θέσεις χεριών του δόκτορα Ουσούι. Ο ίδιος τις είχε χωρίσει σε έντεκα κεφάλαια. Οι ιαπωνικοί όροι, τους οποίους θεωρώ σημαντικούς, δίνονται με *πλάγια* γράμματα. *Οι δικές μου σημειώσεις και επεξηγήσεις είναι μέσα σε παρενθέσεις.* Η γυναίκα μου Τσέτνα κι εγώ μεταφράσαμε τις θέσεις των χεριών από τα ιαπωνικά. Επειδή ο δόκτωρ Ουσούι χρησιμοποιούσε κυρίως –αλλά όχι αποκλειστικά– το δεξί του χέρι για να κάνει αγωγή, έχουμε πάρει τις φωτογραφίες έτσι που ν' αντικατοπτρίζουν αυτό το γεγονός. Για μερικές θέσεις, που αφορούν πολύ μικρές περιοχές του σώματος, χρησιμοποιώ μόνο ένα, δύο ή τρία δάχτυλα. Δεν υπάρχει βαθύτερο νόημα στην επιλογή των δακτύλων.

Δεν μπορώ να εκφέρω γνώμη για το κατά πόσο οι αριστερόχειρες πρέπει να κάνουν την αγωγή με το κυρίαρχο αριστερό τους χέρι. Δοκιμάστε μόνοι σας και αποφασίστε ανάλογα με τα αποτελέσματα.

Δεν ξέρω αν οι αριστερόχειρες πρέπει να κάνουν ρέικι με το αριστερό, κυρίαρχο χέρι τους. Δοκιμάστε μόνοι σας!

Το μέγεθος του σώματος του ασθενούς και το μέγεθος των χεριών σας καθορίζουν την ακριβή θέση των χεριών. Αν τα χέρια σας είναι μικρά ή ο ασθενής είναι πολύ μεγαλόσωμος, μπορεί να χρειαστεί να προσθέσετε μια επιπλέον θέση χεριών εδώ κι εκεί.

Ουσιαστικά, δεν υπάρχουν κανόνες για τη διάρκεια της αγωγής. Σε περίπτωση *πόνου*, ο δόκτωρ Ουσούι συστήνει ν' ακουμπάμε τα χέρια *πάνω* στο επώδυνο σημείο, ή να τα κρατάμε από πάνω του, μέχρι να πάψει ο πόνος. Αφήστε τα χέρια σας ν' ακολουθήσουν τη δική τους πορεία, ανεξάρτητα από το αν θέλουν να μείνουν ένα, δέκα ή τριάντα λεπτά σε μια θέση. Ο κύριος Ογκάβα σύστηνε να παραμένουμε στις θέσεις του κεφαλιού για τριάντα λεπτά περίπου. Κατά τη γνώμη μου, ο σημαντικότερος παράγοντας σε όλ' αυτά είναι ν' ακολουθείτε τη διαίσθησή σας και τα χέρια σας.

Το θεωρώ σημαντικό πριν από μια ειδική αγωγή να εξηγώ στον ασθενή ποια ακριβώς μέρη του σώματος θ' αγγίξω ώστε να είναι προετοιμασμένος. Όσο πιο χαλαρωμένος είναι ο ασθενής, τόσο πιο ευχάριστη θα είναι η αγωγή. Όμως, η ενέργεια ρέικι ρέει ακόμη και όταν ο ασθενής είναι σφιγμένος, βρίσκεται σε κώμα ή είναι σκεπτικιστής.

Στις σελίδες 118-123 θα βρείτε τις ακριβείς θέσεις για όλες τις ειδικές παθήσεις.

Όταν δουλεύετε με τη μέθοδο ρέιτζι, προφανώς δεν θα ξέρετε από πριν σε ποια μέρη του σώματος θα πάνε τα χέρια σας. Είναι σημαντικό να διευκολύνετε τον ασθενή όσο πιο πολύ μπορείτε ώστε να σας εμπιστεύεται όσο περισσότερο γίνεται.

Στη σελίδα 125 περιγράφεται λεπτομερειακά πώς θα βρείτε τις ακριβείς θέσεις των σπονδύλων (με αντίστοιχη εικόνα).

Για να μην μπερδευτείτε από εκατοντάδες φωτογραφίες, εξηγούμε την αγωγή για ορισμένες περιοχές του σώματος, καθώς και για τα συχνότερα προβλήματα υγείας, με λεπτομερείς φωτογραφίες που δείχνουν τις θέσεις των χεριών στο πρώτο κεφάλαιο. Έχουμε προσθέσει επίσης μερικές γραμμές για τις λειτουργίες των εσωτερικών οργάνων. Στη Γερμανική και την Αμερικάνικη έκδοση, στα κεφάλαια 2 -11 εξετάζονται οι υπόλοιπες παθήσεις. Όπως και στο Πρωτότυπο Εγχειρίδιο του Ρέικι του δόκτωρα Ουσούι δίνονται μόνο οι θέσεις των χεριών χωρίς φωτογραφίες. Στο τέλος του βιβλίου παρατίθενται με τη σειρά 80 συνολικά φωτογραφίες (για όλες τις θέσεις των χεριών), και ο αναγνώστης-θεραπευτής μπορεί να επιλέξει εκείνες που του χρειάζονται για κάθε συγκεκριμένη πάθηση των κεφαλαίων 2- 11. Στην ελληνική έκδοση έχουμε περιλάβει τις φωτογραφίες για τις ασθένειες όλων των κεφαλαίων (και των 2- 11), πιστεύοντας ότι έτσι διευκολύνουμε τον αναγνώστη-θεραπευτή, γιατί δεν θα χρειάζεται να ψάχνει τις λίγες φωτογραφίες που του χρειάζονται κάθε φορά, ανάμεσα στις πολλές που δεν του χρειάζονται.

Ευρετήριο του Ρέικι Ριόχο Χικέι

目次 1)

一、臼井霊気療法教義 2)

二、公開伝授説明 3)

三、療法指針 4)

四、明治天皇御製 5)

1 Ευρετήριο
2 Το Δόγμα Ουσούι Ρέικι Ριόχο
3 Μύηση (Εισαγωγή) για το Κοινό
4 Ριόχο Σισίν - Ενδείξεις για Αγωγή
5 Η Ποίηση του Αυτοκράτορα Μεϊτζί

Εδώ δίνουμε τη σελίδα 20 του πρωτότυπου βιβλίου. Περιγράφει μερικές από τις θέσεις που συστήνει ο δόκτωρ Ουσούι.

霊気療法必携

鼻 鼻骨、鼻翼、眉間、頸部（第一、二、三、頸椎）

耳 耳孔、耳ノ前部及後部（乳嘴突起）第一頸椎

口 唇ヲ除ケテ手ニテ蔽フ

舌 舌ノ上面、舌根

咽喉 甲状軟骨、頸部

肺 肺部、背部肩胛骨ノ内側、第二、三、四、五、六、胸椎

心臓 心臓部、第五、六、七、頸椎、第一、

-1-
Βασική Αγωγή για Συγκεκριμένα Μέρη του Σώματος

Μέτωπο, κρόταφοι, πίσω μέρος του κεφαλιού, λαιμός–αυχένας, κορυφή του κεφαλιού, στομάχι και έντερα.

(Οι κινεζικοί χαρακτήρες για το μπροστινό μέρος του λαιμού και τον αυχένα είναι πανομοιότυποι. Έτσι δεν είναι σαφές σε ποιο από τα δύο αυτά μέρη αναφέρονται οι οδηγίες. Η καλύτερη προσέγγιση είναι να καλύψουμε και τον αυχένα και το λαιμό. Αφού τα περισσότερα προβλήματα που έχουμε υπάρχουν στο νου μας, ο δόκτωρ Ουσούι συστήνει επίσης να κάνουμε απευθείας αγωγή στο κεφάλι. Δεν αναφερόμαστε μόνο στην αγωγή κακώσεων, αλλά και στη χαλάρωση της ψυχολογικής έντασης και των μπλοκαρισμάτων της ενέργειας. Υπάρχει ένας θαυμάσιος ινδουιστικός διαλογισμός στον οποίο βάζουμε απαλά τις παλάμες των χεριών πάνω στα ζυγωματικά, και κρατώντας τα χέρια ανάλαφρα σαν φτερά, αγγίζουμε τους βολβούς των ματιών. Με αυτό το πολύ ελαφρύ άγγιγμα, μπορούμε να μπούμε σε βαθύ διαλογισμό μέσα σε μερικά λεπτά. Όταν το κάνετε αυτό, αφήστε να ρεύσει η ενέργεια του ρέικι – και τα σύμβολα, αν τα έχετε μάθει.)

1 Μέτωπο

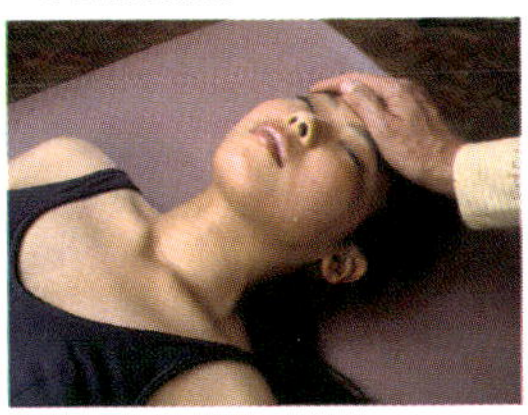

2 Κρόταφοι

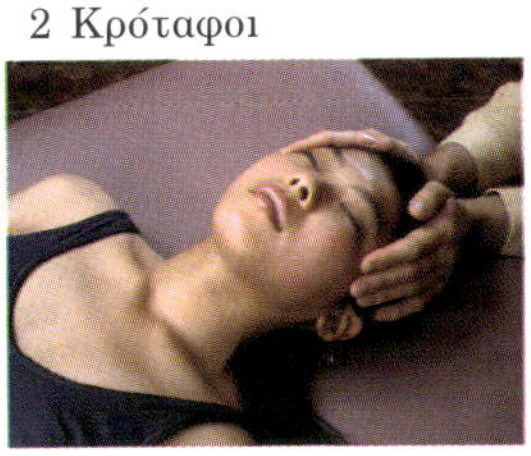

3 Πίσω μέρος του κεφαλιού

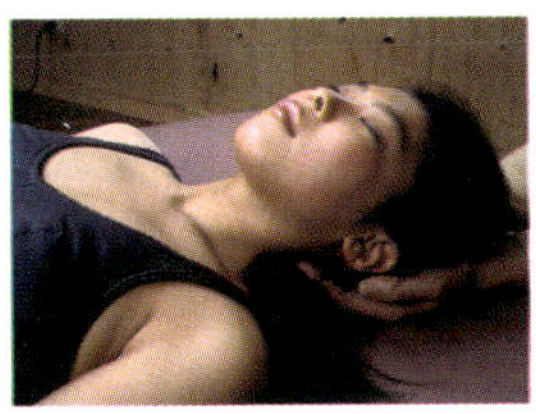

4 Αυχένας

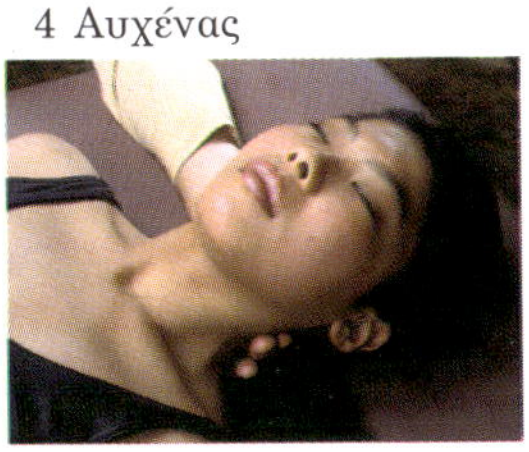

5 Λαιμός

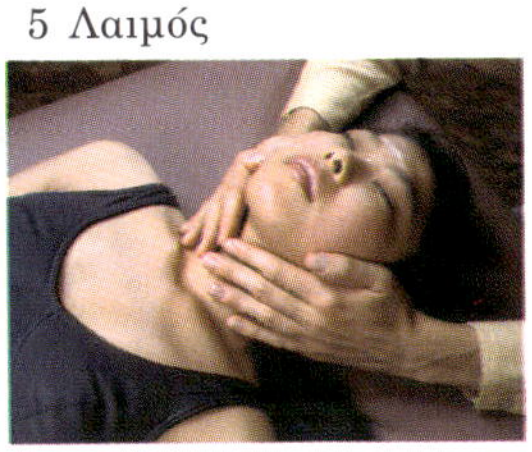

6 Κορυφή του κεφαλιού

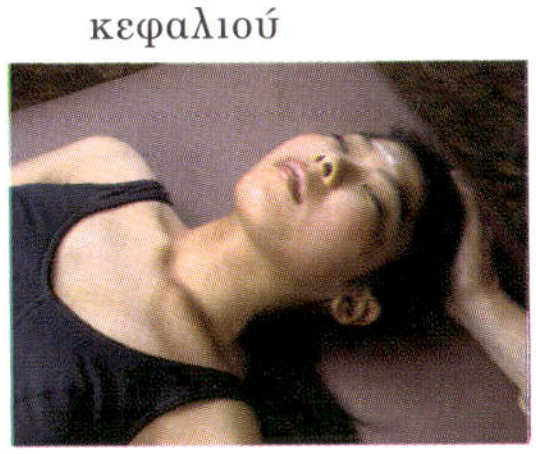

7 Στομάχι και έντερα

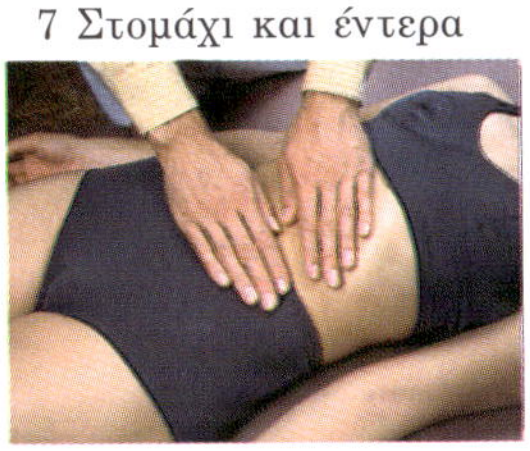

Το Κεφάλι:

頭部

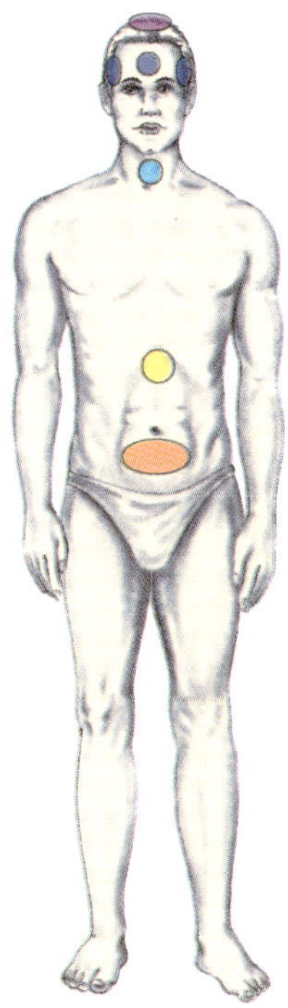

Μέτωπο
Κρόταφοι
Πίσω μέρος του κεφαλιού
Αυχένας
Λαιμός
Κορυφή του κεφαλιού
Στομάχι και έντερα

Η Τεχνική για τη Μείωση του Πυρετού Γκενέτσου-Χο:

下熱法

Οι ίδιες θέσεις χεριών όπως και για το κεφάλι και το *Μπίογκεν Τσίριο* (αγωγή της πηγής μιας αρρώστιας).

(Οι δύο τεχνικές που αναφέρονται παραπάνω δεν εξηγούνται με λεπτομέρειες. Για την τεχνική *Γκενέτσου-Χο*, ο κύριος Ογκάβα συστήνει ν' αφήσουμε το χέρι ή τα χέρια να στηρίζονται στο κεφάλι.

Έχω διαπιστώσει προσωπικά ότι ο πυρετός μπορεί να έχει θεραπευτική επίδραση, φτάνει να μην ανεβεί πολύ – να μείνει κάτω από 39,5. Σ' αυτή την περίπτωση, αφήνω τη διαίσθησή μου ν' αποφασίσει αν πρέπει να προσπαθήσω να μειώσω τον πυρετό ή όχι. Αν ο πυρετός ανεβεί περισσότερο, οπωσδήποτε θα χρησιμοποιούσα την τεχνική που συστήνεται από το δόκτορα Ουσούι, πριν ή στη διάρκεια της μεταφοράς του ατόμου σ' ένα γιατρό για παρακολούθηση.

Ένας μέτριος πυρετός αποτοξινώνει με φυσικό τρόπο το σώμα όταν έχει αυξημένες τοξίνες. Αν η σπονδυλική στήλη έχει χάσει την ισορροπία της, μετά τον πυρετό μπορεί να ισιώσει από μόνη της.)

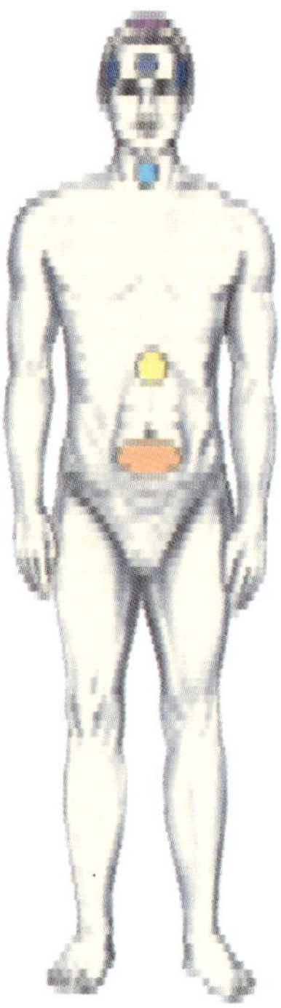

- *Μέτωπο*
- *Κρόταφοι*
- *Πίσω μέρος του κεφαλιού*
- *Αυχένας*
- *Λαιμός*
- *Κορυφή του κεφαλιού*
- *Στομάχι και έντερα*

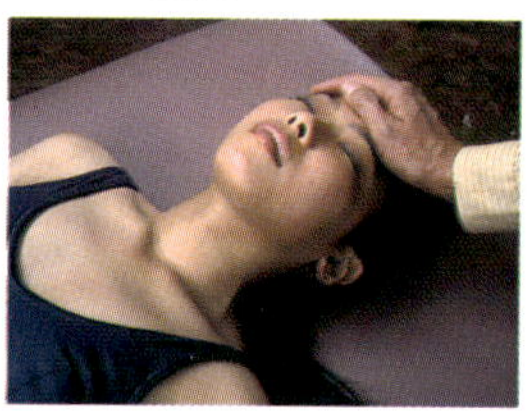

1 Μέτωπο

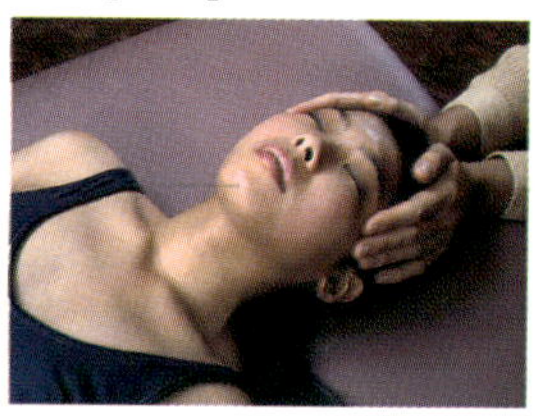

2 Κρόταφοι

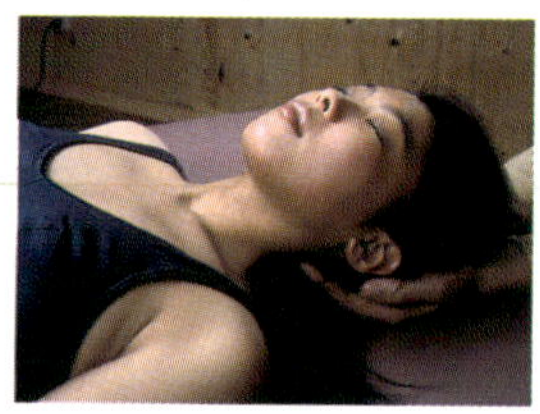

3 Πίσω μέρος του κεφαλιού

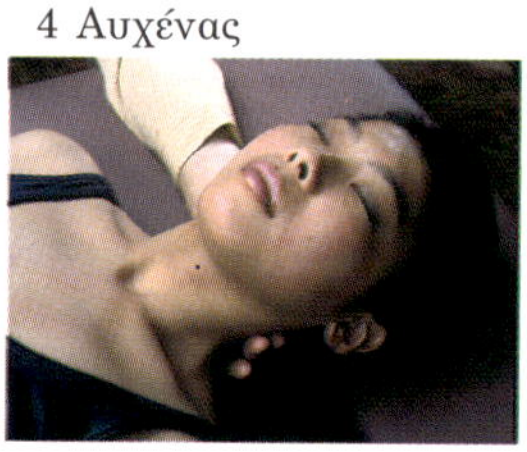

4 Αυχένας

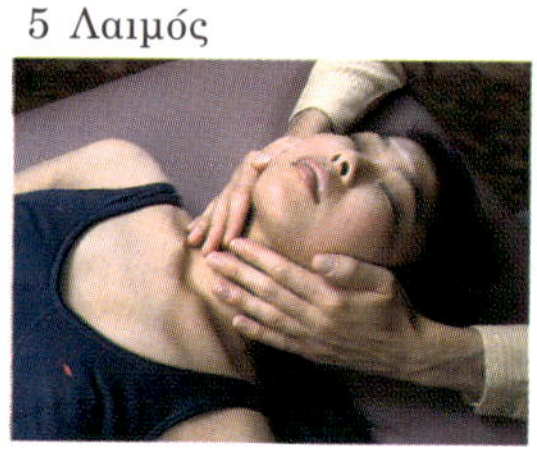

5 Λαιμός

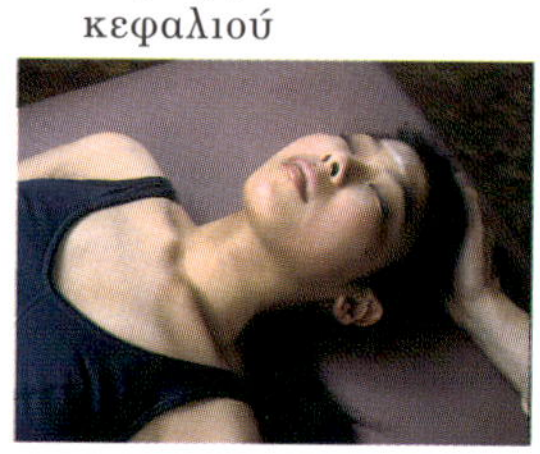

6 Κορυφή του κεφαλιού

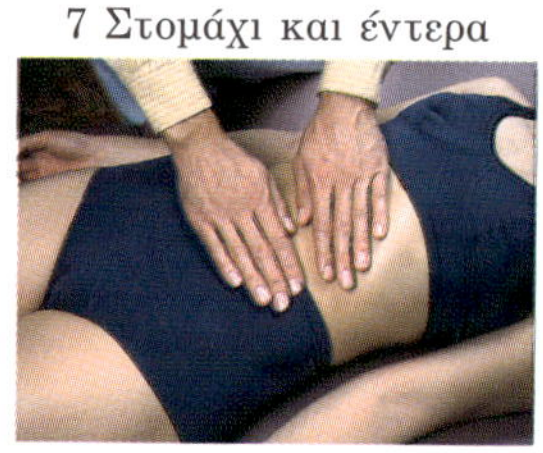

7 Στομάχι και έντερα

靈氣

Τα Μάτια:

眼

Τα μάτια, το σημείο ανάμεσα στα μάτια και τη μύτη, ανάμεσα στα μάτια και τους κροτάφους, και ο πρώτος, δεύτερος και τρίτος αυχενικός σπόνδυλος.

(Τα μάτια μας ταλαιπωρούνται συνεχώς σ' έναν κόσμο και μια οικονομία που στηρίζεται στα οπτικά ερεθίσματα. Οι μεγαλύτεροι επιβλαβείς παράγοντες είναι η πολλή τηλεόραση, το επίμονο συγκεντρωμένο διάβασμα, και η δουλειά σε κομπιούτερ. Μια αποτελεσματική θεραπεία γι' αυτά τα προβλήματα είναι να γεμίσετε ένα μικρό μαξιλάρι με λιναρόσπορο, τον οποίο μπορείτε να φορτίσετε από πριν με ρέικι Πρώτου ή Δευτέρου Βαθμού.

Αλλιώς, ακολουθείτε τον κανόνα να κάνετε ένα διάλειμμα τουλάχιστον μια φορά την ώρα. Επίσης, γυρίζετε συχνά το βλέμμα μακριά από την οθόνη ή το βιβλίο, και κοιτάζετε ένα αντικείμενο που βρίσκεται σε απόσταση πέντε ή έξι μέτρων.

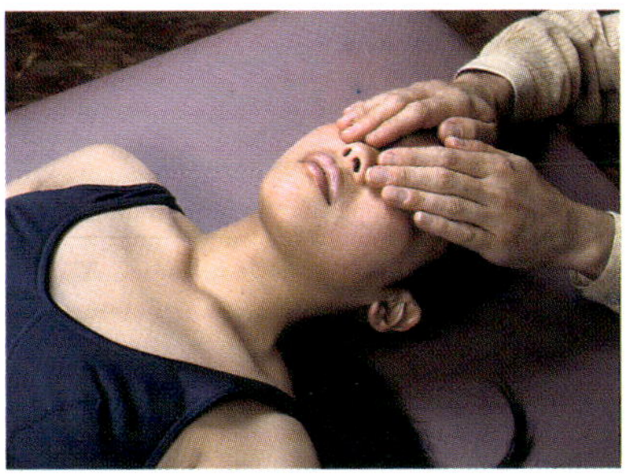

8 Μάτια

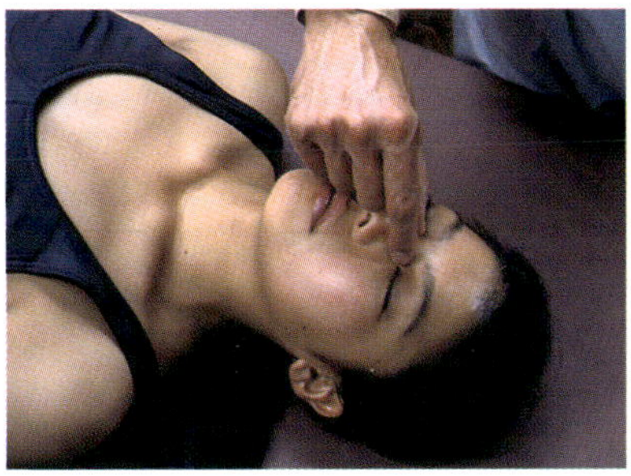

9 Ανάμεσα στα μάτια και τη μύτη

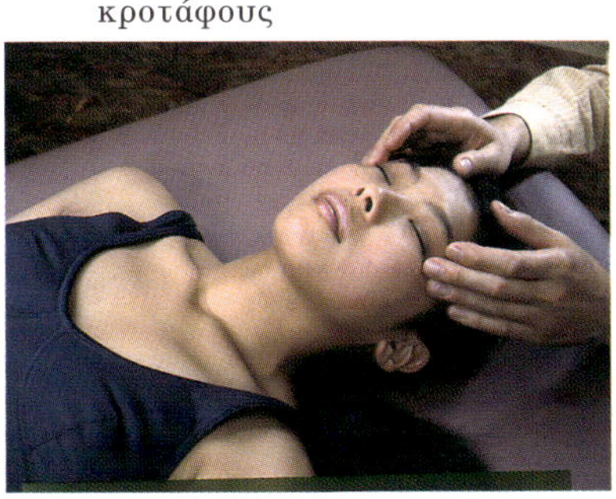

10 Ανάμεσα στα μάτια και τους κροτάφους

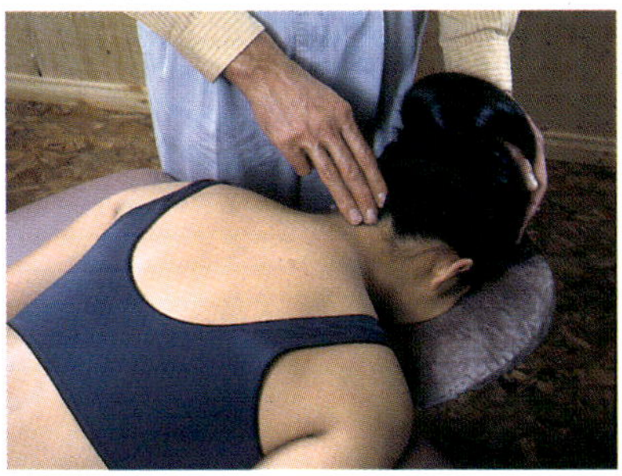

43 Περιοχή αυχενικών σπονδύλων 1-3

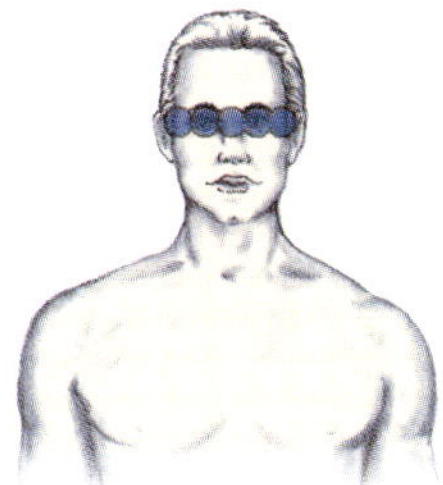

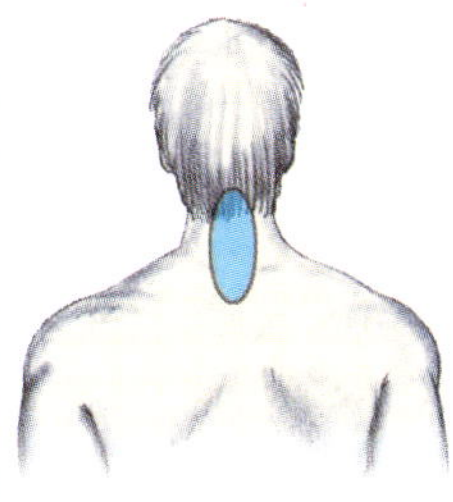

Μάτια

Ανάμεσα στα μάτια και τη μύτη

Ανάμεσα στα μάτια και τους κροτάφους

Περιοχή αυχενικών σπονδύλων 1-3

Η Μύτη:

鼻

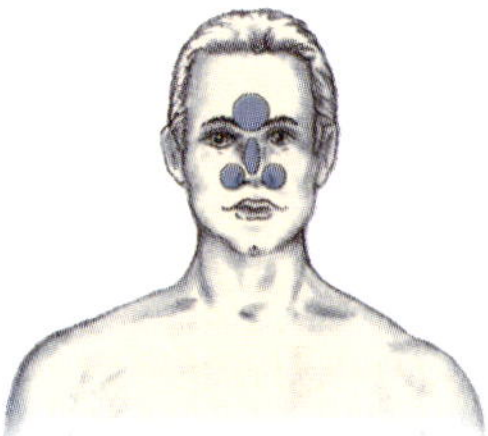

- *Ρινικό οστό*
- *Πλάι της μύτης*
- *Μέση του μετώπου*

Ρινικό οστό, πλάι της μύτης, μέση του μετώπου, λαιμός–αυχένας, περιοχή αυχενικών σπονδύλων 1-3.

(Τα προβλήματα που έχουν σχέση με τη μύτη και τα ιγμόρεια, καθώς και οι αλλεργίες, πληθαίνουν γοργά λόγω του μολυσμένου περιβάλλοντος. Ευτυχώς, μ' ένα ειδικό διαιτολόγιο μπορούμε ν' αποφύγουμε τα χειρότερα προβλήματα που συνδέονται με τις παραπάνω συνθήκες. Αποφεύγετε όλα τα γαλακτοκομικά προϊόντα και τις τροφές που παράγουν βλέννα, τουλάχιστον όσο επιμένει το πρόβλημα.

Μια καλή σπιτική θεραπεία για το καθάρισμα της μύτης είναι να ρίξετε μια κουταλιά του γλυκού χράνο σ' ένα φλιτζάνι βραστό νερό. Πιείτε το σαν τσάι.)

11 Ρινικό οστό

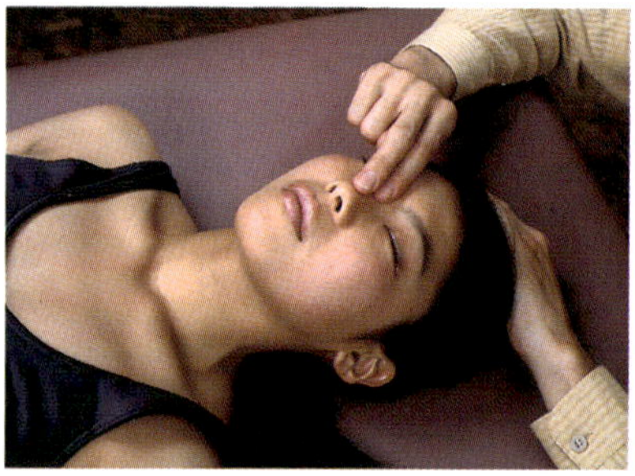

12 Πλάι της μύτης

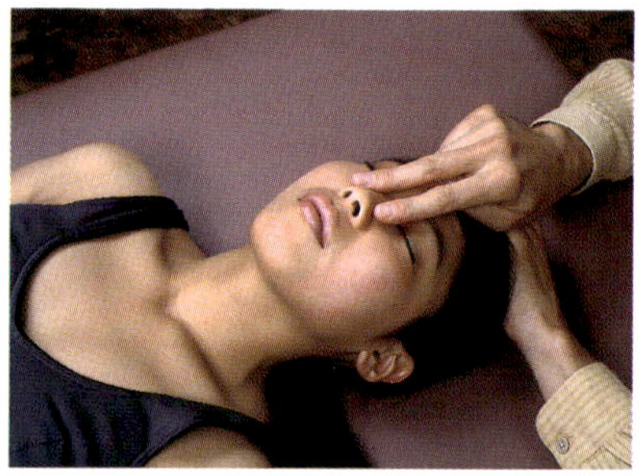

13 Μέση του μετώπου

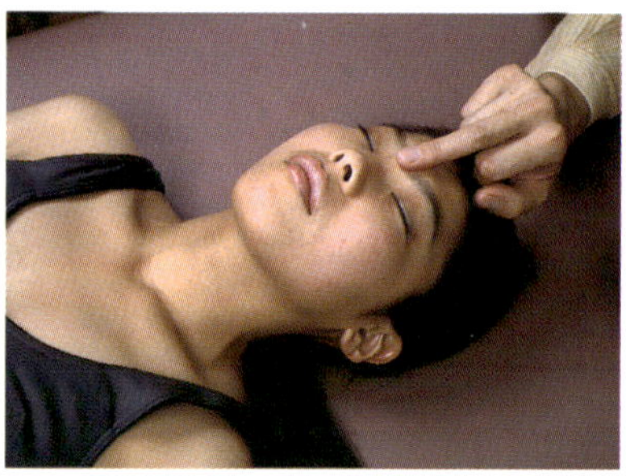

4 Αυχένας

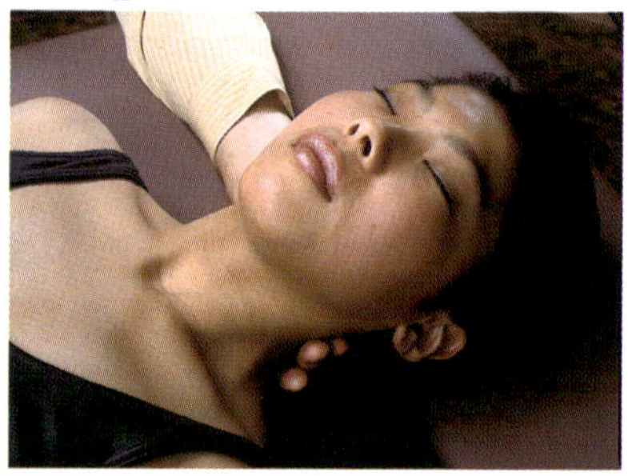

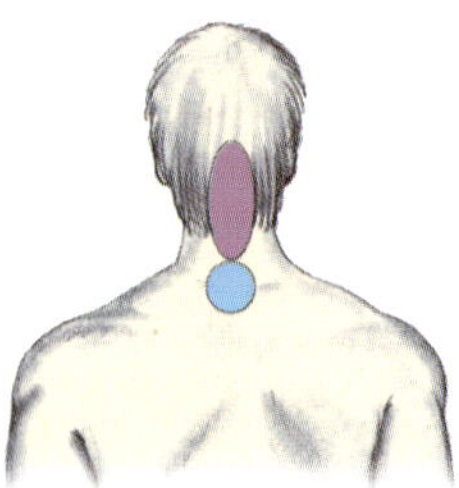

- *Αυχένας*
- *Λαιμός*
- *Περιοχή αυχενικών σπονδύλων*

5 Λαιμός

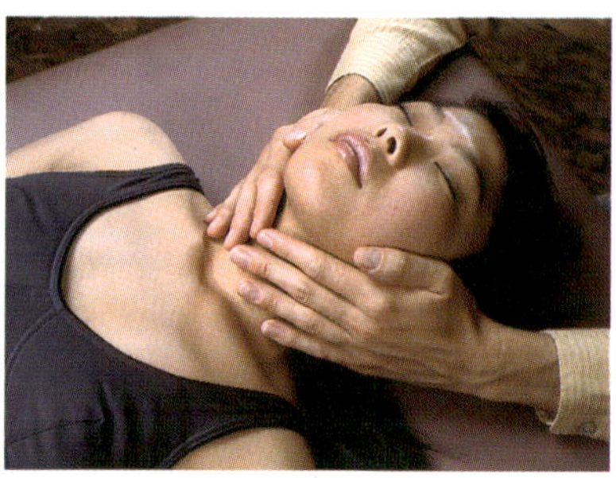

43 Περιοχή αυχενικών σπονδύλων 1-3

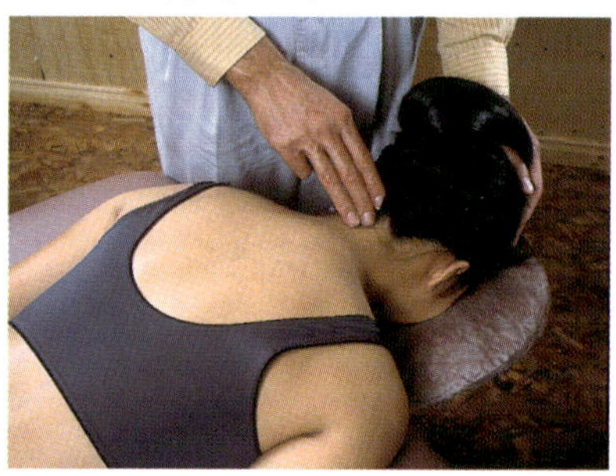

Τα Αυτιά:

耳

Ο ακουστικός πόρος, το μπροστινό μέρος του αυτιού –το πίσω μέρος του αυτιού– το προεξέχον τμήμα του χόνδρου του πτερυγίου του αυτιού (αυτά τα τρία φαίνονται στη φωτογραφία), ο πρώτος αυχενικός σπόνδυλος.

(Αν κάνετε αγωγή και στα δύο αυτιά ταυτόχρονα, υπάρχει μια πρόσθετη ωφέλεια: συγχρονίζονται τα δύο ημισφαίρια του εγκεφάλου. Έχουμε διαπιστώσει πως όταν ακουμπάμε τα χέρια μας στ' αυτιά του ασθενή, μπορεί στη συνέχεια να σηκωθούν από μόνα τους σε απόσταση τριών εκατοστών περίπου από το σώμα. Μένουν εκεί για ένα διάστημα, και μετά ίσως απομακρυνθούν ακόμα περισσότερο από το σώμα και δουλέψουν στο επίπεδο της αύρας, πριν αγγίξουν πάλι το σώμα.

Με αυτό τον τρόπο κάνω αγωγή επίσης σε ασθενείς που έχουν πάθει ελαφρά εγκεφαλικά επεισόδια. Μετά την αγωγή αυτή, μπορείτε να "παρκάρετε" τα χέρια σας πάνω στο τάντεν για δέκα ή δεκαπέντε λεπτά.)

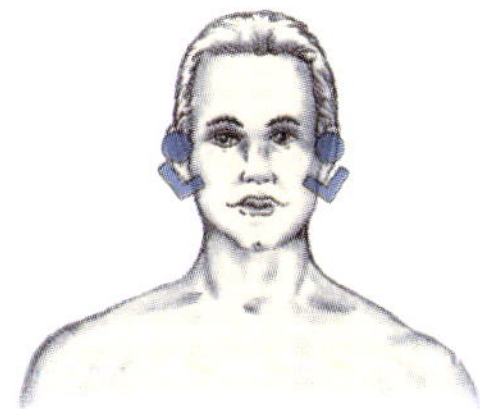

Ακουστικός πόρος

Μπροστά και πίσω από το αυτί

14 Είσοδος ακουστικού πόρου

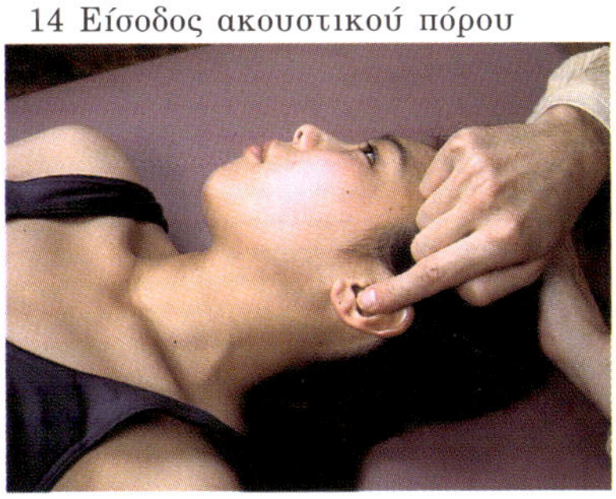

15 Μπροστά και πίσω από το αυτί

42 Περιοχή πρώτου αυχενικού σπονδύλου

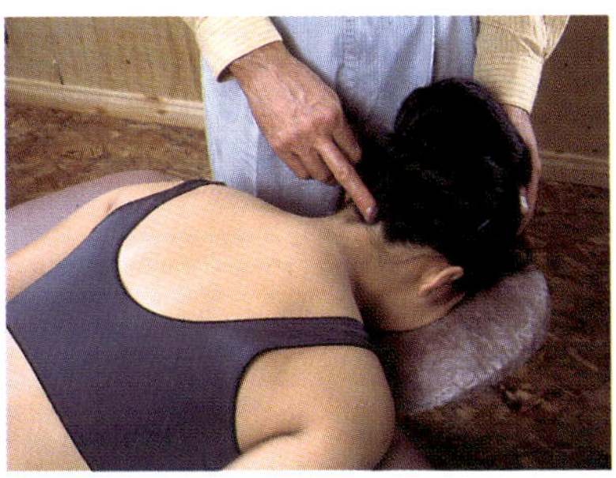

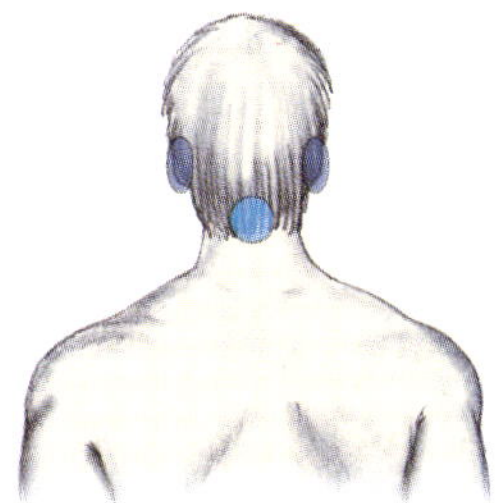

Μπροστά και πίσω από το αυτί

Αυχενικός σπόνδυλος 1

Το Στόμα:

12

Βάλτε το χέρι σας πάνω από το στόμα χωρίς να κλείσετε με αυτό τα χείλη του πελάτη.

(Δοκιμάστε μόνοι σας για να δείτε πώς νιώθετε όταν καλύπτετε και κλείνετε το στόμα με το χέρι, και θα καταλάβετε γιατί ο δόκτωρ Ουσούι λέει ότι δεν πρέπει να το κάνουμε αυτό. Ωστόσο, το να κρατάμε το στόμα μας κλειστό πότε πότε είναι μια καλή άσκηση για πολλά άτομα! Στα ιαπωνικά, όπως και στ' αγγλικά, υπάρχει το ρητό *τσινμόκου βα κιν*: "η σιωπή είναι χρυσός".

Ωστόσο, αν ένας ασθενής έχει χάσει τις αισθήσεις του, υπάρχει ένα πολύ αποτελεσματικό σημείο βελονισμού στο κέντρο του πάνω χείλους (βλ. φωτογραφία 21) που μπορεί να τον επαναφέρει στις αισθήσεις του.)

16 Πάνω από το στόμα χωρίς να κλείσετε τα χείλη του ασθενή. (Σε αυτή τη θέση βάζω το αριστερό μου χέρι πάνω από το δικό μου τσάκρα του στέμματος, γιατί το νιώθω σωστό.)

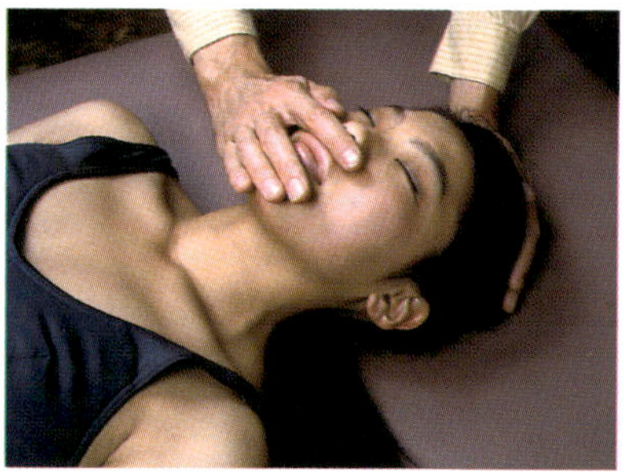

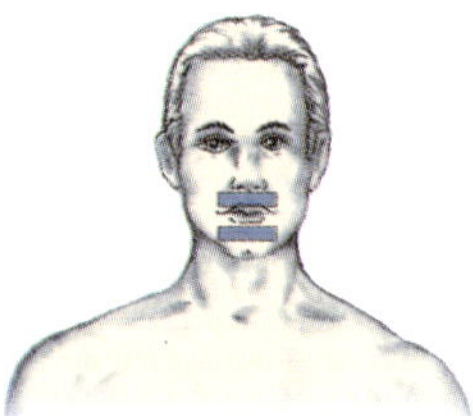

Πάνω από το στόμα (μην κλείσετε τα χείλη)

21 Στη μέση του πάνω χείλους

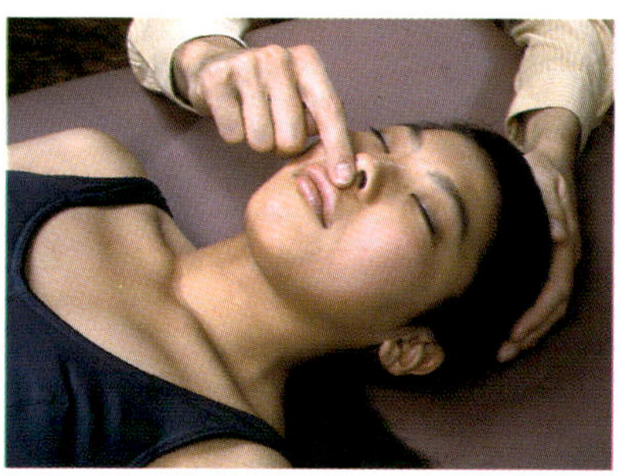

靈氣

Η Γλώσσα:

舌

Πάνω στη γλώσσα, στη ρίζα της γλώσσας.

(Αυτή η θέση μπορεί να είναι δυσάρεστη για μερικά άτομα για λόγους υγιεινής και επειδή τους θυμίζει την επίσκεψη στον οδοντίατρο. Γι' αυτό είναι ίσως προτιμότερο να κάνουμε αγωγή στη γλώσσα με ρέικι από απόσταση. Αν δεν μπορείτε να το κάνετε αυτό, ή θεωρείτε ότι μια αγωγή επαφής θα ήταν προτιμότερη, φορέστε ένα καινούριο ζευγάρι λαστιχένια γάντια. Σημείωση: Βεβαιωθείτε πως ούτε εσείς ούτε ο ασθενής δεν έχετε αλλεργία στο υλικό των γαντιών!
ΜΙΑ ΣΥΜΒΟΥΛΗ ΓΙΑ ΤΟ ΔΙΑΛΟΓΙΣΜΟ: Διάβασα σ' ένα βιβλίο για τον Ινδό άγιο Ραμακρίσνα, που είχε βάλει τη γυναίκα του να γράψει ιερά σύμβολα πάνω στη γλώσσα του. Έτσι ζήτησα από τη γυναίκα μου να κάνει το ίδιο σ' εμένα. Στην αρχή μ' έπιασαν τα γέλια επειδή γαργαλιόμουν, μετά όμως τα σύμβολα του ρέικι έλιωσαν μέσα στο στόμα μου, κατά κάποιο τρόπο. Ήταν μια υπέροχη αίσθηση.)

17 Πάνω στη γλώσσα (φορέστε λαστιχένια γάντια)

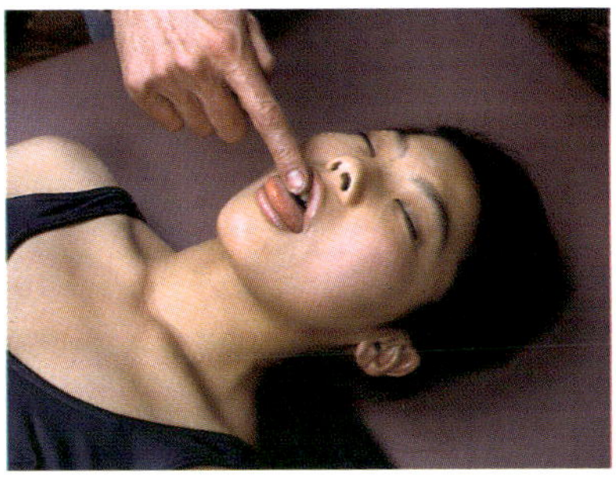

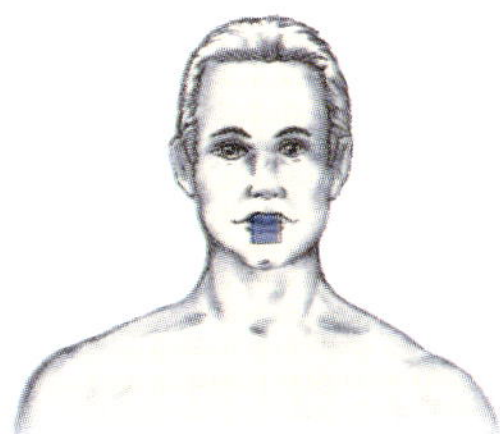

Πάνω στη γλώσσα

Στη ρίζα της γλώσσας

18 Στη ρίζα της γλώσσας (φορέστε λαστιχένια γάντια)

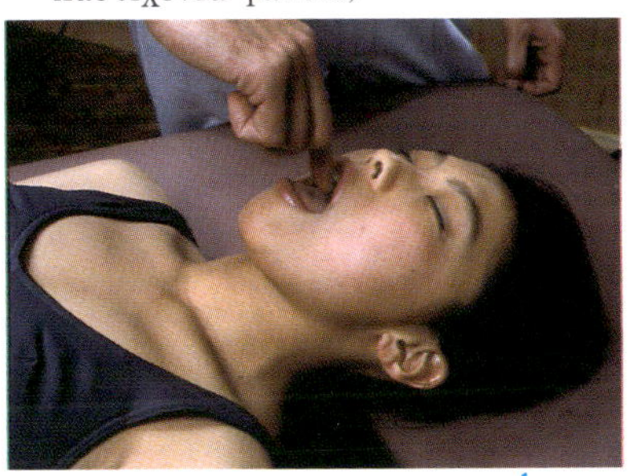

Ο Λαιμός:

咽

喉

Χόνδρος του λαιμού (μήλο του Αδάμ), λαιμός - αυχένας.

(Από ανατομική άποψη, ο λαιμός είναι ένα μέρος του σώματος που μπορεί να τραυματιστεί εύκολα. Γι' αυτό το λόγο, νιώθουμε ν' απειλούμαστε όταν κάποιος μας κρατά από το λαιμό. Έτσι, πρέπει να είμαστε ιδιαίτερα ευαίσθητοι και χαλαροί σ' αυτή τη θέση. Προσωπικά προτιμώ τη θέση που φαίνεται στην εικόνα, αλλά υπάρχουν και άλλες δυνατότητες. Για παράδειγμα, μπορείτε να βάλετε και τα δύο χέρια πάνω στο κάτω σαγόνι του πελάτη ενώ στέκεστε ή κάθεστε πίσω του. Έτσι οι παλάμες σας θα βρίσκονται δύο τρία εκατοστά πάνω από το λαιμό του.

ΜΕΡΙΚΕΣ ΠΡΟΣΘΕΤΕΣ ΣΥΜΒΟΥΛΕΣ: Για τα προβλήματα του λαιμού, συστήνω ρόφημα από τζίντζερ. Πάρτε ένα κομμάτι τζίντζερ με μέγεθος κουταλιάς του γλυκού, ξύστε το στον τρίφτη μέσα σ' ένα φλιτζάνι και γεμίστε το με βραστό νερό. Αφήστε το να κρυώσει λίγο, και μετά δοκιμάστε να το πιείτε. Αν αντέχετε και πιο ισχυρό μείγμα, ξύστε μέσα λίγο τζίντζερ ακόμη. Πιείτε αυτό το ρόφημα με μικρές γουλιές. Οι καραμέλες με ψευδάργυρο είναι επίσης πολύ αποτελεσματικές για τον ερεθισμένο λαιμό.)

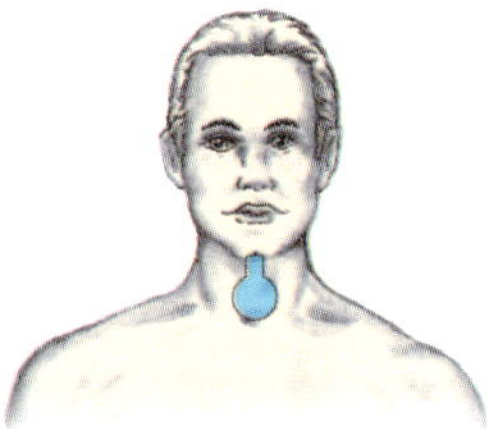

Χόνδρος του λαιμού

Λαιμός - αυχένας

19 Χόνδρος του λαιμού

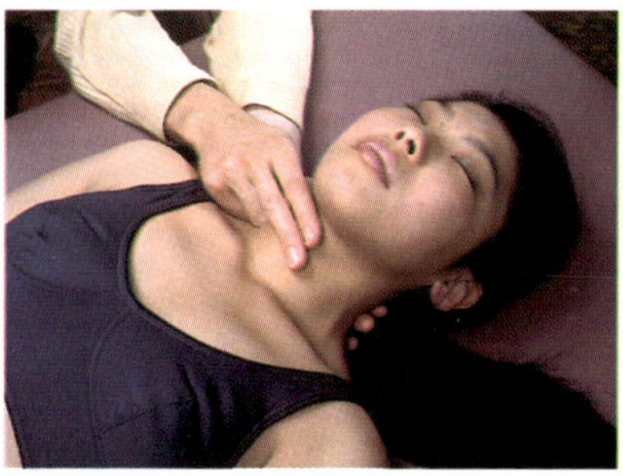

4 Αυχένας

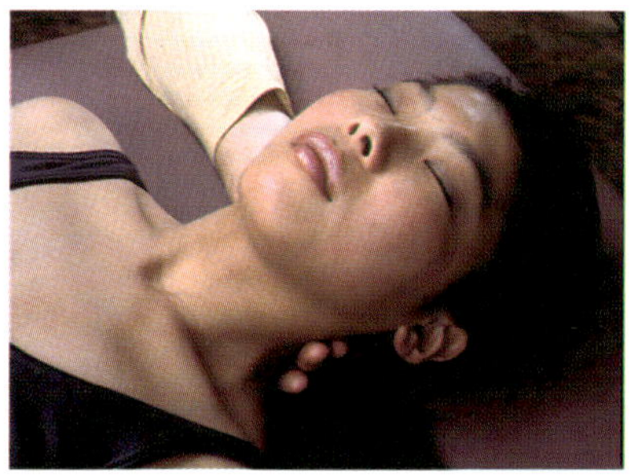

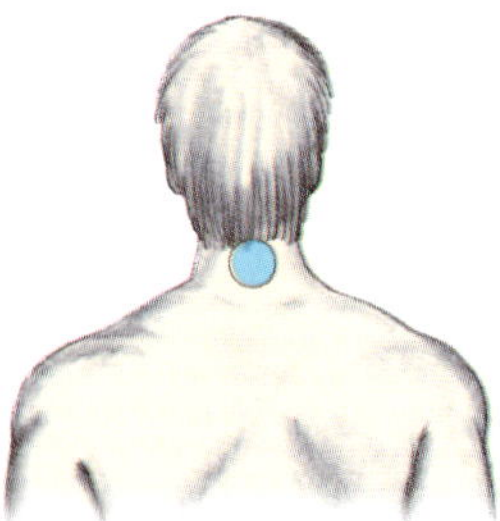

Λαιμός - αυχένας

5 Λαιμός

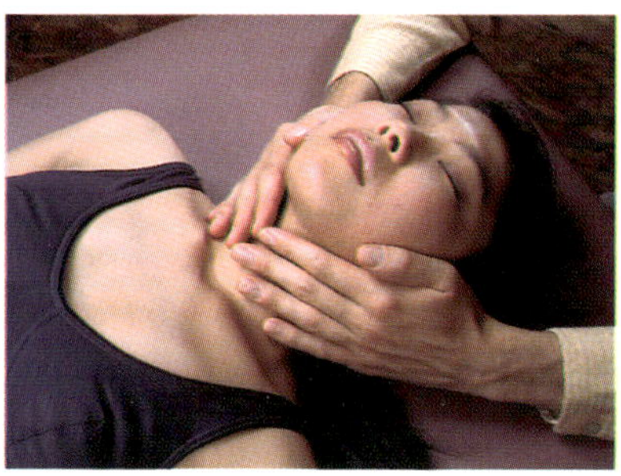

霊氣

Οι Πνεύμονες:

肺

Περιοχή πνευμόνων, ανάμεσα στις ωμοπλάτες, θωρακικοί σπόνδυλοι δύο έως έξι.

(Οι πνεύμονες παρέχουν στο σώμα ζωτικό οξυγόνο, το οποίο αντιπροσωπεύει το ένα πέμπτο του αέρα που εισπνέουμε. Με τη βοήθεια αυτού του οξυγόνου, τα κύτταρα του σώματός μας καίνε το σάκχαρο. Αυτή η καύση παράγει ενέργεια. Το διοξείδιο του άνθρακα αποβάλλεται επίσης από τους πνεύμονες.

Όπως περιγράψαμε στο κεφάλαιο για την αναπνοή, ο δόκτωρ Ουσούι δίδασκε με μεγάλη σχολαστικότητα στους μαθητές του τι σημαίνει να εισπνέουμε βαθιά με το *Τάντεν*.

Όμως ακόμη και όταν αναπνέουμε κανονικά, δηλαδή χωρίς να αντλούμε συνειδητά ενέργεια από το σύμπαν, θα μας βοηθήσει αν αναπνέουμε με την κοιλιά. Αν αυτό σας φανεί δύσκολο στην αρχή, βάλτε το ένα ή και τα δύο χέρια στην κοιλιά και μετά εισπνεύστε τον αέρα σε αυτό το σημείο. Η πείρα μας μάς έχει δείξει ότι είναι δυνατόν να μάθει κανείς την κοιλιακή ή διαφραγματική αναπνοή μέσα σε μικρό χρονικό διάστημα.)

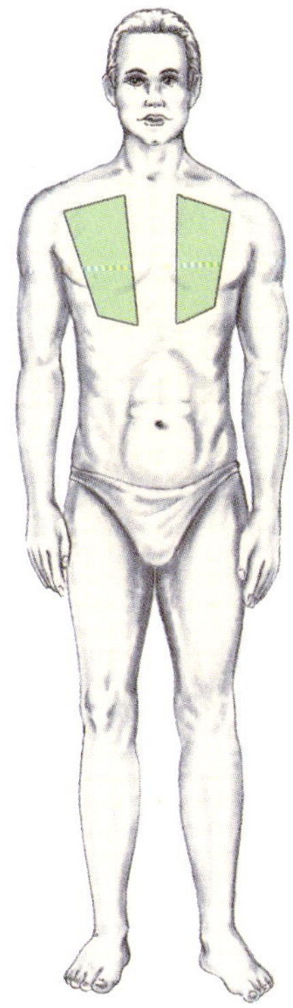

Περιοχή πνευμόνων

22 Πνεύμονες

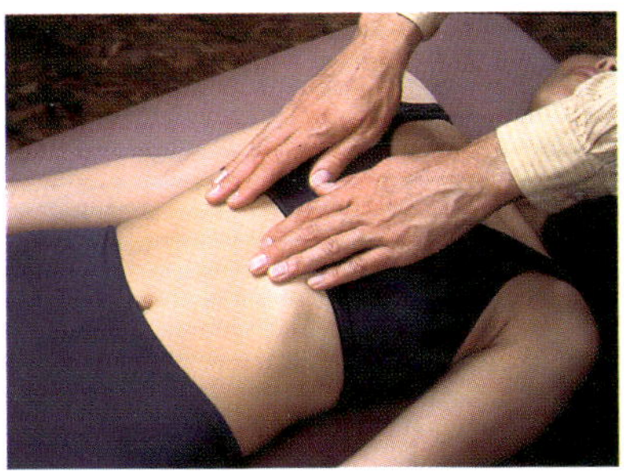

44 Ανάμεσα στις ωμοπλάτες

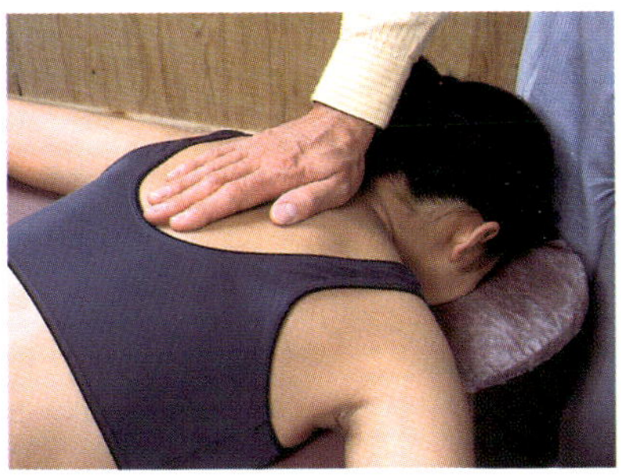

45 Θωρακικοί σπόνδυλοι 2-6

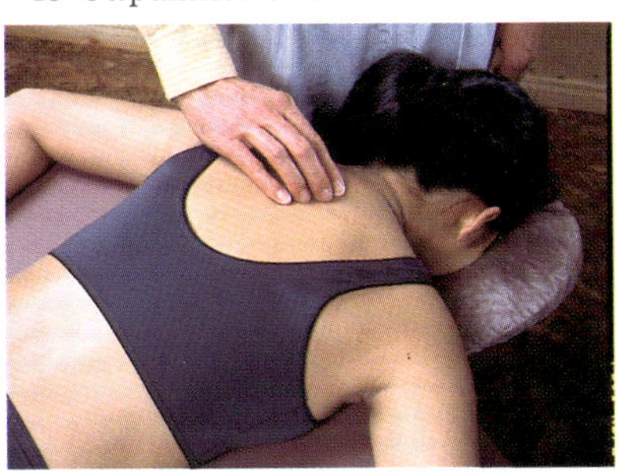

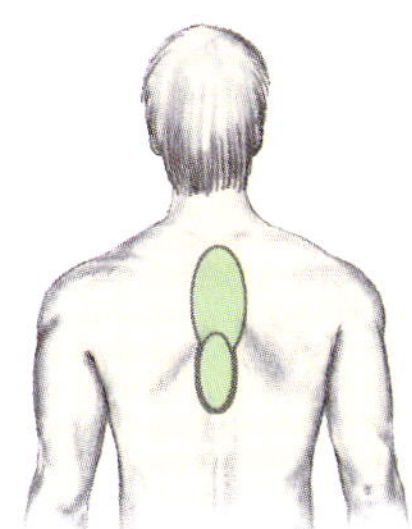

Ανάμεσα στις ωμοπλάτες

Θωρακικοί σπόνδυλοι 2-6

Η Καρδιά:

心臟

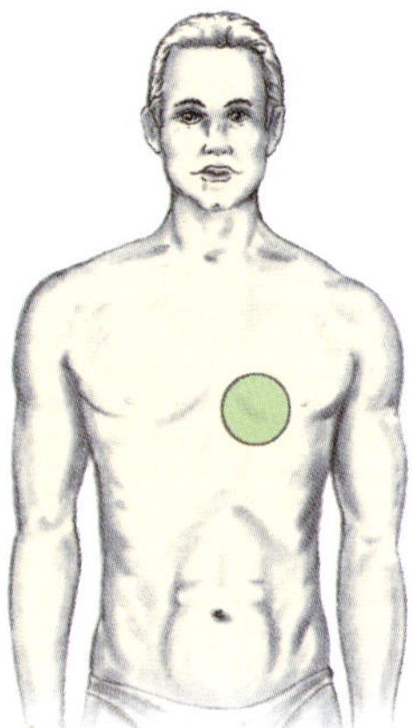

■ *Περιοχή της καρδιάς*

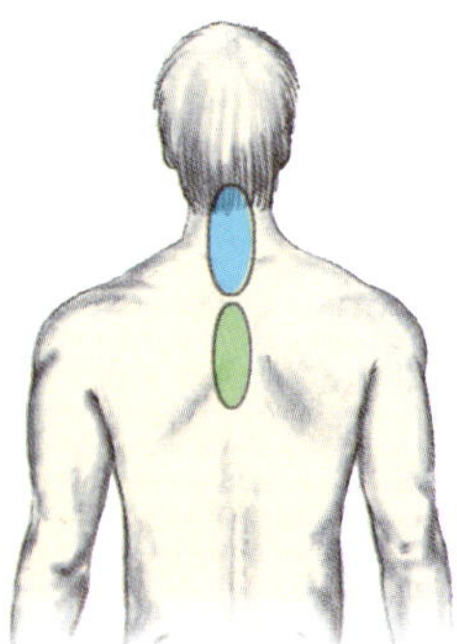

■ *Αυχενικοί σπόνδυλοι 5-7*
■ *Θωρακικοί σπόνδυλοι 1-5*

Περιοχή της καρδιάς, αυχενικοί σπόνδυλοι 5-7, θωρακικοί σπόνδυλοι 1-5.

(Όπως ξέρουμε, η καρδιά στέλνει το αίμα μέσω της αορτής, η οποία είναι η κύρια αρτηρία, και από εκεί το διανέμει μέσα από τις υπόλοιπες αρτηρίες στα όργανα και τους ιστούς του σώματος. Το αίμα παρέχει θρεπτικά συστατικά και οξυγόνο. Μόλις δώσει το οξυγόνο που περιέχει, το αίμα οδηγείται από τις φλέβες στους πνεύμονες, όπου εμπλουτίζεται και πάλι με οξυγόνο. Από τους πνεύμονες, το αίμα πηγαίνει ξανά στην καρδιά και ο κύκλος αρχίζει από την αρχή.

Η καρδιά παίζει επίσης κυρίαρχο ρόλο στη λειτουργία του ενεργειακού μας σώματος. Στο τσάκρα της καρδιάς, οι πιο χονδροειδείς ενέργειες από τα κατώτερα τσάκρα και οι λεπτότερες ενέργειες από τα ανώτερα τσάκρα μετατρέπονται σε χρησιμοποιήσιμη θεραπευτική ενέργεια, η οποία κατόπιν ρέει στα μπράτσα και στα χέρια.

Μια αγωγή ρέικι από την καρδιά ηρεμεί τον πελάτη και τον βοηθά να νιώσει ότι περιβάλλεται από αγάπη και είναι προστατευμένος.)

23 Καρδιά

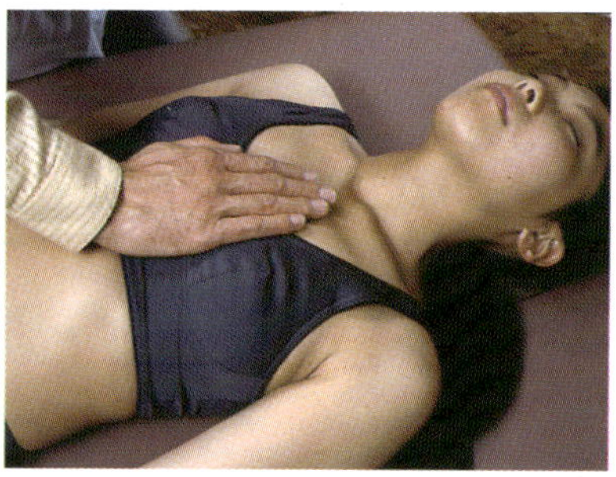

46 Αυχενικοί σπόνδυλοι 5-7

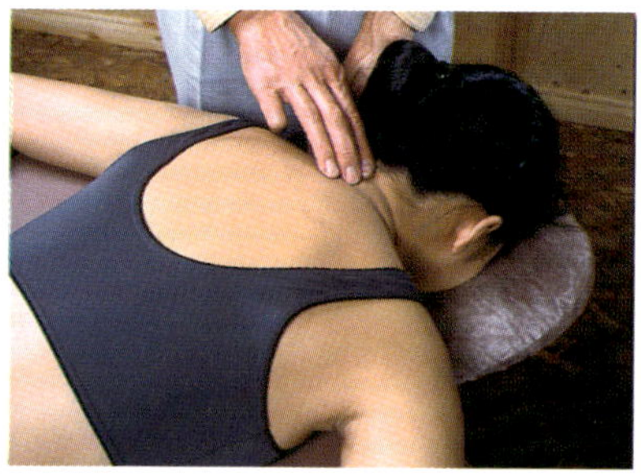

47 Περιοχή αυχενικών σπονδύλων 1-5

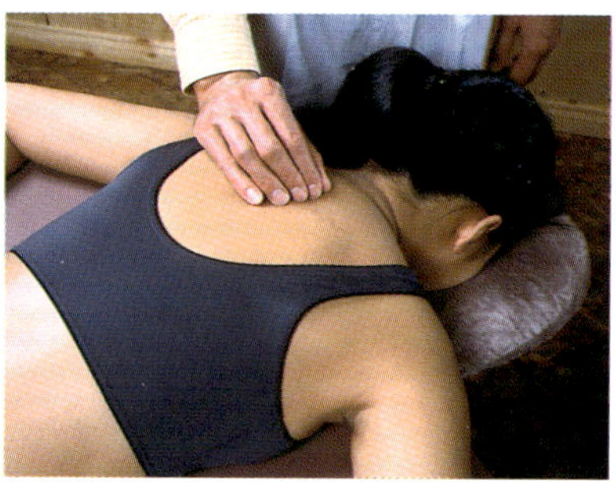

Το Συκώτι:

肝臓

Περιοχή του συκωτιού, θωρακικοί σπόνδυλοι 8-10, ιδιαίτερα από τη δεξιά πλευρά του σώματος.

(Το συκώτι είναι το μεγαλύτερο εσωτερικό όργανο του σώματος, και υπάρχει λόγος γι' αυτό: Η κύρια λειτουργία του είναι ν' αποτοξινώνει τις τοξίνες και τ' απόβλητα, και να παράγει ή να επεξεργάζεται νέες χημικές ουσίες. Γι' αυτό να φέρεστε καλά στο συκώτι σας και να μην του κάνετε δύσκολη τη ζωή – και τη δική σας.

Σε περίπτωση ηπατικής βλάβης, πρέπει ν' αποφεύγετε τις λιπαρές τροφές, το αλκοόλ, τη νικοτίνη και τα φάρμακα. Ευτυχώς, το συκώτι έχει την ικανότητα της αναγέννησης των ιστών του. Αυτό όμως δεν γίνεται από τη μια μέρα στην άλλη. Ένα συκώτι που έχει υποστεί σοβαρές βλάβες από κατάχρηση φαρμάκων ή ίκτερο, χρειάζεται μήνες, αν όχι χρόνια, για ν' ανακτήσει την υγεία του.

Γι' αυτό κάνετε αγωγή στο συκώτι για μεγαλύτερα χρονικά διαστήματα, ανάλογα με τη σοβαρότητα της πάθησης. Σας συστήνω τουλάχιστον μισή ώρα αγωγής με τον τρόπο που περιγράφει ο δόκτωρ Ουσούι.)

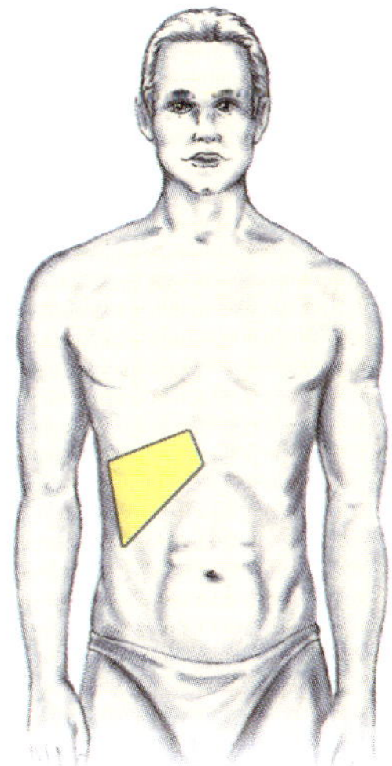

Συκώτι

24 Συκώτι

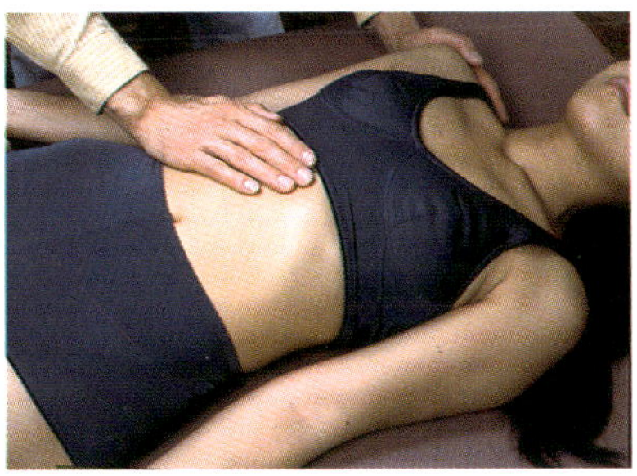

45 Περιοχή θωρακικών σπονδύλων 8-10 (κυρίως από τη δεξιά πλευρά)

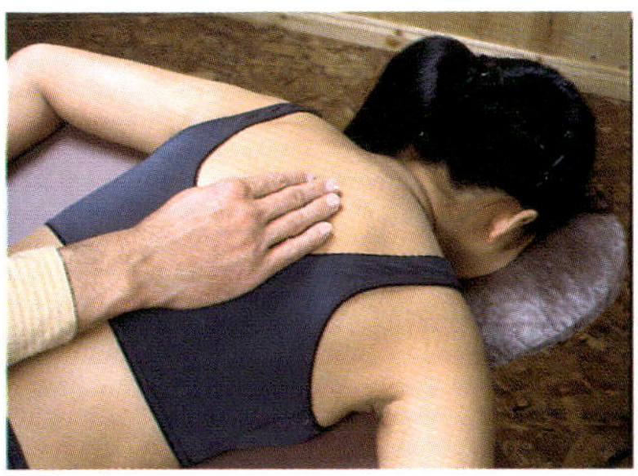

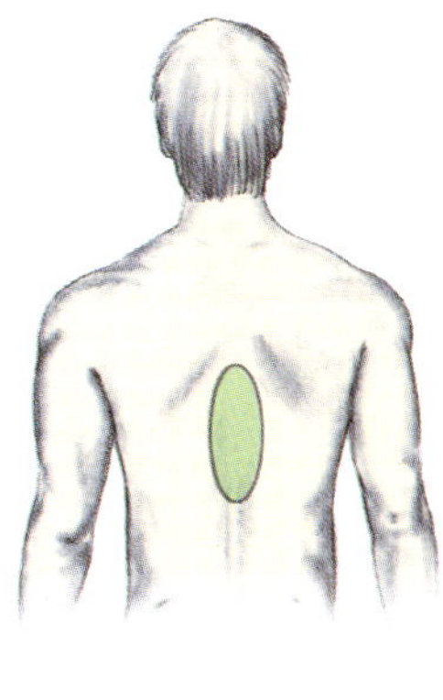

Θωρακικοί σπόνδυλοι 8-10
(ιδιαίτερα από τη δεξιά πλευρά)

Το Στομάχι:

胃

Περιοχή στομάχου, θωρακικοί σπόνδυλοι 4 και 6-10.

(Το στομάχι χρησιμεύει σαν ρεζερβουάρ για τις τροφές που τρώμε, και σαν αφετηρία της διαδικασίας της πέψης. Εδώ τα πεπτικά υγρά ανακατεύονται με τις τροφές. Αυτά τα υγρά μετατρέπουν την τροφή σ' έναν πολτό, ο οποίος στη συνέχεια περνά από το δωδεκαδάκτυλο και φτάνει στα έντερα.

Όμως, το στομάχι είναι επίσης η έδρα των συναισθημάτων μας. Υπάρχει σαφώς λόγος που συνηθίζουμε να λέμε, “Δεν μπορώ να το χωνέψω αυτό”.

Σε περιόδους συναισθηματικής κρίσης –ισχύει το ίδιο όταν κλαίει ένα παιδί– μπορείτε ν' ακουμπήσετε και τα δύο χέρια στο στομάχι και στα έντερα τουλάχιστον για δεκαπέντε λεπτά. Προσωπικά κάνω πάντα ταυτόχρονη αγωγή στο στομάχι και στα έντερα, μπορούμε όμως να τους κάνουμε αγωγή και χωριστά.)

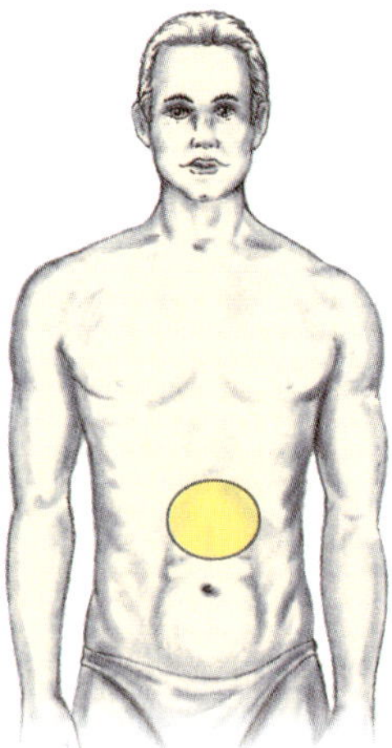

Στομάχι

7 Στομάχι και έντερα

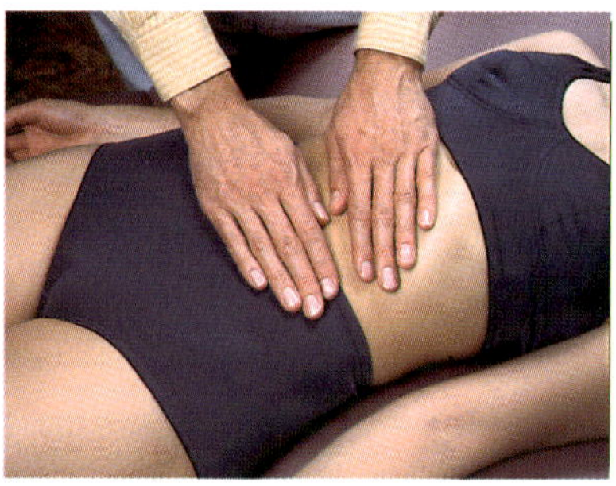

49 Θωρακικοί σπόνδυλοι 4 και 6-10

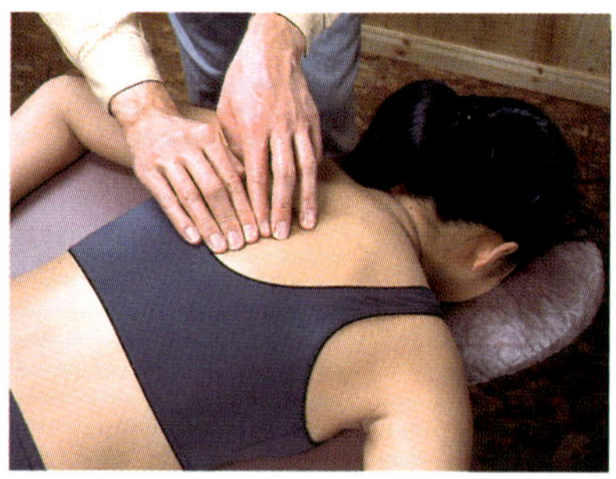

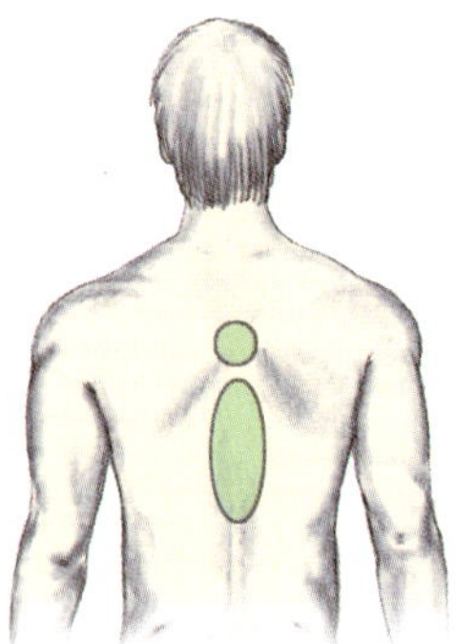

Θωρακικός σπόνδυλος 4

Θωρακικοί σπόνδυλοι 6-10

Τα Έντερα:

腸

Πάνω και κάτω πλευρά του παχέος εντέρου, περιοχή λεπτού εντέρου (γύρω από τον αφαλό), θωρακικοί σπόνδυλοι 6-10, οσφυϊκοί σπόνδυλοι 2-5, γλουτοί.

(Από το δωδεκαδάκτυλο, ο πολτός της τροφής που βγαίνει από το στομάχι φτάνει στο λεπτό έντερο, όπου πραγματοποιείται η πέψη. Από το λεπτό έντερο, ο πολτός περνά στο παχύ έντερο. Σ' αυτή τη διαδρομή του, το έντερο απορροφά από τον πολτό της τροφής τα θρεπτικά συστατικά και το νερό.

Επειδή τα έντερα έχουν πολλές πτυχώσεις και στροφές, μπορεί εύκολα κάποιες βλαβερές ουσίες να εναποτεθούν σ' αυτές τις πτυχώσεις και να μην αποβληθούν από το σώμα.

Γι' αυτό πρέπει να είμαστε πολύ προσεκτικοί στην αγωγή των εντέρων. Η αγωγή αυτή βοηθά ν' απομακρυνθούν οι τοξίνες από τα εντερικά τοιχώματα ώστε να μπορέσουν ν' αποβληθούν. Άλλες μέθοδοι για ν' απαλλαγούμε απ' αυτές τις ουσίες είναι ο υποκλυσμός, οι θεραπευτικές νηστείες ή ορισμένα θεραπευτικά βότανα. Ωστόσο, αυτές οι μέθοδοι πρέπει ν' ακολουθούνται μόνο σύμφωνα με τις οδηγίες γιατρού.)

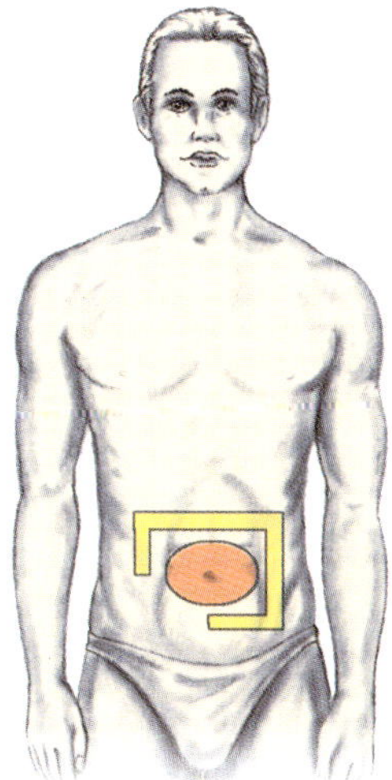

Πάνω και κάτω πλευρά του παχέος εντέρου

Περιοχή λεπτού εντέρου (γύρω από τον αφαλό)

25 Παχύ έντερο πάνω μέρος

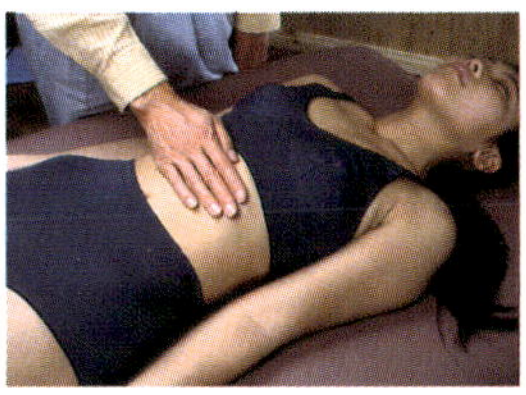

26 Παχύ έντερο κάτω μέρος από το πλάι

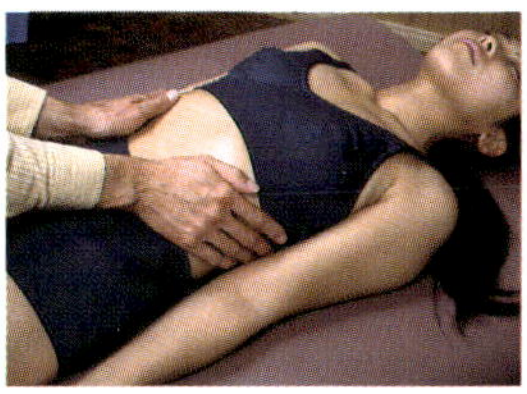

27 Περιοχή λεπτού εντέρου

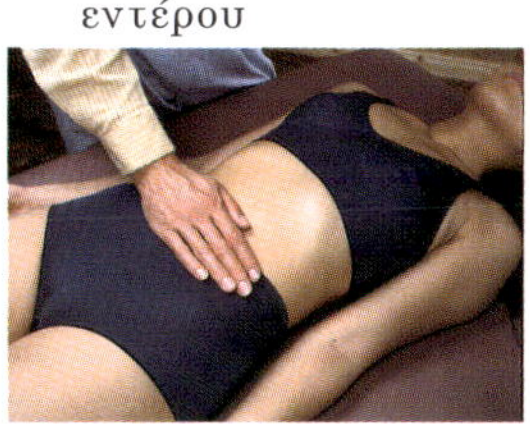

49 Περιοχή θωρακικών σπονδύλων* 6-10

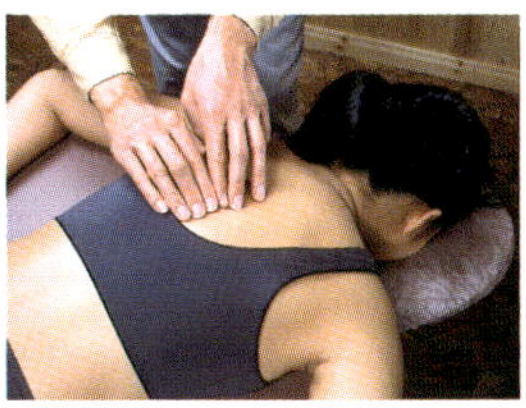

50 Περιοχή οσφυϊκών σπονδύλων 2-5

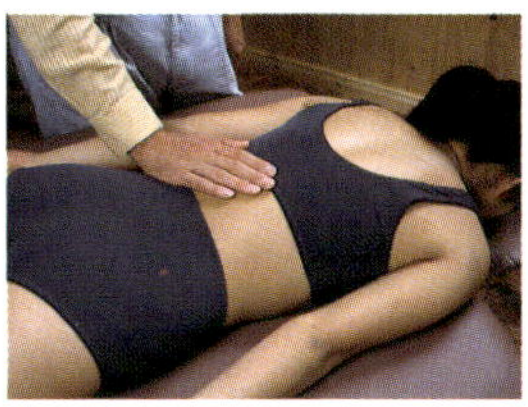

54 Ιερό οστό, κόκκυγας

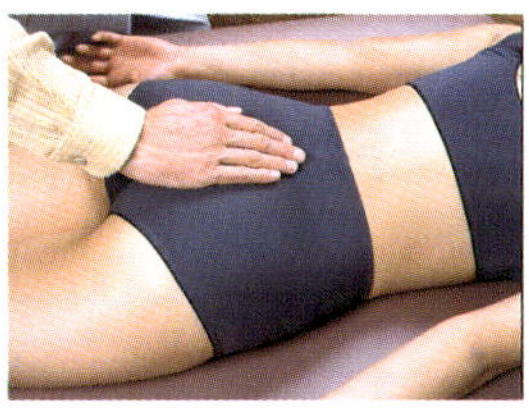

*Σημείωση για τη φωτογραφία 49: Σε αυτή τη θέση, θα μπορούσατε, επίσης, να βάλετε το χέρι σας ανάμεσα στις ωμοπλάτες -λίγο χαμηλότερα από ότι στη φωτογραφία 44 (Σελ. 121).

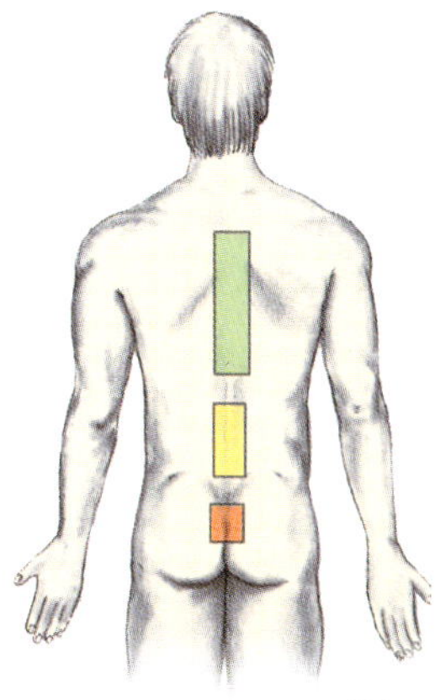

Θωρακικοί σπόνδυλοι 6-10

Οσφυϊκοί σπόνδυλοι 2-5

Γλουτοί

Η Ουροδόχος Κύστη:

膀胱

Περιοχή ουροδόχου κύστης, οσφυϊκοί σπόνδυλοι 4-5.

(Η ουροδόχος κύστη γεμίζει από μια συνεχή ροή ούρων από τα νεφρά, μέσω του ουρητήρα. Κατόπιν τα ούρα αποβάλλονται από την ουρήθρα. Η ουρήθρα της γυναίκας έχει πολύ μικρό μήκος και είναι απροστάτευτη λόγω της ανατομικής της θέσης. Γι' αυτό οι γυναίκες ταλαιπωρούνται από ουρολοιμώξεις. Για να κάνετε αγωγή, βάλτε τα χέρια σας πάνω από την ουροδόχο κύστη και λίγο πιο κάτω για δεκαπέντε λεπτά τουλάχιστον.

Για ανατομικούς λόγους, ο κίνδυνος ουρολοιμώξεων δεν είναι πολύ μεγάλος για τους άντρες. Οι άντρες όμως έχουν ένα άλλο αδύνατο σημείο, τον προστάτη αδένα. Όταν πρηστεί ο προστάτης, υπάρχει δυσκολία στην ούρηση. Κάντε αγωγή στο κάτω μέρος της ουροδόχου κύστης τουλάχιστον για δεκαπέντε λεπτά.)

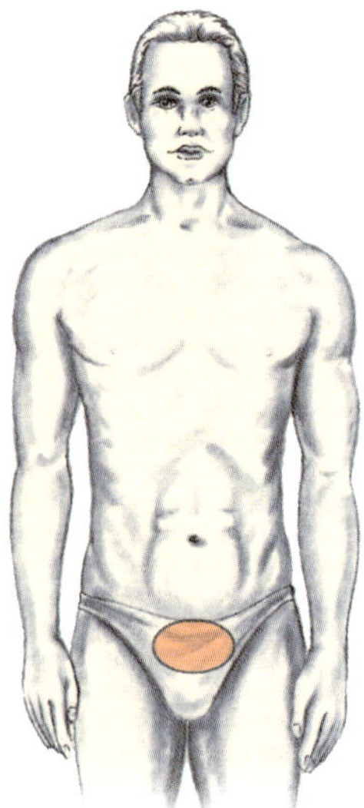

Ουροδόχος Κύστη

28 Περιοχή ουροδόχου κύστης

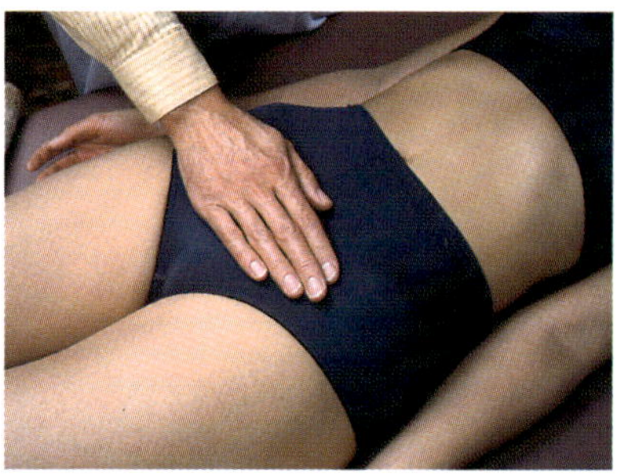

78 Περιοχή οσφυϊκών σπονδύλων 4-5

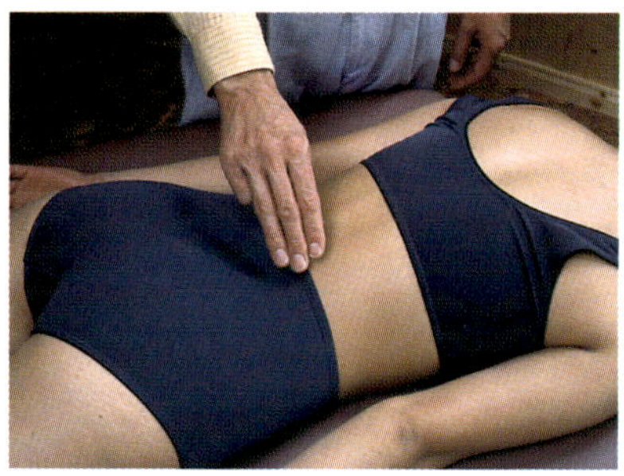

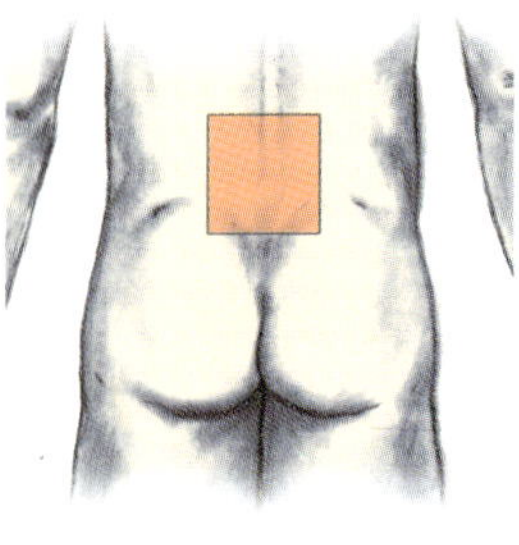

Οσφυϊκοί σπόνδυλοι 4-5

Περιοχή της μήτρας, και οι δυο πλευρές της μήτρας, θωρακικοί σπόνδυλοι 9-12, οσφυϊκοί σπόνδυλοι 1-5, ιερό οστό, κόκκυγας.

(Η μήτρα είναι το μέρος του σώματος –όπως και στο σύμπαν– που αποτελεί το πρώτο στάδιο της διαδικασίας με την οποία γινόμαστε ανθρώπινα όντα. Δεν φτάνουμε στη γη σαν πλήρως ανεπτυγμένοι άνθρωποι – αυτό είναι ένα στάδιο στο οποίο φτάνουμε βαθμιαία! Έχοντας αυτό το στοιχείο υπόψη μας, είναι πολύ σημαντικό να κάνουμε αγωγή στη μήτρα με πολύ ιδιαίτερη προσοχή, ακόμη και όταν εκείνη τη στιγμή δεν ζει μέσα της ένας μελλοντικός πολίτης της γης.)

29 Περιοχή μήτρας

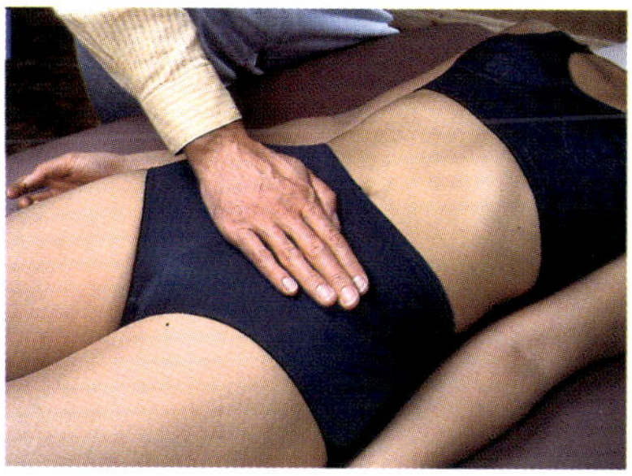

30 Μήτρα από τις δύο πλευρές, ωοθήκες

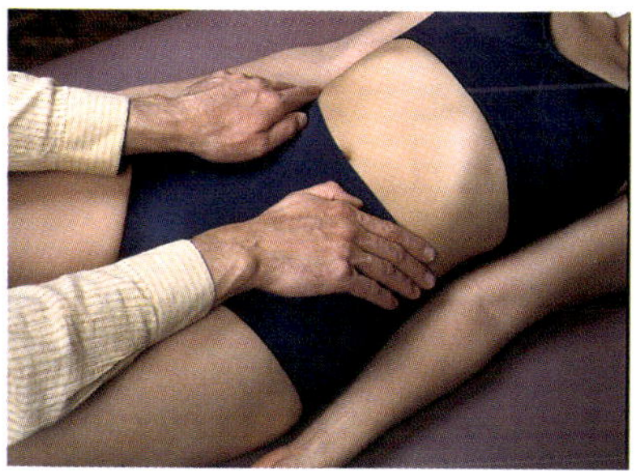

52 Περιοχή θωρακικών σπονδύλων 9-12

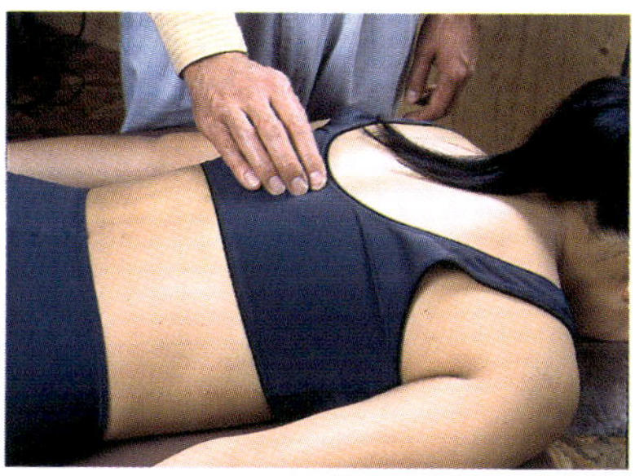

58 Περιοχή οσφυϊκών σπονδύλων 1-5

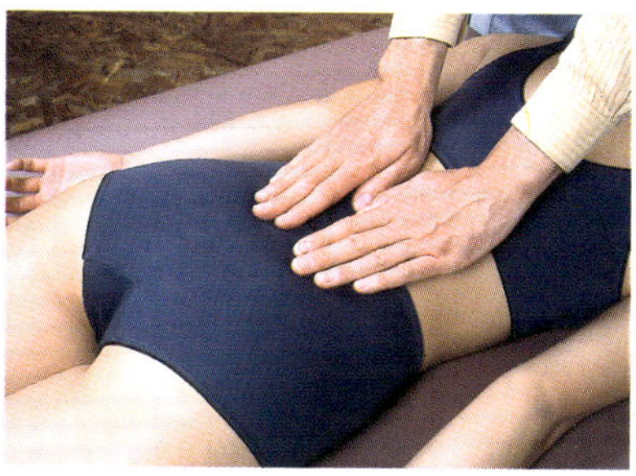

54 Ιερό οστό, κόκκυγας

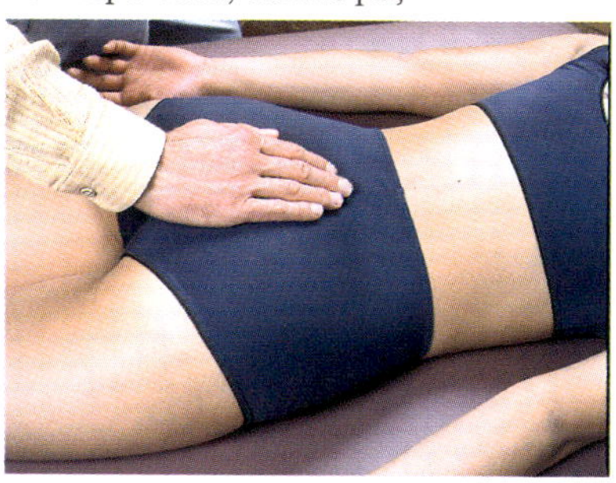

Η Μήτρα:

子宮

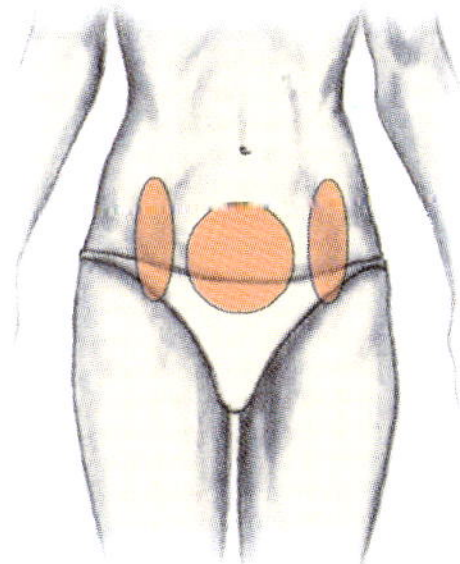

Περιοχή μήτρας

Οι δυο πλευρές της μήτρας

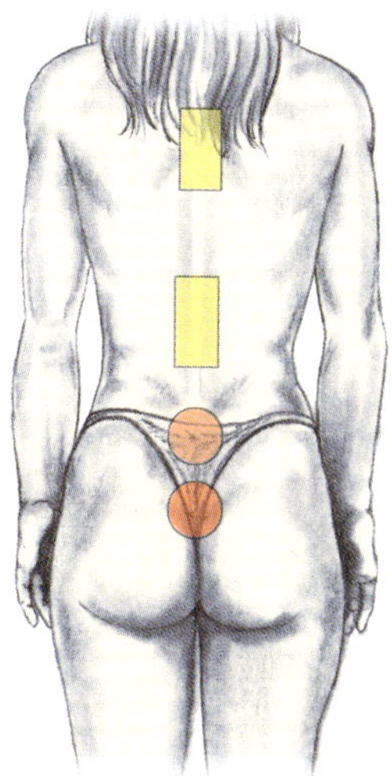

Θωρακικοί σπόνδυλοι 9-12

Οσφυϊκοί σπόνδυλοι 1-5

Ιερό οστό

Κόκκυγας

Τα Νεφρά:

腎臟

Περιοχή νεφρών, θωρακικοί σπόνδυλοι 11-12.

(Τα νεφρά φιλτράρουν το αίμα. Τα απόβλητα που υπάρχουν στο αίμα κατευθύνονται μέσω των νεφρών στα ούρα, και αποβάλλονται από το σώμα με αυτό τον τρόπο. Κάνω αγωγή στα νεφρά τουλάχιστον για δεκαπέντε λεπτά όταν υπάρχει οποιαδήποτε δηλητηρίαση του οργανισμού, κι επίσης όταν υπάρχει σοκ, χαμηλή θερμοκρασία και υποθερμία των νεφρών.

Η πείρα μας μας έχει δείξει ότι ο πελάτης αρχίζει ν' αναπνέει πιο βαθιά μόλις βάλουμε τα χέρια στα νεφρά του.)

55 Περιοχή νεφρών

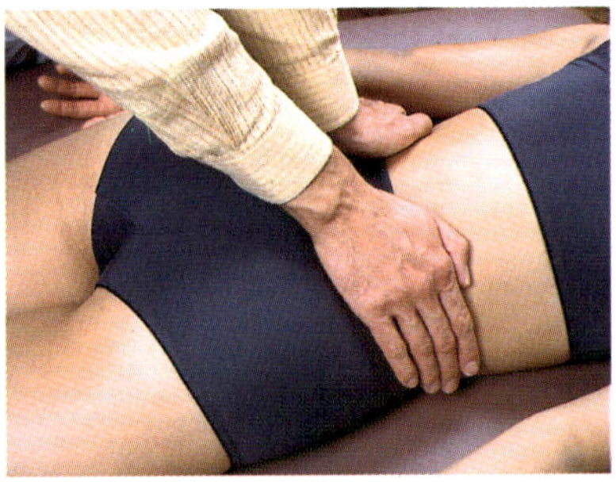

56 Περιοχή θωρακικών σπονδύλων 11-12

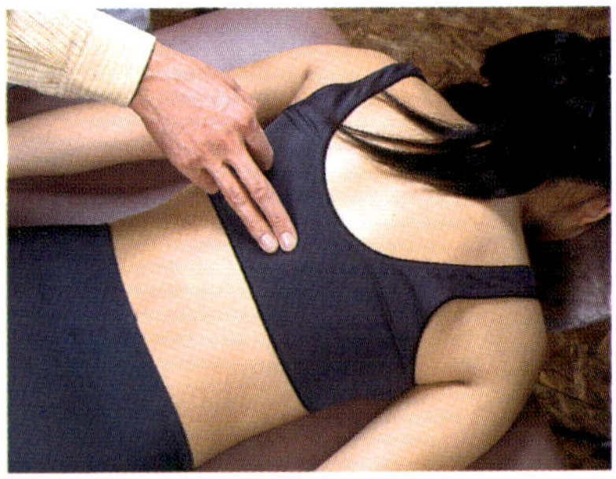

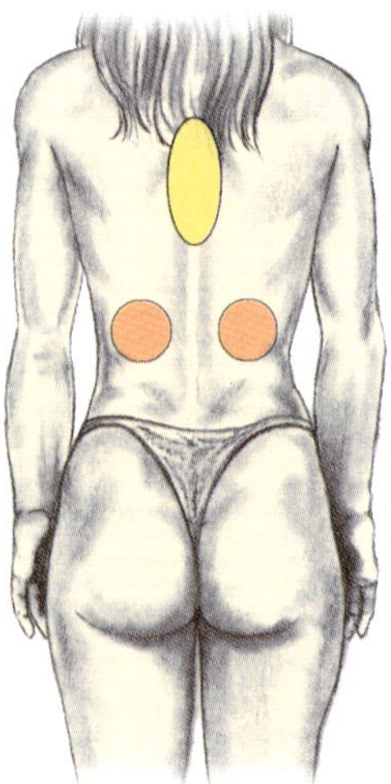

Περιοχή νεφρών

Θωρακικοί σπόνδυλοι 11-12

靈氣

Αγωγή του Μισού Σώματος, Χάνσιν Τσίριο:

半身治療

Οι μύες, οι τένοντες του αυχένα, οι ώμοι, η σπονδυλική στήλη, οι δυο πλευρές της σπονδυλικής στήλης, οι γοφοί, οι γλουτοί. (Τρίψτε την σπονδυλική στήλη και από τις δύο πλευρές [αριστερά και δεξιά] από τους γλουτούς μέχρι τον προμήκη μυελό.)

(Αυτή η μέθοδος επαναφέρει έναν πελάτη που έχει αφεθεί ή που έχει πέσει σε κατάσταση ύπνωσης από την αγωγή. Γι' αυτό συστήνω να χρησιμοποιείται αυτή η τεχνική στο τέλος της αγωγής. Μετά την εφαρμογή της, ο πελάτης μπορεί να σηκωθεί γρήγορα από το τραπέζι του μασάζ ανανεωμένος και γεμάτος ζωντάνια.)

57 Θεραπευτική τεχνική Χάνσιν Τσίριο 1

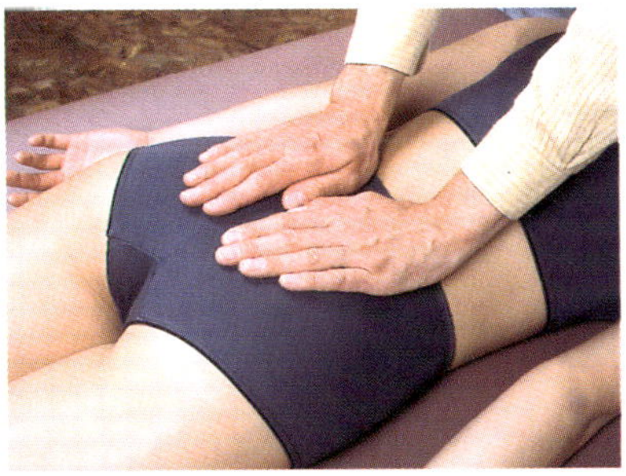

58 Θεραπευτική τεχνική Χάνσιν Τσίριο 2

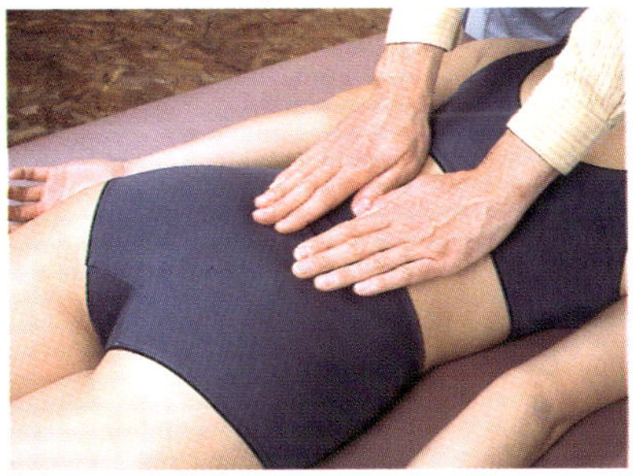

59 Θεραπευτική τεχνική Χάνσιν Τσίριο 3

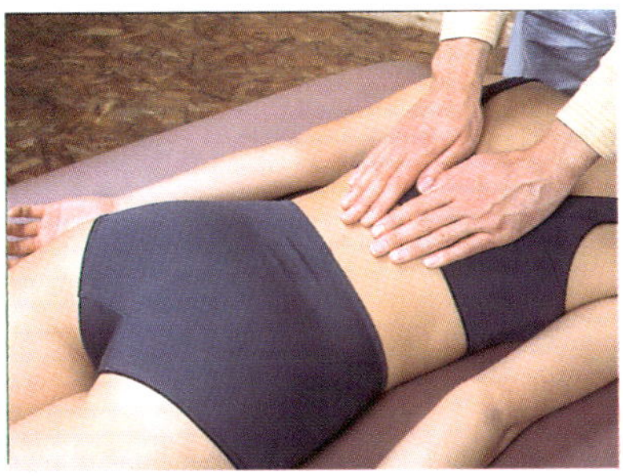

60 Θεραπευτική τεχνική Χάνσιν Τσίριο 4

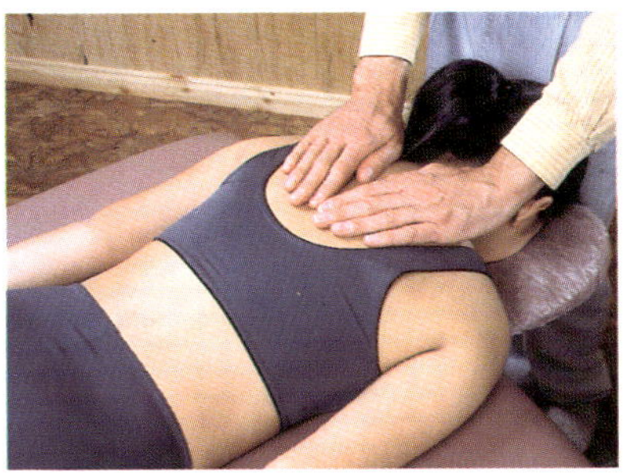

61 Θεραπευτική τεχνική Χάνσιν Τσίριο 5

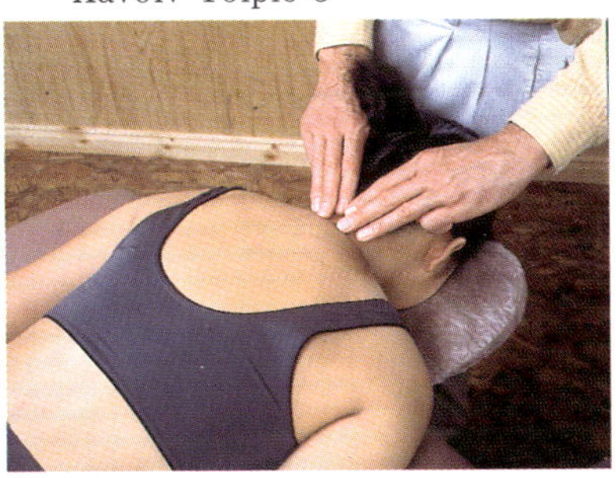

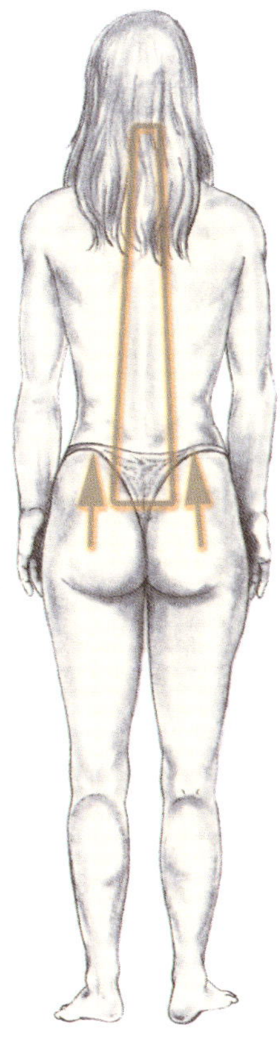

Χάνσιν Τσίριο

Τρίψτε κατά μήκος της σπονδυλικής στήλης, δεξιά και αριστερά της, ξεκινώντας από τους γλουτούς και ανεβαίνοντας μέχρι τον προμήκη μυελό

Αγωγή του Υπογαστρίου, Τσίριο-Γκεντόκου-Χο (Τεχνική Αποτοξίνωσης):

(Αυτές οι δύο τεχνικές δεν εξηγούνται με λεπτομέρειες. Ωστόσο ο κύριος Ογκάβα μάς εξήγησε πώς χρησιμοποιούνται.

Τάντεν Τσίριο: Βάλτε το ένα χέρι πάνω στο τάντεν και το άλλο στη μέση, πίσω από το τάντεν.

Γκεντόκου-Χο: Βάλτε το χέρι σας στη θέση ***Τάντεν-Τσίριο*** για δεκατρία λεπτά, και φανταστείτε ότι όλες οι τοξίνες φεύγουν από το σώμα. Αυτή η τεχνική έχει αποδειχτεί πολύ αποτελεσματική κατά της δυσκοιλιότητας και της κατάχρησης φαρμάκων. Συχνά το στομάχι του ασθενούς αρχίζει να γουργουρίζει μετά από μερικά λεπτά αγωγής, γι' αυτό πείτε εκ των προτέρων στον ασθενή ότι δεν πρέπει να ντραπεί αν γίνει κάτι τέτοιο. Εδώ, στην Ιαπωνία, το γουργουρητό του στομαχιού και οι άλλοι σωματικοί θόρυβοι θεωρούνται κάτι πολύ προσωπικό και όλοι προσπαθούν να τους καταπνίγουν!)

Τάντεν Τσίριο

Βάλτε το ένα χέρι στο τάντεν και το άλλο στη μέση, πίσω από το τάντεν.

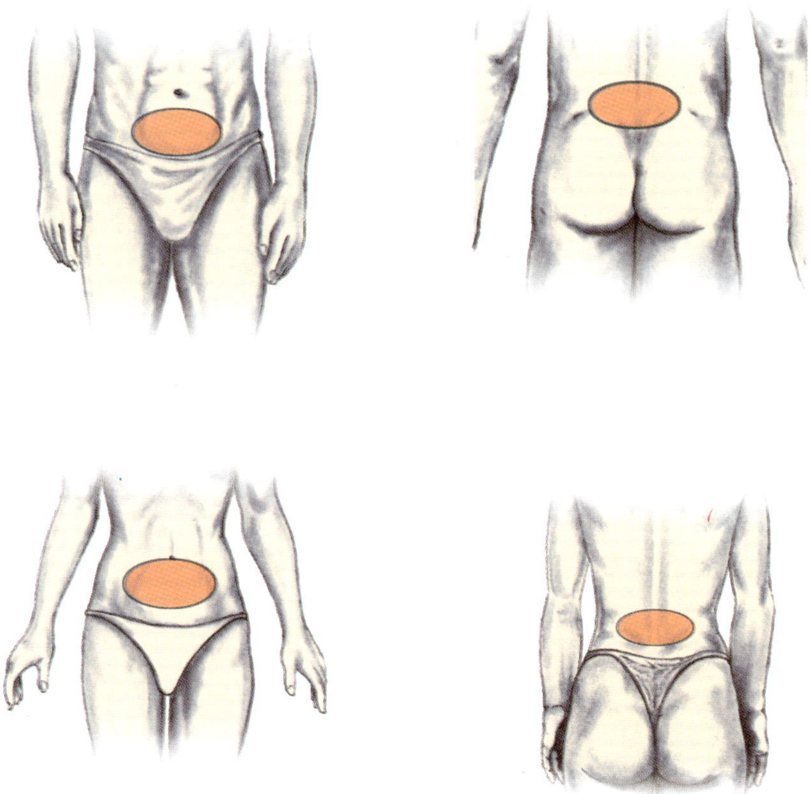

-2-
Λειτουργικές Διαταραχές των Νεύρων

Νευρασθένεια (νευρική ατονία):

(Η περιοχή του κεφαλιού υποβάλλεται πάντα σε αγωγή με τις θέσεις χεριών που περιγράφονται παρακάτω. Ακολουθήστε τη διαίσθησή σας και κάντε ίσως αγωγή και στην περιοχή του λαιμού και του αυχένα.)

Υστερία:

Περιοχή του κεφαλιού, μάτια, καρδιά, στομάχι και έντερα, γεννητικά όργανα, αγωγή της περιοχής απ' όπου ξεκίνησε η πάθηση (*Μπίοτζεν Τσίριο*), αγωγή του μισού σώματος (*Χάνσιν Τσίριο*, βλ. σελ. 49).

1 Μέτωπο

2 Κρόταφοι

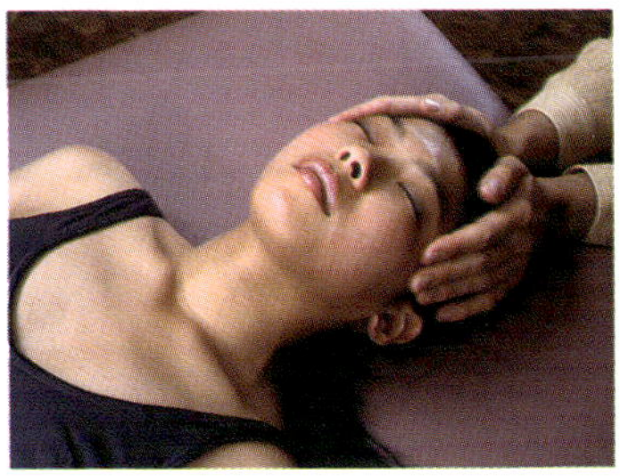

3 Πίσω μέρος του κεφαλιού

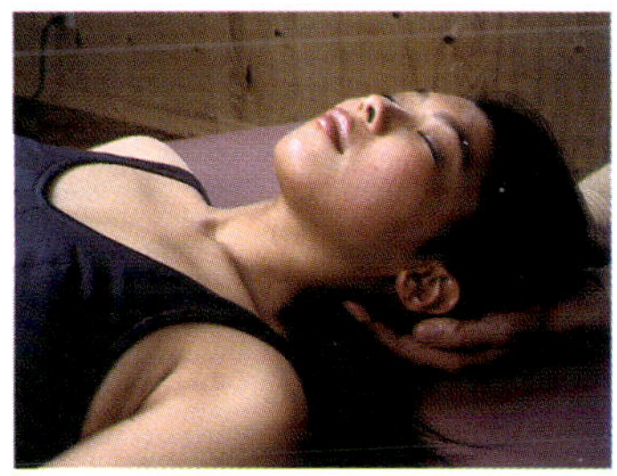

6 Πάνω στο κεφάλι

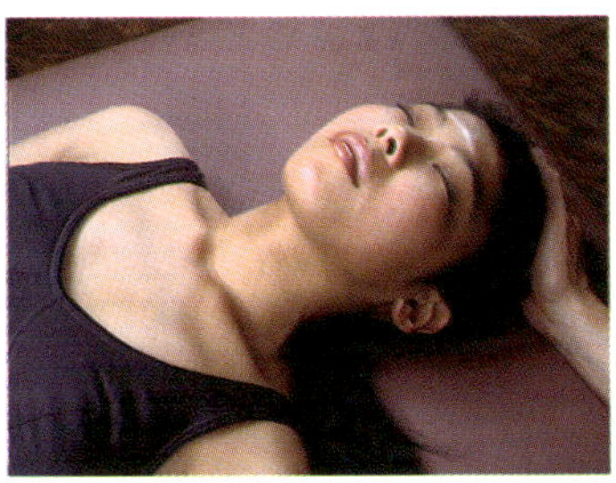

8 Μάτια

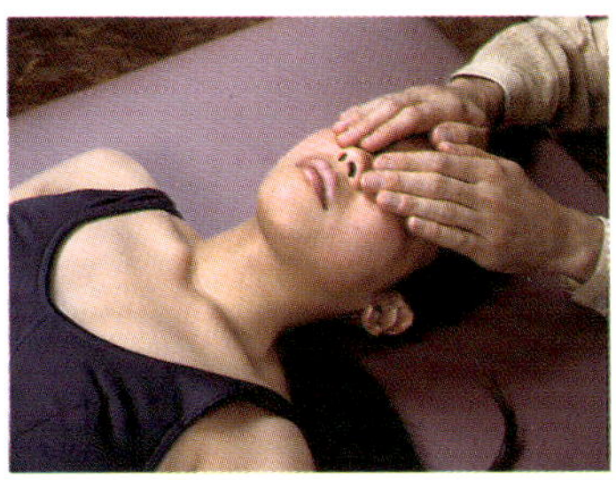

23 Καρδιά

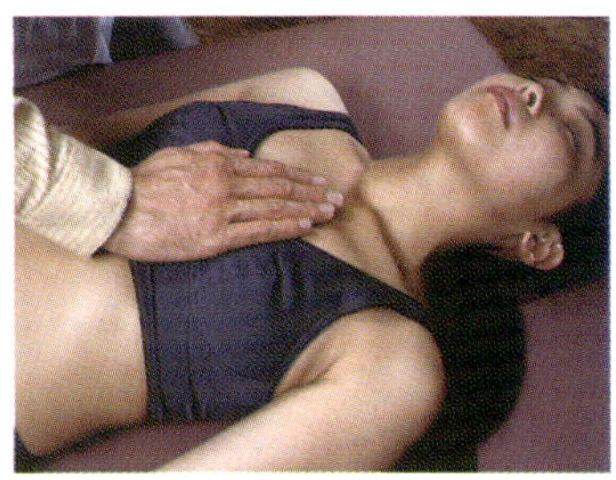

7 Στομάχι και έντερα

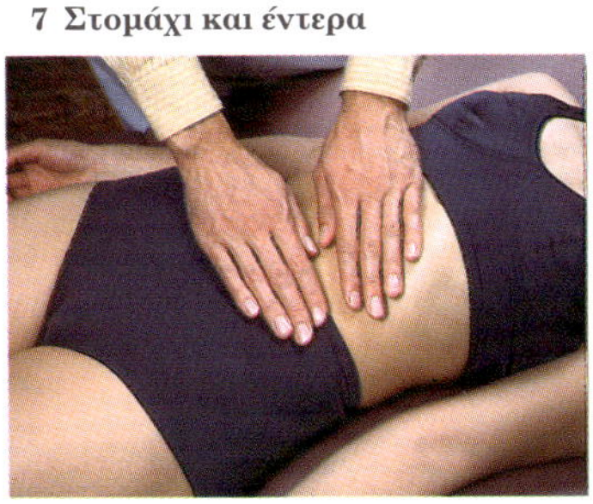

32 Γεννητικά όργανα

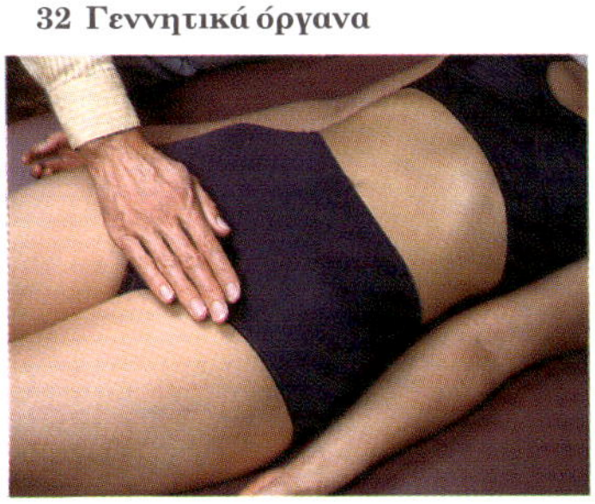

57 Θεραπευτική τεχνική Χάνσιν Τσίριο 1

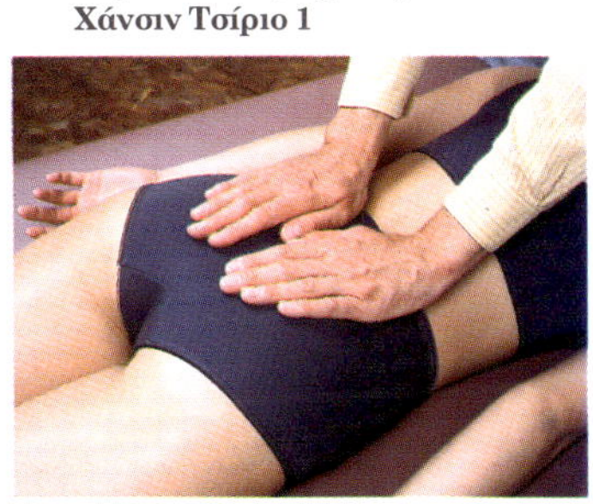

58 Θεραπευτική τεχνική Χάνσιν Τσίριο 2

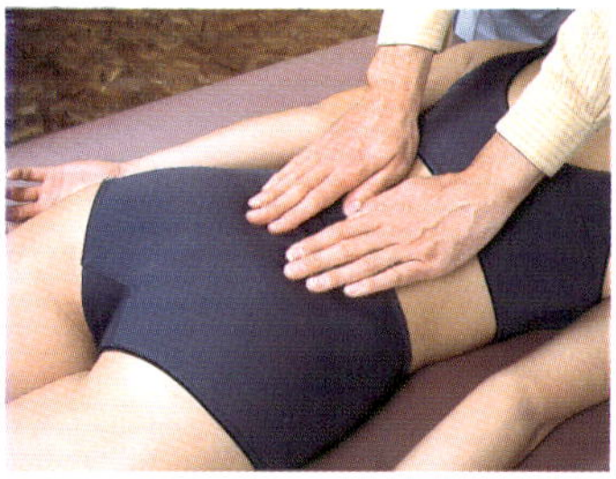

59 Θεραπευτική τεχνική Χάνσιν Τσίριο 3

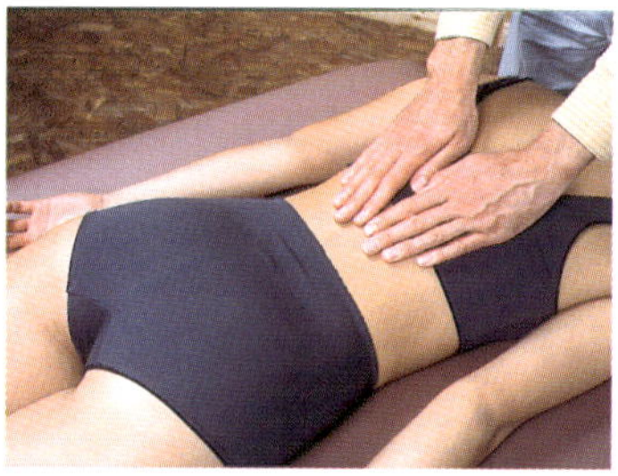

60 Θεραπευτική τεχνική χάνσιν τσίριο 4

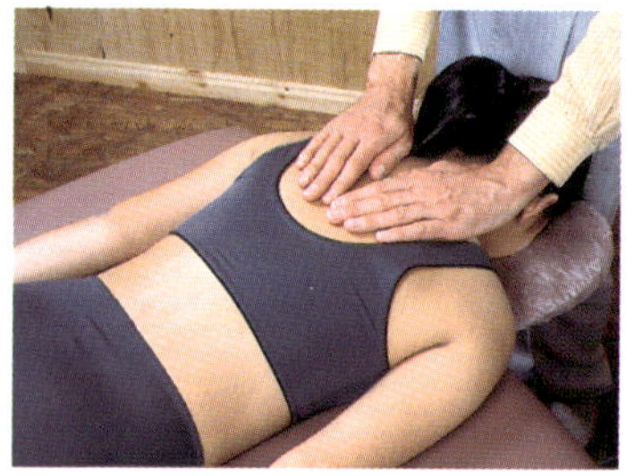

61 Θεραπευτική τεχνική Χάνσιν Τσίριο 5

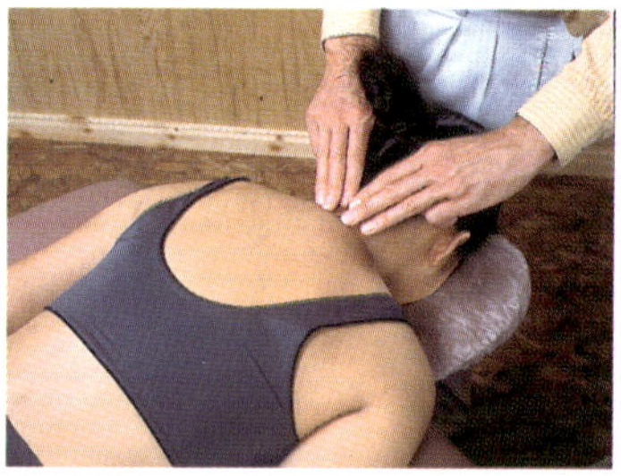

Εγκεφαλική Αναιμία:

Εγκεφαλική Υπεραιμία (Αγγειακή Συμφόρηση του Εγκεφάλου):

Μηνιγγίτιδα:

Εγκεφαλίτιδα:

Περιοχή του κεφαλιού, στομάχι και έντερα, καρδιά.

1 Μέτωπο

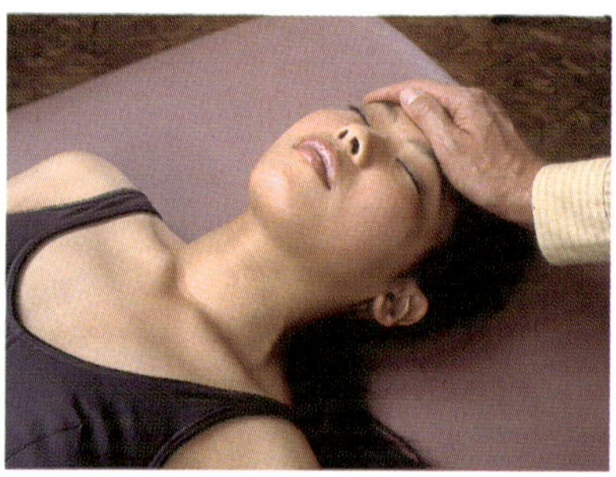

2 Κρόταφοι

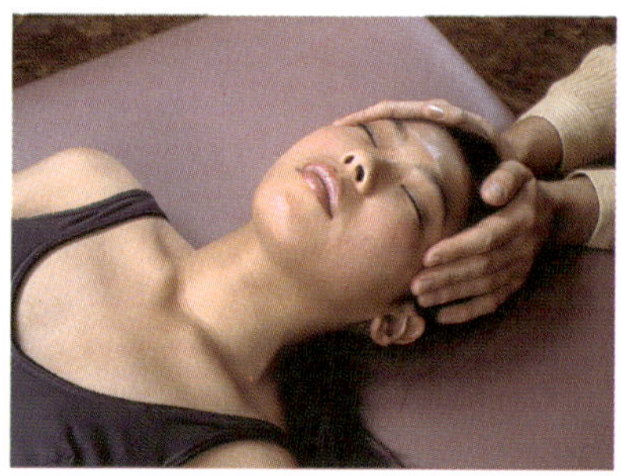

3 Πίσω μέρος του κεφαλιού

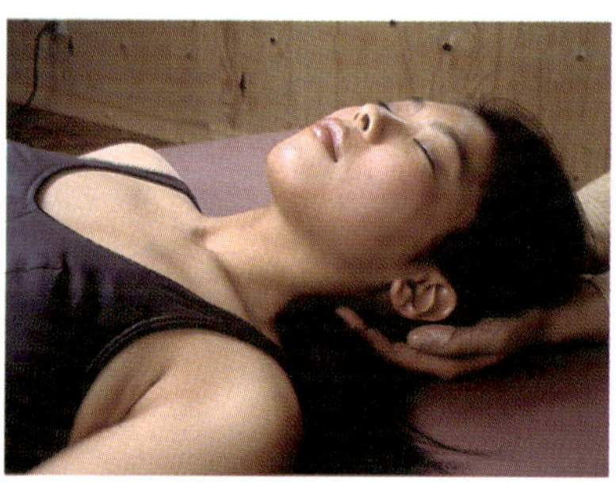

6 Κορυφή του κεφαλιού

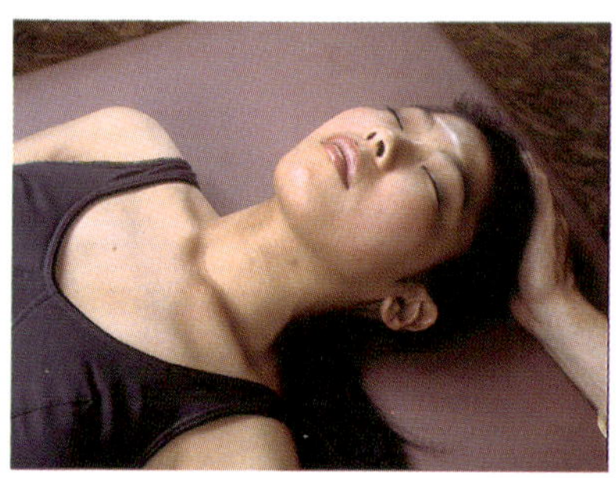

7 Στομάχι και έντερα

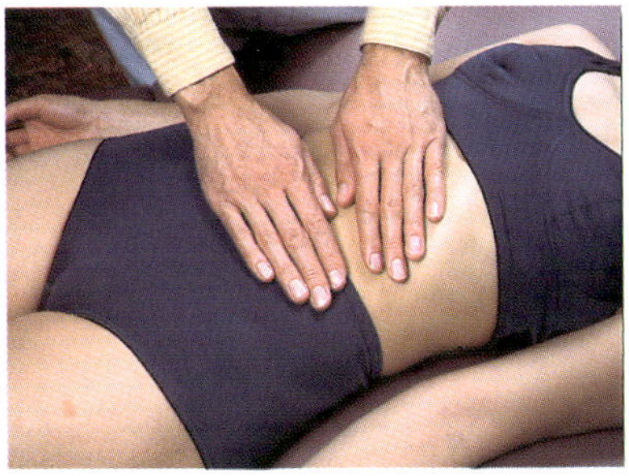

23 Καρδιά

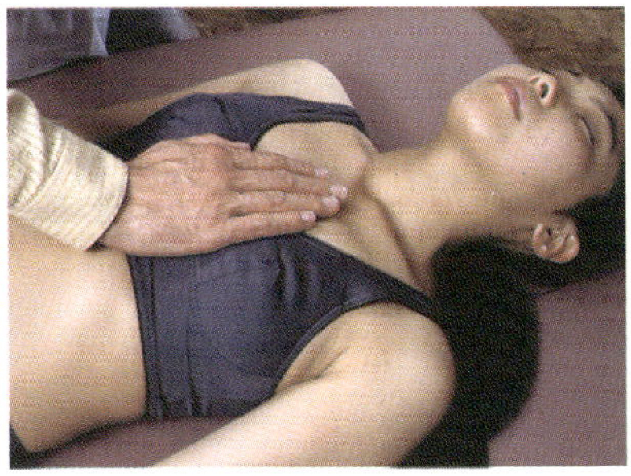

Πονοκέφαλος:

Περιοχή του κεφαλιού - κυρίως στους κροτάφους.

(Ακολουθήστε τις συμβουλές αγωγής του δόκτορα Ουσούι ακουμπώντας τα χέρια σας στο κεφάλι μέχρι να περάσει ο πόνος. Αν έχετε πάρει το Δεύτερο Βαθμό του ρέικι, χρησιμοποιήστε και το σύμβολο της δύναμης.

Οι πονοκέφαλοι μπορούν να έχουν πολλά διαφορετικά αίτια. Συχνά, αιτία είναι απλώς η αφυδάτωση. Σ' αυτή την περίπτωση, πιείτε αμέσως ένα δυο ποτήρια νερό. Η καφεΐνη που περιέχεται σ' ένα φλιτζάνι καφέ μπορεί επίσης να έχει θαυματουργά αποτελέσματα.

Όταν ο πόνος προέρχεται από το λαιμό: Ξαπλώστε στο κρεβάτι έτσι που το κεφάλι σας να κρέμεται από την άκρη του κρεβατιού. Χαλαρώστε για μερικά λεπτά σ' αυτή τη στάση.

Οι πονοκέφαλοι συχνά δημιουργούνται όταν μας έχουν γίνει συνήθεια κάποιες κακές σωματικές στάσεις. Σ' αυτή την περίπτωση, σας συστήνω το βιβλίο: Pain Free, A Revolutionary Method for Stopping Chronic Pain (Ελευθερωθείτε από τον Πόνο, *Μια Επαναστατική Μέθοδος για να Σταματήσετε τους Χρόνιους Πόνους*), του Peter Egoscue, Bantam Doubleday Dell Pub. ISBN 0553106309. Ο τίτλος δεν είναι υπερβολή!)

2 Κρόταφοι

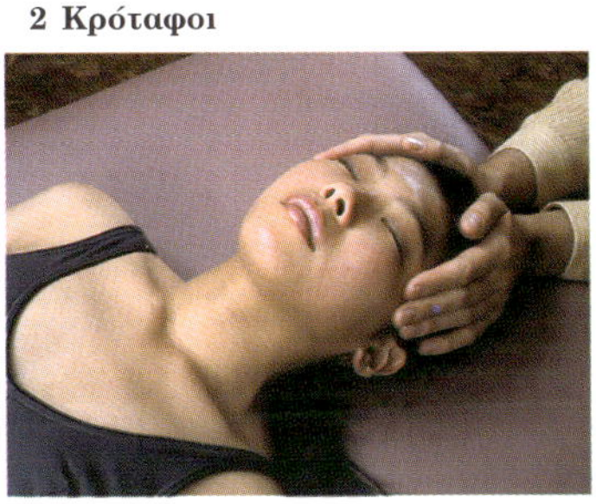

1 Μέτωπο

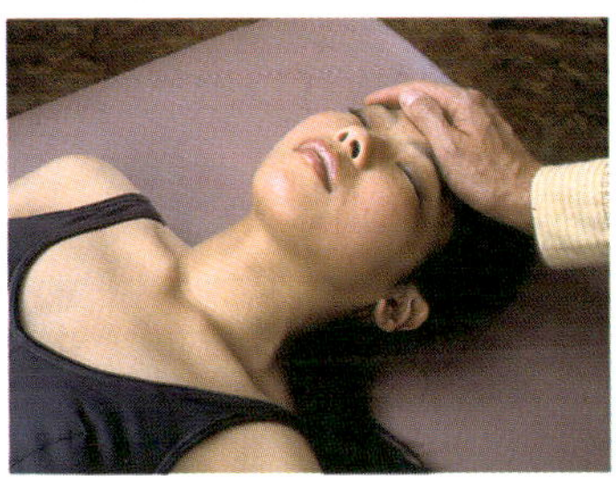

3 Πίσω μέρος του κεφαλιού

6 Κορυφή του κεφαλιού

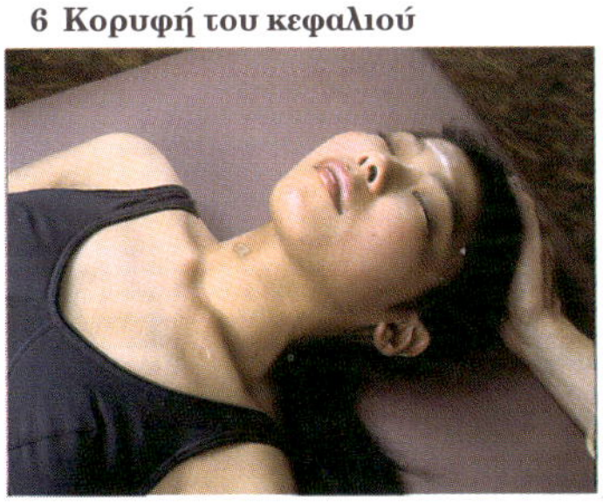

Αϋπνία:

Περιοχή του κεφαλιού - κυρίως στο πίσω μέρος του κεφαλιού.

(Εδώ συστήνουμε μια θέση χεριών όταν πέφτετε για ύπνο: Βάλτε το ένα χέρι στο δεύτερο τσάκρα και το άλλο στο τέταρτο τσάκρα. Μπορείτε επίσης να υποβάλετε στον εαυτό σας να χαλαρώσει και να αποκοιμηθεί γρήγορα, χρησιμοποιώντας ταυτόχρονα τα σύμβολα του Δεύτερου Βαθμού του ρέικι. Σκεφτείτε μια θετική επιβεβαίωση διατυπωμένη με δικά σας λόγια που θα σας βοηθήσει ν' αποκοιμηθείτε.

Επίσης αξίζει τον κόπο να μάθετε την αυτογενή εκπαίδευση.

Ωστόσο, οι παραπάνω συμβουλές αφορούν μόνο τα συμπτώματα. Η αϋπνία συνήθως οφείλεται σε ψυχολογικές εντάσεις και είναι σημαντικό ν' αντιμετωπίζουμε απευθείας τις ρίζες του προβλήματος. Βρείτε από πού προέρχονται αυτές οι εντάσεις και προσπαθήστε να τις επιλύσετε.

Μία από τις μεθόδους διαλογισμού που χρησιμοποιώ είναι ν' αφήνω όλη τη μέρα να περάσει από το νου μου αντίστροφα σαν να γυρίζεις μια βιντεοταινία στην αρχή. Αυτό θα σας βοηθήσει να επεξεργαστείτε γρήγορα τα γεγονότα που δεν έχετε "χωνέψει" ακόμη).

1 Μέτωπο

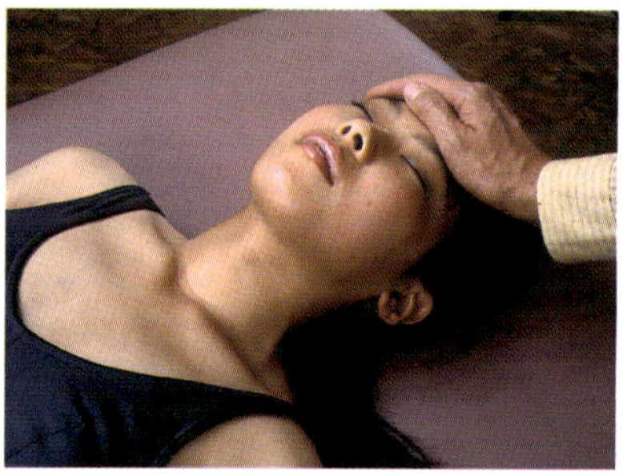

2 Κρόταφοι

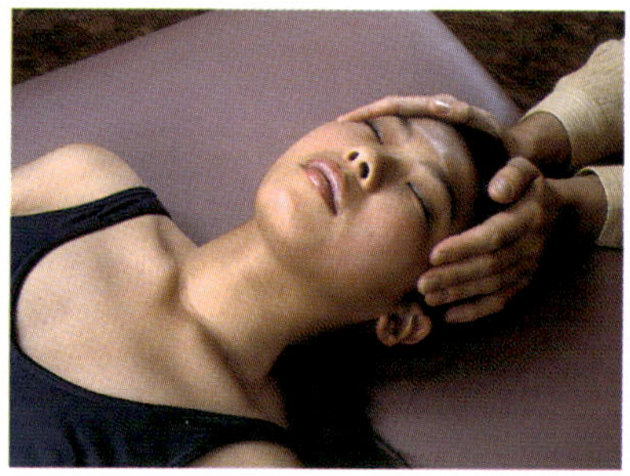

3 Πίσω μέρος του κεφαλιού

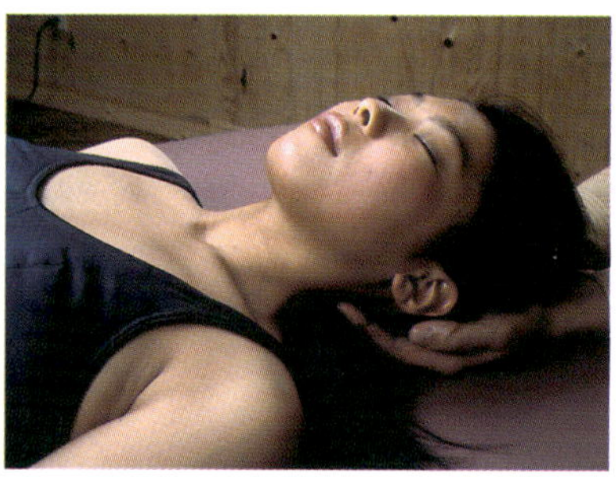

6 Κορυφή του κεφαλιού

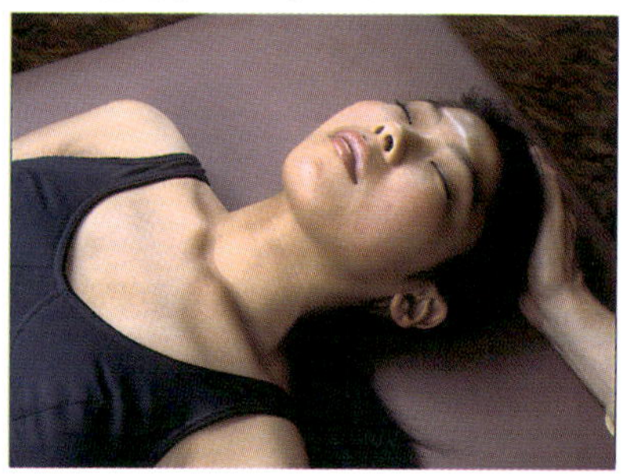

Διαταραχές Ισορροπίας, Ζάλη, Ίλιγγος:

Περιοχή του κεφαλιού - κυρίως στο μέτωπο.

1 Μέτωπο

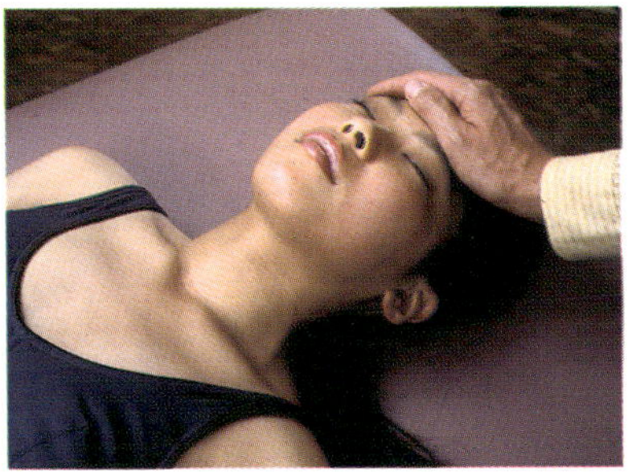

2 Κρόταφοι

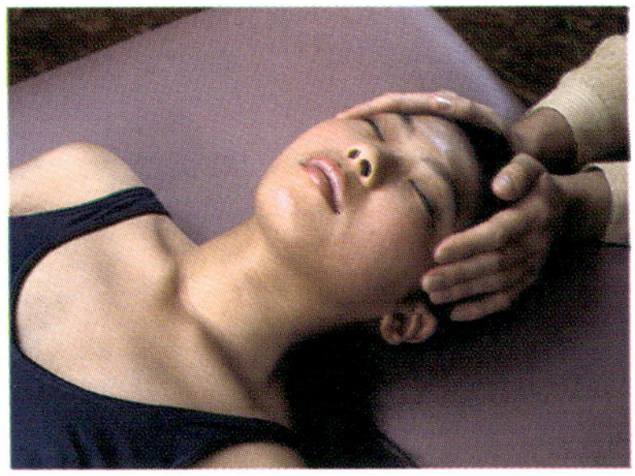

3 Πίσω μέρος του κεφαλιού

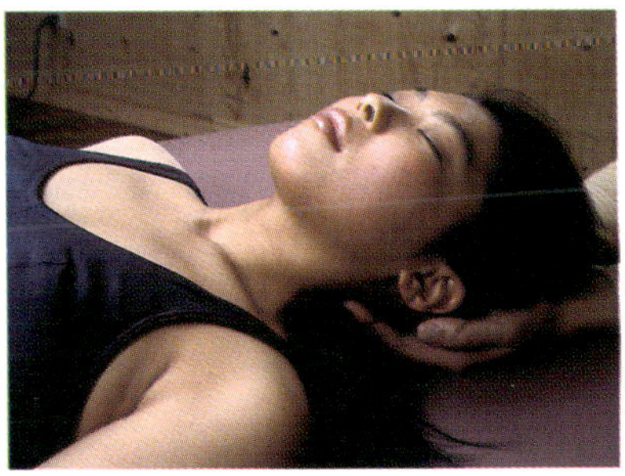

6 Κορυφή του κεφαλιού

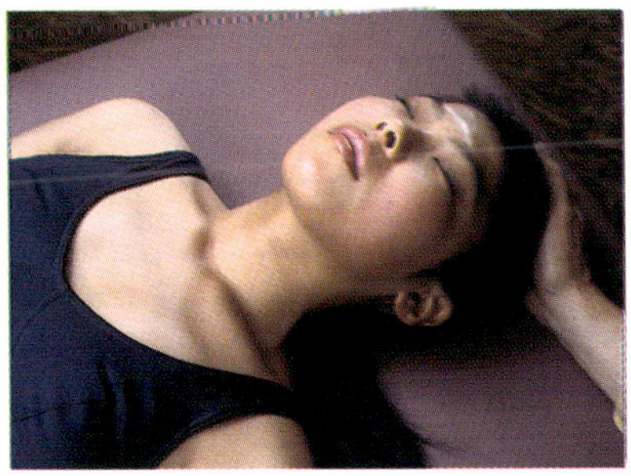

Εγκεφαλική Αιμορραγία:

Κυρίως στο προσβεβλημένο σημείο, καρδιά, στομάχι και έντερα, νεφρά και περιοχή που έχει παραλύσει.

23 Καρδιά

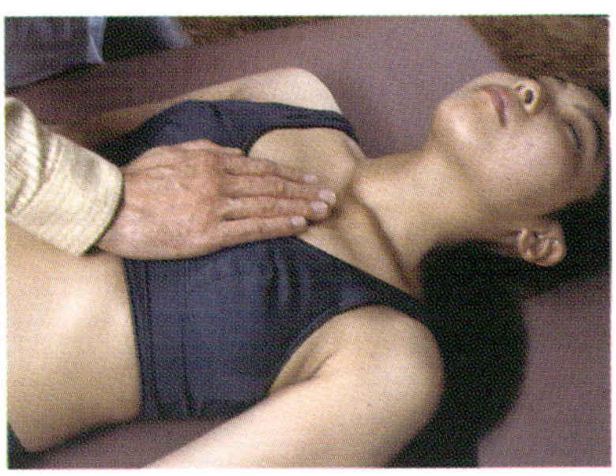

7 Στομάχι και έντερα

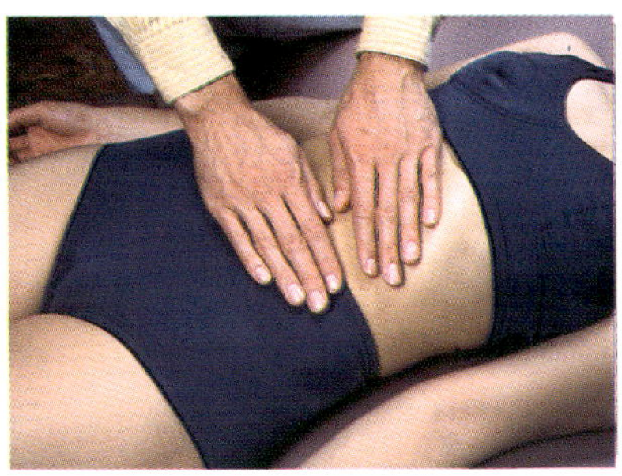

55 Περιοχή νεφρών.

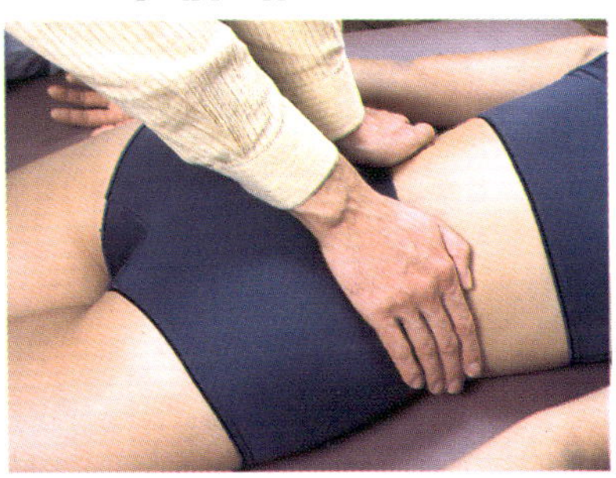

Επιληψία: Περιοχή του κεφαλιού*, στομάχι και έντερα.

(*Η πείρα μας μάς έχει δείξει ότι το κεφάλι ενός επιληπτικού είναι πολύ ευαίσθητο και δεν ανέχεται το άγγιγμα. Σ' αυτή την περίπτωση, κάνω αγωγή στο ηλιακό πλέγμα και στο *Τάντεν*.

Στη διάρκεια μιας επιληπτικής κρίσης, το σημαντικότερο είναι να βοηθήσετε τον ασθενή ώστε να μην κάνει κακό στον εαυτό του.)

1 Μέτωπο

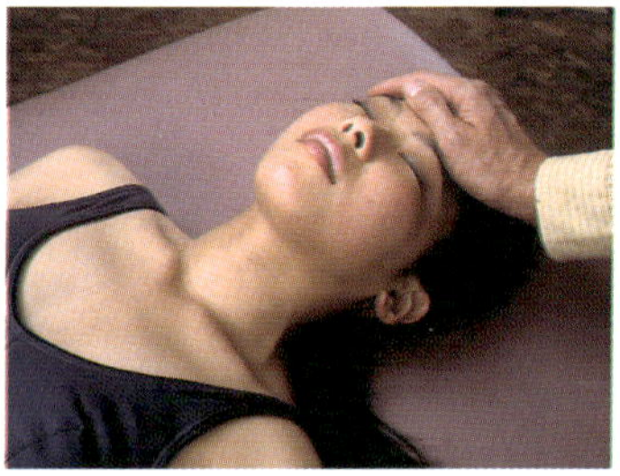

2 Κρόταφοι

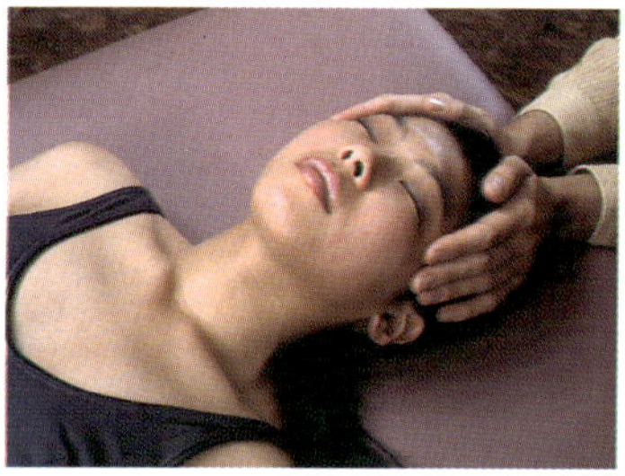

3 Πίσω μέρος του κεφαλιού

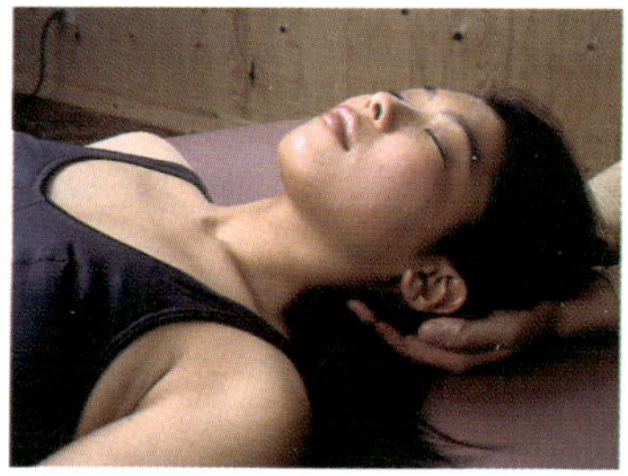

6 Κορυφή του κεφαλιού

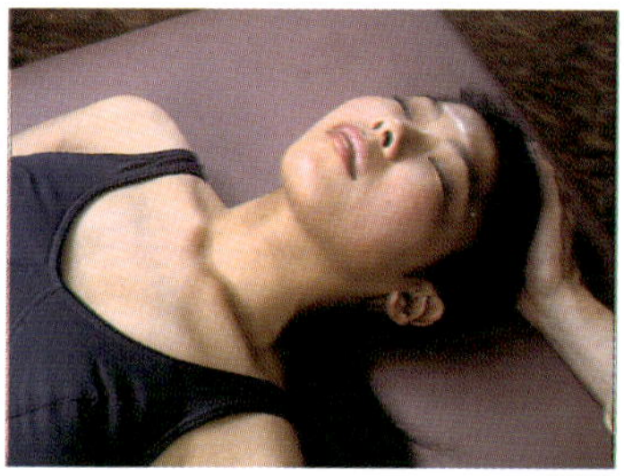

7 Στομάχι και έντερα

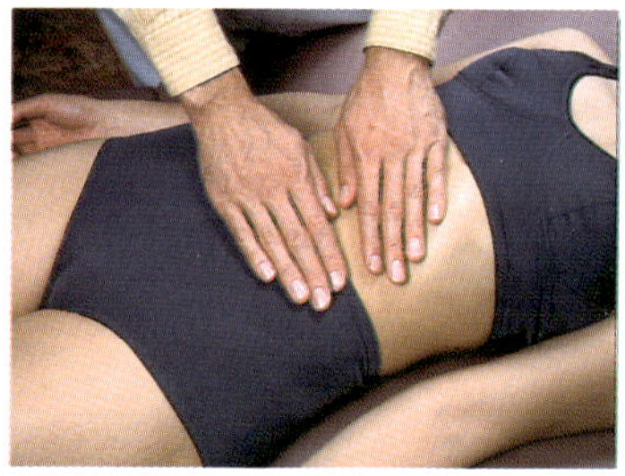

Χορεία: Περιοχή κεφαλιού, καρδιά, προσβεβλημένες περιοχές του σώματος, παλάμες, πέλματα, μισό σώμα *(Χάνσιν Τσίριο)*.

1 Μέτωπο

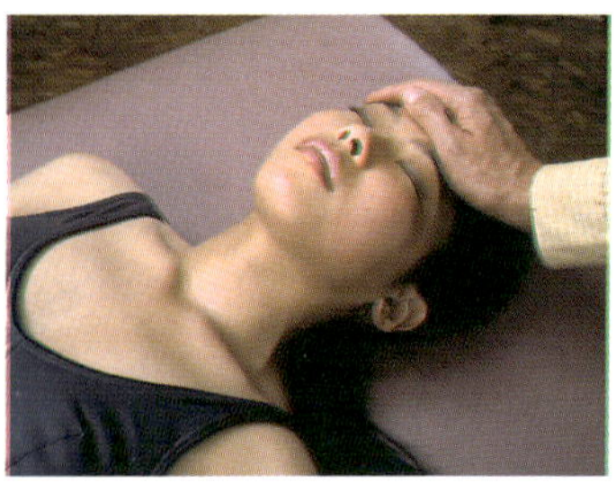

2 Κρόταφοι

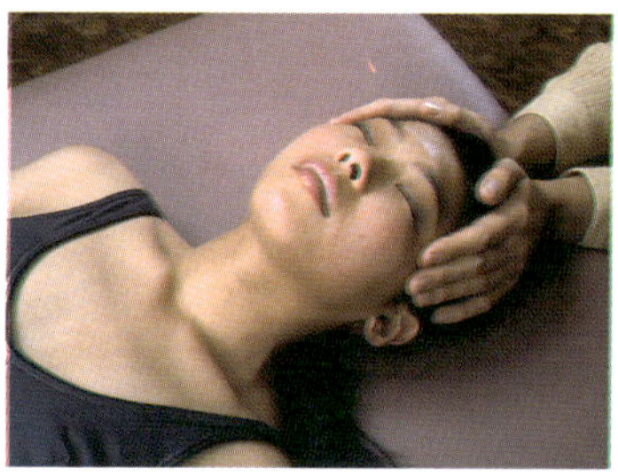

3 Πίσω μέρος του κεφαλιού

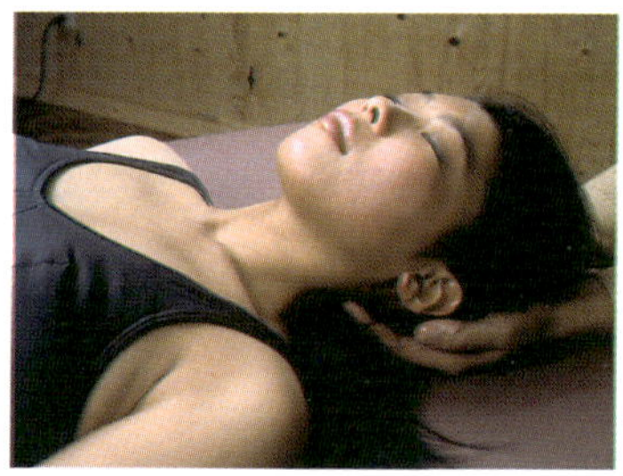

6 Κορυφή του κεφαλιού

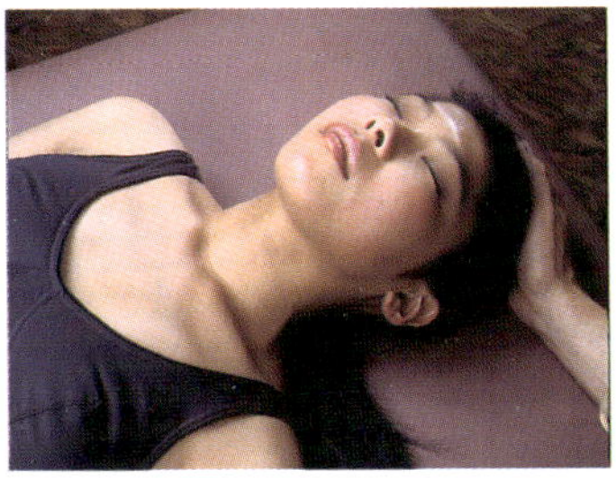

23 Καρδιά

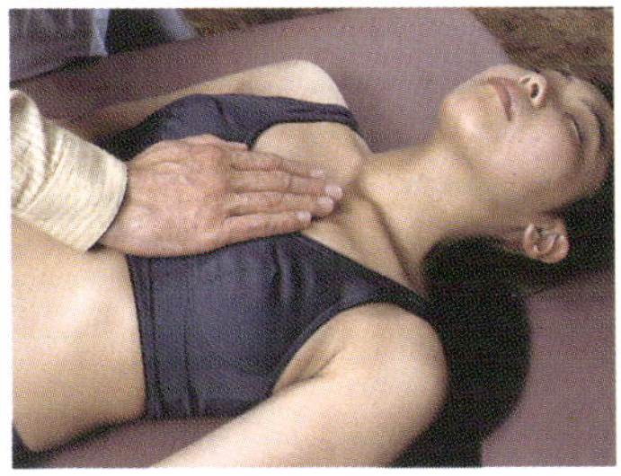

65 Παλάμες

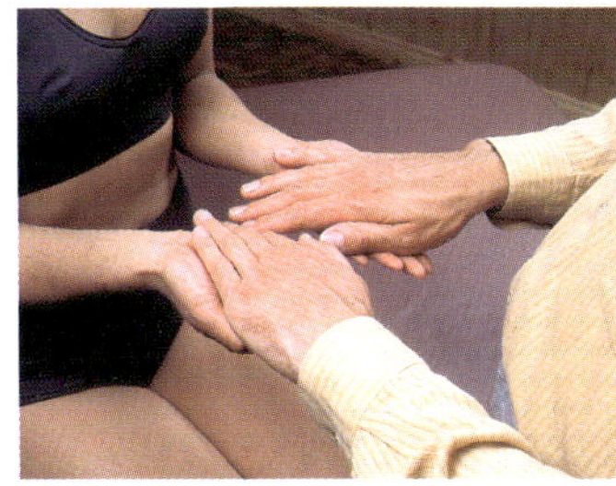

66 Πέλματα

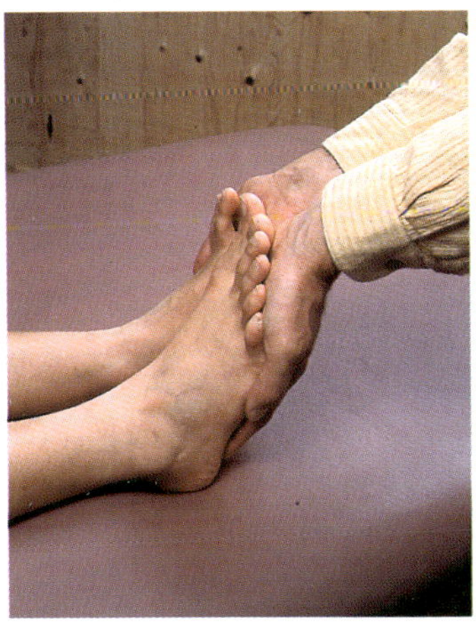

57 Θεραπευτική τεχνική Χάνσιν Τσίριο 1

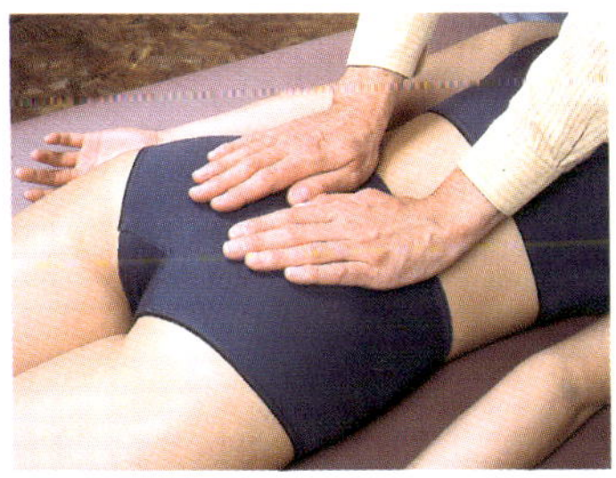

58 Θεραπευτική τεχνική Χάνσιν Τσίριο 2

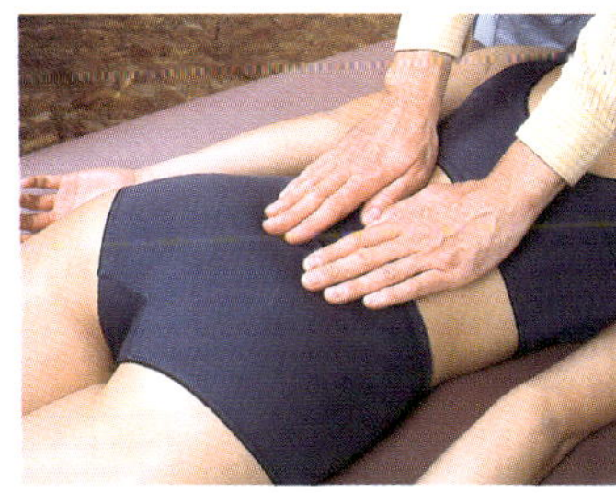

59 Θεραπευτική τεχνική Χάνσιν Τσίριο 3

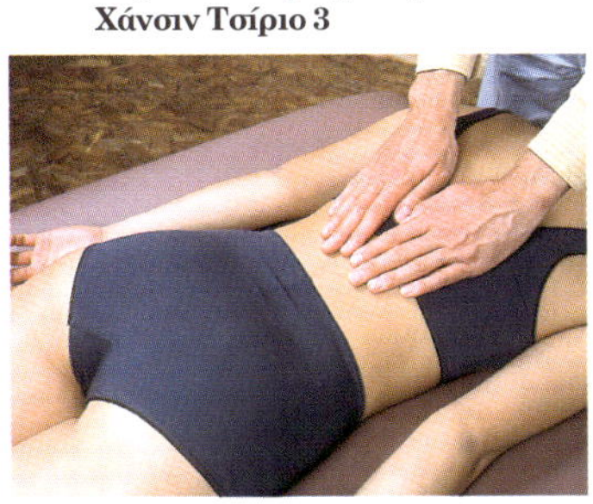

60 Θεραπευτική τεχνική Χάνσιν Τσίριο 4

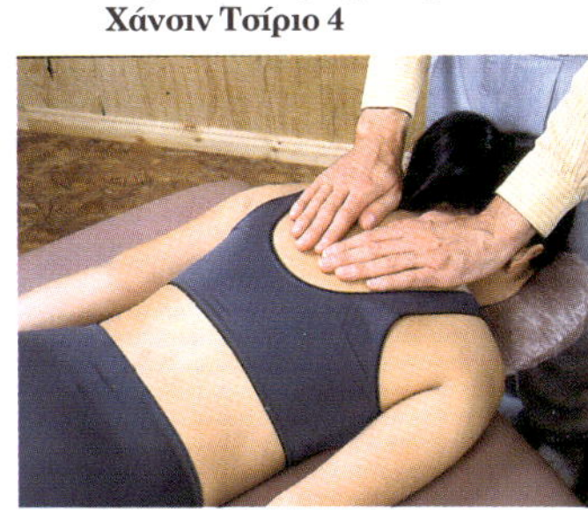

61 Θεραπευτική τεχνική Χάνσιν Τσίριο 5

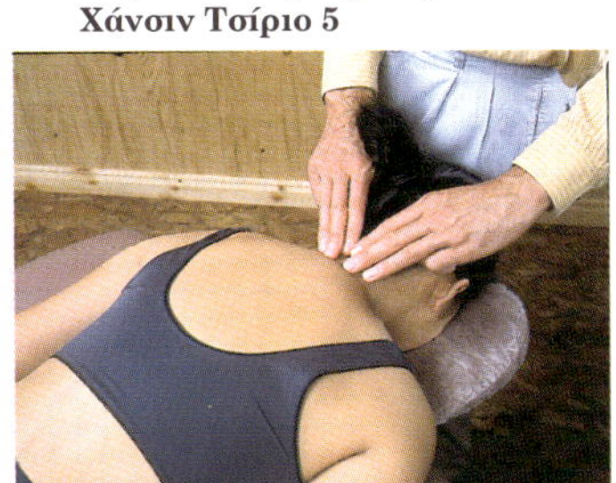

Νόσος του Μπέιζντοου: Περιοχή κεφαλιού, μάτια, θυρεοειδής, καρδιά, μήτρα, μισό σώμα *(Χάνσιν Τσίριο)*

1 Μέτωπο

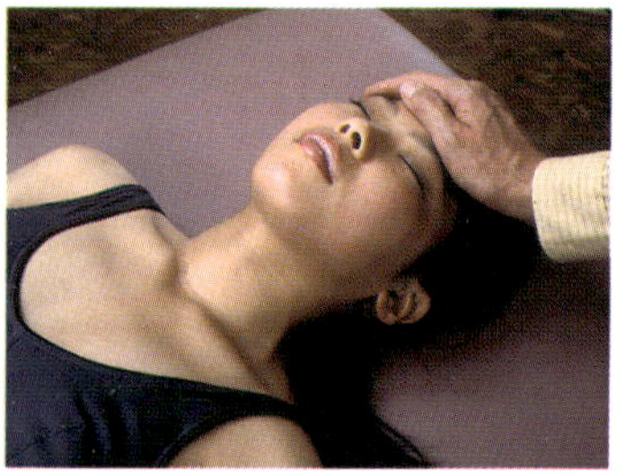

2 Κρόταφοι

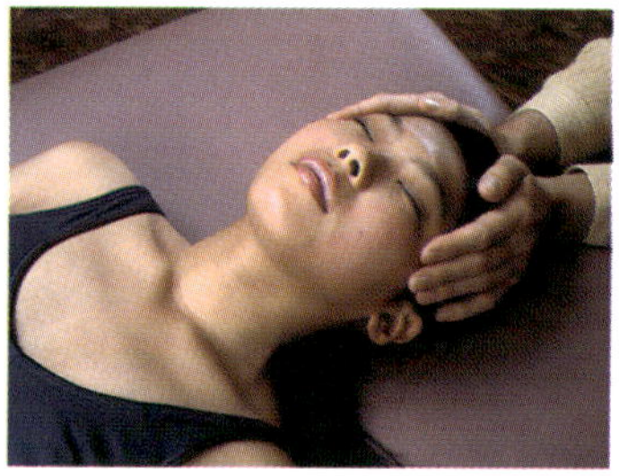

3 Πίσω μέρος του κεφαλιού

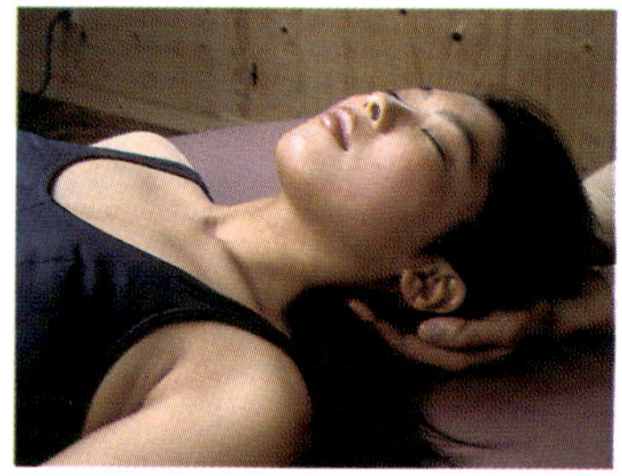

5 Λαιμός (καλύπτοντας και τον θυρεοειδή)

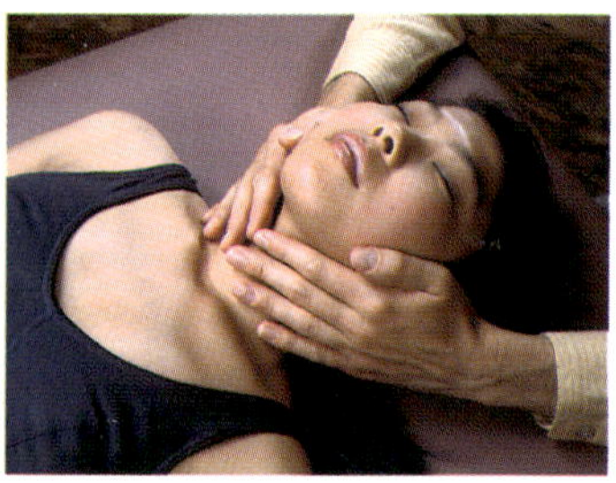

6 Κορυφή του κεφαλιού

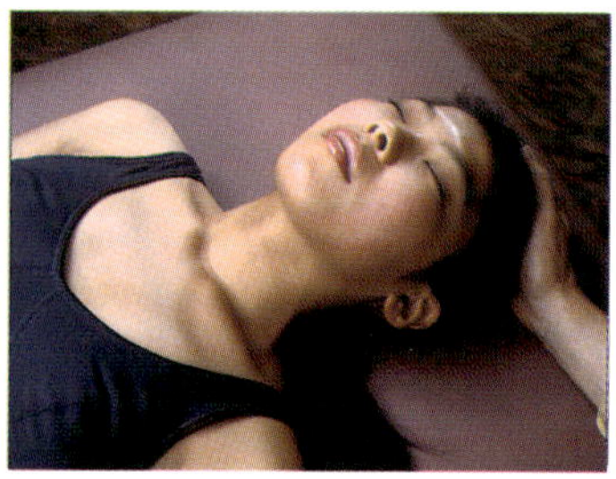

23 Καρδιά

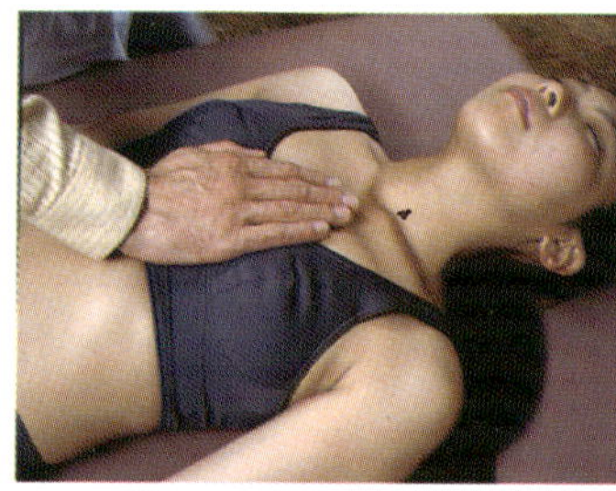

29 Περιοχή μήτρας

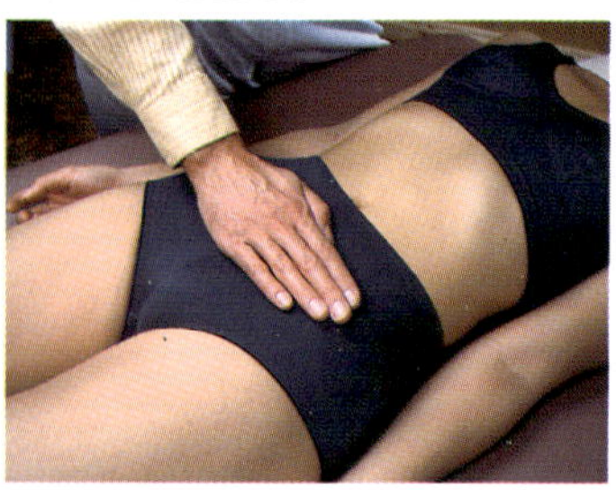

57 Θεραπευτική τεχνική Χάνσιν Τσίριο 1

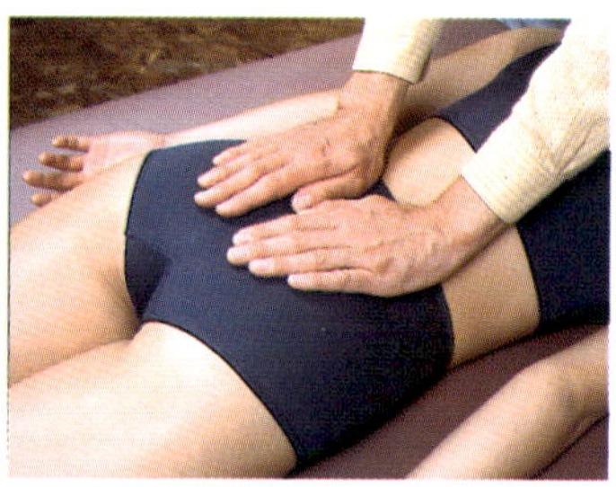

58 Θεραπευτική τεχνική Χάνσιν Τσίριο 2

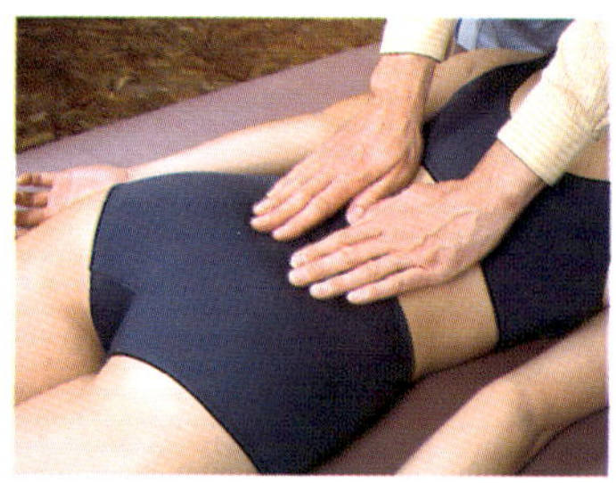

59 Θεραπευτική τεχνική Χάνσιν Τσίριο 3

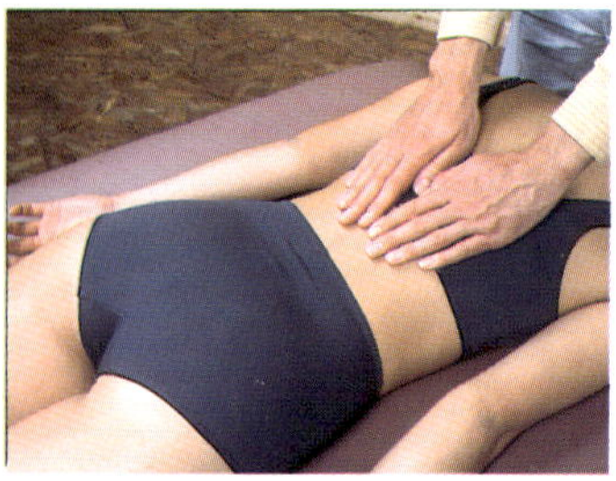

60 Θεραπευτική τεχνική Χάνσιν Τσίριο 4

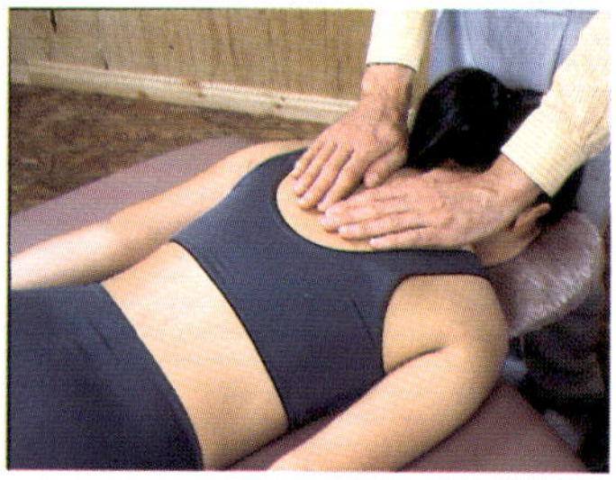

61 Θεραπευτική τεχνική Χάνσιν Τσίριο 5

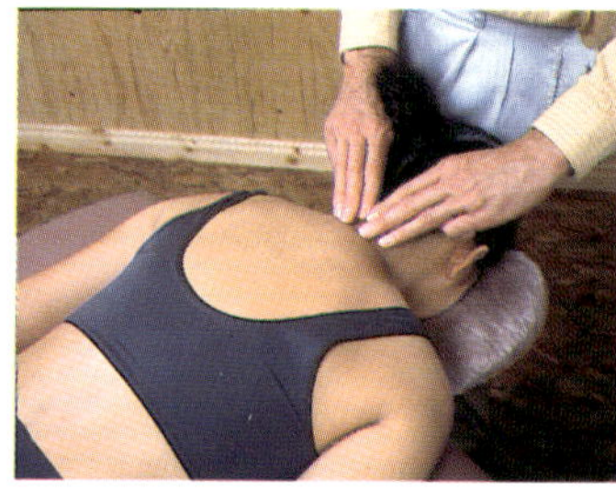

Νευραλγία (Πόνος των Νεύρων), Παράλυση:

Περιοχή κεφαλιού, στομάχι και έντερα για να ρυθμιστεί η λειτουργία τους, προσβεβλημένες περιοχές του σώματος.

1 Μέτωπο

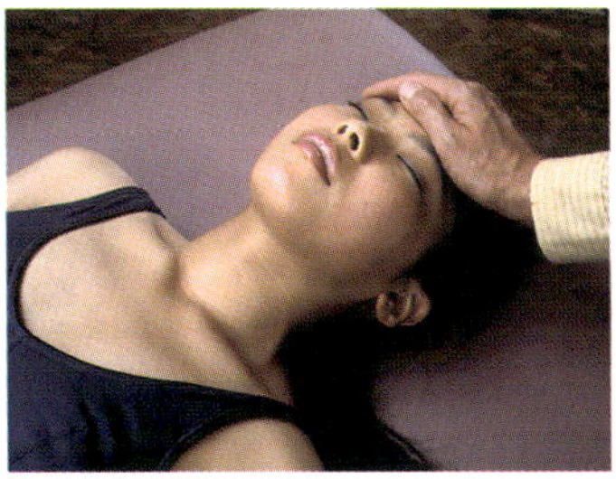

2 Κρόταφοι

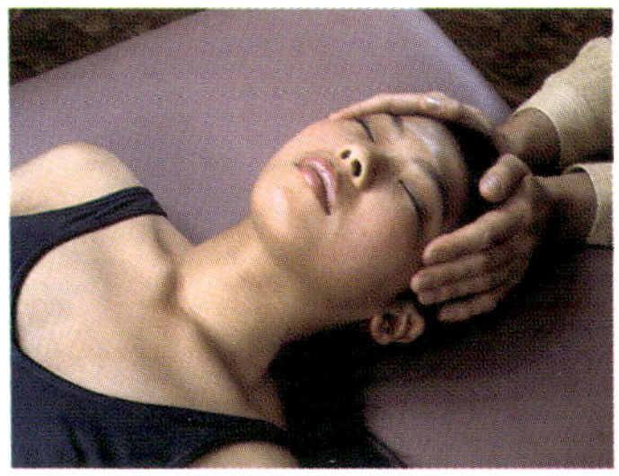

3 Πίσω μέρος του κεφαλιού

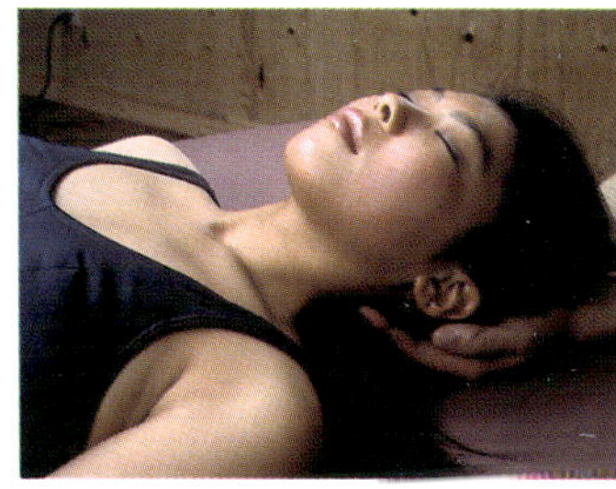

6 Κορυφή του κεφαλιού

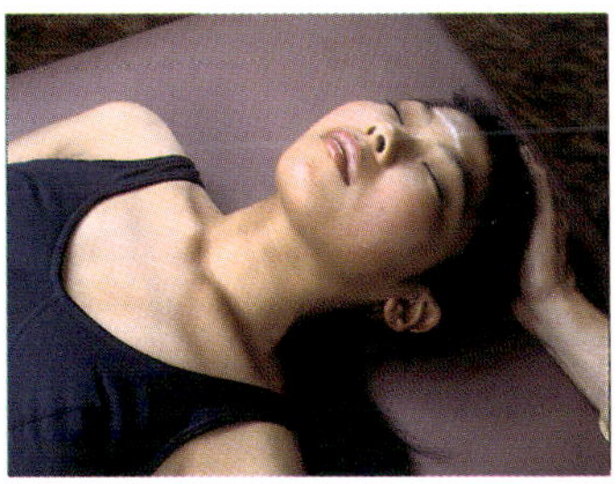

7 Στομάχι και έντερα.

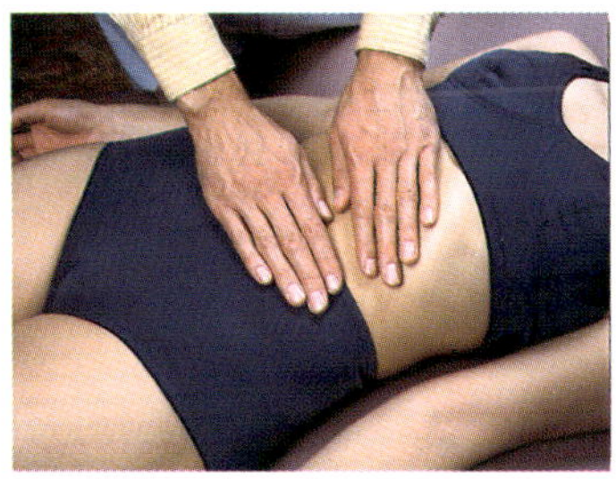

Λόξιγκας:

Διάφραγμα, μέτωπο, αυχενικοί σπόνδυλοι 3-5

(Για το λόξιγκα χρησιμοποιούμε το σύμβολο της δύναμης, όπως κάνουμε και για τον πόνο. Αν είναι δυνατό, αποτυπώστε το σχήμα του συμβόλου πάνω στο διάφραγμα, το μέτωπο και τους αυχενικούς σπονδύλους 3-5. Αν αυτό είναι αδύνατο, ή προβάλετε το σύμβολο στα αντίστοιχα μέρη του σώματος με τα μάτια σας, ή αφήστε το να βγει από τα χέρια σας.)

33 Διάφραγμα

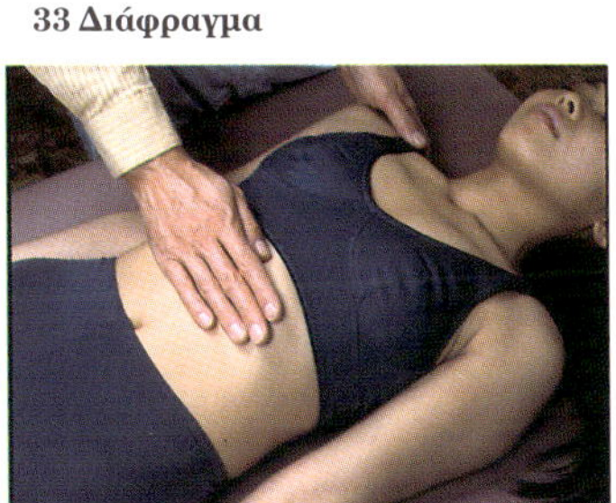

1 Μέτωπο

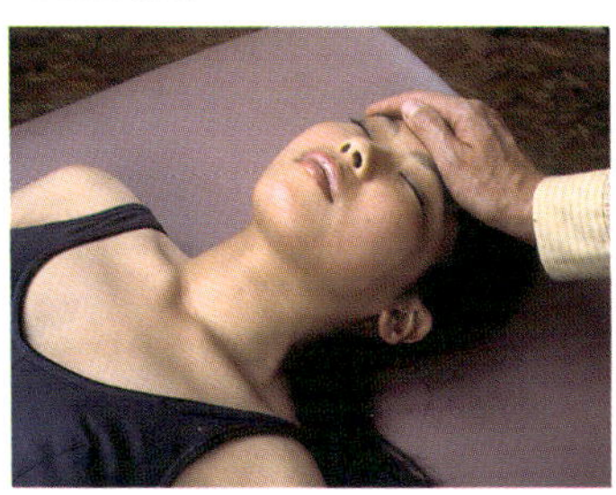

62 Αυχενικοί Σπόνδυλοι 3-5

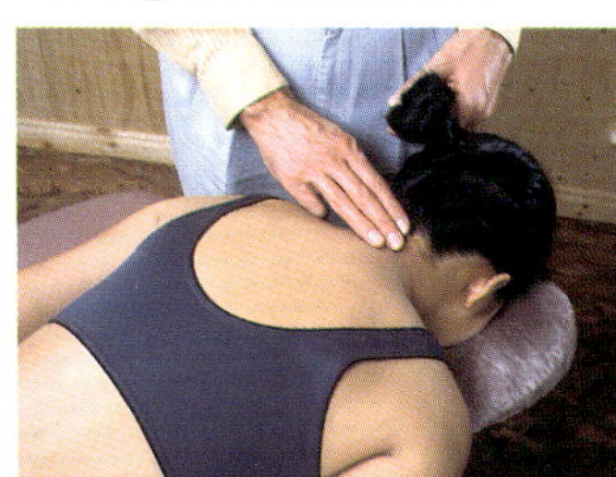

Αφασία (Διαταραχές Ομιλίας): Μέτωπο, κρόταφοι (κυρίως αριστερή πλευρά), περιοχή λαιμού.

1 Μέτωπο

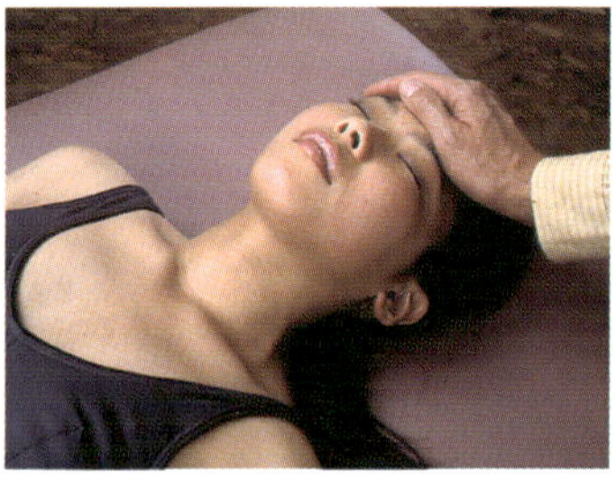

2 Κρόταφοι

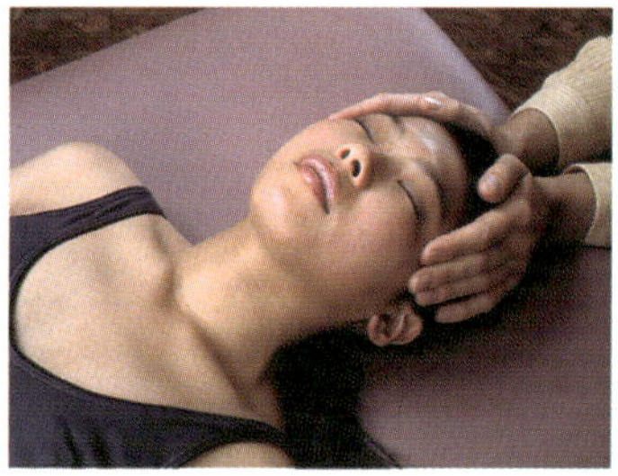

5 Λαιμός

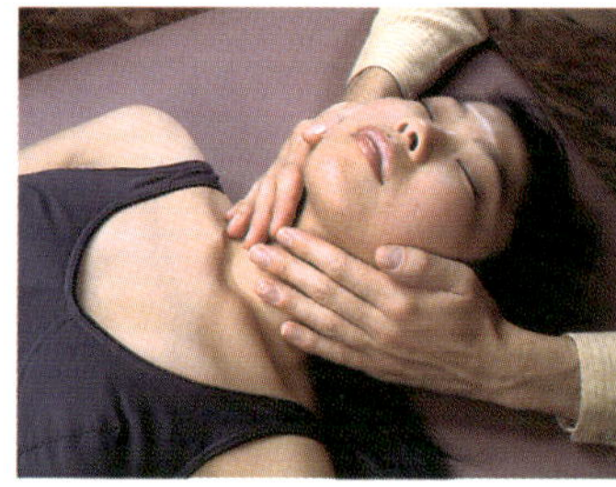

Συγγραφική Κράμπα: Περιοχή κεφαλιού, αγκώνες, αντίχειρες.

(Τυλίγω τον αντίχειρα στη γροθιά μου, κρατώντας τη σφιγμένη αλλά χαλαρή.)

1 Μέτωπο

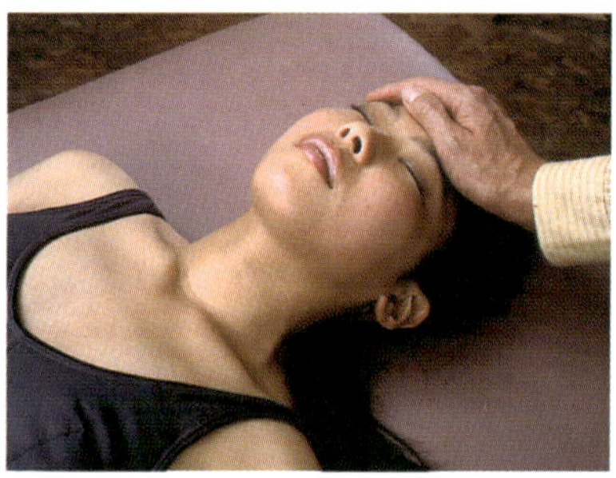

2 Κρόταφοι

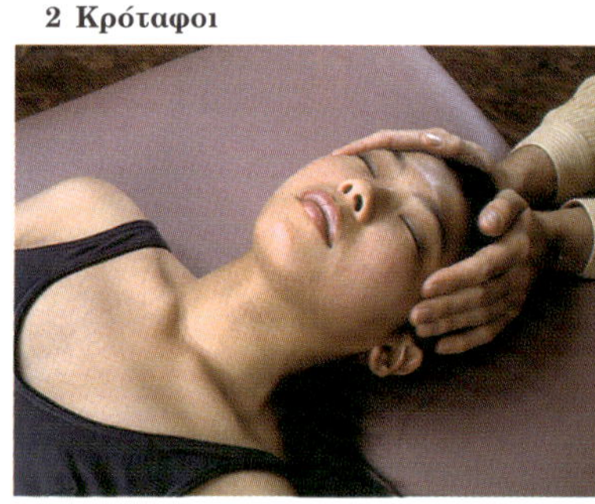

3 Πίσω μέρος του κεφαλιού

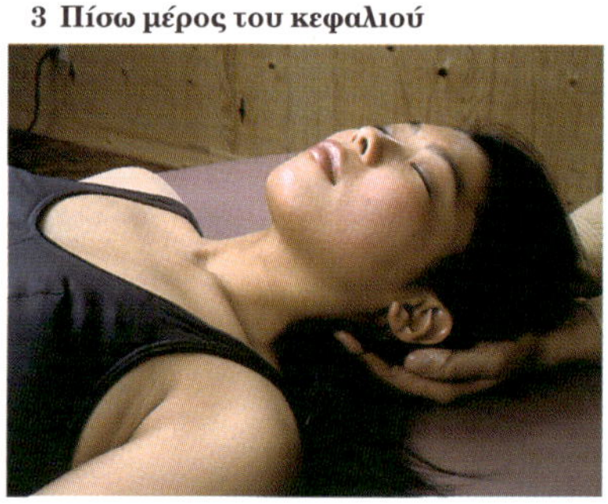

6 Κορυφή του κεφαλιού

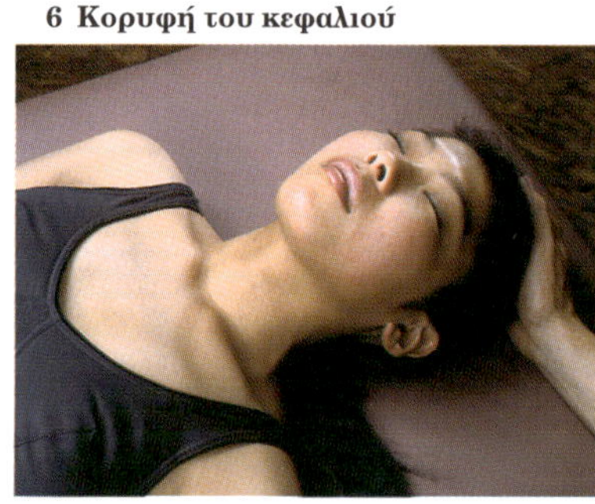

63 Αγκώνες

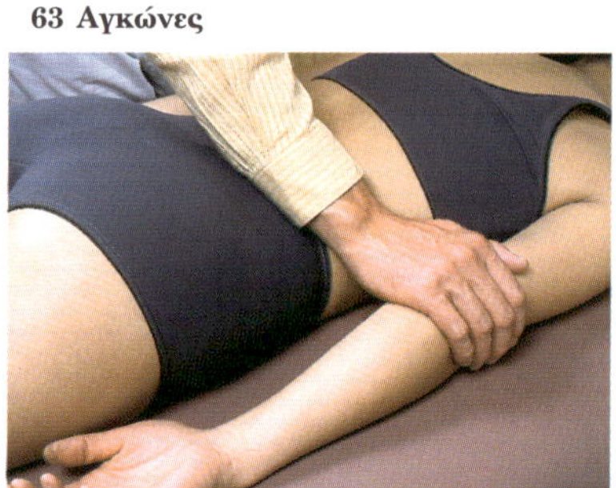

64 Αντίχειρες

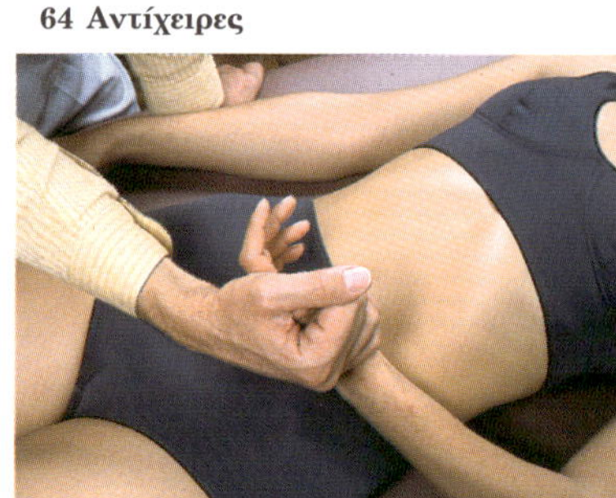

Αυτιά, περιοχή κεφαλιού.

Εμβοή (Βούισμα των Αυτιών):

14 **Ακουστικός πόρος**

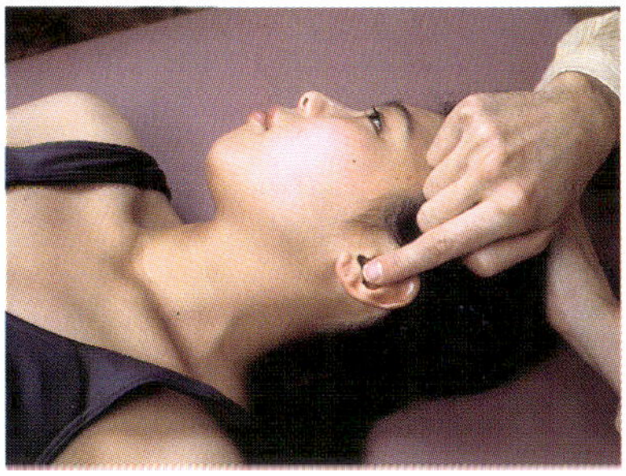

15 **Μπροστά και πίσω από το αυτί**

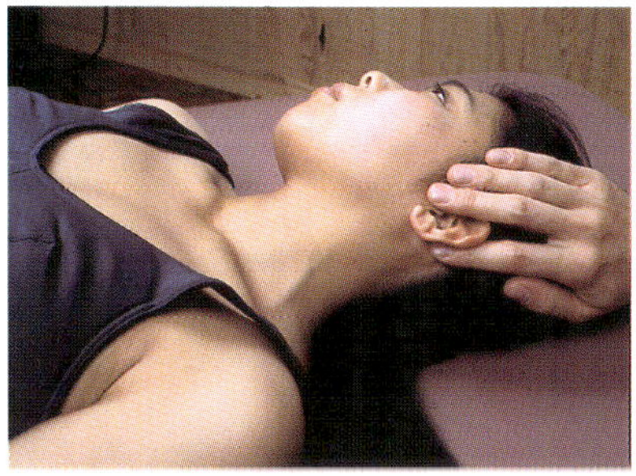

1 **Μέτωπο**

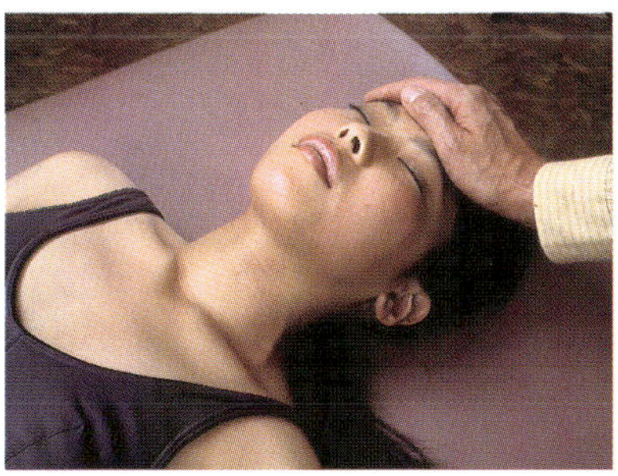

2 **Κρόταφοι**

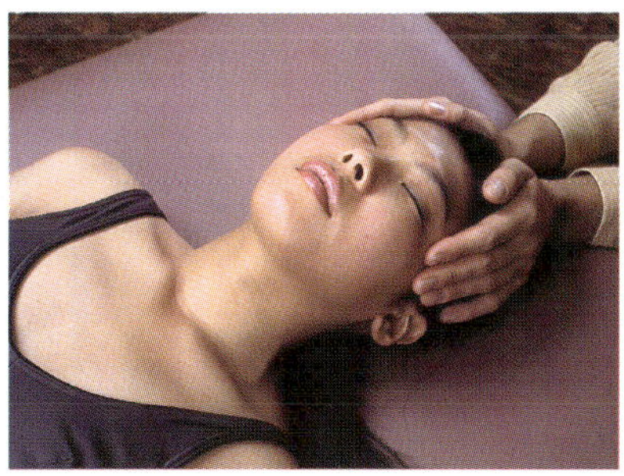

3 **Πίσω μέρος του κεφαλιού**

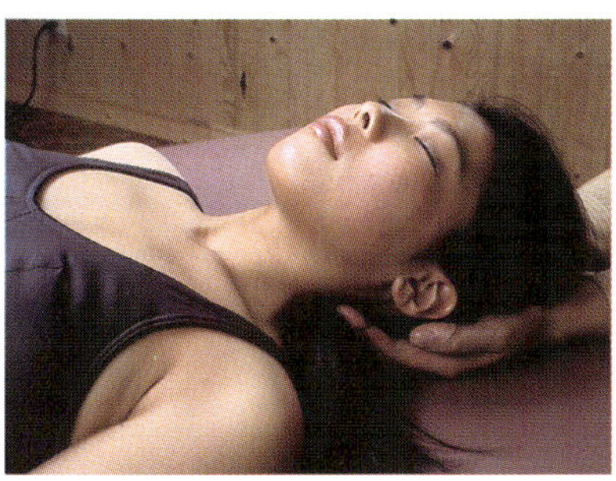

6 **Κορυφή του κεφαλιού**

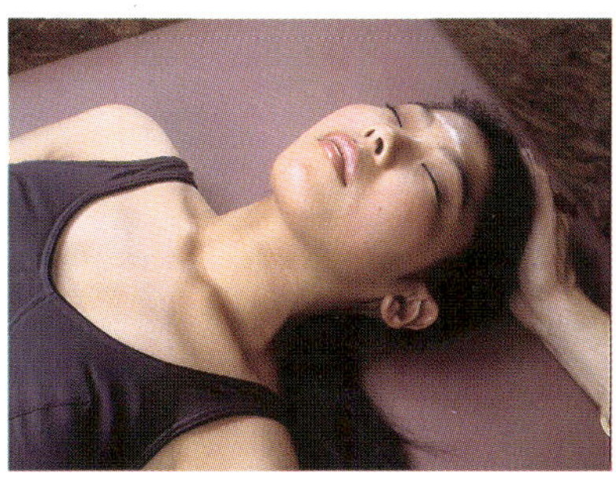

-3-
Λειτουργικές Διαταραχές των Αναπνευστικών Οργάνων (και των Αεροφόρων Οδών)

Φλεγμονή της Τραχείας, Βρογχίτιδα:

Τραχεία, βρογχικοί σωλήνες.

34 Τραχεία

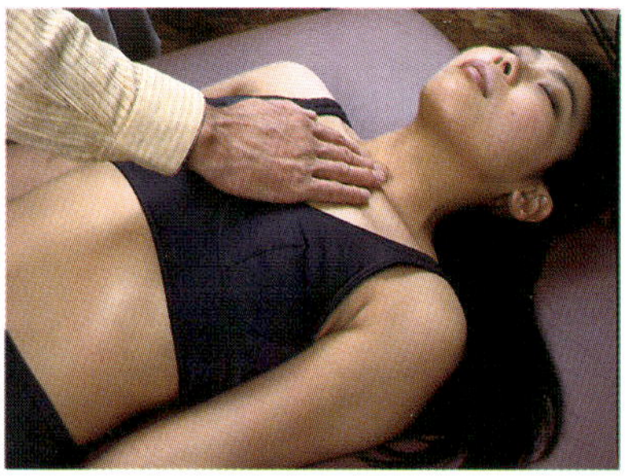

35 Βρογχικοί σωλήνες

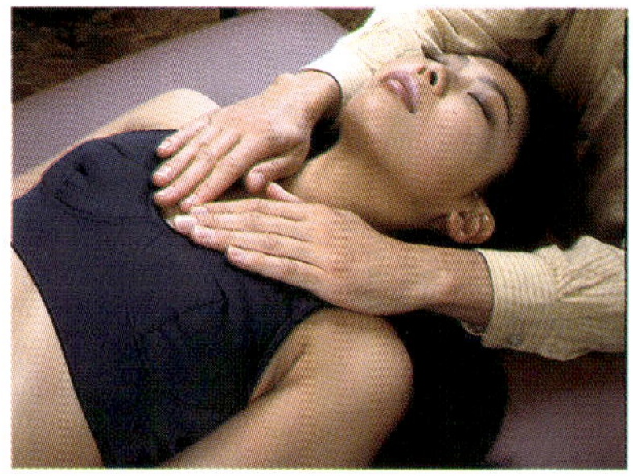

Βήχας:

Λαιμός, περιοχή του στήθους, προσβεβλημένες περιοχές του σώματος.

(Για το βήχα χρησιμοποιούμε επίσης το σύμβολο της δύναμης. Αν έχετε πάρει το Δεύτερο Βαθμό του ρέικι, φτιάξτε το σύμβολο της δύναμης πάνω σ' ένα υλικό από φυσικές ίνες και κολλήστε το πάνω στο στήθος τη νύχτα. Αποφεύγετε για μια βδομάδα όλες τις τροφές που παράγουν βλέννα, και τρώτε πολύ φρεσκοτριμμένο τζίντζερ. Πίνετε ρόφημα από τζίντζερ με μέλι.)

5 Λαιμός

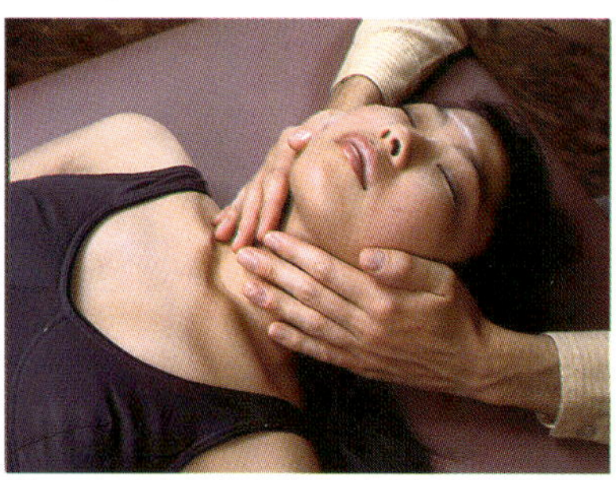

22 Πνεύμονες - καλύψτε επίσης την περιοχή του στήθους

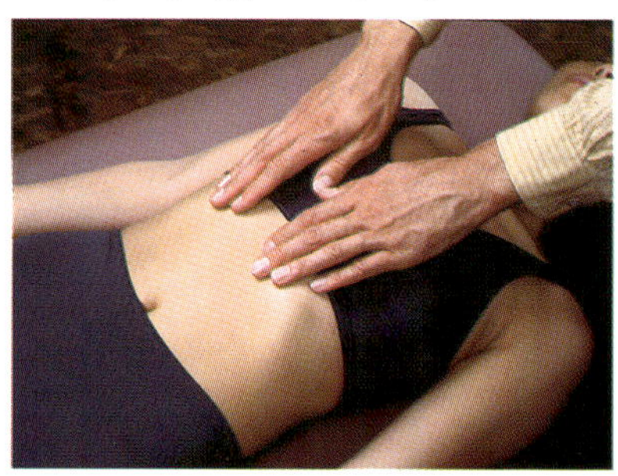

Άσθμα:

Περιοχή κεφαλιού, περιοχή στήθους, κάτω από το στέρνο (στο βαθούλωμα κάτω από το στέρνο), λαιμός, μύτη, καρδιά.

(Μια συνταγή που έμαθα από τον αδερφό μου και βοηθά ενάντια στο άσθμα: Ξύστε 50 γραμμάρια φρέσκο χράνο και ανακατέψτε το με το χυμό από τρία μεγάλα λεμόνια (οργανικά καλλιεργημένα) και 500 γραμμάρια οργανικό μέλι. Πίνετε μια κουταλιά της σούπας από αυτό το μείγμα πριν ή μετά από κάθε γεύμα, τουλάχιστον επί έξι βδομάδες. Διατηρείτε το μείγμα στο ψυγείο.)

1 Μέτωπο

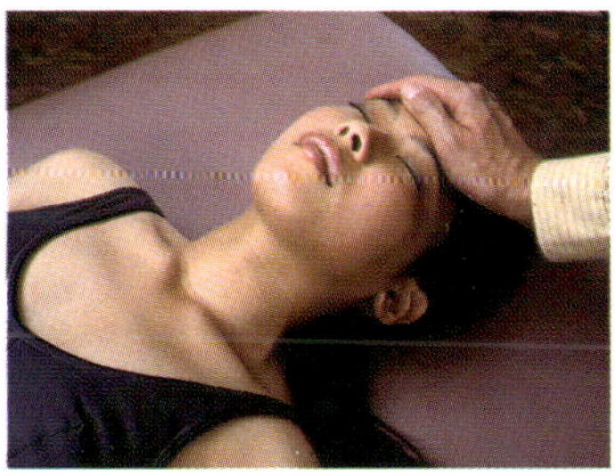

2 Κρόταφοι

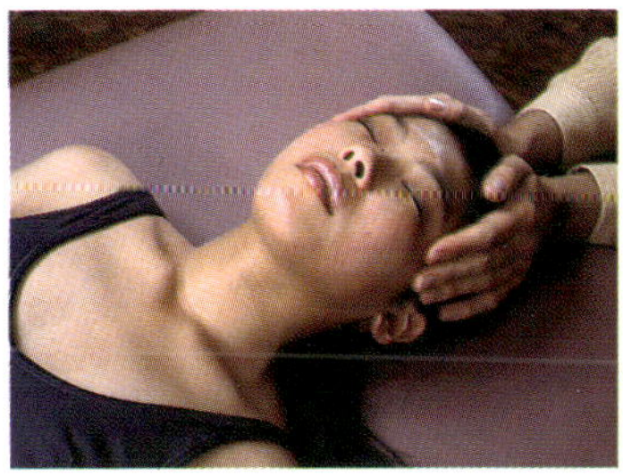

3 Πίσω μέρος του κεφαλιού

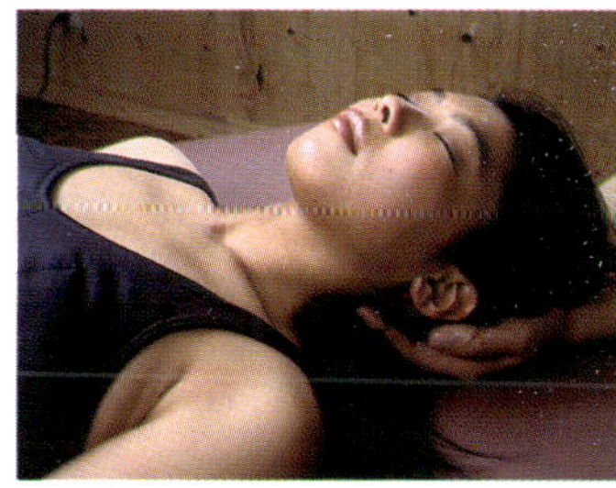

6 Κορυφή του κεφαλιού

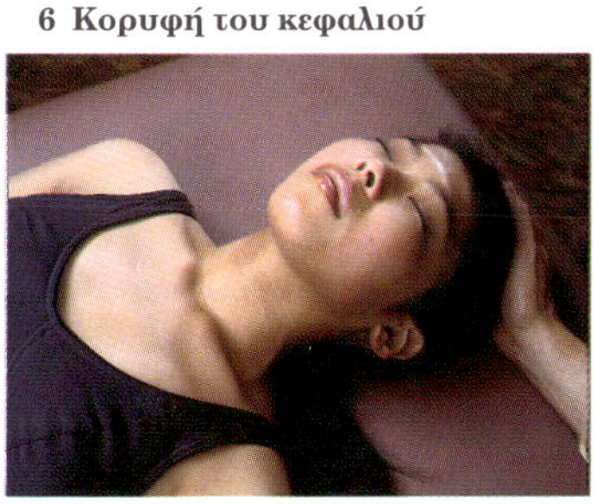

22 Πνεύμονες (καλύψτε επίσης την περιοχή του στήθους)

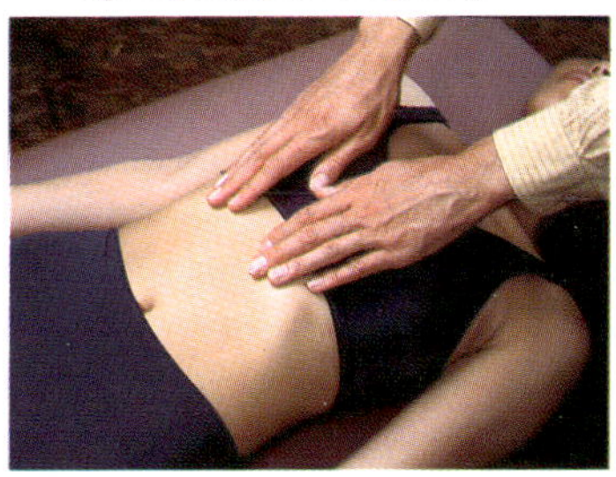

37 Κάτω από το στέρνο

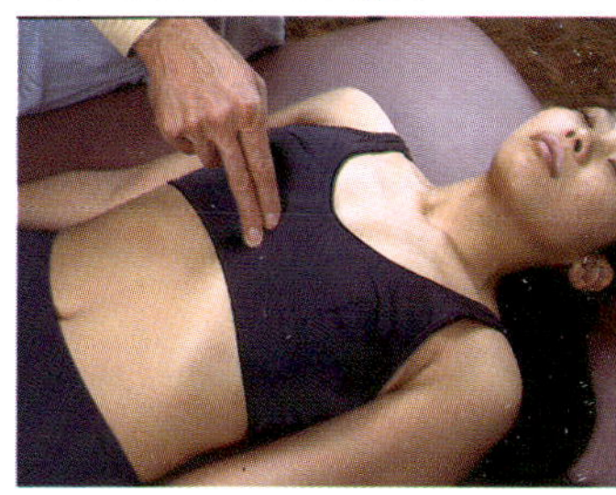

5 Λαιμός

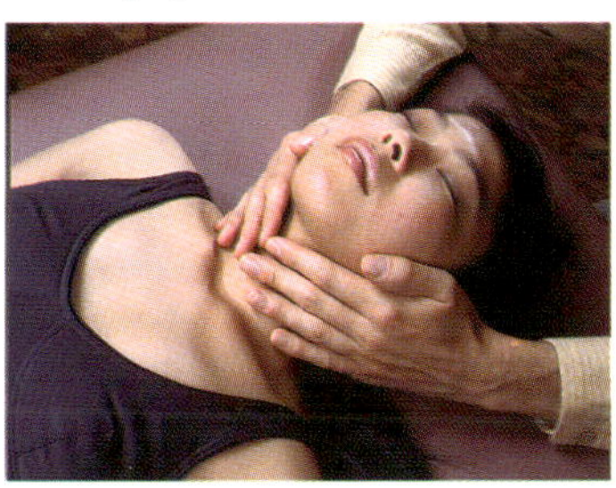

11 Ρινικό οστό

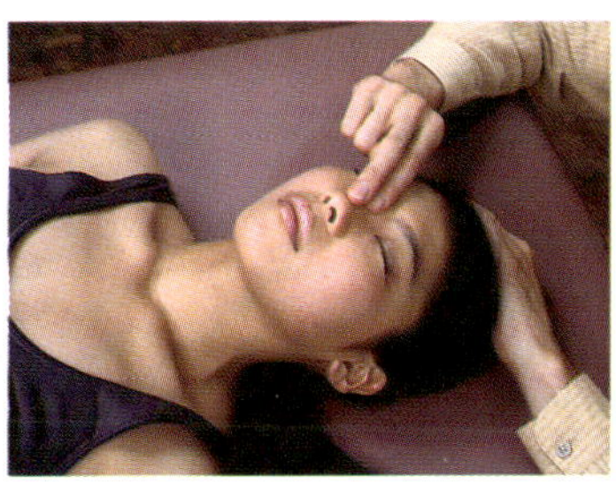

12 Πλάι της μύτης

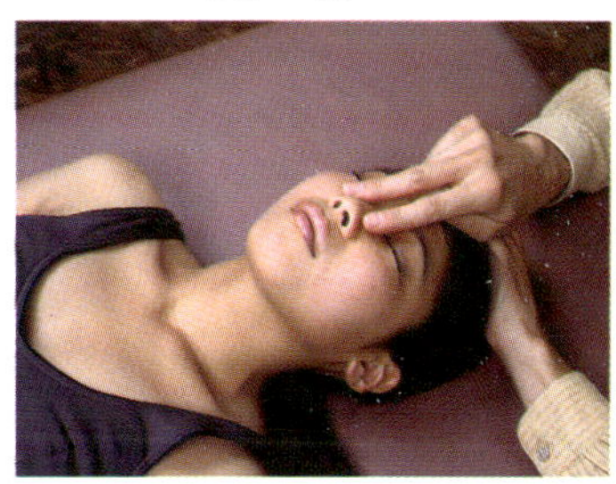

23 Καρδιά

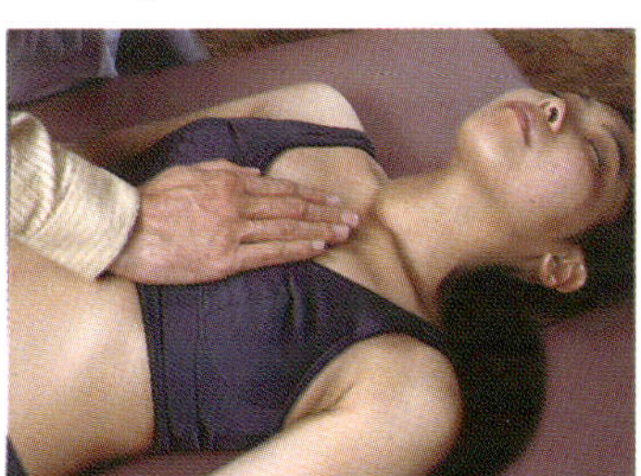

Φυματίωση των πνευμόνων:

Περιοχή κεφαλιού, προσβεβλημένη περιοχή των πνευμόνων, στομάχι και έντερα, καρδιά, *Τάντεν.*

1 Μέτωπο

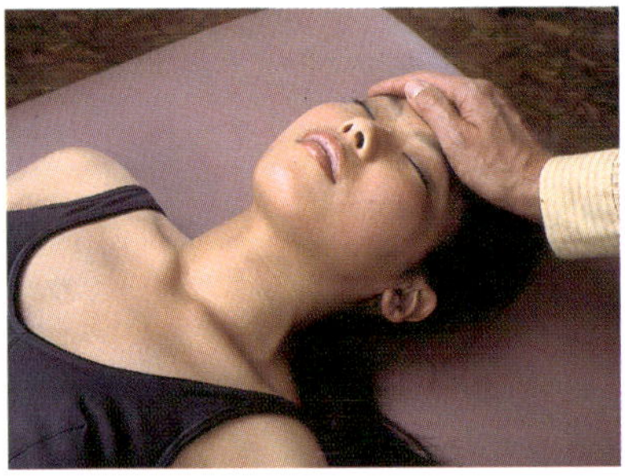

2 Κρόταφοι

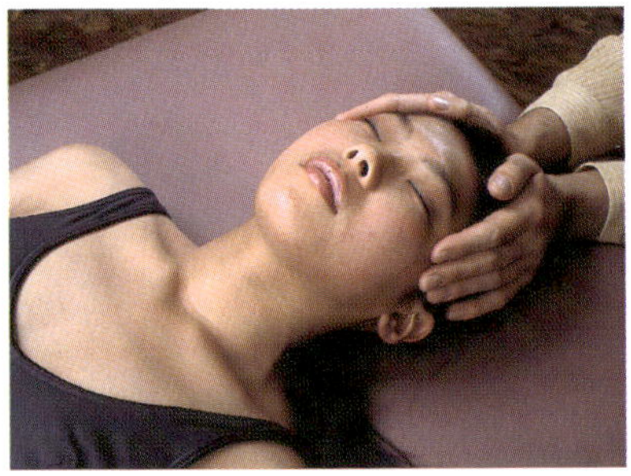

3 Πίσω μέρος του κεφαλιού

6 Κορυφή του κεφαλιού

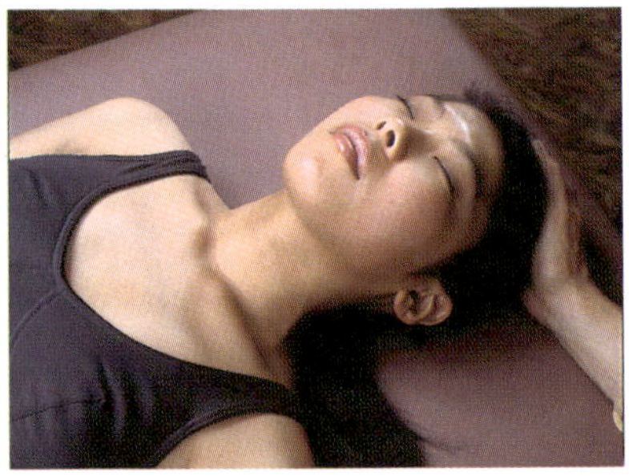

22 Πνεύμονες

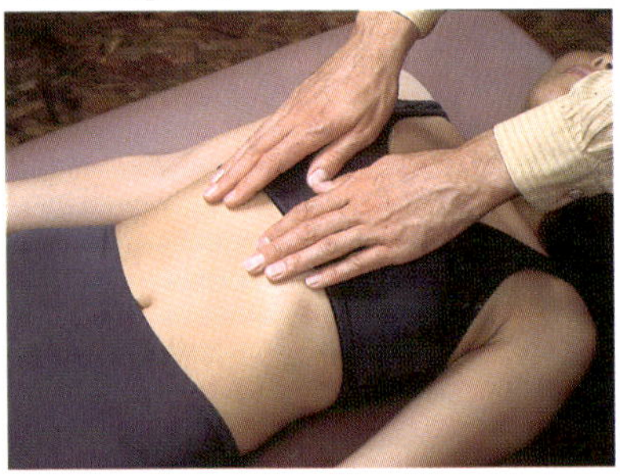

7 Στομάχι και έντερα

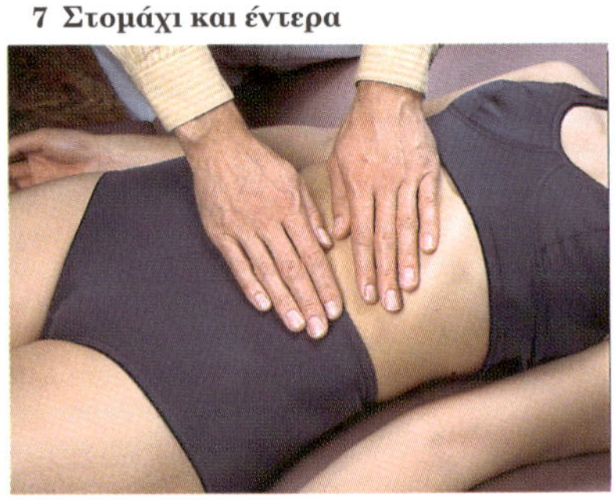

23 Καρδιά

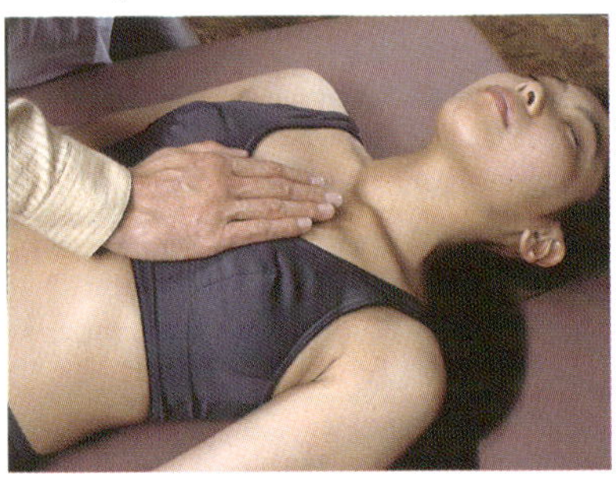

31 Τάντεν

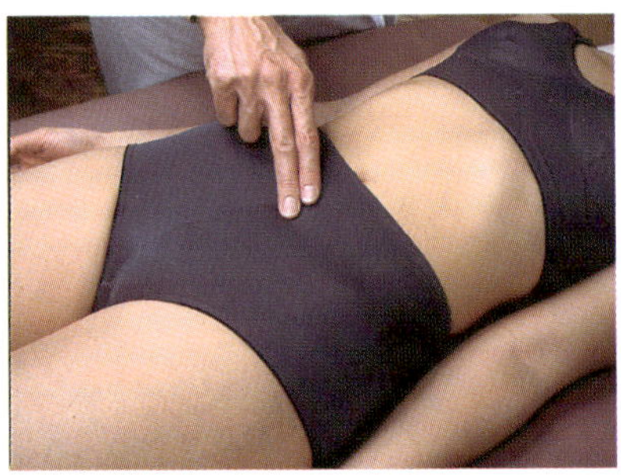

Πλευρίτιδα:

Περιοχή κεφαλιού, προσβεβλημένες περιοχές του σώματος, στομάχι και έντερα, *Τάντεν*.

1 Μέτωπο

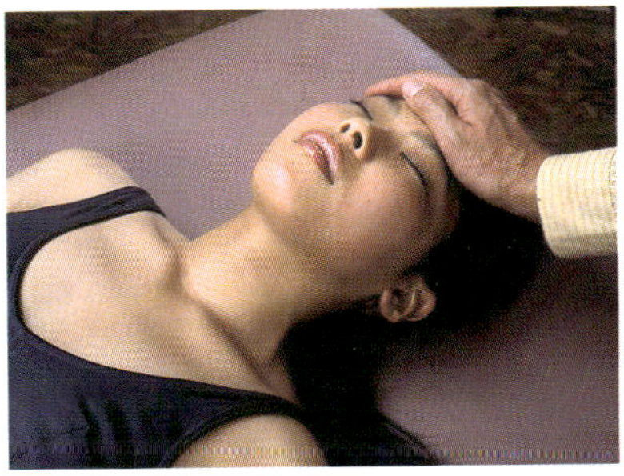

2 Κρόταφοι

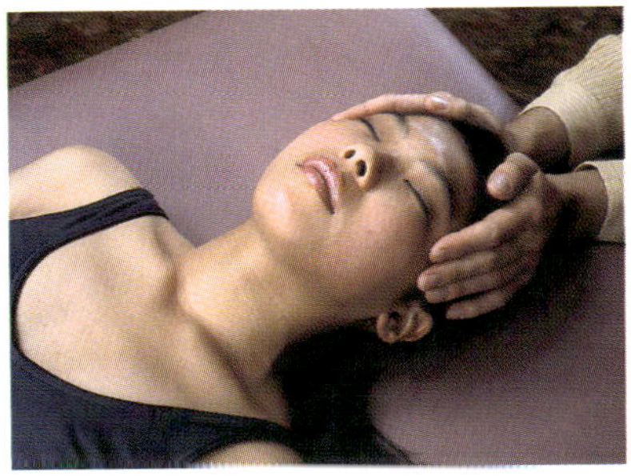

3 Πίσω μέρος του κεφαλιού

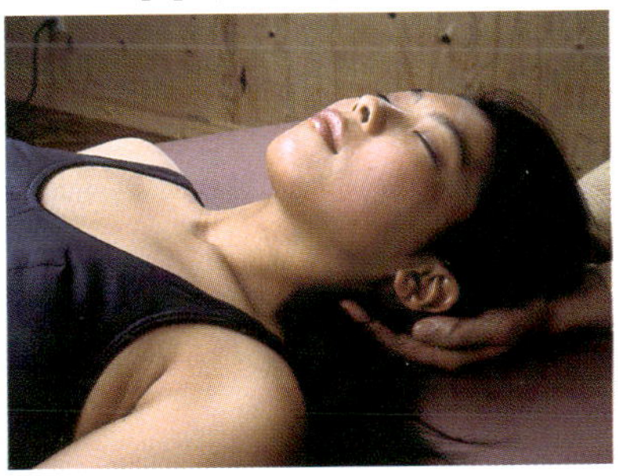

6 Κορυφή του κεφαλιού

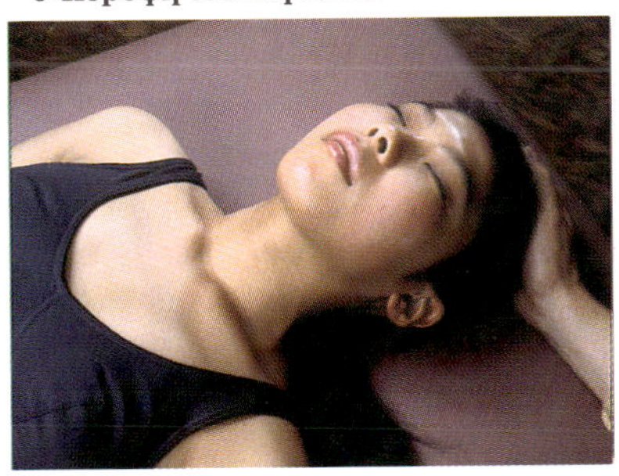

7 Στομάχι και έντερα

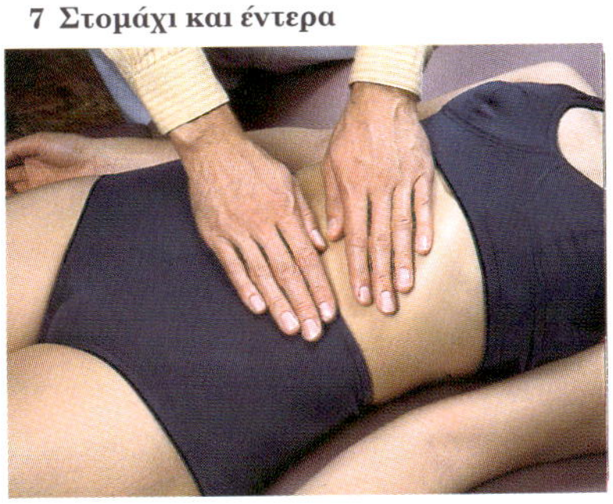

31 Τάντεν

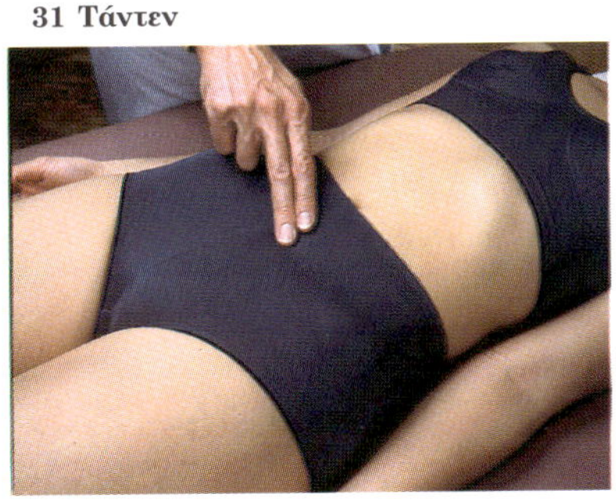

Πνευμονία:

Περιοχή κεφαλιού, καρδιά, προσβεβλημένα μέρη του σώματος, *Τάντεν.*

1 Μέτωπο

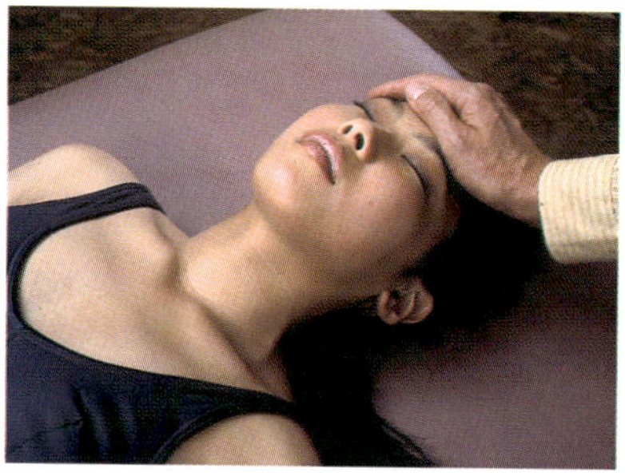

2 Κρόταφοι

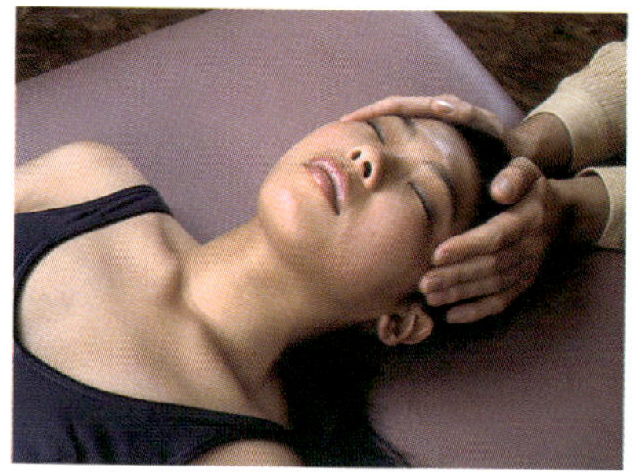

3 Πίσω μέρος του κεφαλιού

6 Κορυφή του κεφαλιού

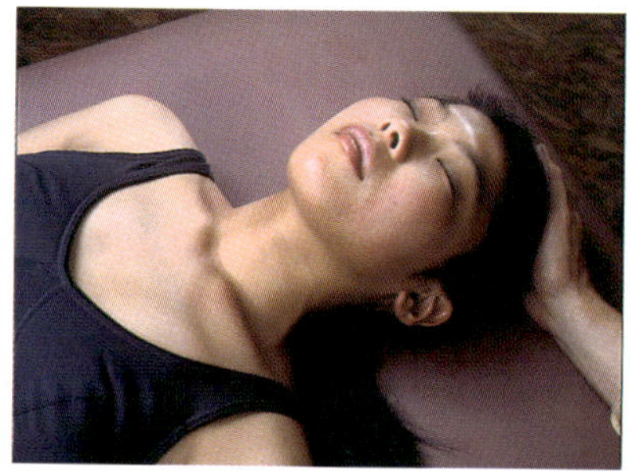

23 Καρδιά

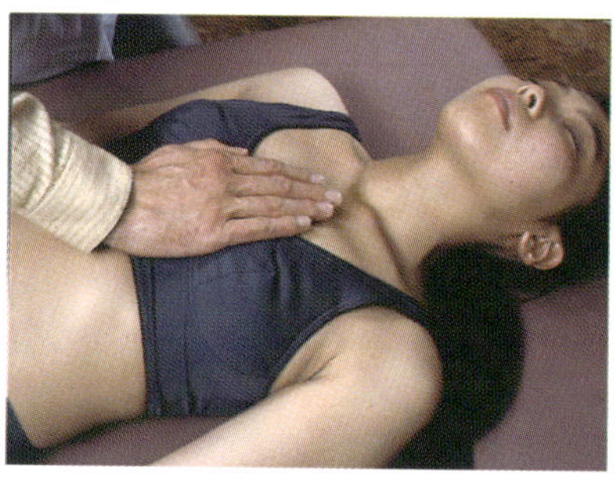

31 Τάντεν

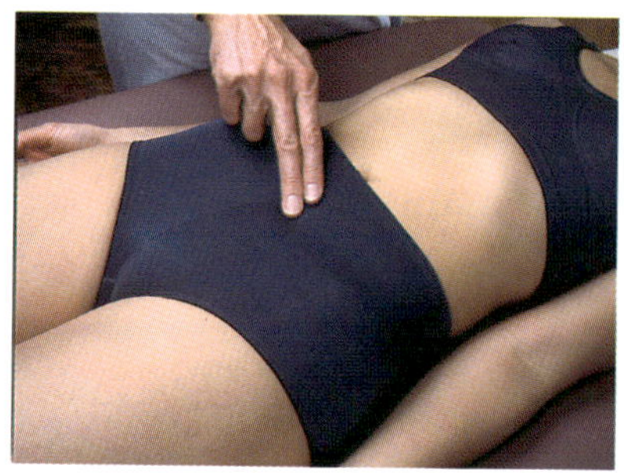

Βρογχική Αιμορραγία (Αιμόπτυση):

Πνεύμονες, προσβεβλημένες περιοχές του σώματος.

(Η αιμορραγία αυτή μπορεί ν' αποβεί μοιραία. Προκαλείται από αλλοίωση των μικρών αρτηριών των πνευμόνων.)

22 Πνεύμονες

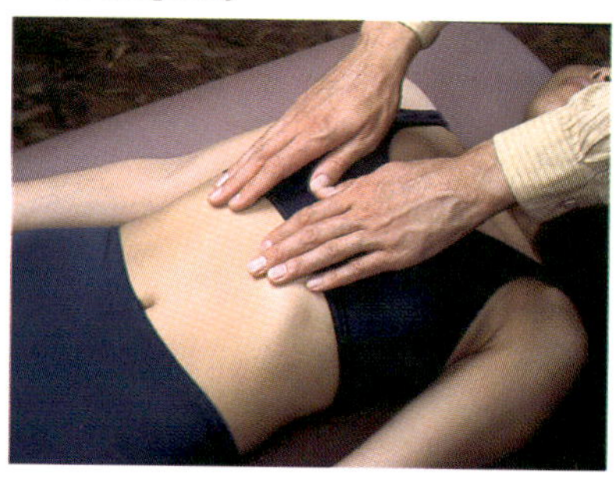

Ρινορραγία:

Μύτη.

(Ένα μαξιλάρι κάτω από τον αυχένα και η αγωγή των πέντε πρώτων αυχενικών σπονδύλων έχει θαυματουργά αποτελέσματα. Πολύ αποτελεσματικό είναι επίσης ένα μασάζ πίεσης του προμήκη μυελού. Το κεφάλι του ασθενή πρέπει ν' ακουμπά πίσω όταν το κάνετε αυτό.)

11 Ρινικό οστό

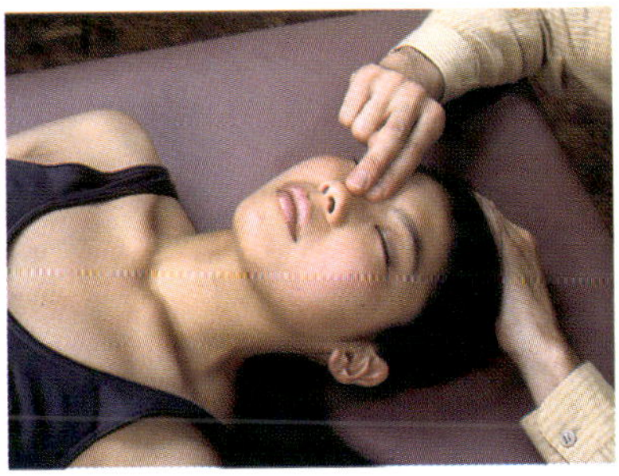

12 Πλάι της μύτης

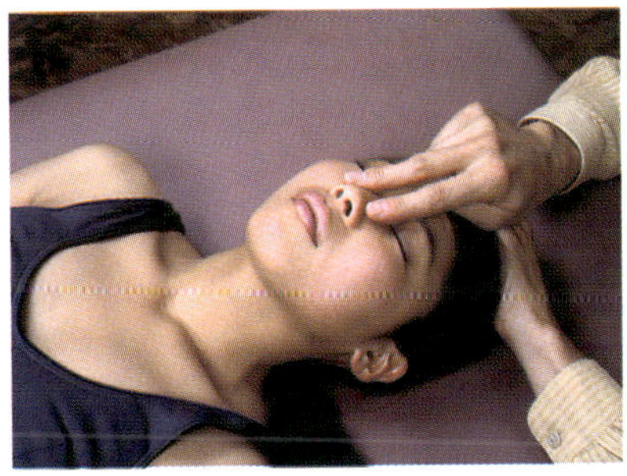

Εμπύημα (Πλευρίτιδα με Σχηματισμό Πύου):

Μύτη, μέσο του μετώπου, ή μέσο του άνω χείλους ακριβώς κάτω από τη μύτη (το κάντζι δεν είναι ξεκάθαρο σ' αυτό το σημείο, γι' αυτό κάντε αγωγή και στα δύο σημεία αν υπάρχουν αμφιβολίες).

11 Ρινικό οστό

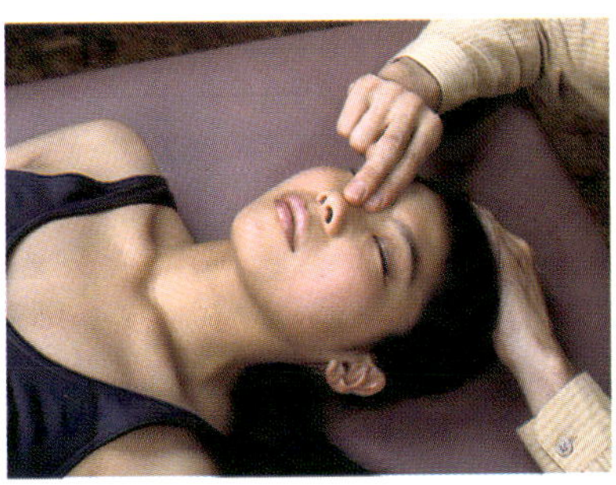

12 Πλάι της μύτης

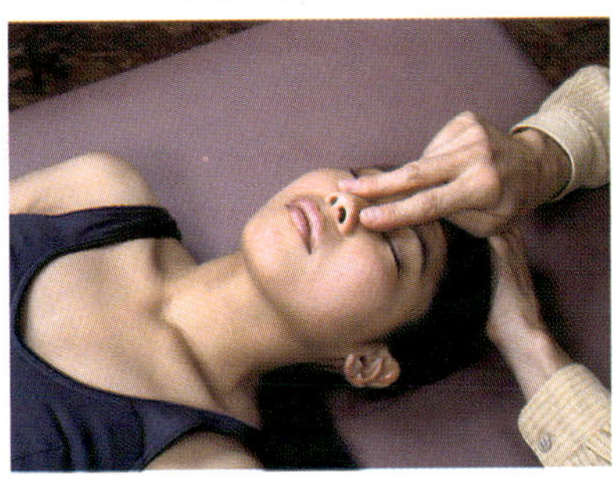

20 Μέσο του μετώπου

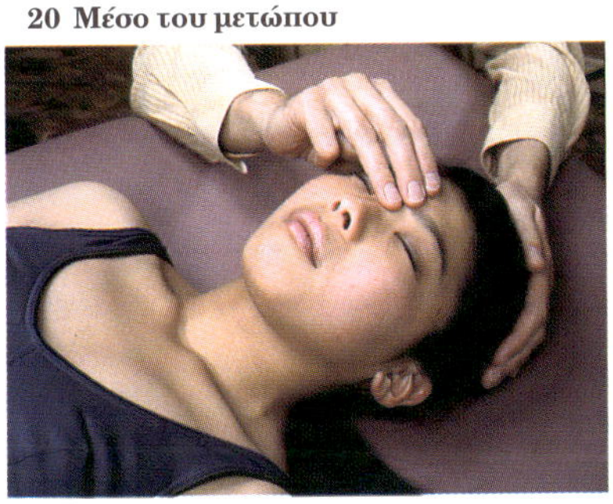

21 Μέση του πάνω χείλους

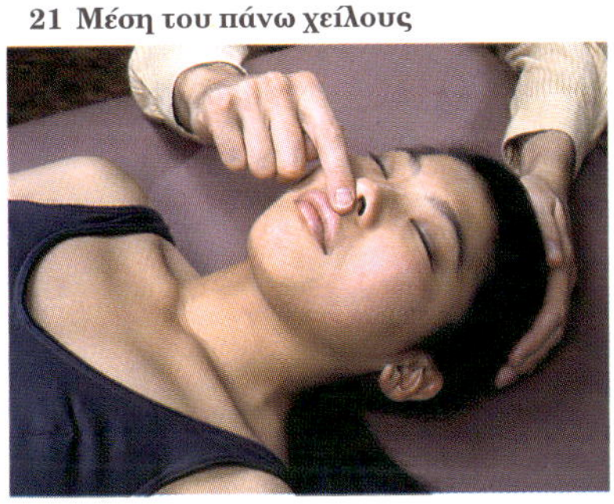

-4-
Λειτουργικές Διαταραχές των Πεπτικών Οργάνων

Παθήσεις του Οισοφάγου:

Οισοφάγος, κάτω από το στέρνο, στομάχι και έντερα.

34 Τραχεία, Οισοφάγος

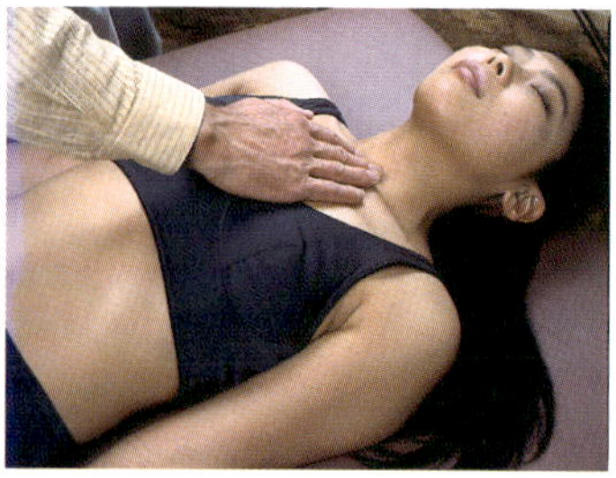

37 Κάτω από το στέρνο

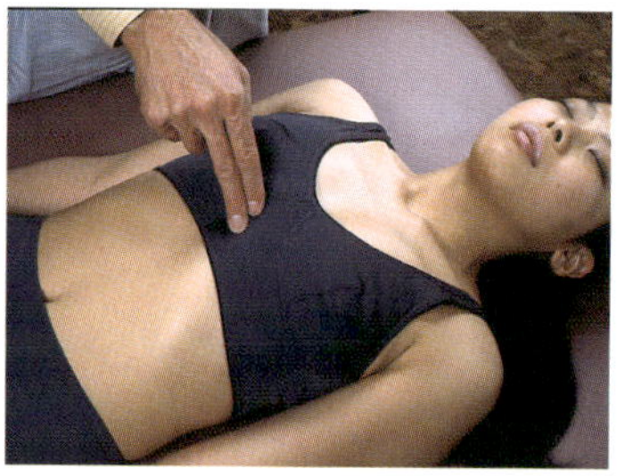

7 Στομάχι και έντερα

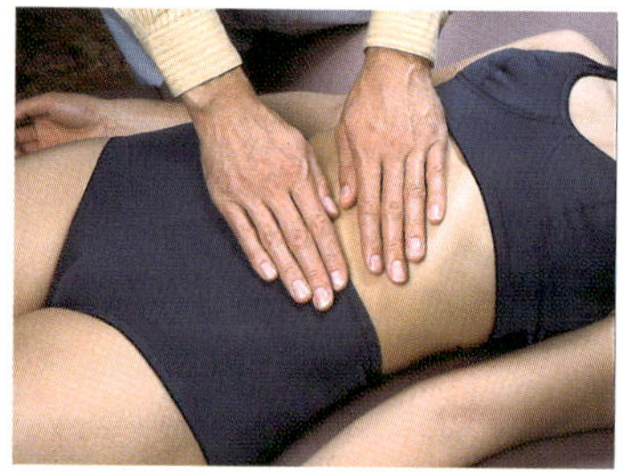

Γαστρίτιδα, Γαστρικό Έλκος, Καρκίνος Στομάχου, Γαστραλγία (Πόνος του Στομάχου), Γαστρόπτωση, Γαστρέκταση:

Περιοχή κεφαλιού, κάτω από το στέρνο, στομάχι και έντερα.

1 Μέτωπο

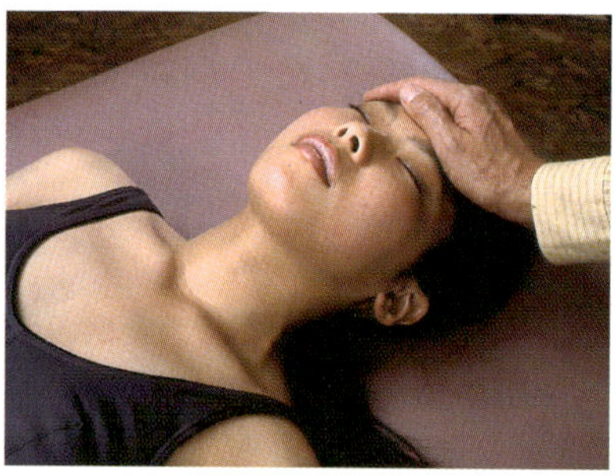

2 Κρόταφοι

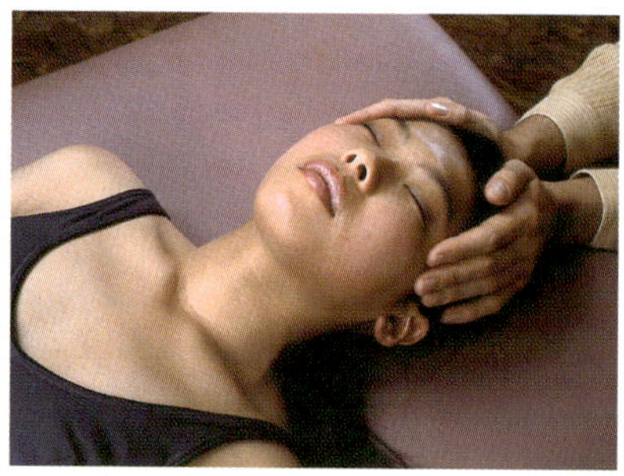

3 Πίσω μέρος του κεφαλιού

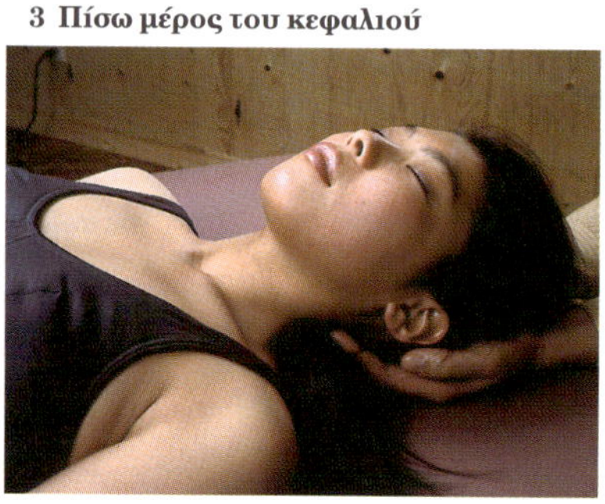

6 Κορυφή του κεφαλιού

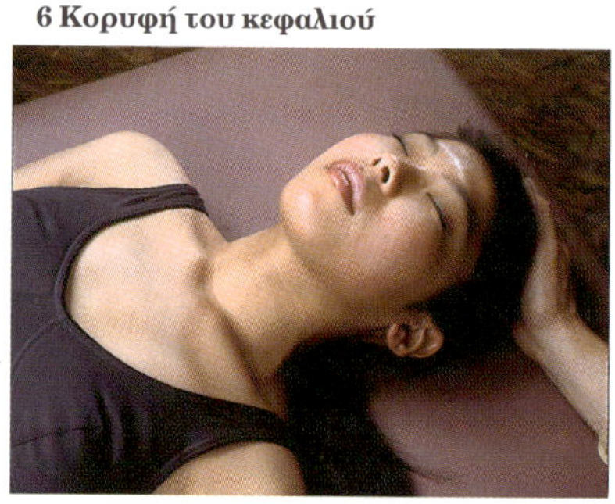

37 Κάτω από το στέρνο

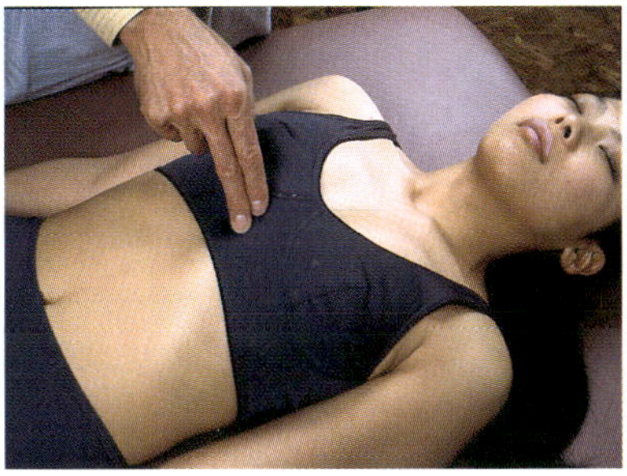

7 Στομάχι και έντερα

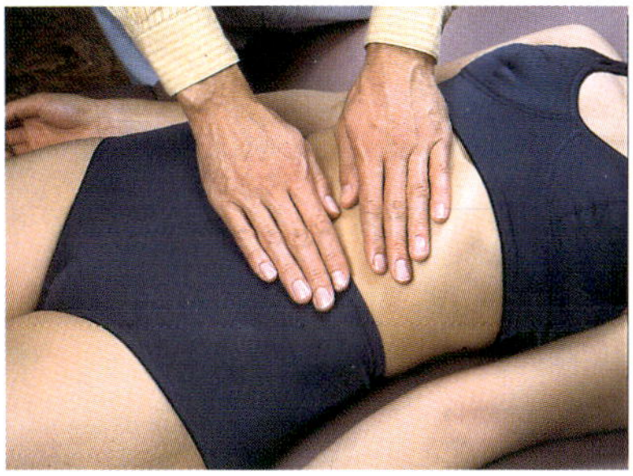

Εντερίτιδα, Εντερικό Έλκος, Διάρροια, Δυσκοιλιότητα κλπ.:

Στομάχι και έντερα.

7 Στομάχι και έντερα

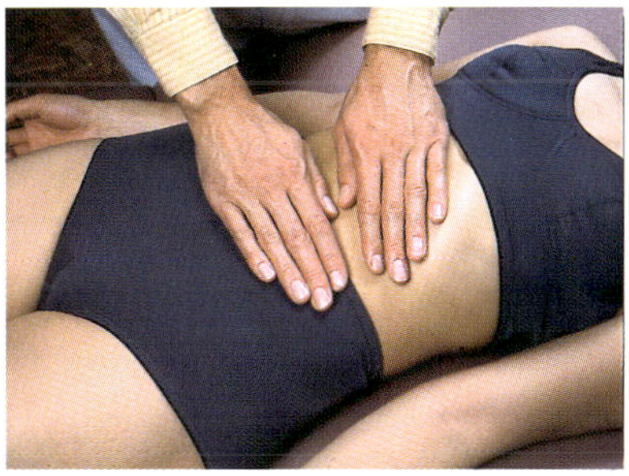

Σκωληκοειδίτιδα:

Προσβεβλημένη περιοχή του σώματος, κυρίως δεξιά δίπλα στον αφαλό, περιοχή κεφαλιού, στομάχι και έντερα.

38 Σκωληκοειδίτιδα

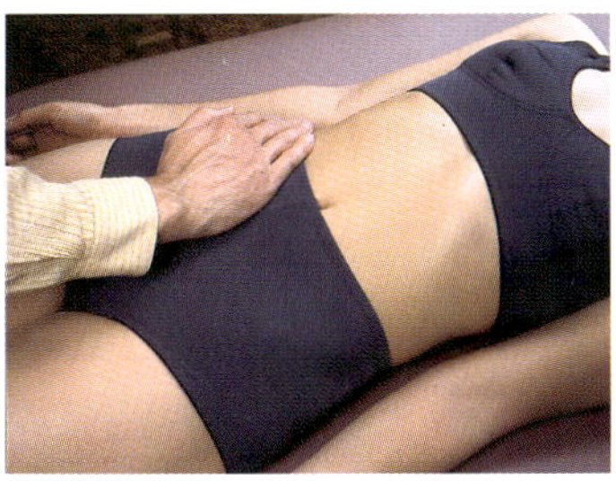

1 Μέτωπο

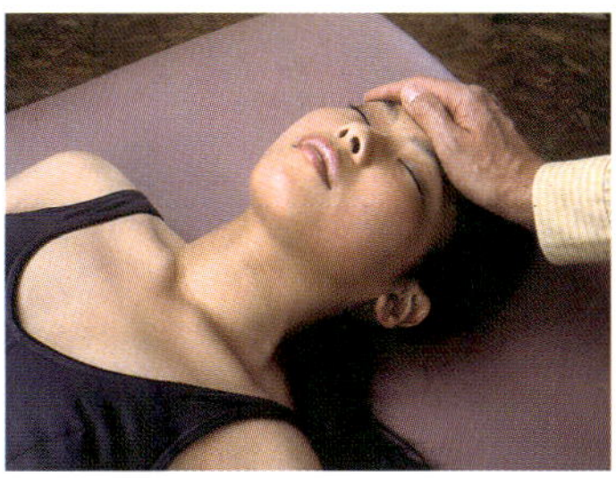

2 Κρόταφοι

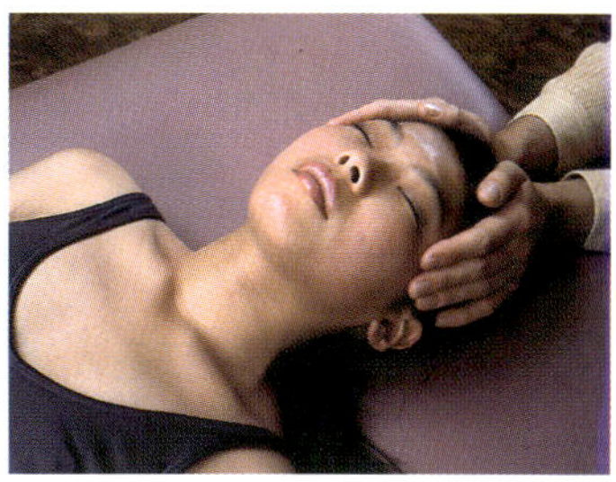

3 Πίσω μέρος του κεφαλιού

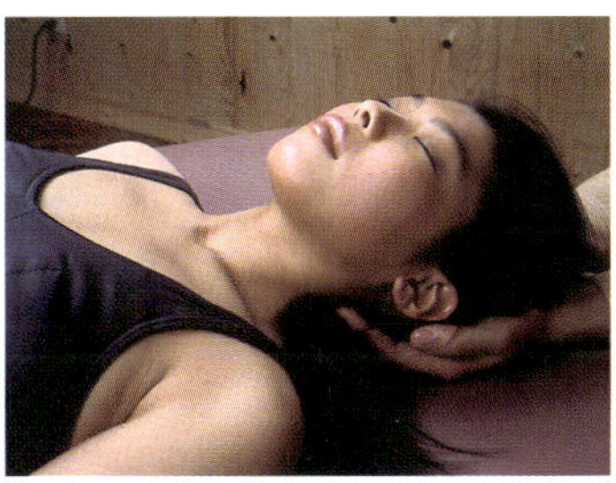

6 Κορυφή του κεφαλιού

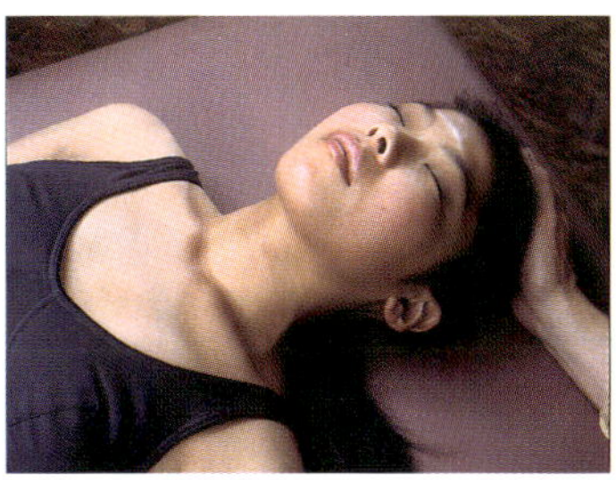

7 Στομάχι και έντερα

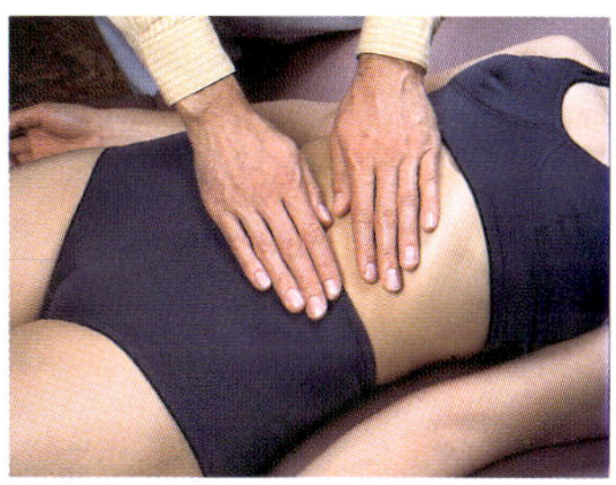

Εντερικά Παράσιτα: Περιοχή κεφαλιού, στομάχι και έντερα.

(Οι σταγόνες από αψιθιά, και το βάμμα αψιθιάς-γαρίφαλου-καρυδιάς έχουν αποδειχθεί αποτελεσματικά για την αποβολή μερικών παρασίτων από τα έντερα! Μη νομίσετε ότι τα εντερικά παράσιτα προσβάλλουν μόνο τους κατοίκους αναπτυσσόμενων χωρών. Ζητήστε συμβουλές από έναν ειδικό φυσικοθεραπευτή.)

1 Μέτωπο

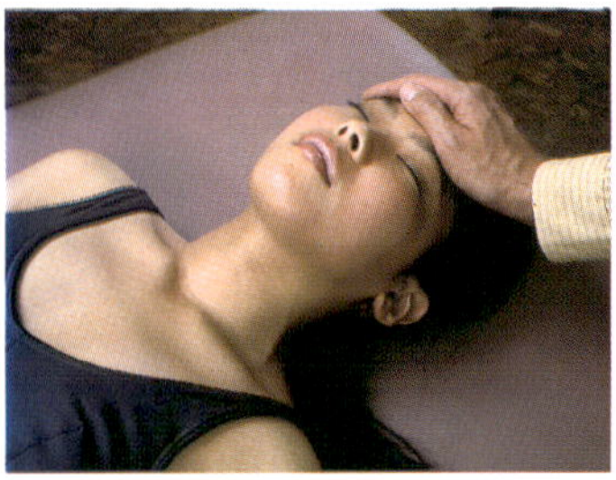

2 Κρόταφοι

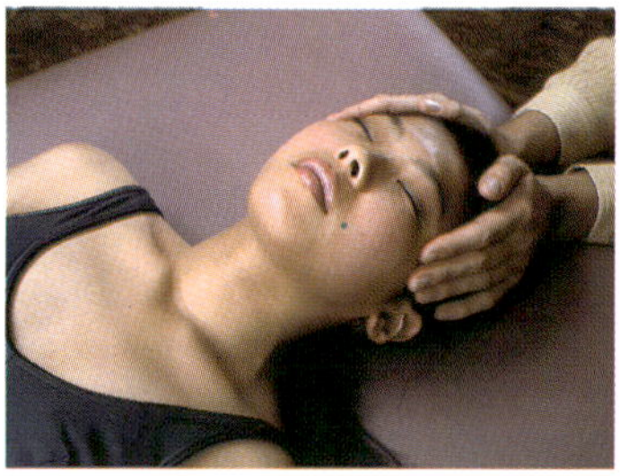

3 Πίσω μέρος του κεφαλιού

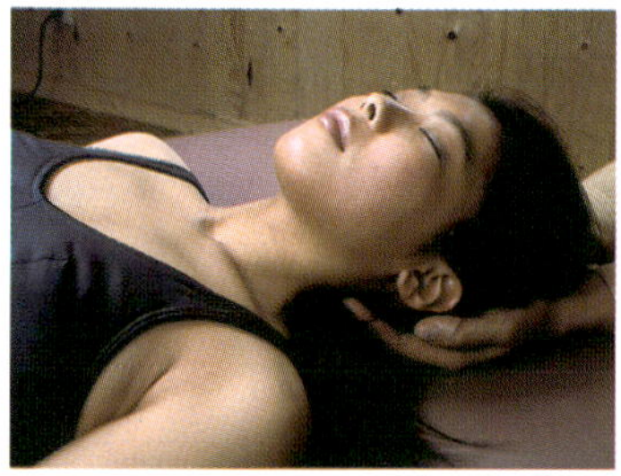

6 Κορυφή του κεφαλιού

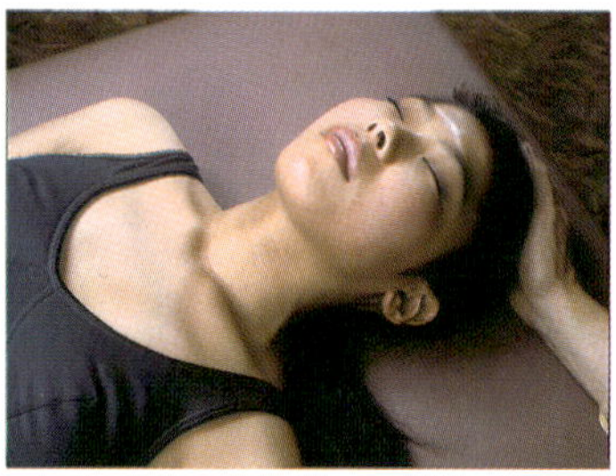

7 Στομάχι και έντερα

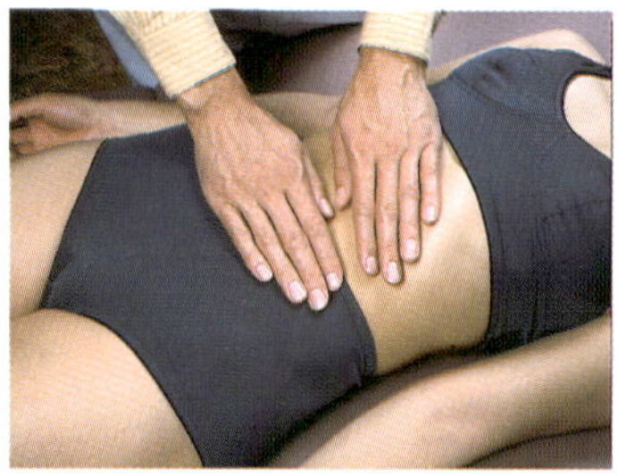

Αιμορροΐδες: Περιοχή πρωκτού.

67 Περιοχή πρωκτού

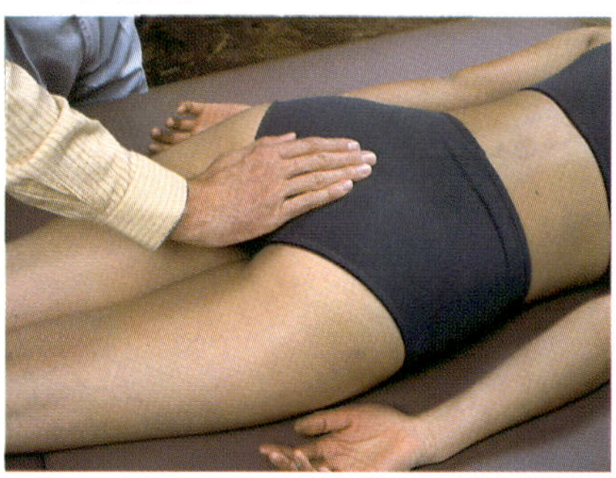

Υδροπεριτόναιο:

Περιοχή κεφαλιού, περιοχή κοιλιάς.
(Αν είναι δυνατό, κάντε αγωγή κατά τη χάση του φεγγαριού.)

1 Μέτωπο

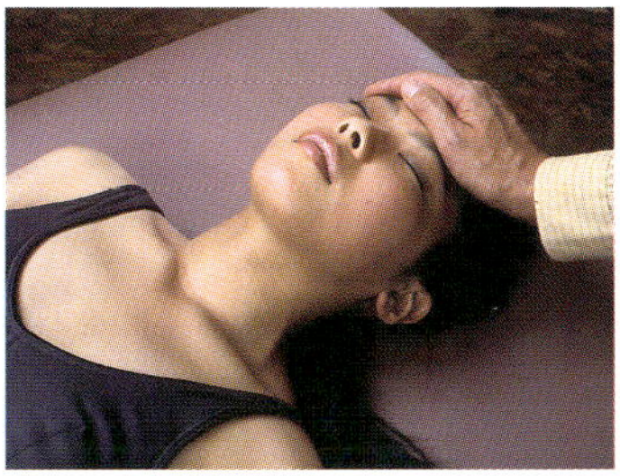

2 Κρόταφοι

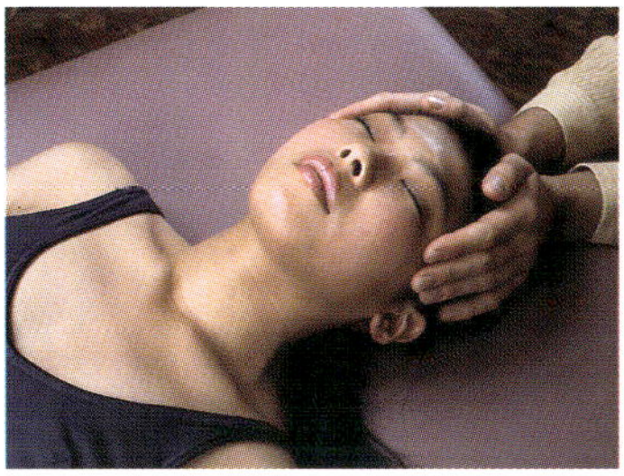

3 Πίσω μέρος του κεφαλιού

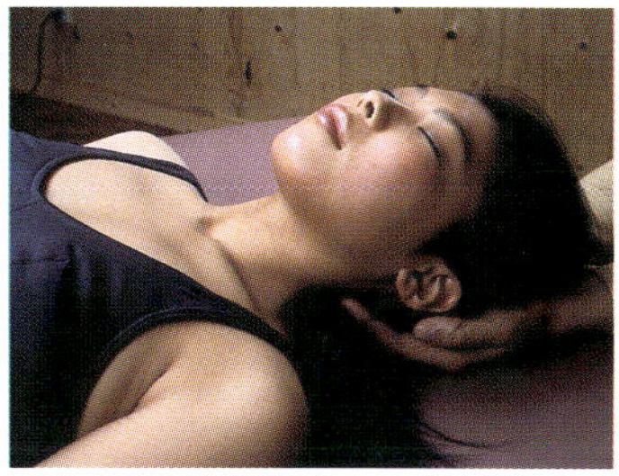

6 Κορυφή του κεφαλιού

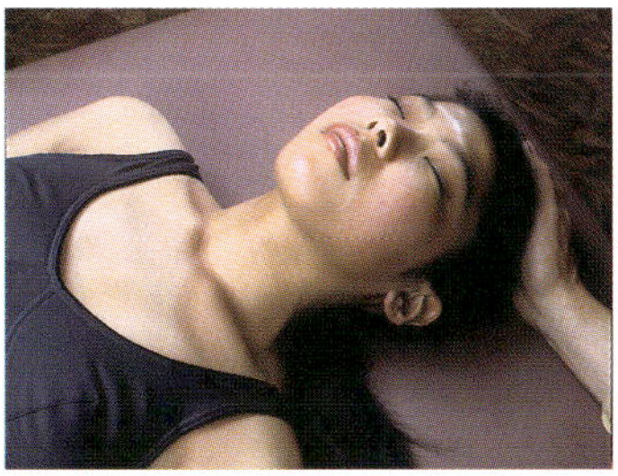

7 Στομάχι και έντερα

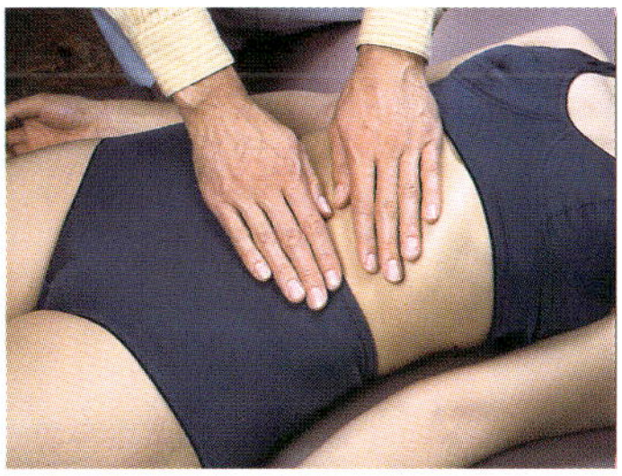

Περιτονίτιδα:

Περιοχή κεφαλιού, προσβεβλημένες περιοχές του σώματος, *Τάντεν*.

1 Μέτωπο

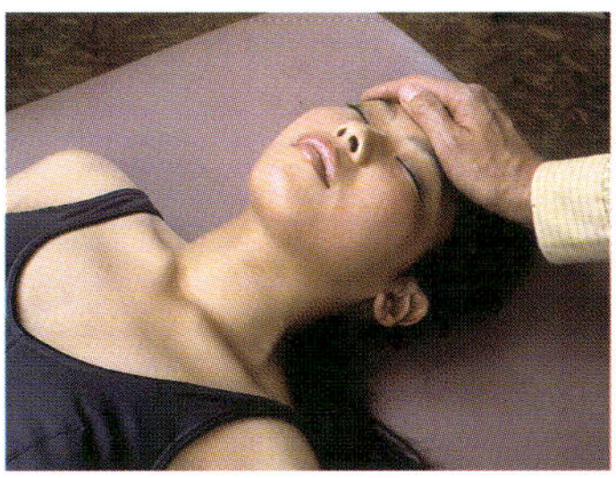

2 Κρόταφοι

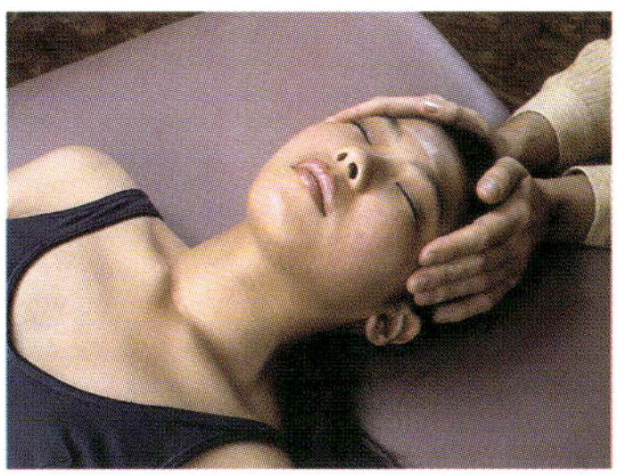

3 Πίσω μέρος του κεφαλιού

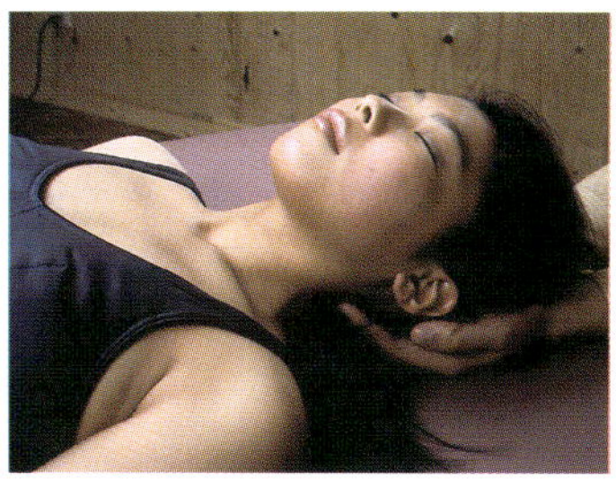

6 Κορυφή του κεφαλιού

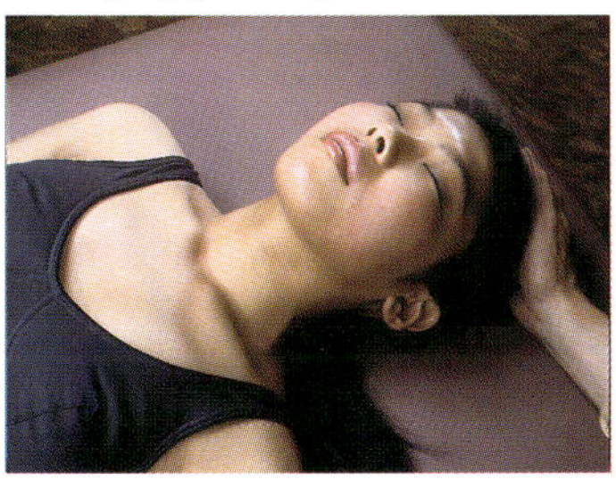

31 Τάντεν

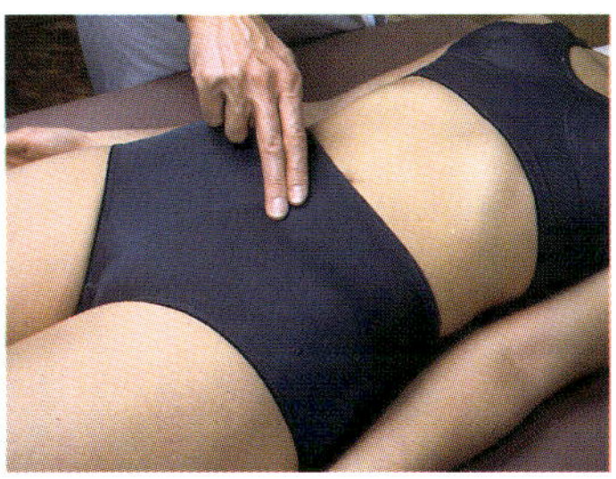

Ηπατίτιδα (Ίκτερος):

Περιοχή κεφαλιού, στομάχι και έντερα, συκώτι, καρδιά.

(Προσοχή: Υπάρχουν πολλά είδη ίκτερου τα οποία μπορούν να διαγνωσθούν με βεβαιότητα μόνο με εργαστηριακές εξετάσεις. Η ηπατίτιδα Α και Ε (που εντοπίζονται με ακρίβεια μόνο με ειδική εξέταση αίματος) είναι εξεραιτικά μεταδοτικές κατά την περίοδο της επώασης και πρέπει να γίνεται αγωγή μόνο σε νοσοκομείο. Μετά από ίκτερο, αποφεύγετε τις λιπαρές τροφές, το αλκοόλ, τη νικοτίνη και, αν είναι δυνατό, κάθε είδους φάρμακα επί έξι μήνες τουλάχιστον. Αφού συμβουλευτείτε το γιατρό σας, κάνετε εξετάσεις αίματος σε τακτά χρονικά διαστήματα.)

1 Μέτωπο

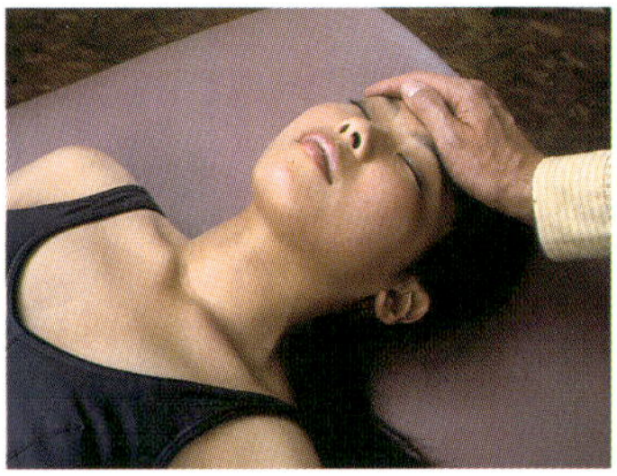

2 Κρόταφοι

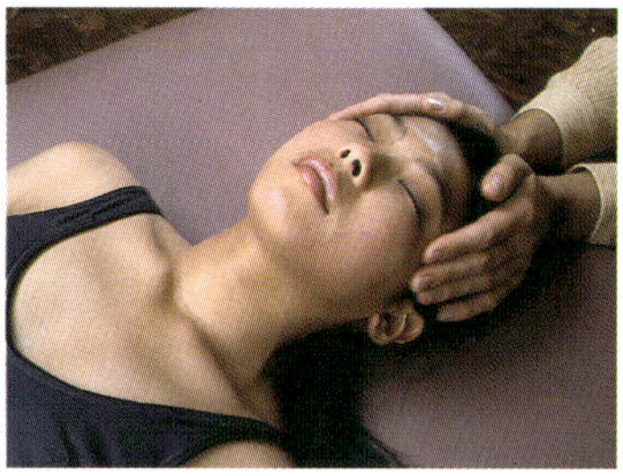

3 Πίσω μέρος του κεφαλιού

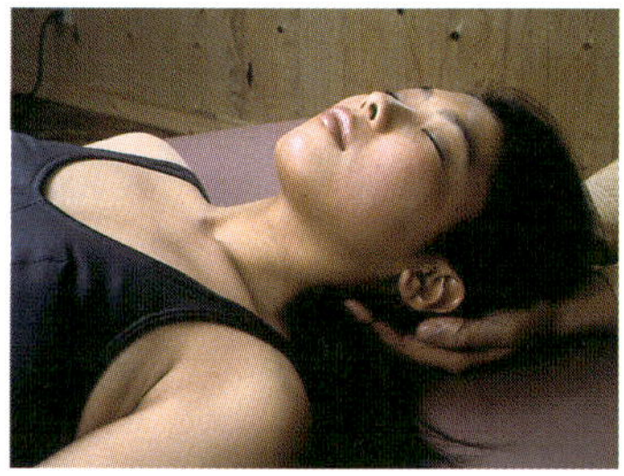

6 Κορυφή του κεφαλιού

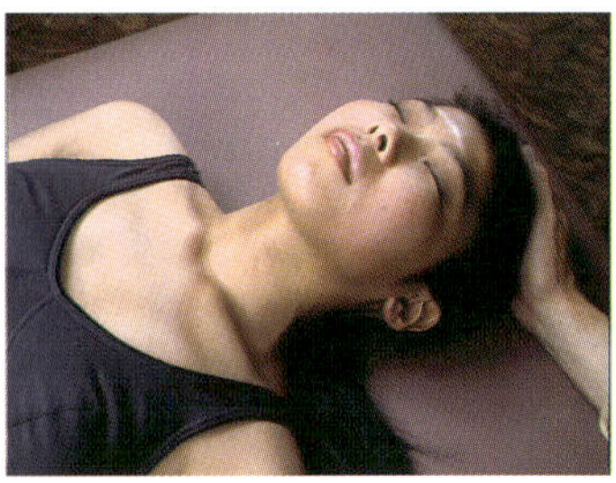

7 Στομάχι και έντερα

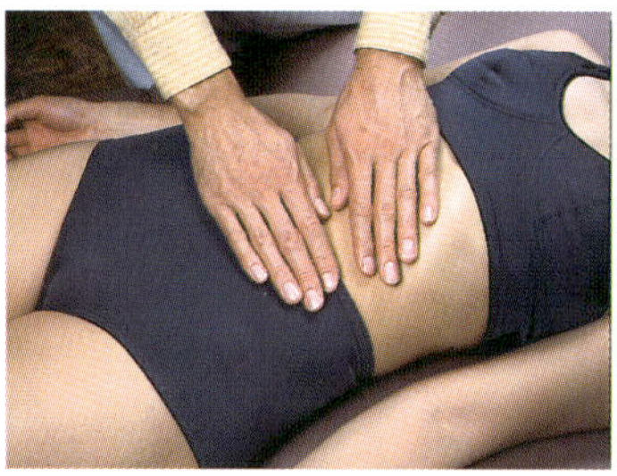

24 Συκώτι

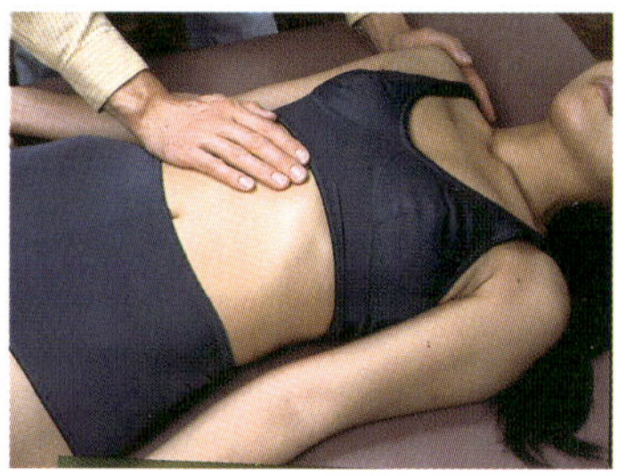

23 Καρδιά

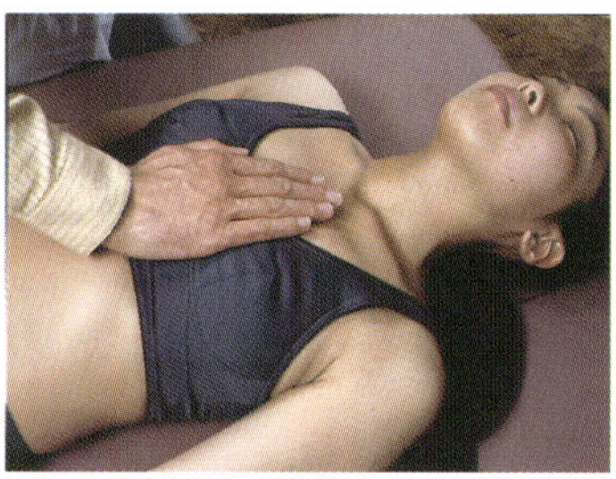

Χολόλιθοι:

Συκώτι, προσβεβλημένες περιοχές του σώματος, στομάχι και έντερα.

24 Συκώτι

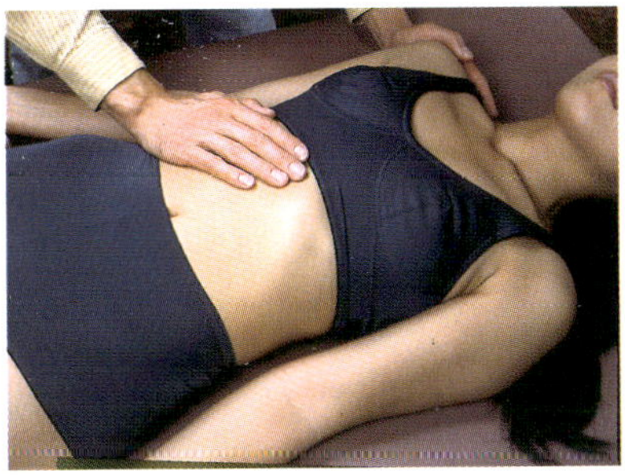

7 Στομάχι και έντερα

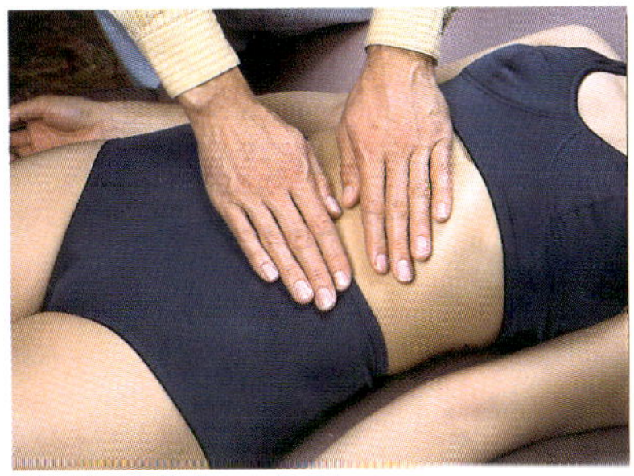

Βουβωνοκήλη:

Προσβεβλημένες προεξέχουσες περιοχές του σώματος, υπογάστριο *(γεννητικά όργανα)*.

32 Γεννητικά όργανα

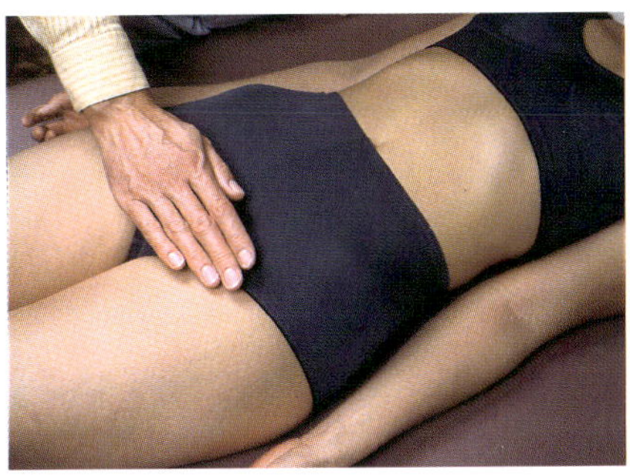

-5-
Λειτουργικές Διαταραχές του Κυκλοφορικού (Καρδιαγγειακού) Συστήματος

(Μια συμβουλή από τον πνευματικό μου δάσκαλο Όσο: Αν έχετε καρδιακά προβλήματα, δίνετε μεγαλύτερη προσοχή στην εκπνοή σας. Εκπνέετε συνειδητά και βαθιά, αφήνετε την εισερχόμενη εισπνοή να σας διαπεράσει, σαν να κινείται από μόνη της.)

Φλεγμονή του Μυοκαρδίου (του Καρδιακού Μυ), Μυοκαρδίτιδα:

Περιοχή κεφαλιού, καρδιά, συκώτι, νεφρά, ουροδόχος κύστη.

(Αυτή η πάθηση μπορεί να οδηγήσει σε καρδιακή ανεπάρκεια σε νέους που είναι κατά τα άλλα υγιείς.)

1 Μέτωπο

2 Κρόταφοι

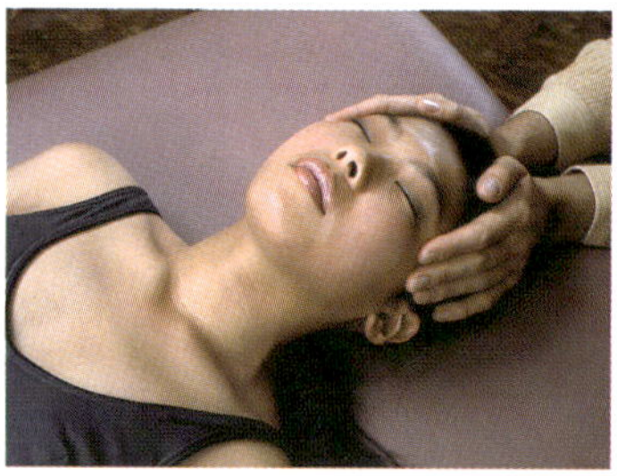

3 Πίσω μέρος του κεφαλιού

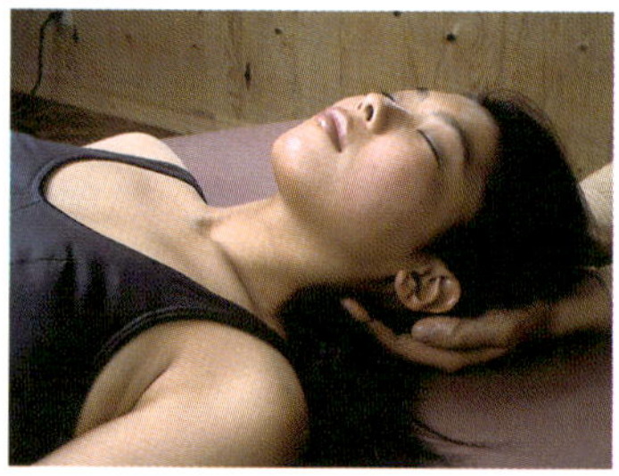

6 Κορυφή του κεφαλιού

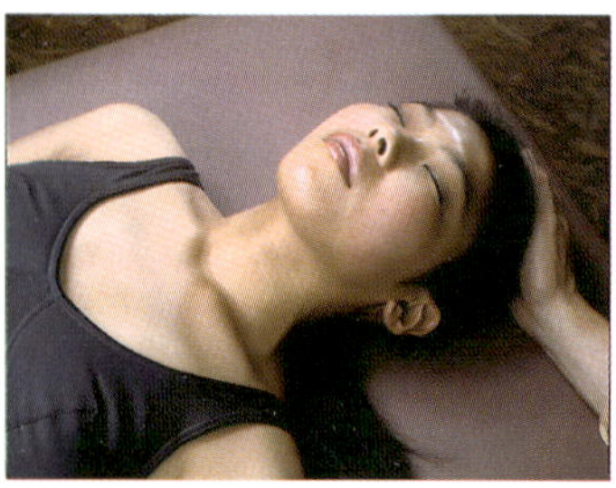

23 Καρδιά

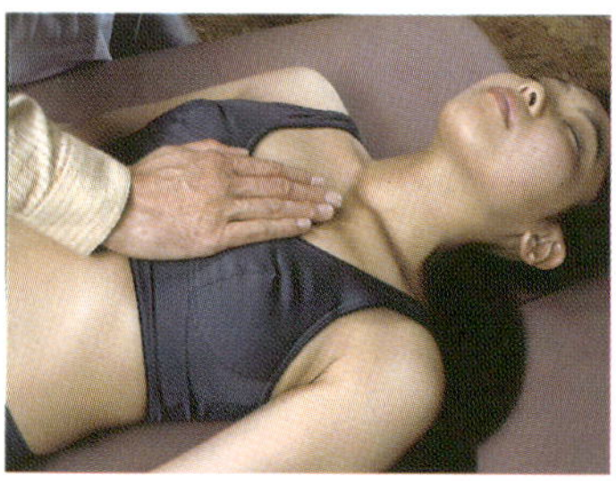

24 Συκώτι

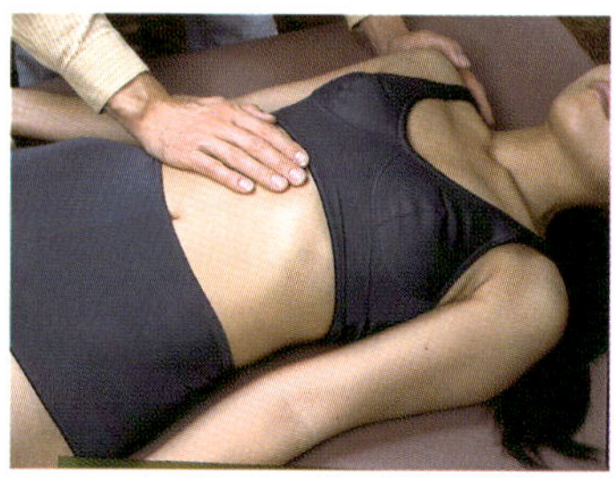

55 Περιοχή νεφρών

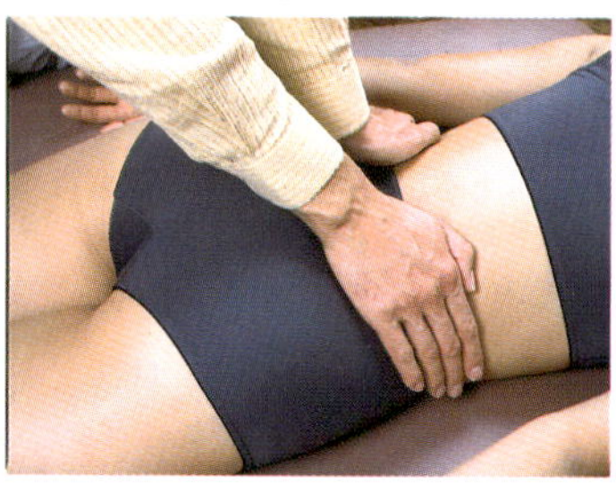

28 Περιοχή ουροδόχου κύστης

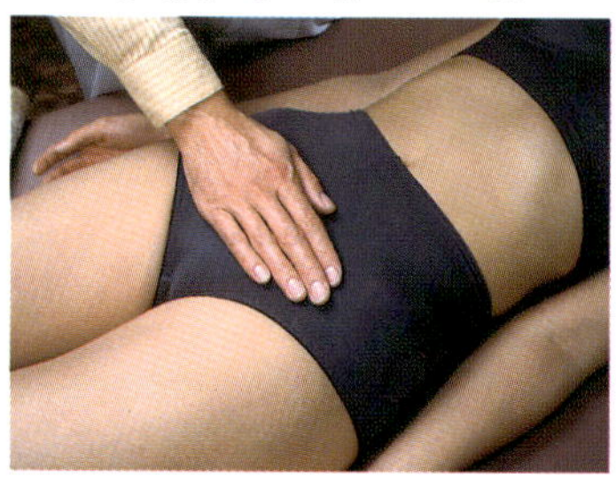

Φλεγμονή των Μεμβρανών της Καρδιάς:

Καρδιά.

23 Καρδιά

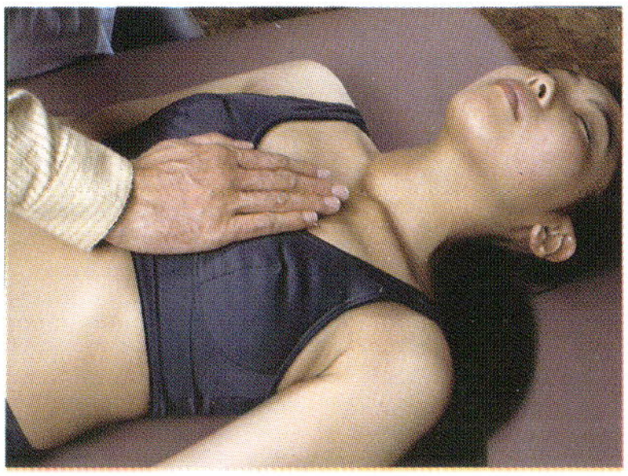

Οίδημα, Υδρωπικία

Καρδιά, συκώτι, νεφρά, ουροδόχος κύστη.

(Αν είναι δυνατό, κάντε αγωγή κατά τη χάση του φεγγαριού.)

23 Καρδιά

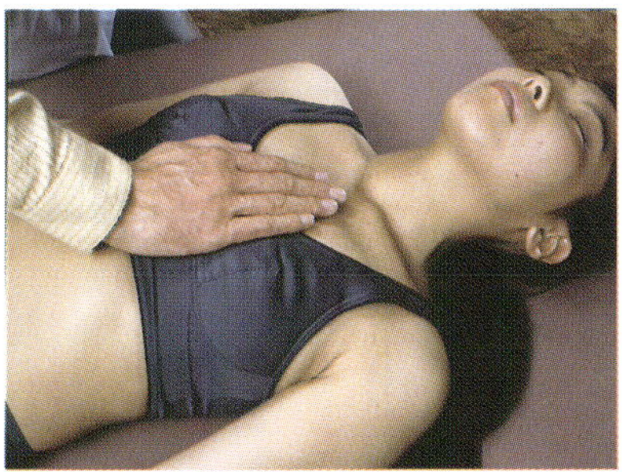

24 Συκώτι

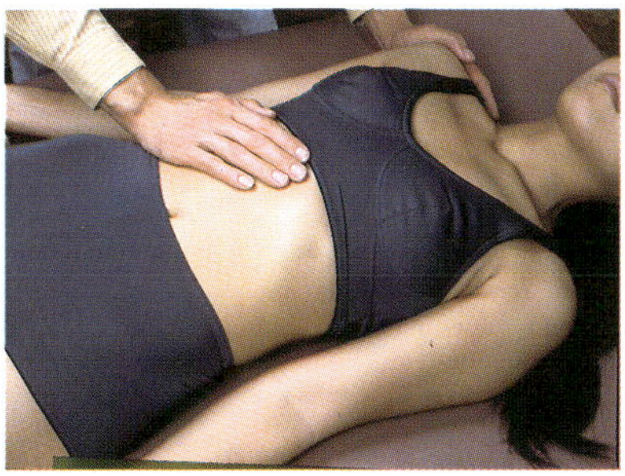

55 Περιοχή νεφρών

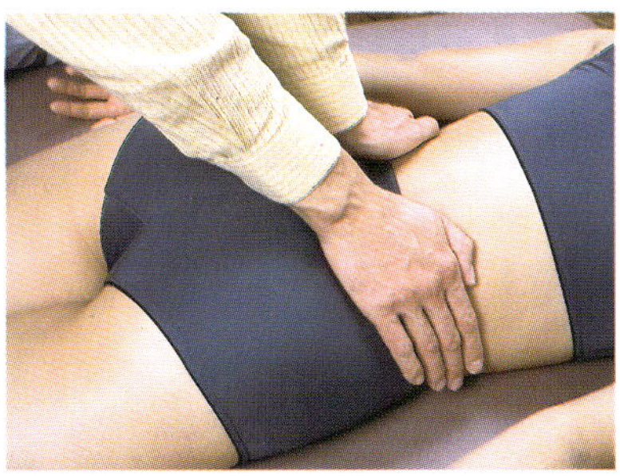

28 Περιοχή ουροδόχου κύστης

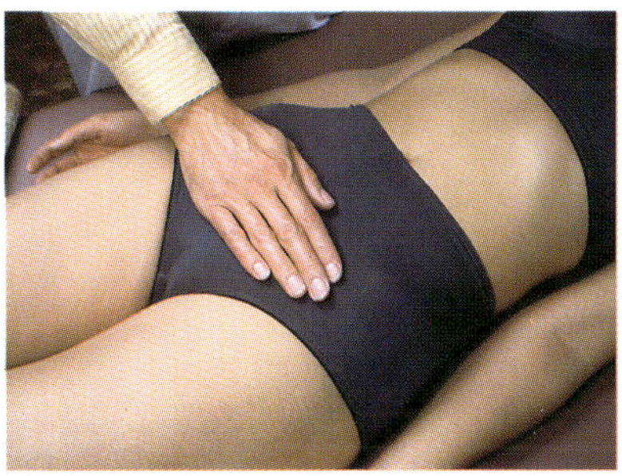

Αρτηριοσκλήρωση:

Χρόνια Υπέρταση:

Περιοχή κεφαλιού, καρδιά, νεφρά, στομάχι και έντερα, *Τάντεν.*

(Μια αυστηρή χορτοφαγική δίαιτα -χωρίς γαλακτοκομικά προϊόντα για ένα διάστημα- μπορεί να καταπολεμήσει την αρτηριοσκλήρωση και την υπέρταση. Ακόμη και σε προχωρημένο στάδιο, οι παθήσεις αυτές συχνά μπορούν ν' αποθεραπευτούν εντελώς.)

1 Μέτωπο

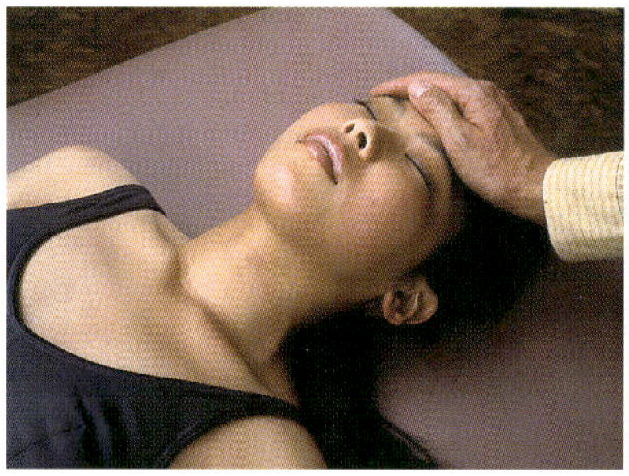

2 Κρόταφοι

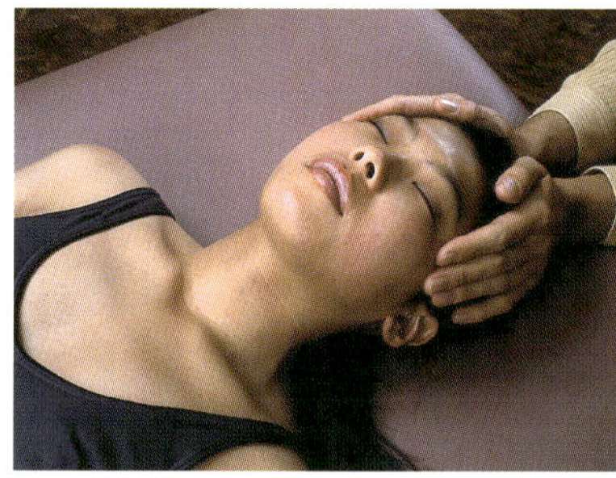

3 Πίσω μέρος του κεφαλιού

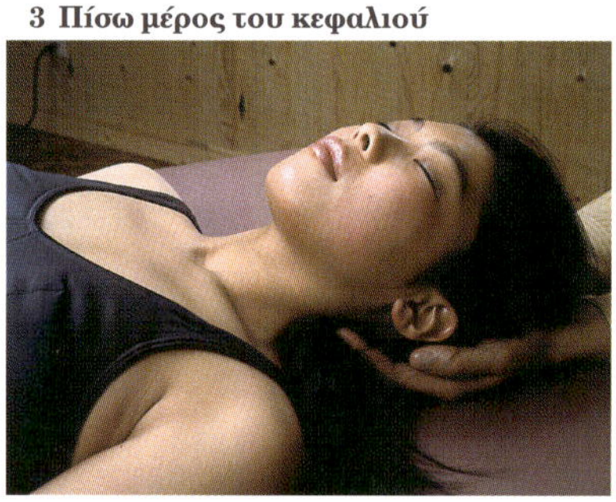

6 Κορυφή του κεφαλιού

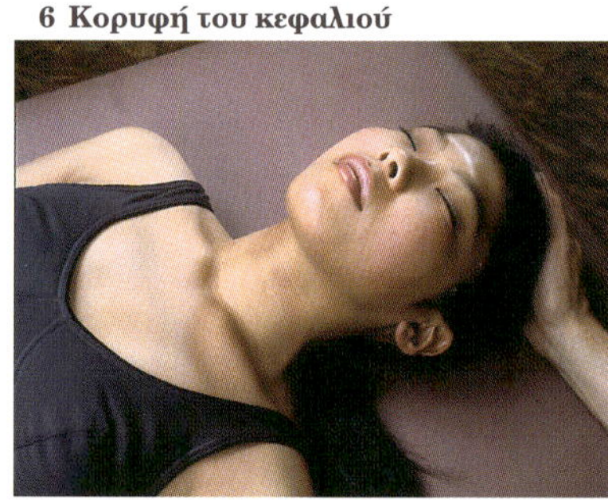

23 Καρδιά

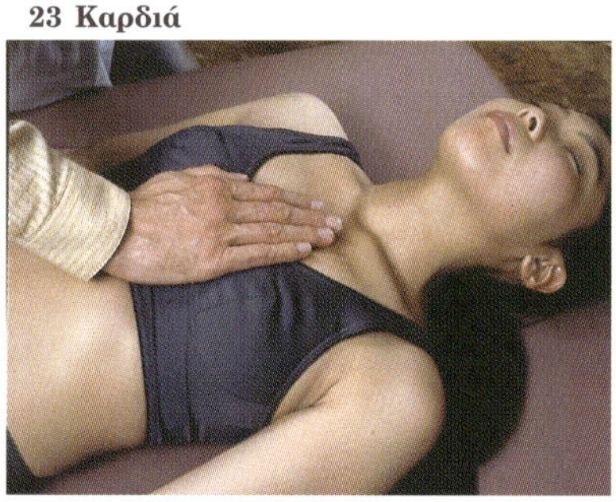

55 Περιοχή νεφρών

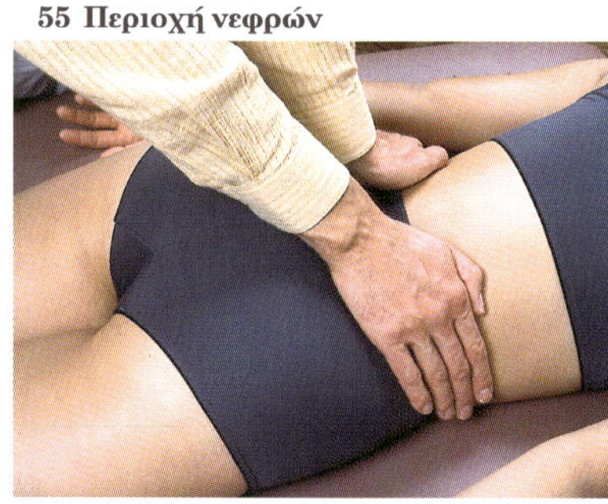

7 Στομάχι και έντερα

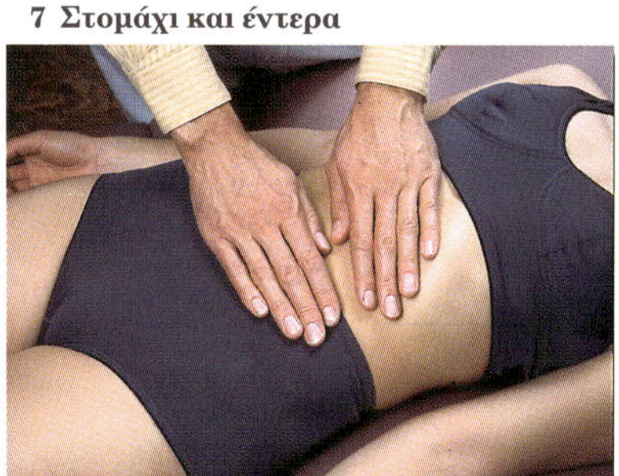

31 Τάντεν

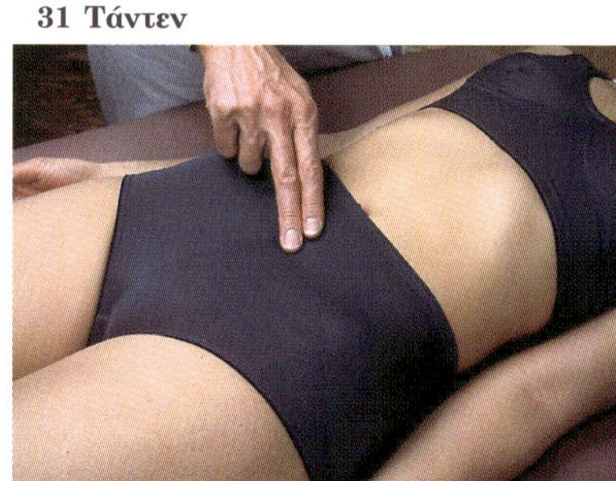

Στηθάγχη:

Περιοχή κεφαλιού, καρδιά, στομάχι και έντερα, προσβεβλημένες περιοχές του σώματος.

1 Μέτωπο

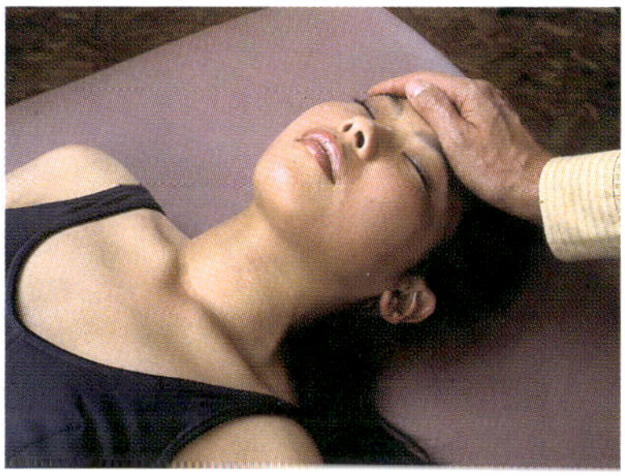

2 Κρόταφοι

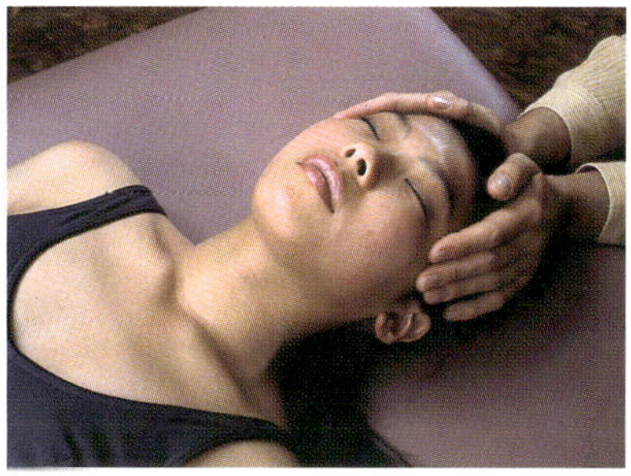

3 Πίσω μέρος του κεφαλιού

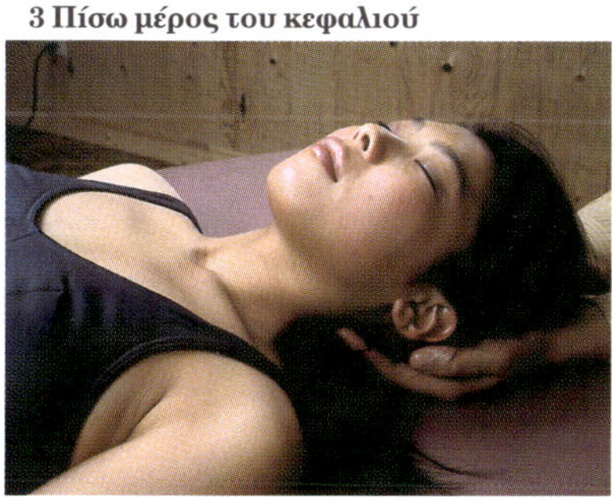

6 Κορυφή του κεφαλιού

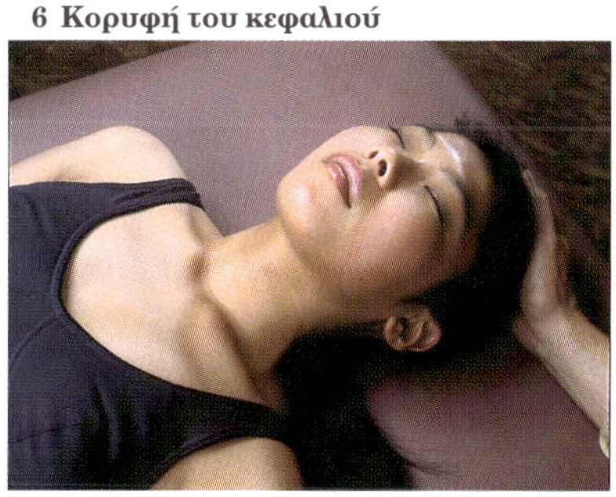

23 Καρδιά

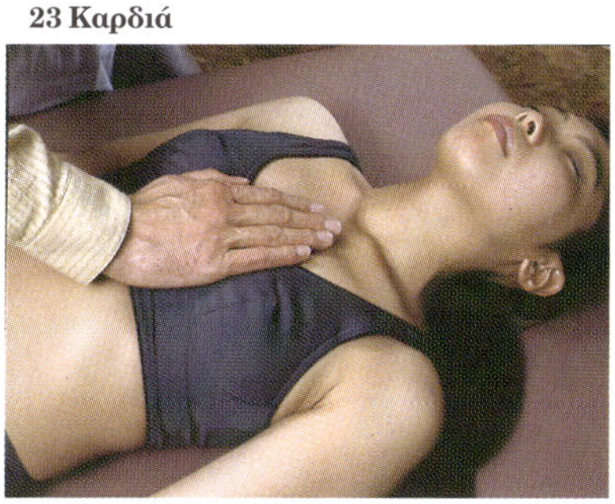

7 Στομάχι και έντερα

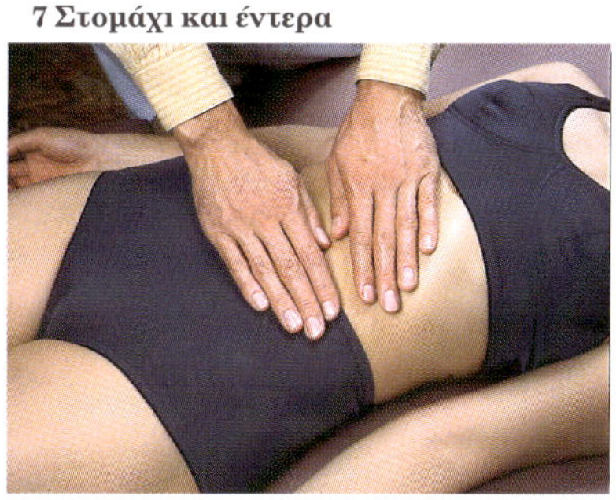

Μπεριμπέρι και Καρδιακή Ανεπάρκεια από Μπεριμπέρι:

Καρδιά, στομάχι και έντερα, προσβεβλημένες περιοχές των ποδιών.

(Το μπεριμπέρι είναι μια καρδιακή διαταραχή που προκαλείται από ανεπάρκεια βιταμίνης Β1-θειαμίνης.)

23 Καρδιά

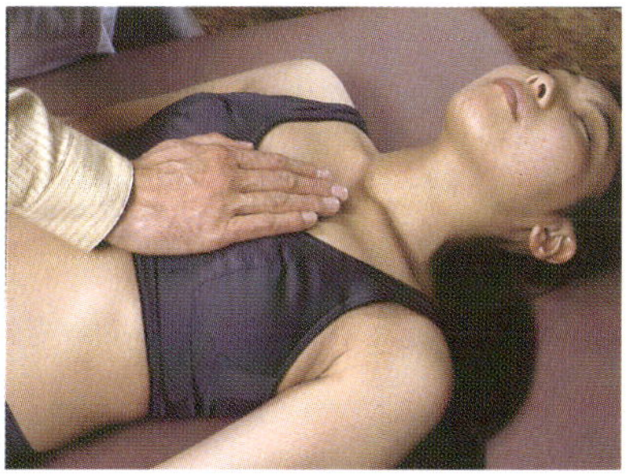

7 Στομάχι και έντερα

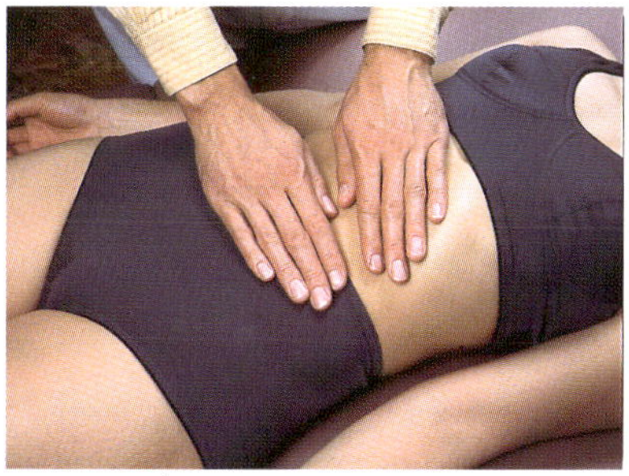

-6-
Λειτουργικές Διαταραχές του Μεταβολισμού και του Αίματος

Αναιμία:

Αγωγή για το αίτιο της πάθησης (μπίοτζεν τσίριο), κεφάλι, καρδιά, στομάχι και έντερα, μισό του σώματος *(Χάνσιν Τσίριο).*

1 Μέτωπο

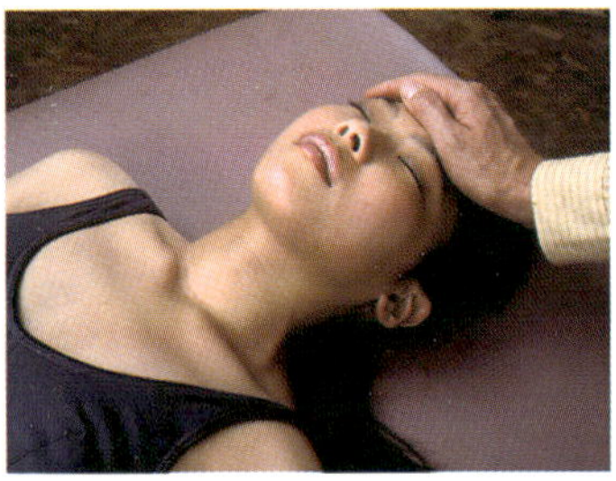

2 Κρόταφοι

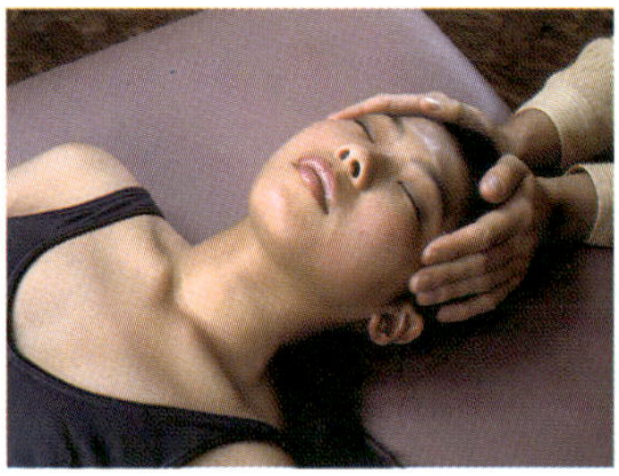

3 Πίσω μέρος του κεφαλιού

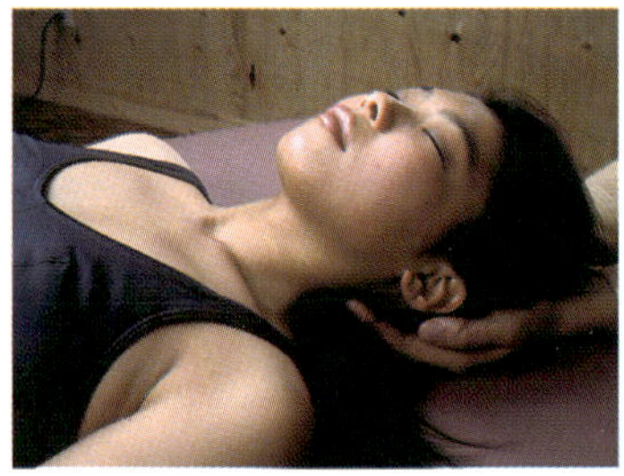

4 Αυχένας

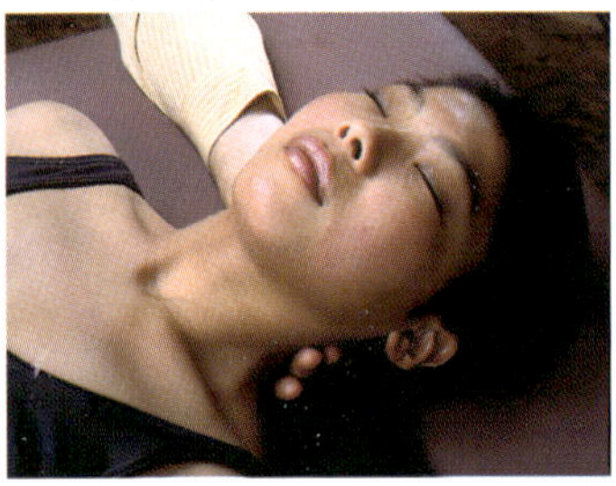

5 Λαιμός

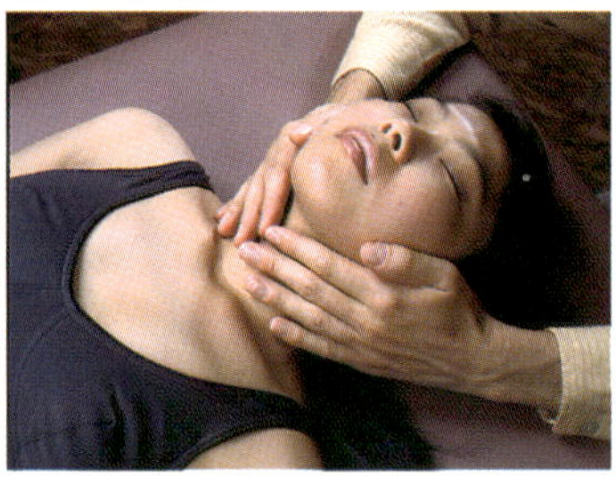

6 Κορυφή του κεφαλιού

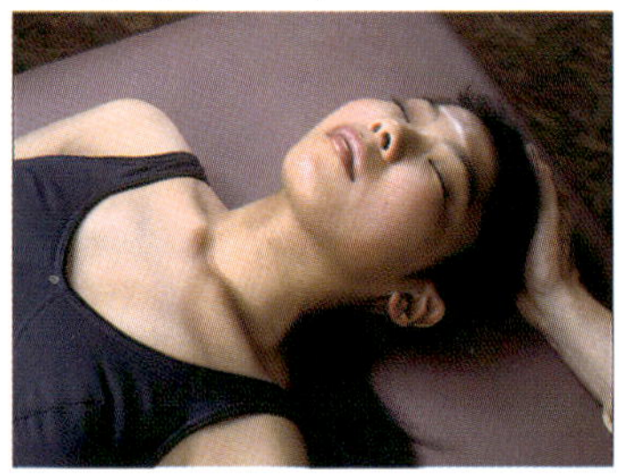

23 Καρδιά

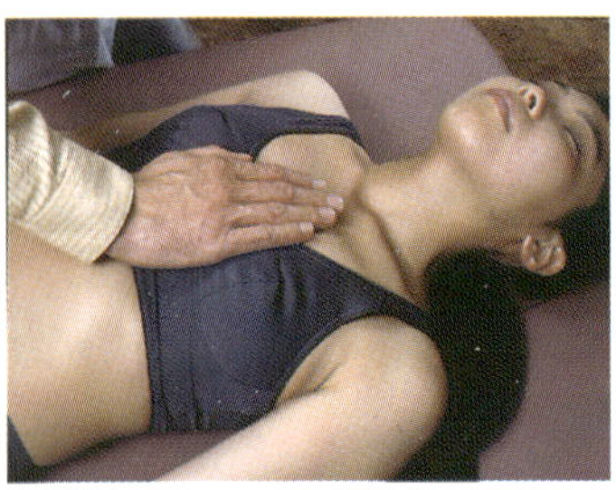

7 Στομάχι και έντερα

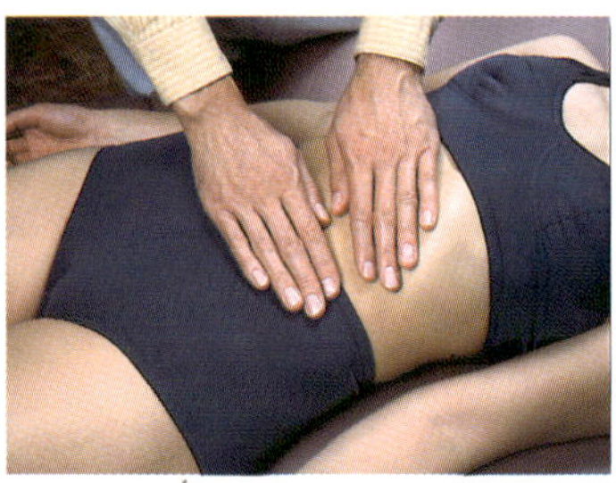

57 Θεραπευτική τεχνική Χάνσιν Τσίριο 1

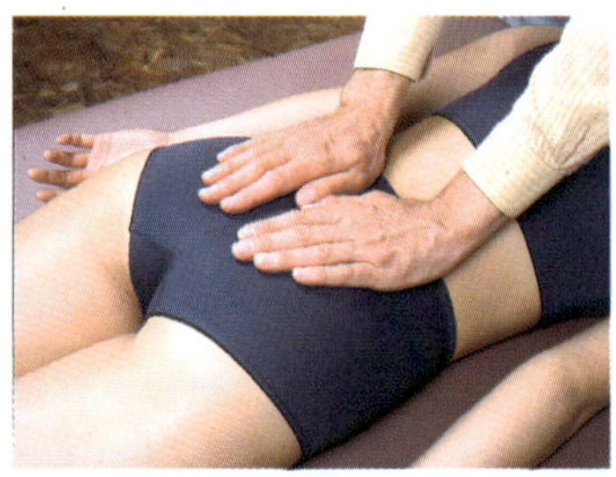

58 Θεραπευτική τεχνική
Χάνσιν Τσίριο 2

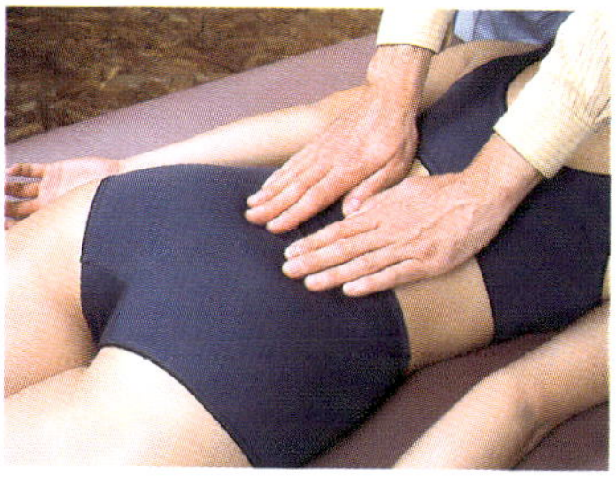

59 Θεραπευτική τεχνική
Χάνσιν Τσίριο 3

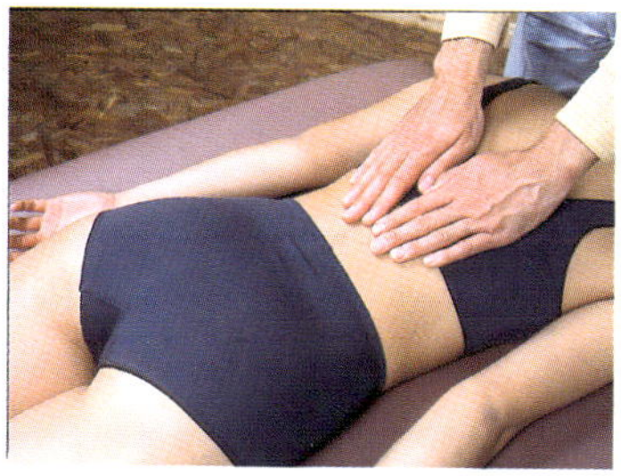

60 Θεραπευτική τεχνική
Χάνσιν Τσίριο 4

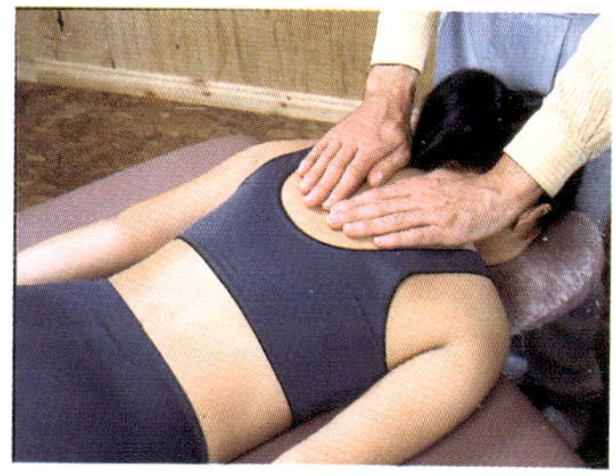

61 Θεραπευτική τεχνική
Χάνσιν Τσίριο 5

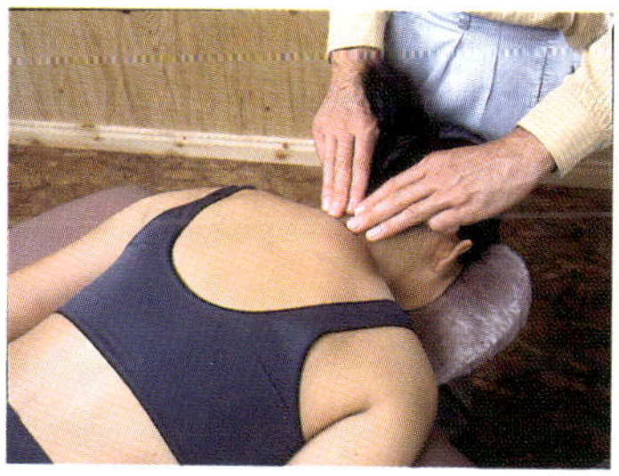

Πορφυρά (Διάχυτη Αιμορραγία της Επιφάνειας του Δέρματος σε Διάμετρο 1,5 Εκατοστού Περίπου):

Περιοχή κεφαλιού, καρδιά, νεφρά, στομάχι και έντερα, περιοχές του σώματος που καλύπτονται από λιλά (ιώδεις) κηλίδες, Τάντεν.

1 Μέτωπο

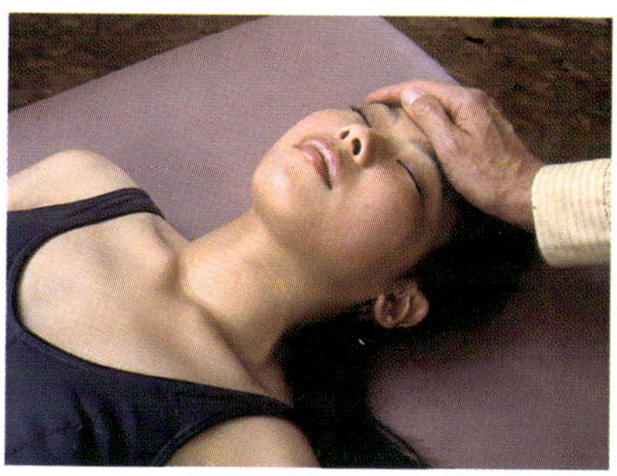

2 Κρόταφοι

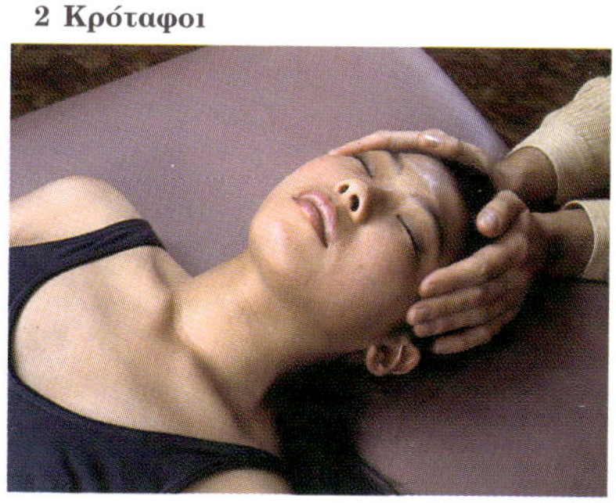

3 Πίσω μέρος του κεφαλιού

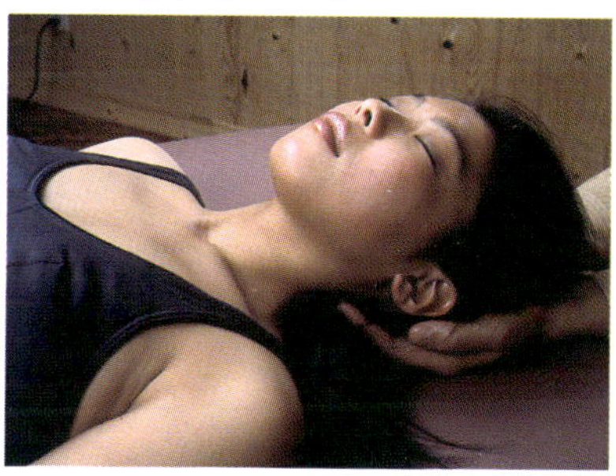

6 Κορυφή του κεφαλιού

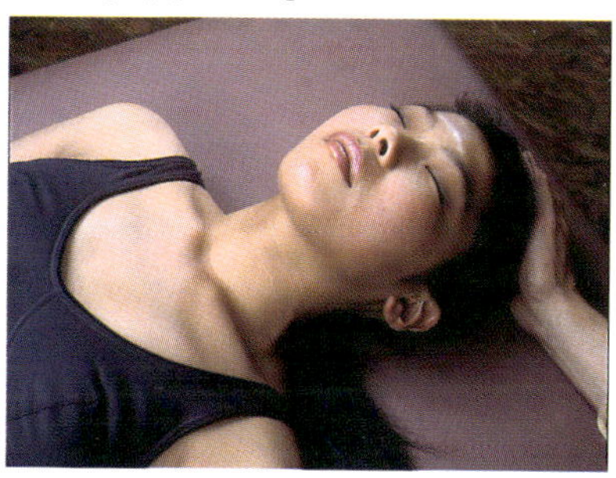

23 Καρδιά

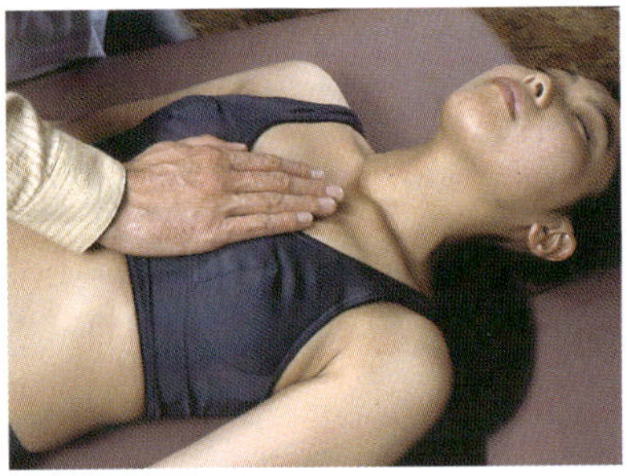

55 Περιοχή νεφρών

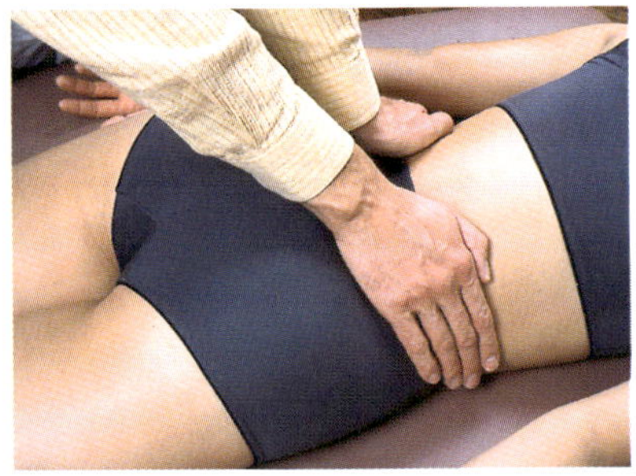

7 Στομάχι και έντερα

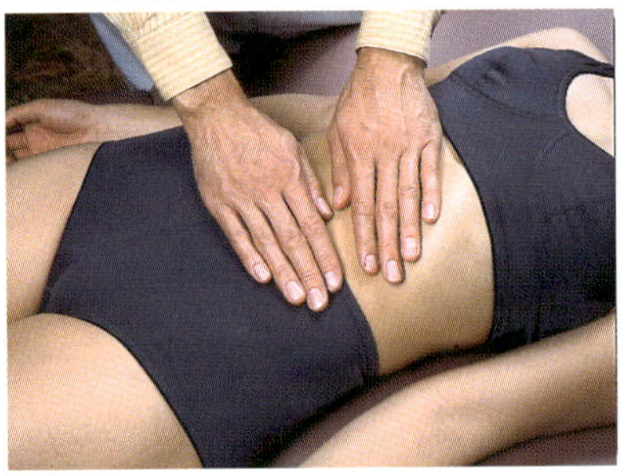

31 Τάντεν

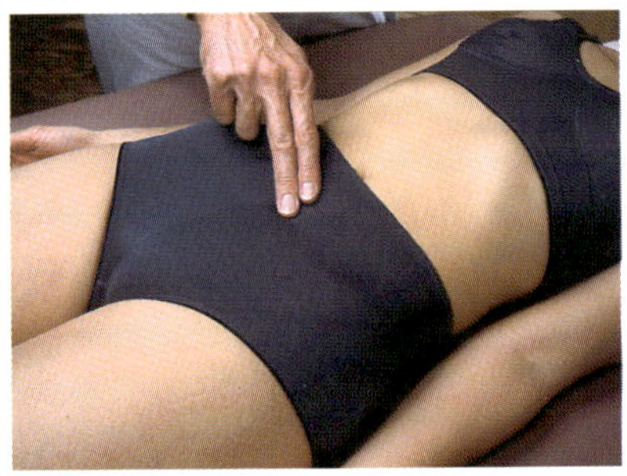

Σκορβούτο: Περιοχή κεφαλιού, περιοχή πνευμόνων, καρδιά, νεφρά, στομάχι και έντερα, μισό σώμα (Χάνσιν Τσίριο), *Τάντεν*.

1 Μέτωπο

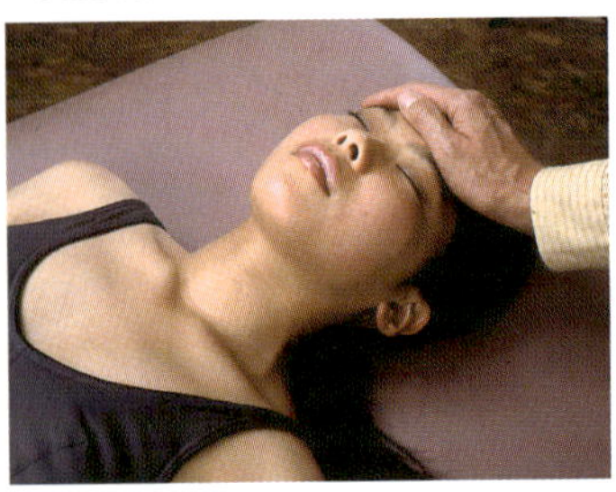

2 Κρόταφοι

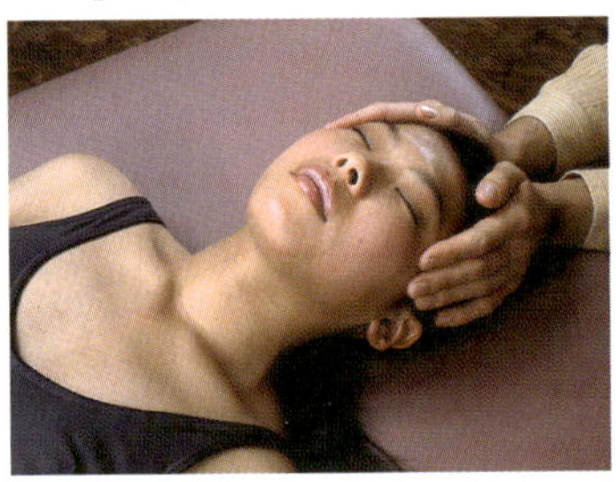

3 Πίσω μέρος του κεφαλιού

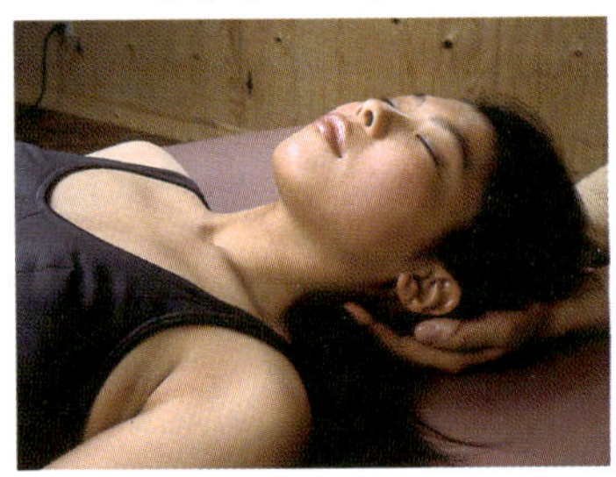

6 Κορυφή του κεφαλιού

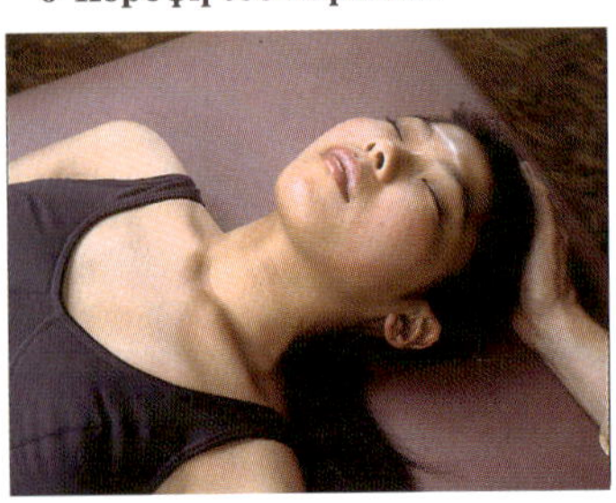

22 Πνεύμονες

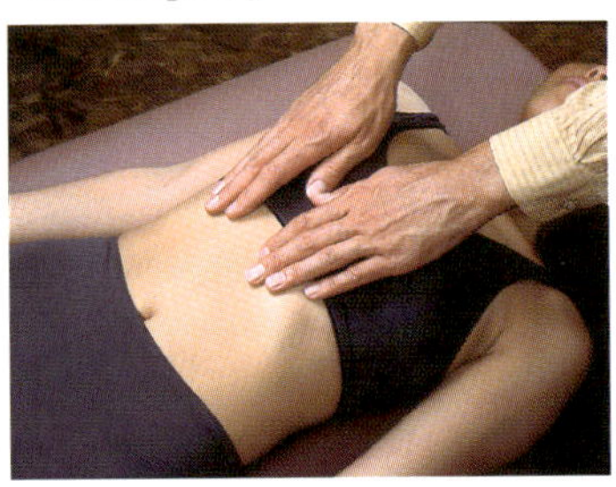

23 Καρδιά

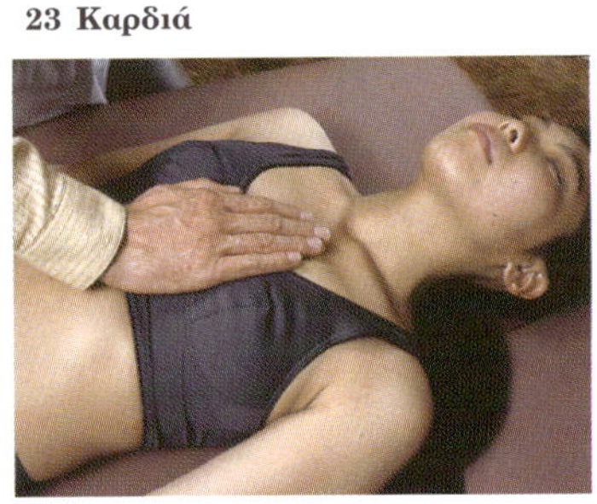

55 Περιοχή νεφρών

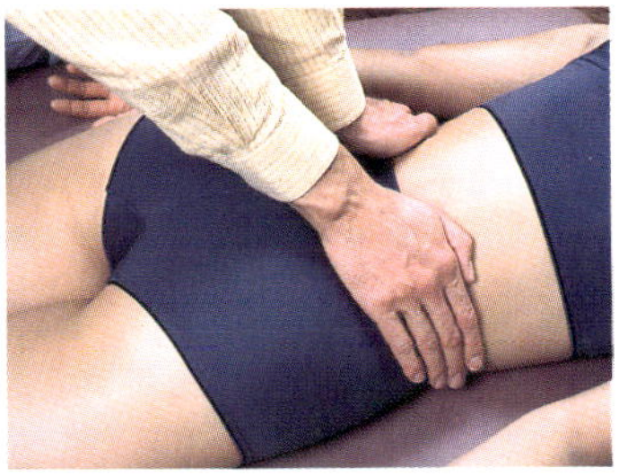

7 Στομάχι και έντερα

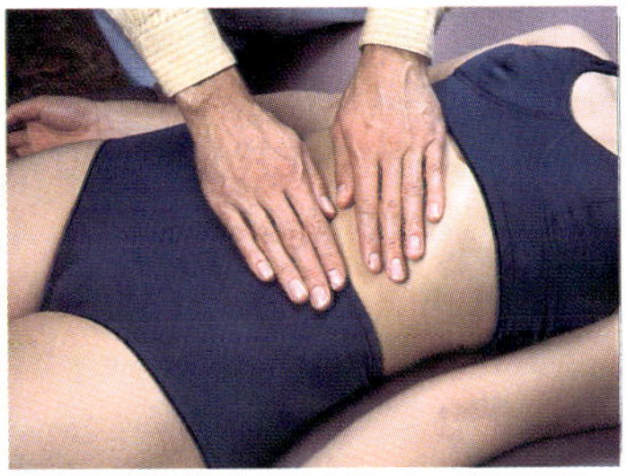

57 Θεραπευτική τεχνική Χάνσιν Τσίριο 1

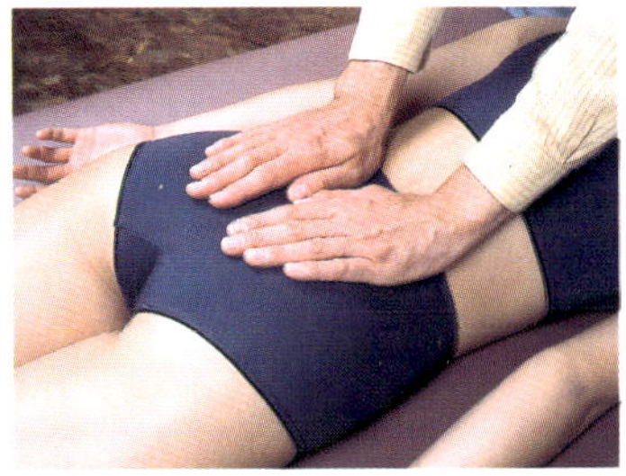

58 Θεραπευτική τεχνική Χάνσιν Τσίριο 2

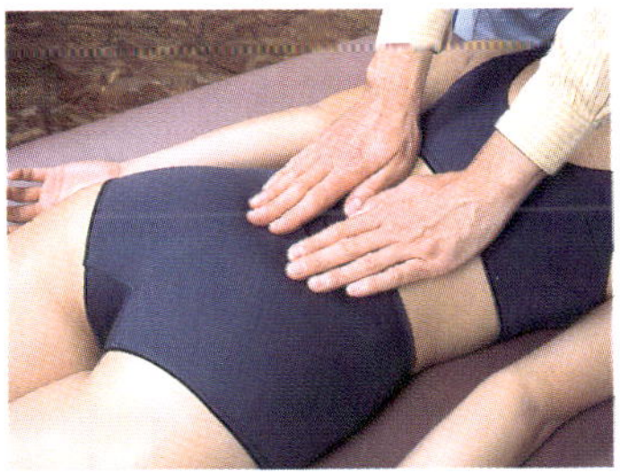

59 Θεραπευτική τεχνική Χάνσιν Τσίριο 3

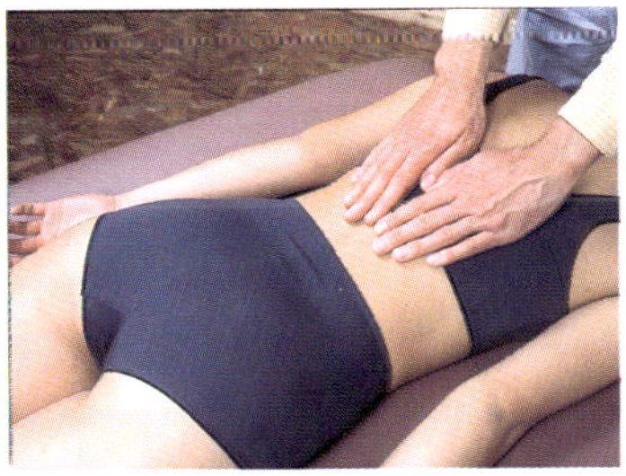

60 Θεραπευτική τεχνική Χάνσιν Τσίριο 4

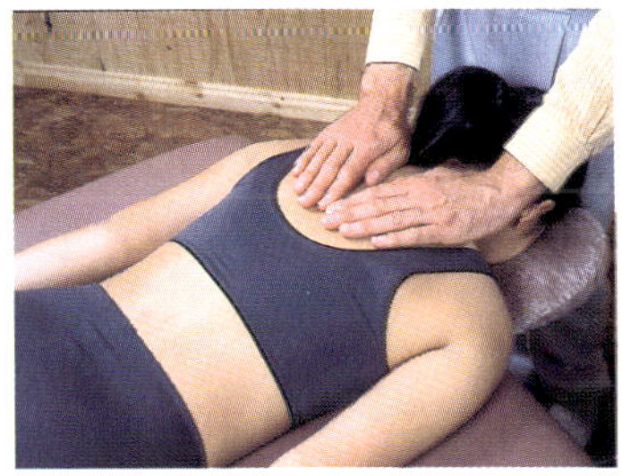

61 Θεραπευτική τεχνική Χάνσιν Τσίριο 5

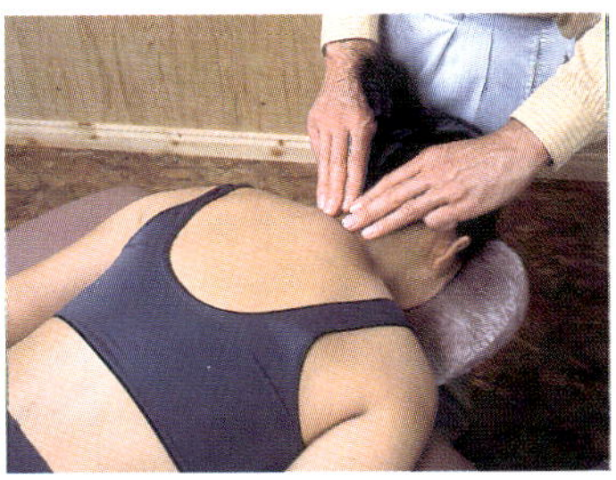

31 Τάντεν

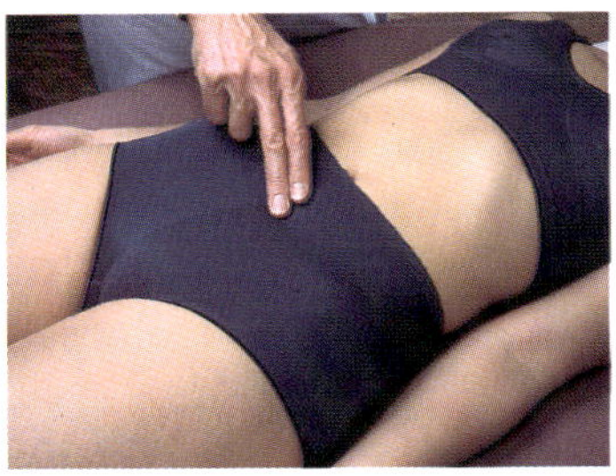

Διαβήτης:

Περιοχή κεφαλιού, καρδιά, συκώτι, πάγκρεας, στομάχι και έντερα, νεφρά, ουροδόχος κύστη, μισό σώμα (*Χάνσιν Τσίριο,* τρίψτε τη σπονδυλική στήλη από κάτω μέχρι πάνω).

1 Μέτωπο

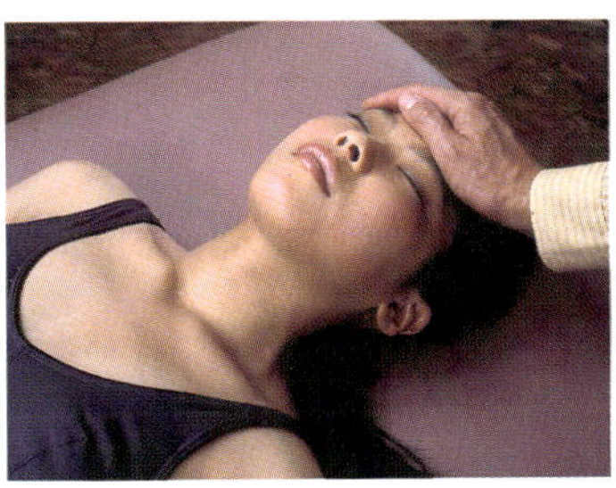

2 Κρόταφοι

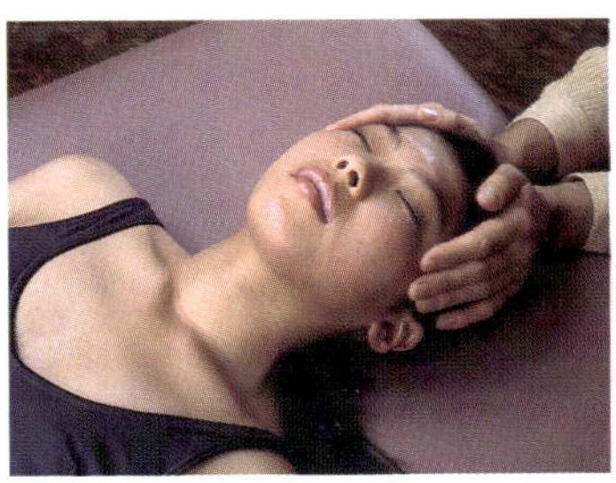

3 Πίσω μέρος του κεφαλιού

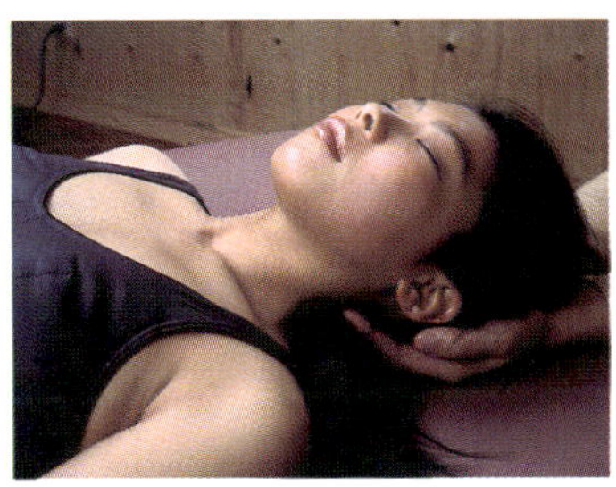

6 Κορυφή του κεφαλιού

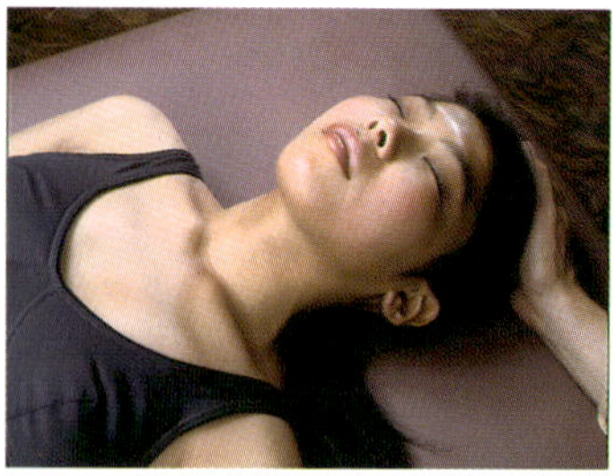

23 Καρδιά

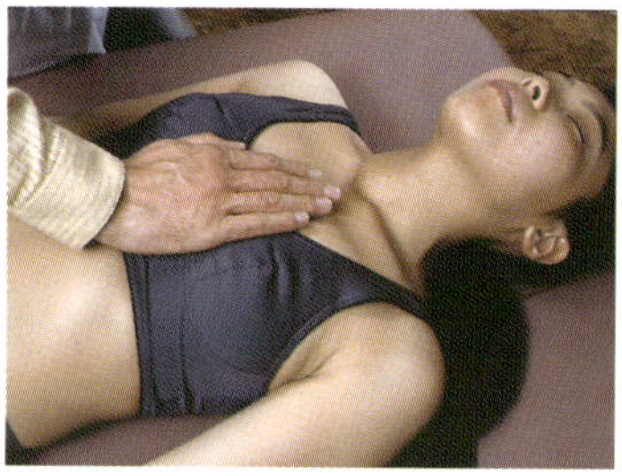

24 Συκώτι

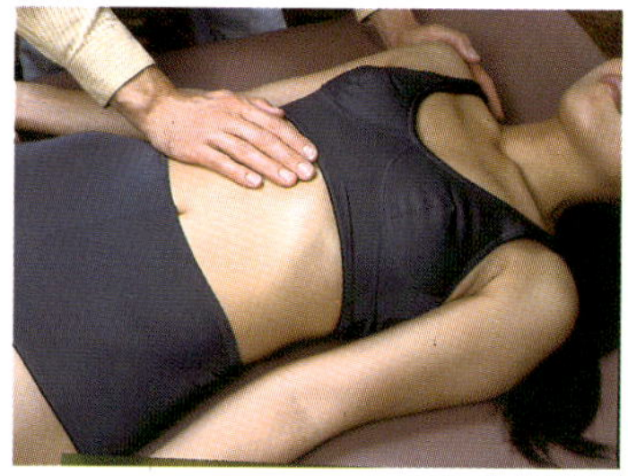

68 Πάγκρεας

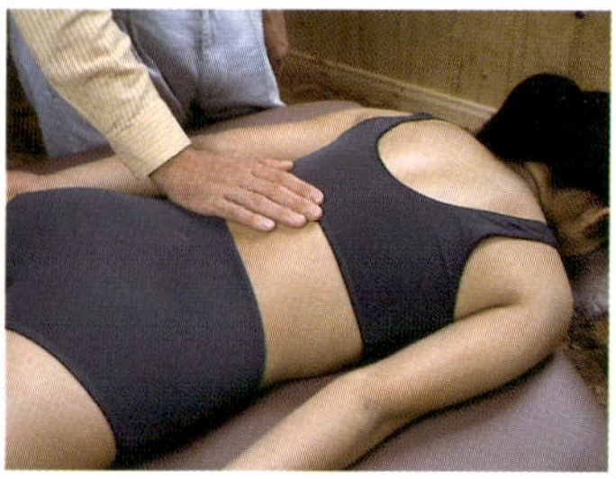

7 Στομάχι και έντερα

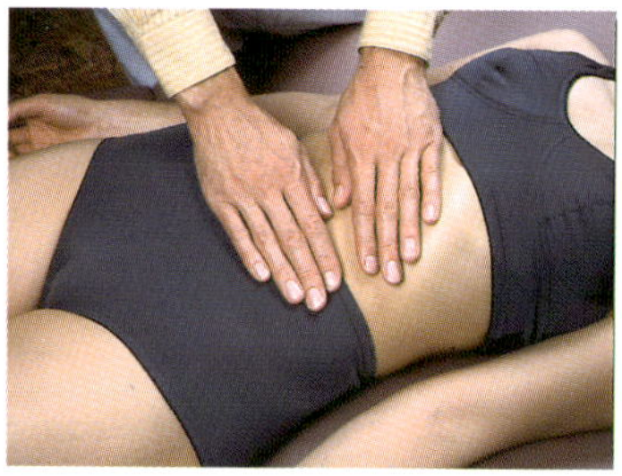

55 Περιοχή νεφρών

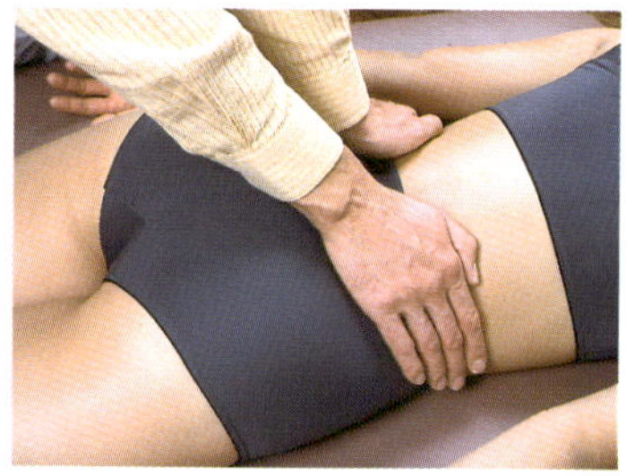

28 Περιοχή ουροδόχου κύστης

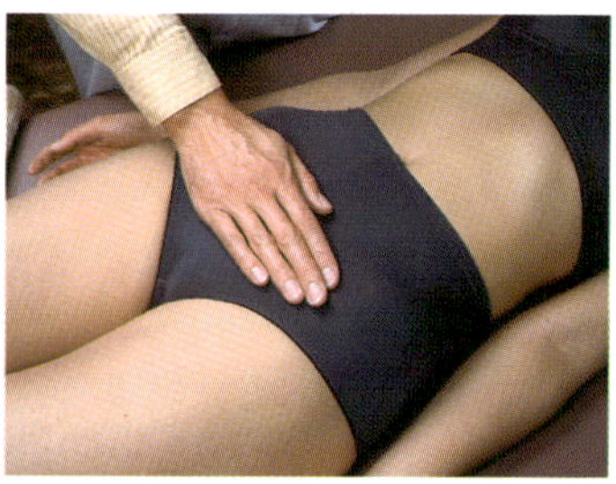

57 Θεραπευτική τεχνική Χάνσιν Τσίριο 1

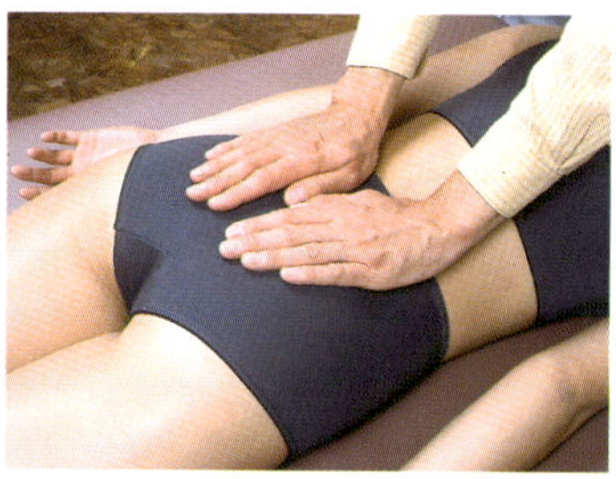

58 Θεραπευτική τεχνική Χάνσιν Τσίριο 2

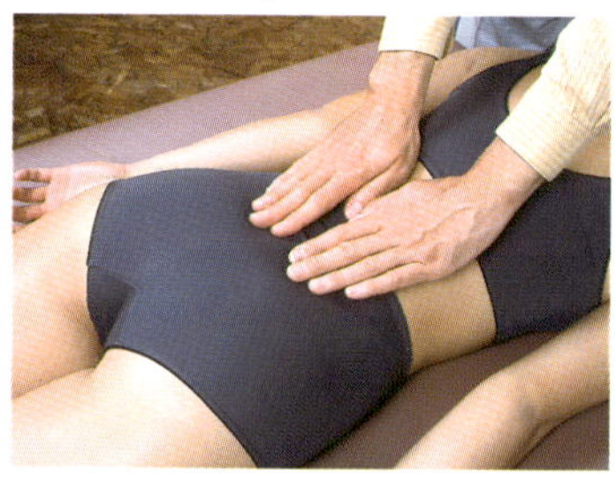

59 Θεραπευτική τεχνική Χάνσιν Τσίριο 3

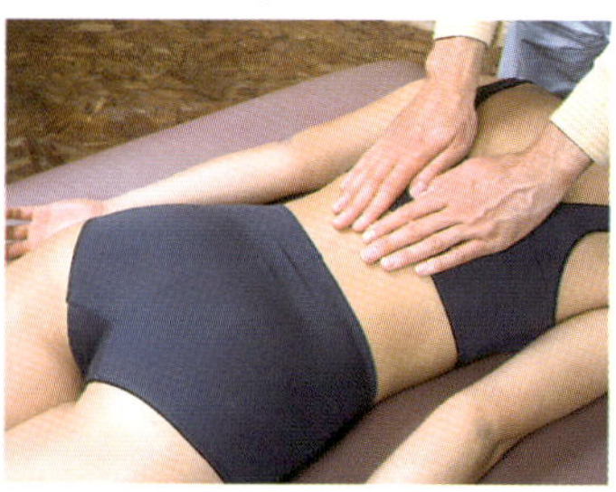

60 Θεραπευτική τεχνική Χάνσιν Τσίριο 4

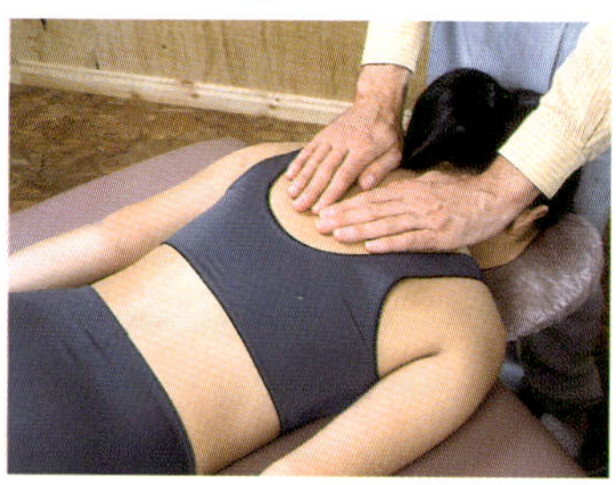

61 Θεραπευτική τεχνική Χάνσιν Τσίριο 5

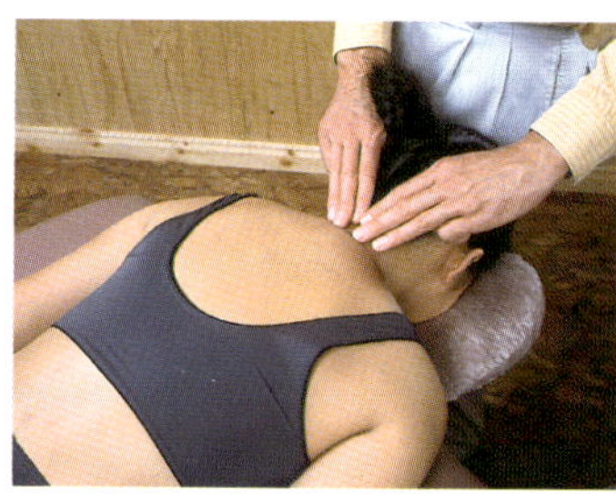

Παχυσαρκία:

Καρδιά, νεφρά, στομάχι και έντερα, μισό σώμα *(Χάνσιν Τσίριο).*

23 Καρδιά

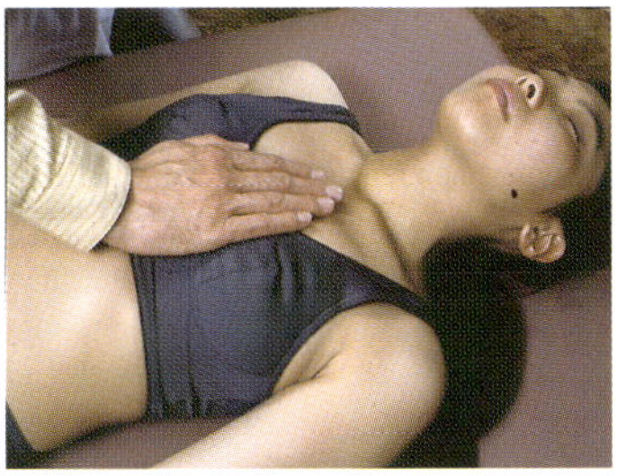

55 Περιοχή νεφρών

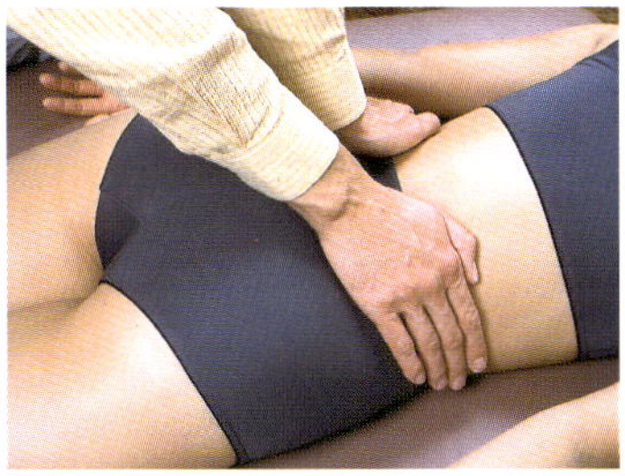

7 Στομάχι και έντερα

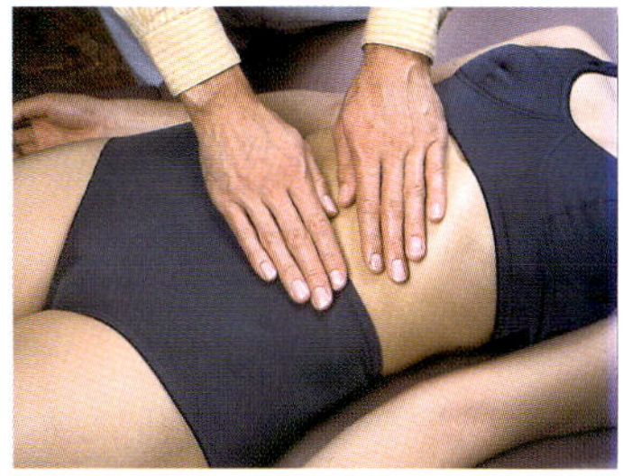

57 Θεραπευτική τεχνική Χάνσιν Τσίριο 1

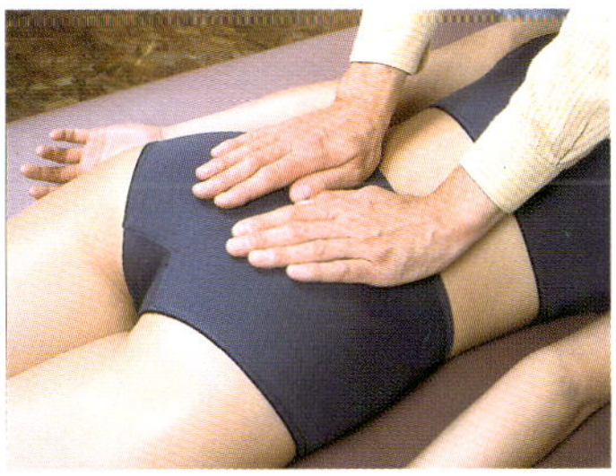

58 Θεραπευτική τεχνική Χάνσιν Τσίριο 2

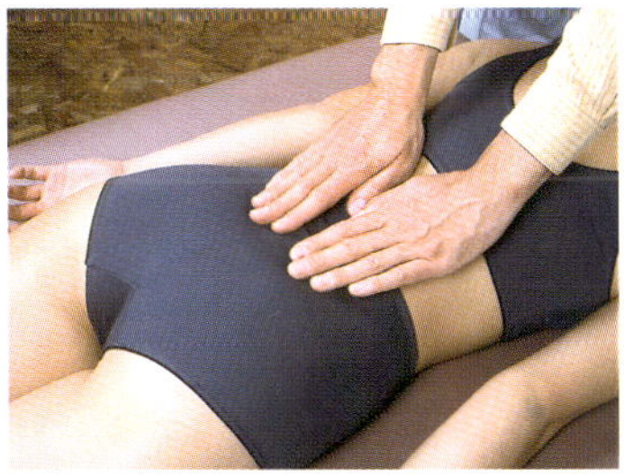

59 Θεραπευτική τεχνική Χάνσιν Τσίριο 3

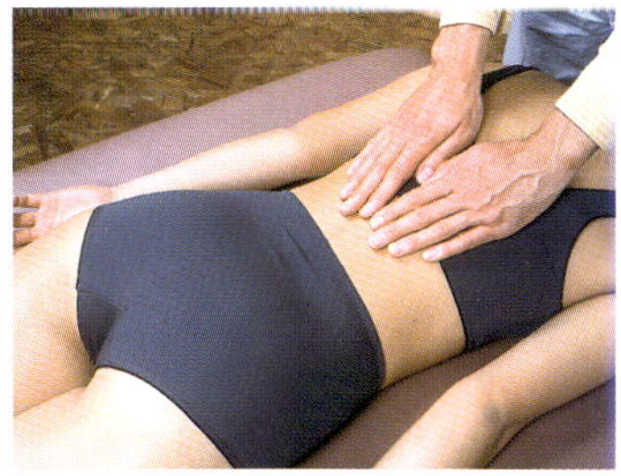

60 Θεραπευτική τεχνική Χάνσιν Τσίριο 4

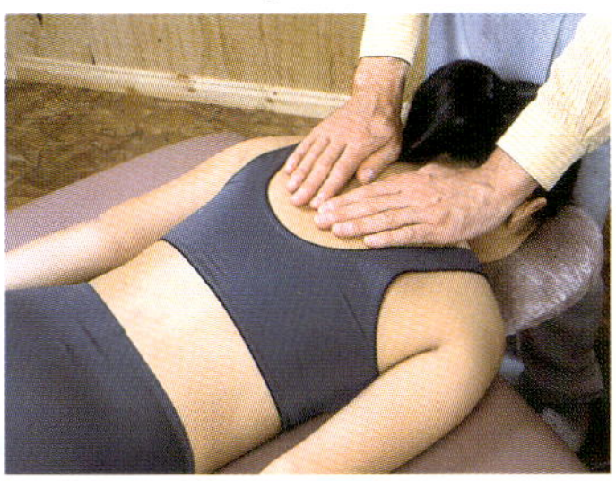

61 Θεραπευτική τεχνική Χάνσιν Τσίριο 5

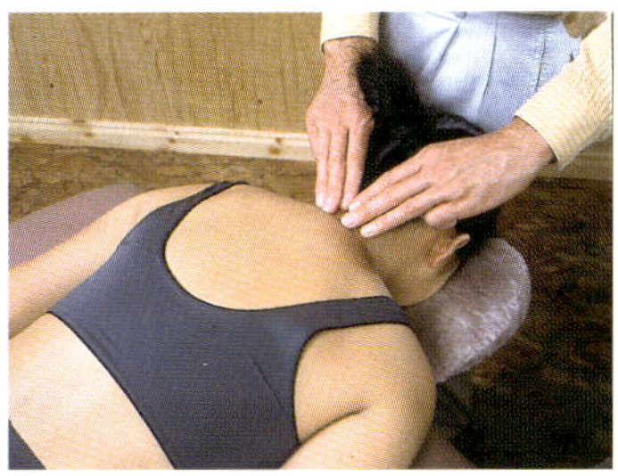

Ουρική Αρθρίτιδα, Ποδάγρα:

Καρδιά, νεφρά, ουροδόχος κύστη, στομάχι και έντερα, *Τάντεν*, προσβεβλημένες περιοχές του σώματος.

23 Καρδιά

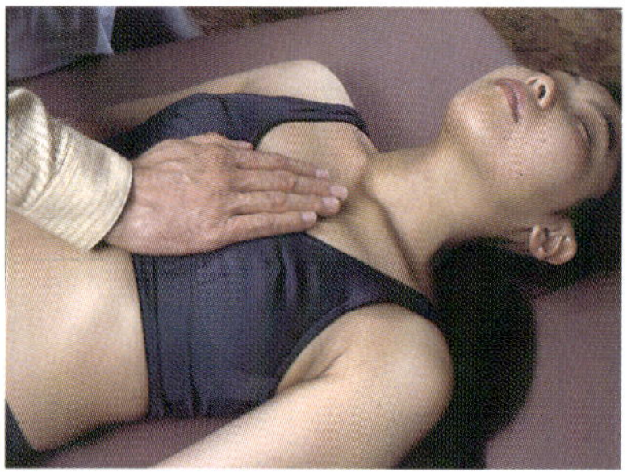

55 Περιοχή νεφρών

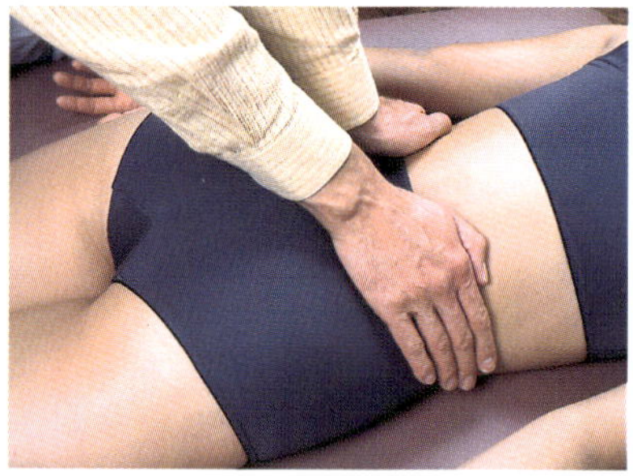

28 Περιοχή ουροδόχου κύστης

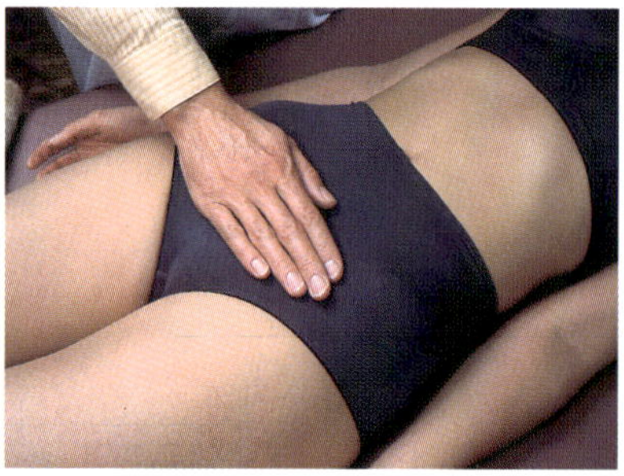

7 Στομάχι και έντερα

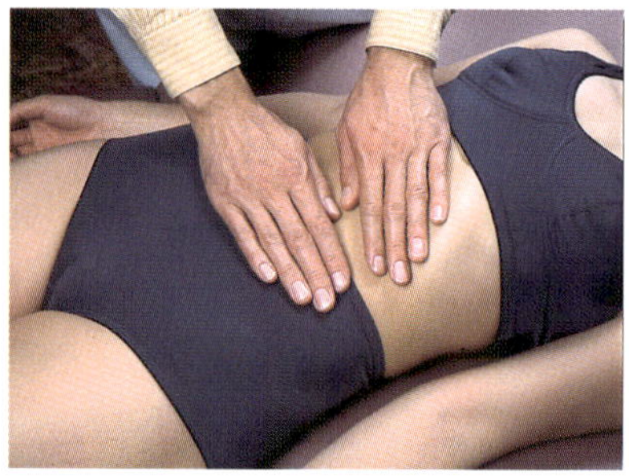

31 Τάντεν

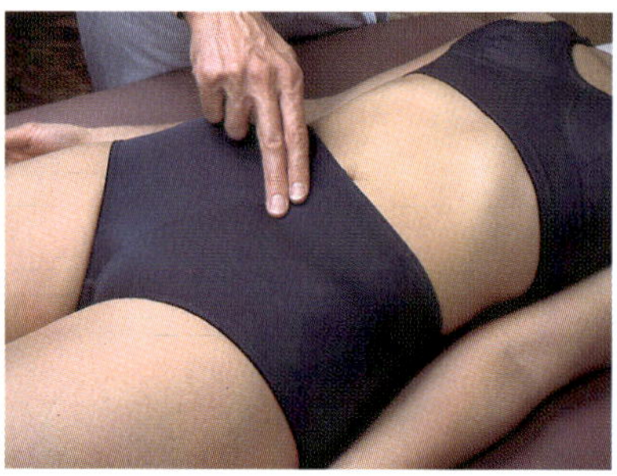

Θερμοπληξία:

Περιοχή κεφαλιού, καρδιά, περιοχή στήθους, στομάχι και έντερα, νεφρά, *Τάντεν*.

1 Μέτωπο

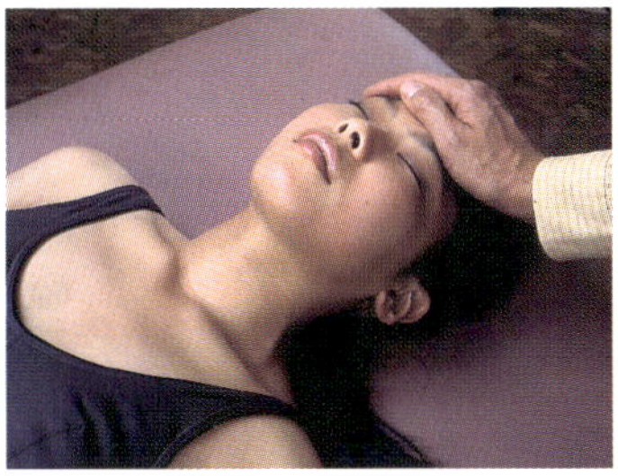

2 Κρόταφοι

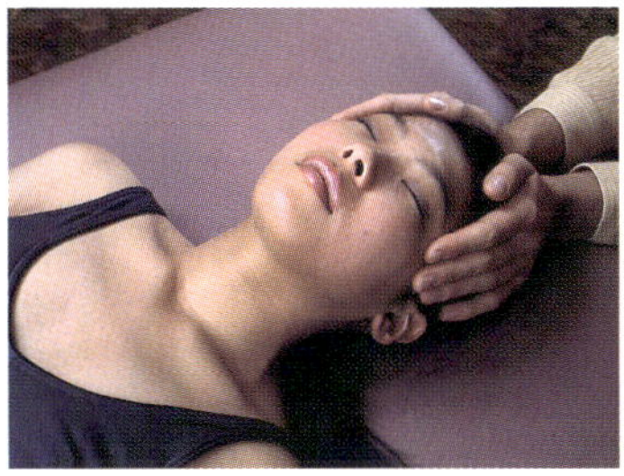

3 Πίσω μέρος του κεφαλιού

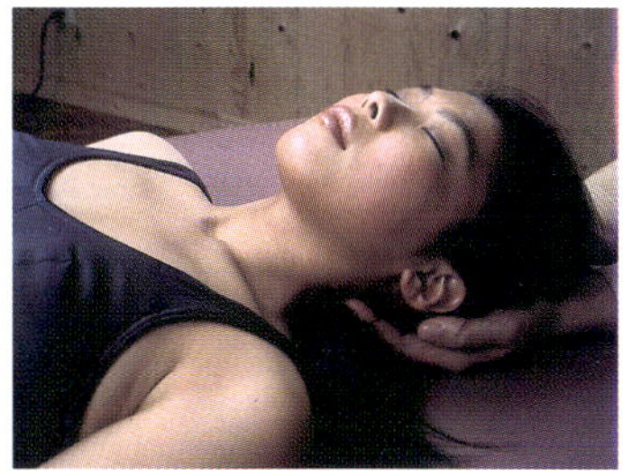

6 Κορυφή του κεφαλιού

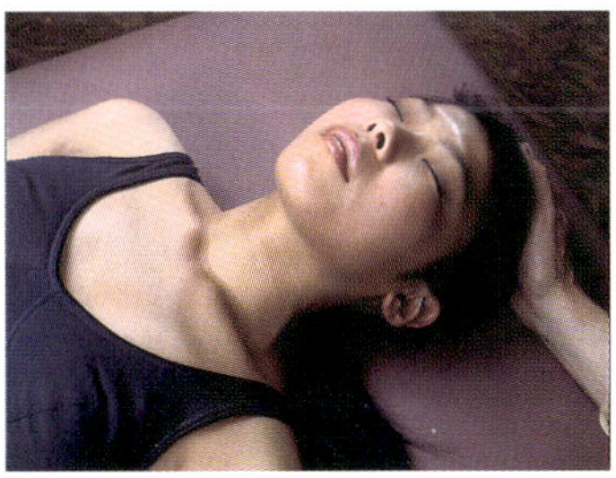

23 Καρδιά

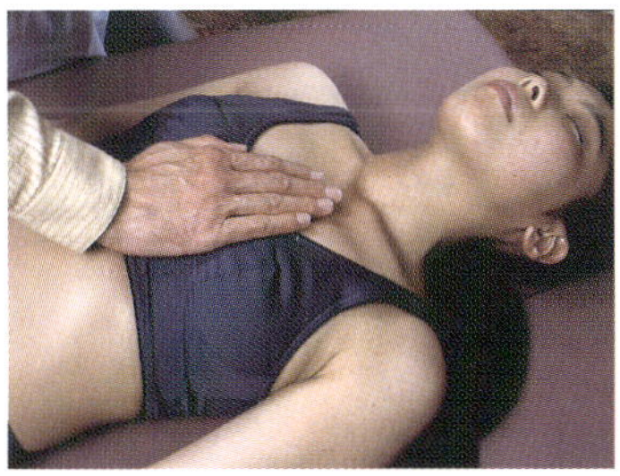

22 Πνεύμονες (καλύψτε επίσης την περιοχή του στήθους)

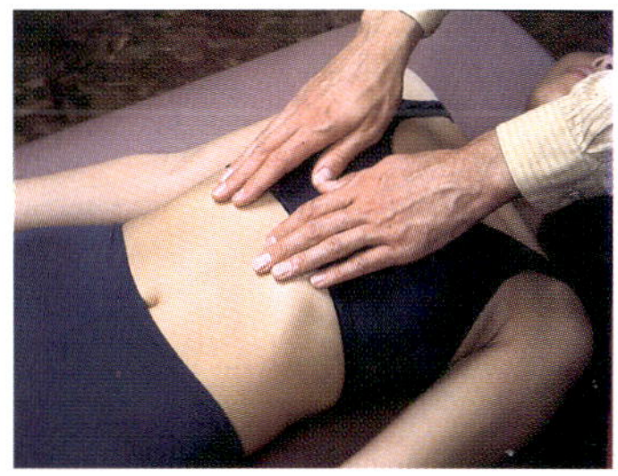

7 Στομάχι και έντερα

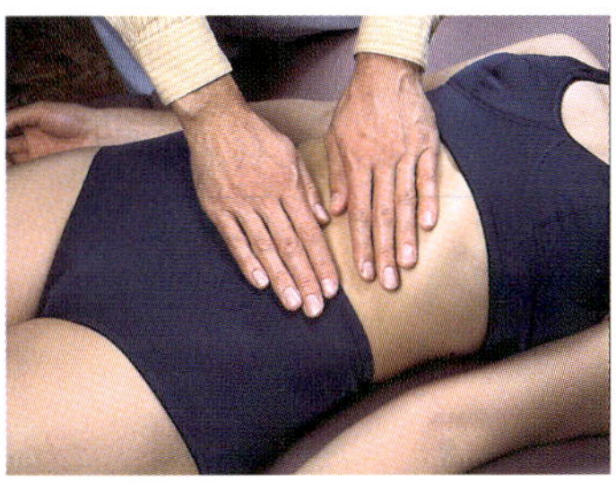

55 Περιοχή νεφρών

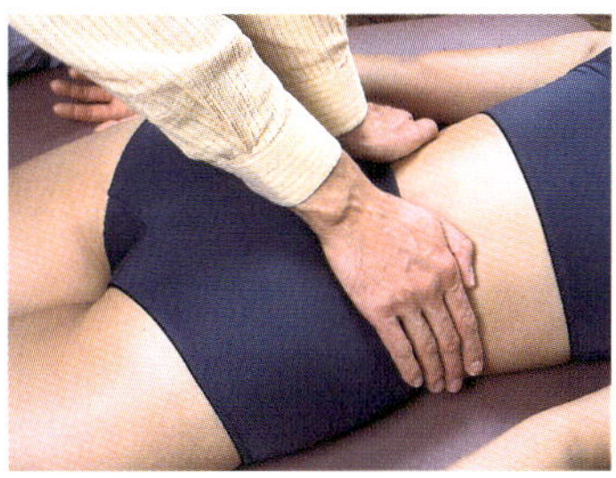

31 Τάντεν

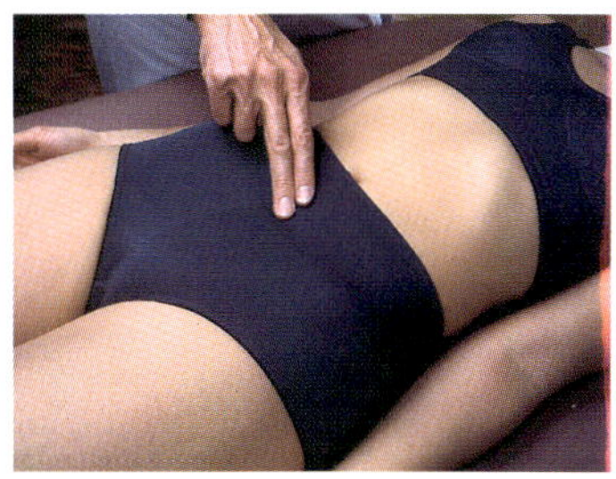

-7-
Λειτουργικές Διαταραχές του Ουρογεννητικού Συστήματος

(Στο κεφάλαιο που ακολουθεί, τα νεφρά περιλαμβάνονται σαν θέση χεριών σε όλες τις διαταραχές. Αφήνω τα χέρια μου σ' αυτή τη θέση τουλάχιστον δέκα λεπτά. Βάζοντας και τα δύο χέρια στα νεφρά ζεσταίνεται ολόκληρο το σώμα.)

Νεφρίτιδα (Φλεγμονή των Νεφρών):

Νεφρά, καρδιά, ουροδόχος κύστη, στομάχι και έντερα.

55 Περιοχή νεφρών

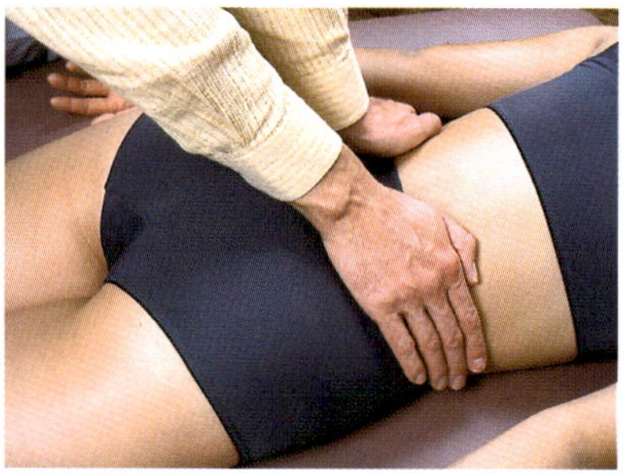

23 Καρδιά

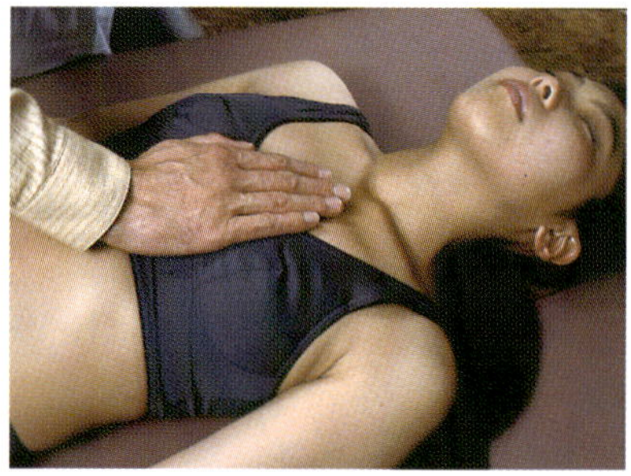

28 Περιοχή ουροδόχου κύστης

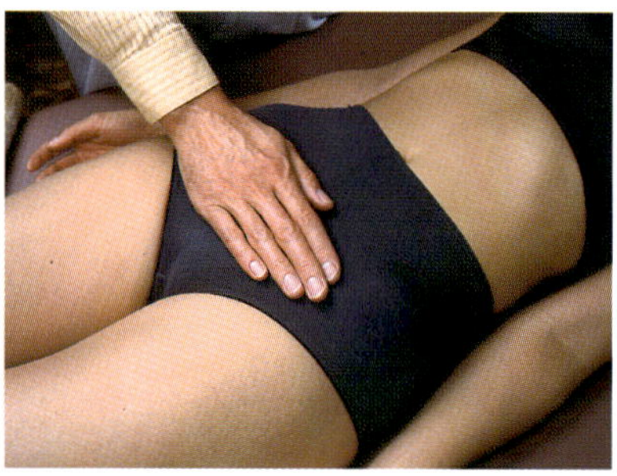

7 Στομάχι και έντερα

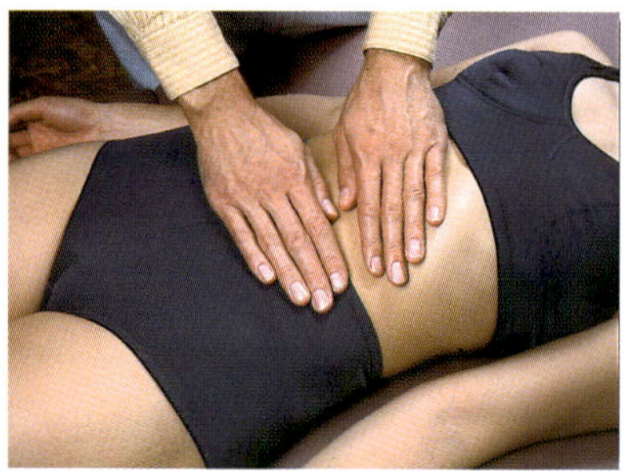

Πυελίτιδα (Φλεγμονή της Πυέλου του Νεφρού):

Νεφρά, ουροδόχος κύστη, *Τάντεν.*

55 Περιοχή νεφρών

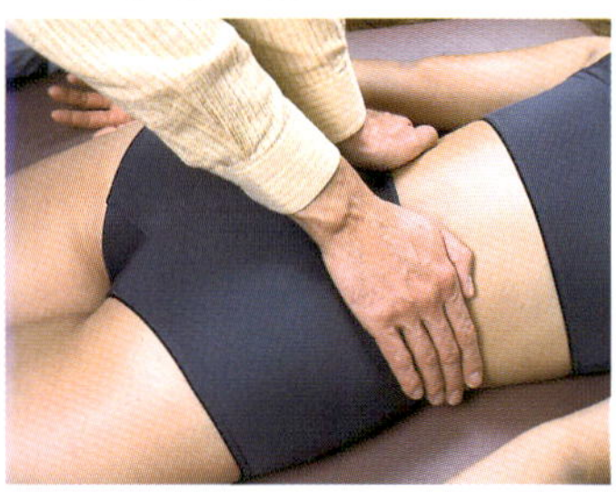

28 Περιοχή ουροδόχου κύστης

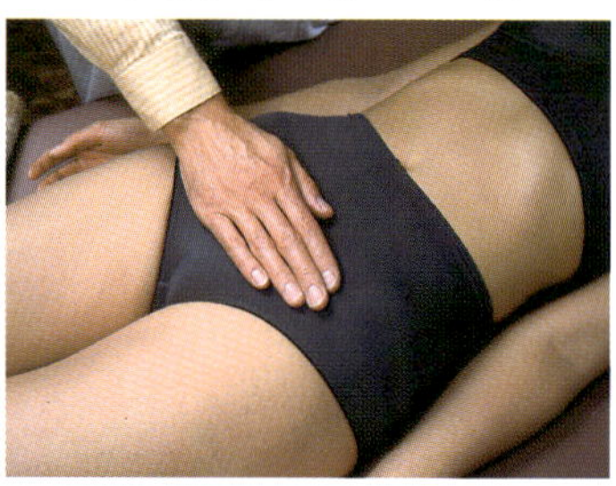

31 Τάντεν

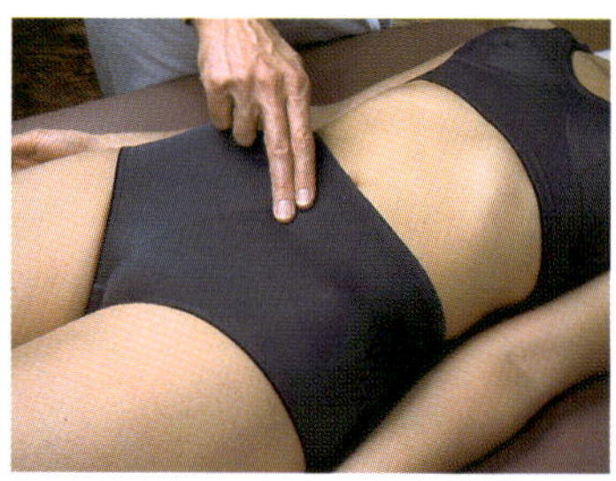

Νεφρολιθίαση:

Νεφροί, στομάχι και έντερα, ουροδόχος κύστη, επώδυνες περιοχές του σώματος.

55 Περιοχή νεφρών

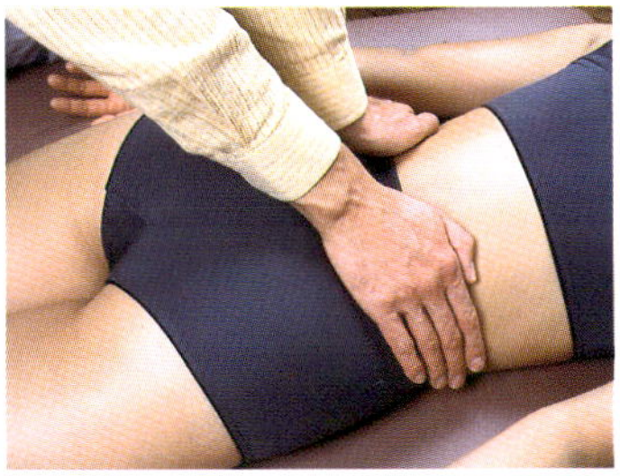

7 Στομάχι και έντερα

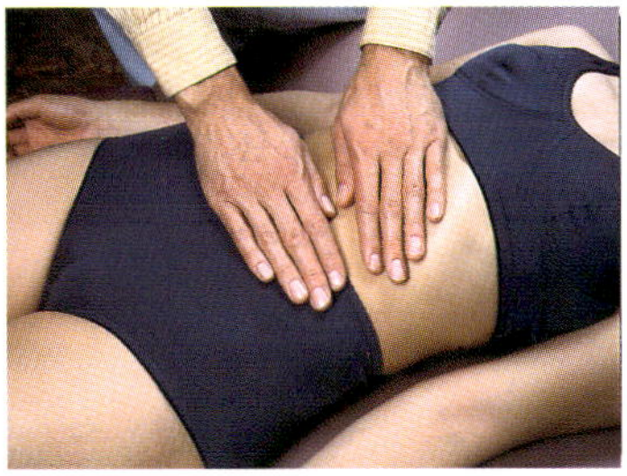

28 Περιοχή ουροδόχου κύστης

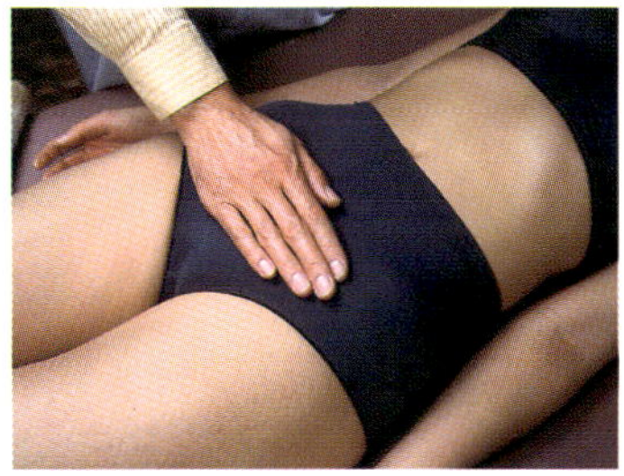

Ουροσήψη:

Περιοχή κεφαλιού, μάτια, στομάχι και έντερα, καρδιά, νεφρά, ουροδόχος κύστη, *Τάντεν*.

1 Μέτωπο

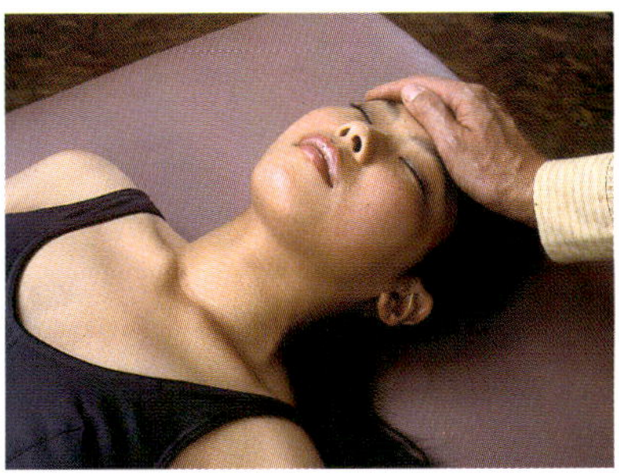

2 Κρόταφοι

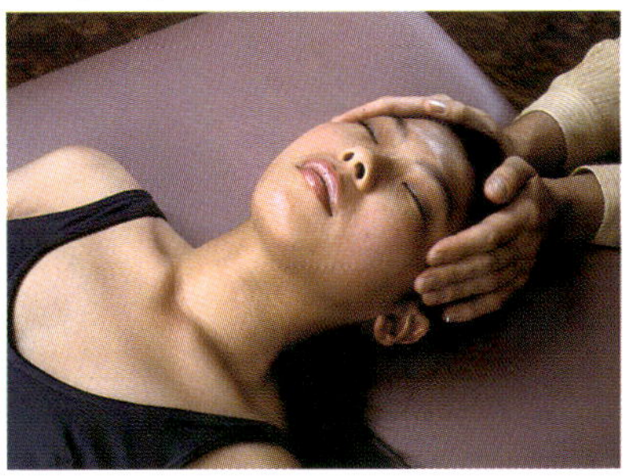

3 Πίσω μέρος του κεφαλιού

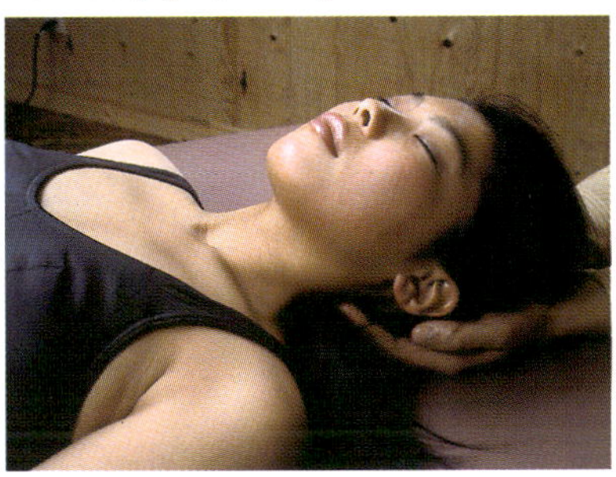

6 Κορυφή του κεφαλιού

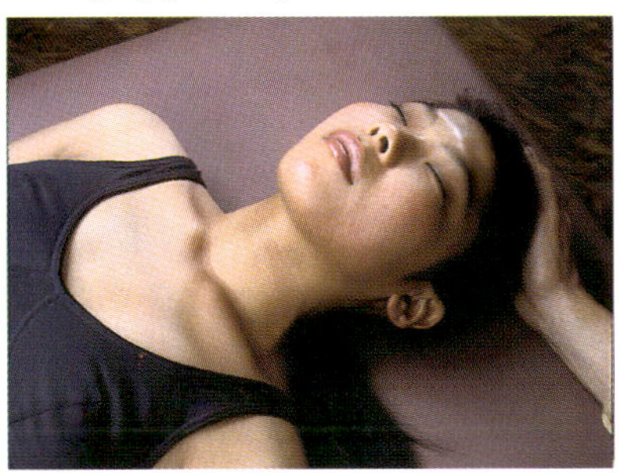

8 Μάτια

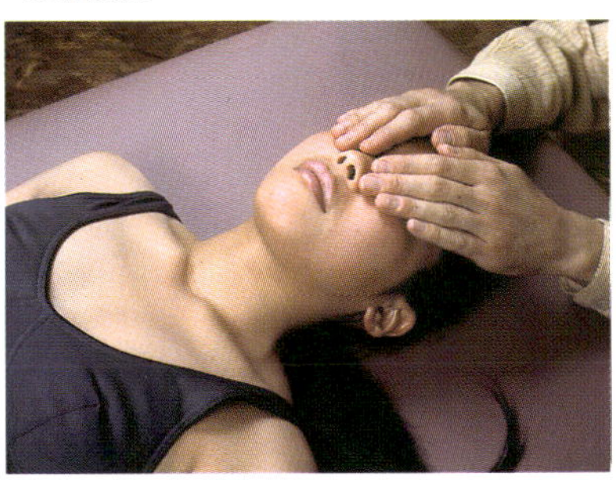

7 Στομάχι και έντερα

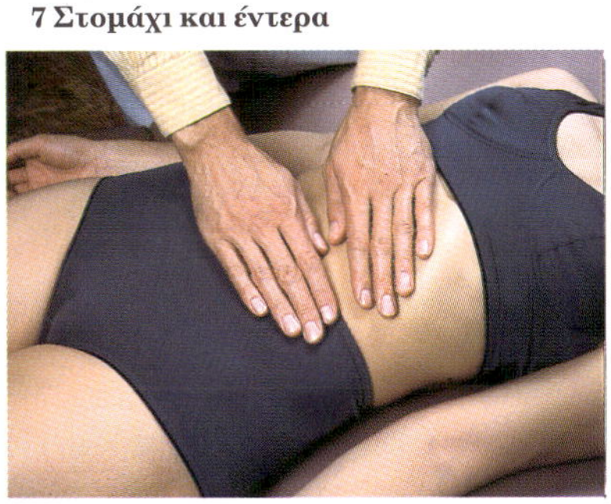

23 Καρδιά

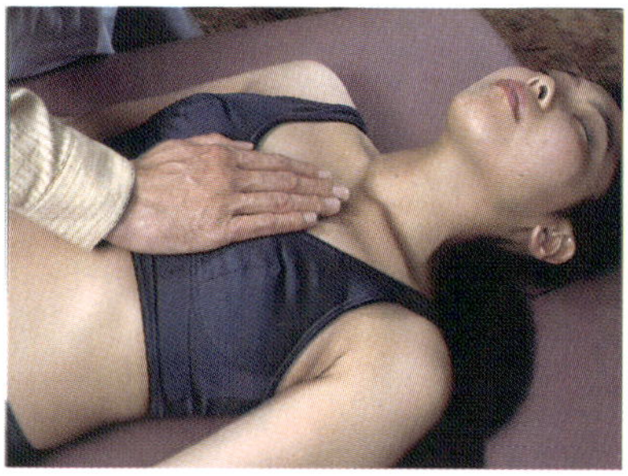

55 Περιοχή νεφρών

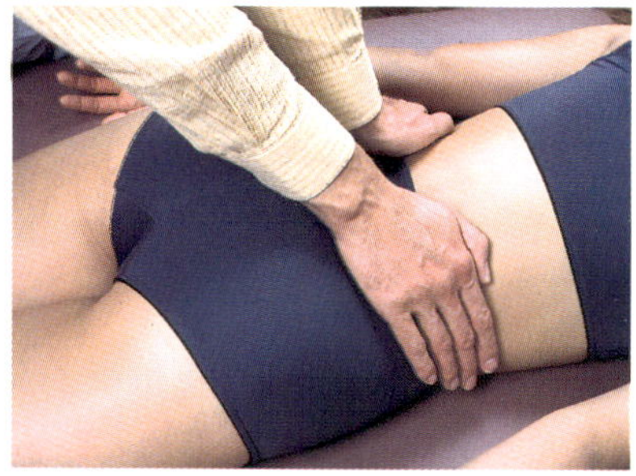

28 Περιοχή ουροδόχου κύστης

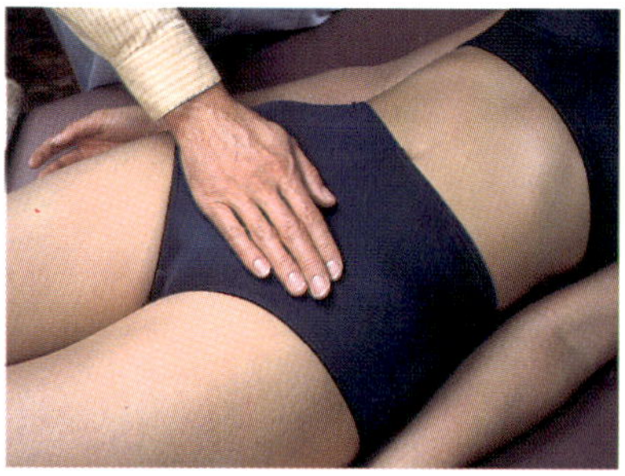

31 Τάντεν

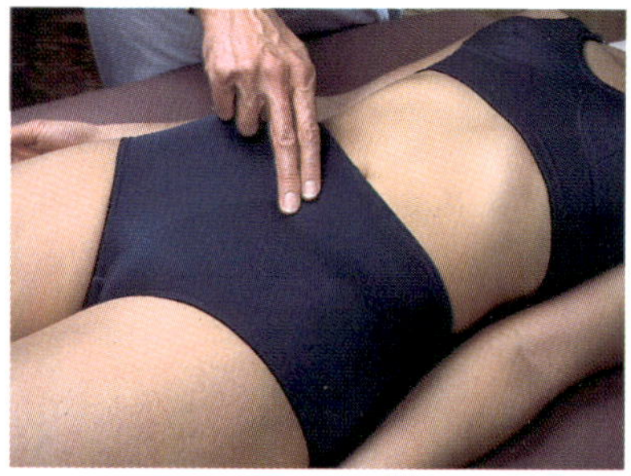

Κυστίτιδα (Φλεγμονή της Ουροδόχου Κύστης):

Νεφρά, ουροδόχος κύστη.

(Πίνετε τουλάχιστον δύο λίτρα νερό τη μέρα. Κρατάτε την ουροδόχο κύστη ζεστή μ' ένα μαξιλάρι, μια κουβέρτα ή μια θερμοφόρα. Κάνετε απευθείας αγωγή στην ουροδόχο κύστη για δεκαπέντε λεπτά τουλάχιστον. Σε οξείες, οδυνηρές περιπτώσεις, συνεχίστε μέχρι να εξαφανιστεί ο πόνος. Μετά, κρατάτε την ουροδόχο κύστη ζεστή τουλάχιστον για μία ώρα.)

55 Περιοχή νεφρών

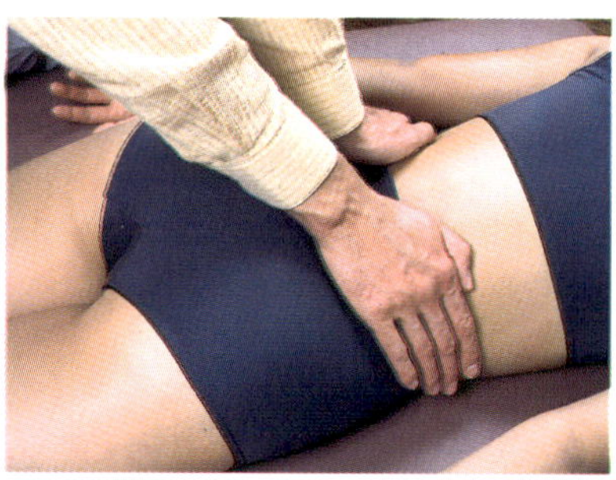

28 Περιοχή ουροδόχου κύστης

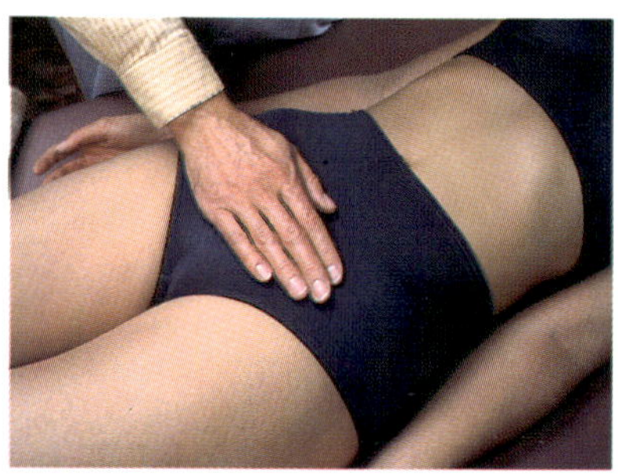

Λίθοι της Ουροδόχου Κύστης:

Νεφρά, ουροδόχος κύστη, επώδυνες περιοχές του σώματος.

55 Περιοχή νεφρών

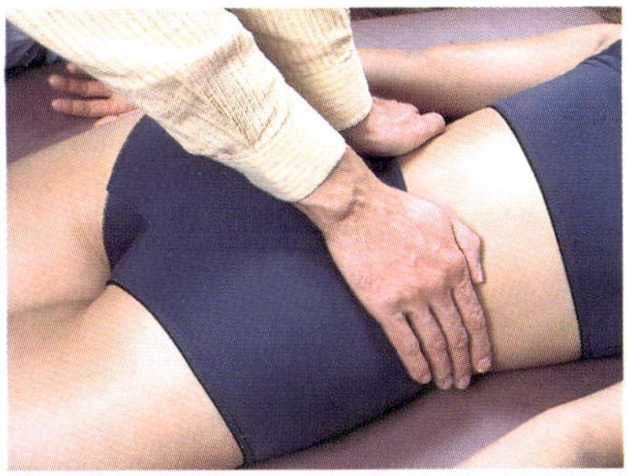

28 Περιοχή ουροδόχου κύστης

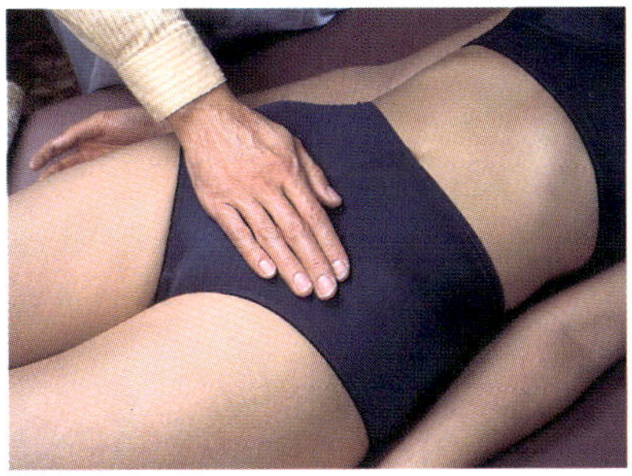

Νυχτερινή Ενούρηση:

Περιοχή κεφαλιού, κορυφή του κεφαλιού, ουροδόχος κύστη, νεφρά.

1 Μέτωπο

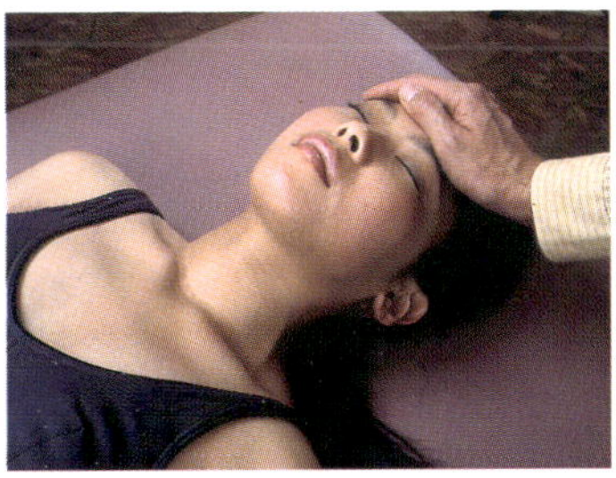

2 Κρόταφοι

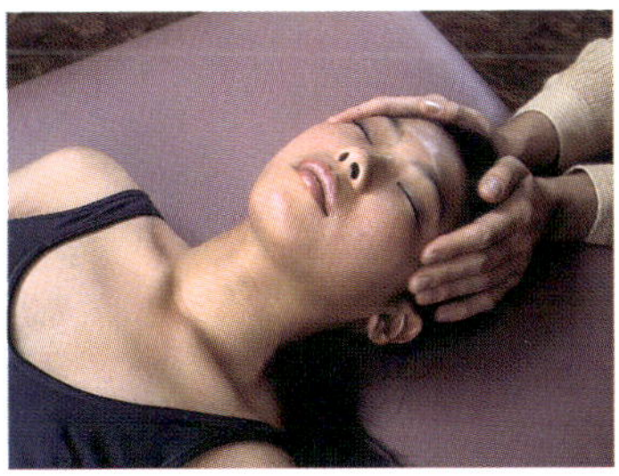

3 Πίσω μέρος του κεφαλιού

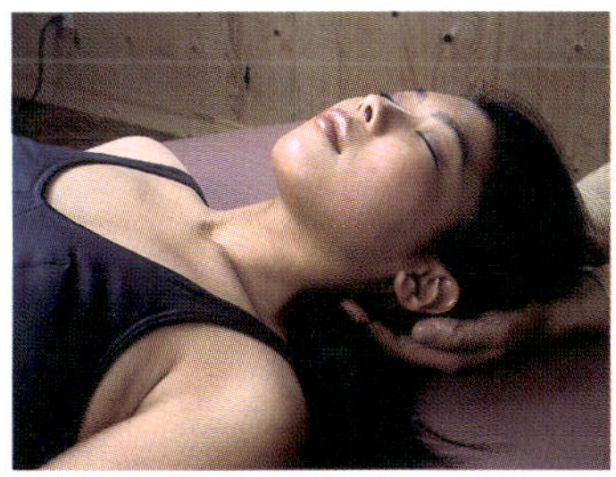

6 Κορυφή του κεφαλιού

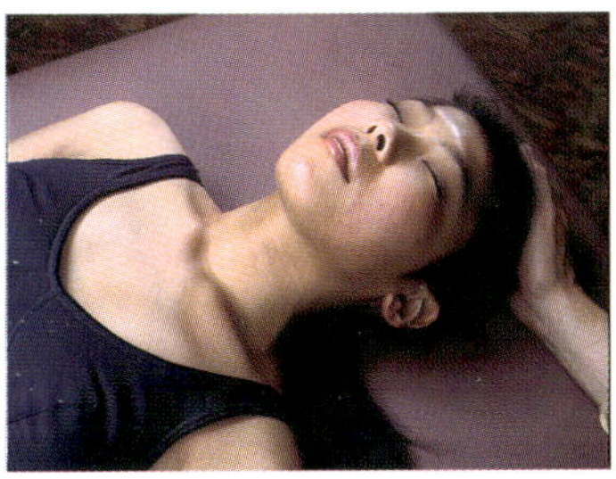

28 Περιοχή ουροδόχου κύστης

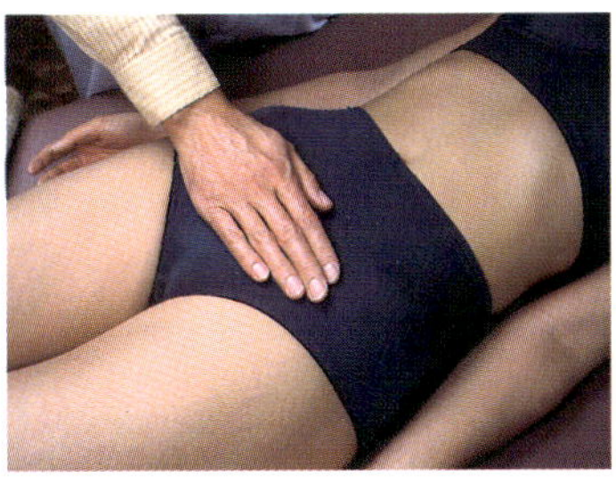

55 Περιοχή νεφρών.

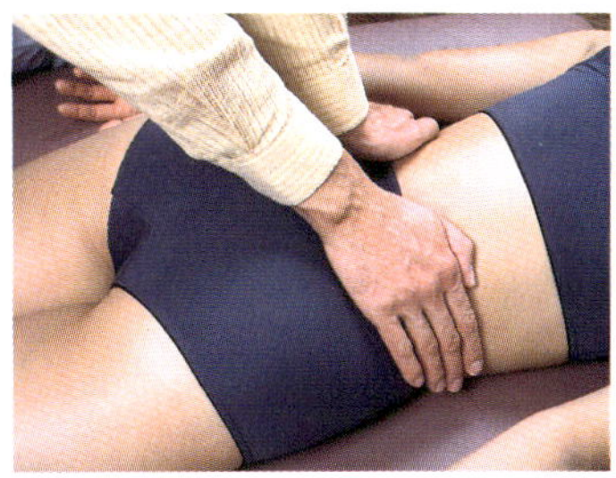

Όταν δεν Υπάρχει Ροή Ούρων Λόγων Οιδήματος του Προστάτη:

Νεφρά, ουροδόχος κύστη, ουρητήρας.

55 Περιοχή νεφρών

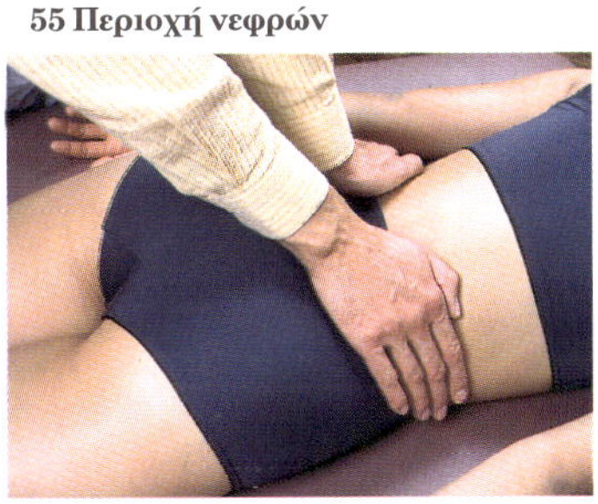

28 Περιοχή ουροδόχου κύστης

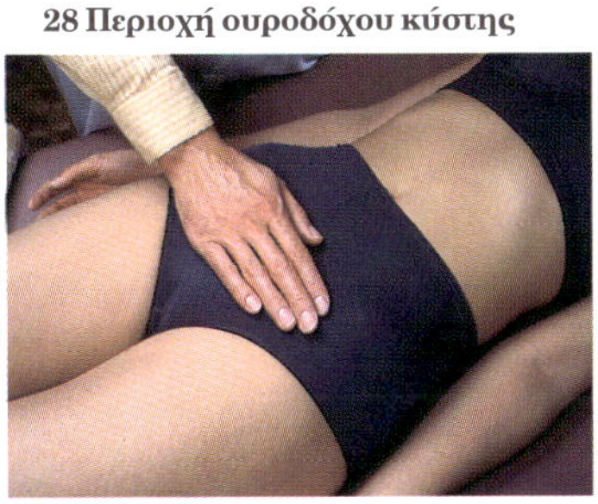

40 Ουρητήρας

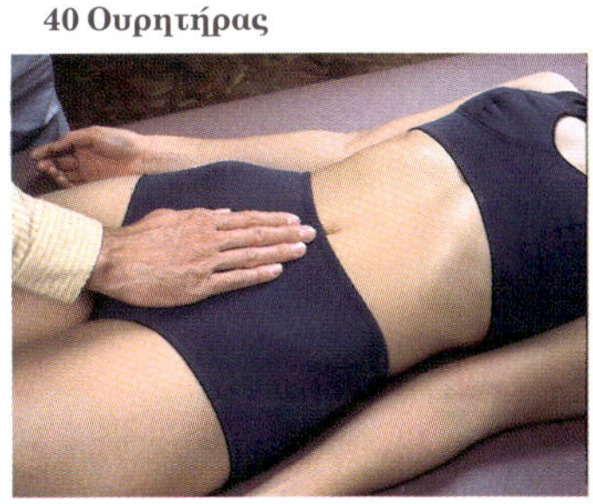

-8-
Χειρουργικά Τραύματα και Λειτουργικές Διαταραχές του Δέρματος

Τραύματα:

Επώδυνες περιοχές του σώματος. Κάνετε αγωγή στο μέρος του σώματος χωρίς να το αγγίζετε μέχρι να περάσει ο πόνος.

(Όπως έχουμε προαναφέρει, ο δόκτωρ Ουσούι συστήνει, για όλα τα είδη πόνου, να κάνουμε αγωγή στην προσβεβλημένη περιοχή του σώματος μέχρι να εξαφανιστεί ο πόνος. Για τους πονοκεφάλους, για παράδειγμα, κάνετε αγωγή στο κεφάλι, για τον πόνο της μέσης κάνετε αγωγή στη μέση. Όμως, μπορεί ένας ασθενής να παραπονείται για πόνους στη μέση, αλλά τα χέρια του θεραπευτή να πάνε αυτόματα σε ένα άλλο μέρος του σώματος, αφού γίνει πρώτα το ρέιτζι που έχουμε περιγράψει στις πρώτες σελίδες του βιβλίου. Σ' αυτή την περίπτωση, εμπιστευτείτε τα χέρια σας περισσότερο από τις πληροφορίες που σας δίνει ο ασθενής! Για όλα τα τραύματα, χρησιμοποιούμε κυρίως το σύμβολο της δύναμης. Όπως έχουμε αναφέρει ήδη, μπορείτε να σχεδιάσετε το σύμβολο σ' ένα κομμάτι ύφασμα, πάνω στον επίδεσμο ή πάνω στο γύψο του νάρθηκα - φτάνει να μην μπορούν να το δουν οι μη μυημένοι.)

Διαστρέμματα, Μώλωπες, Σημάδια:

Προσβεβλημένες περιοχές του σώματος.

Φλεγμονή των Λεμφαδένων:

Προσβεβλημένες περιοχές του σώματος, *Τάντεν*.

31 Τάντεν

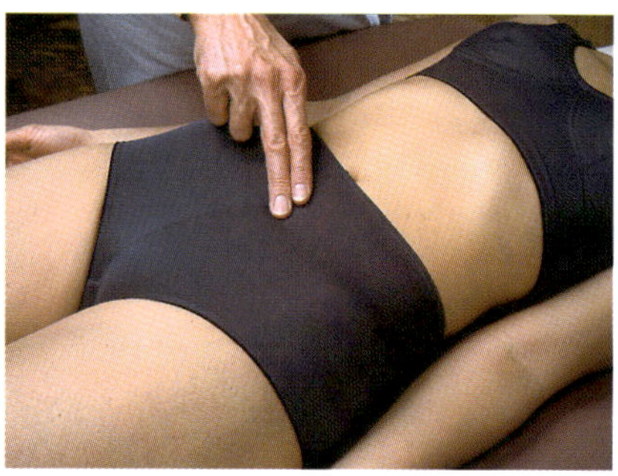

Κατάγματα:

Αγωγή στις προσβεβλημένες περιοχές του σώματος, με τα χέρια πάνω από το νάρθηκα ή τον επίδεσμο.

Εξόστωση:

Προσβεβλημένες περιοχές του σώματος.

Εξάρθρωμα:

Προσβεβλημένες περιοχές του σώματος.

Περιοστίτιδα, Οστίτιδα (Φλεγμονή Προεξοχής Οστού), Αρθρίτιδα, Μυΐτιδα (Φλεγμονή των Μυών):

Προσβεβλημένες περιοχές του σώματος, *Τάντεν*.

31 Τάντεν

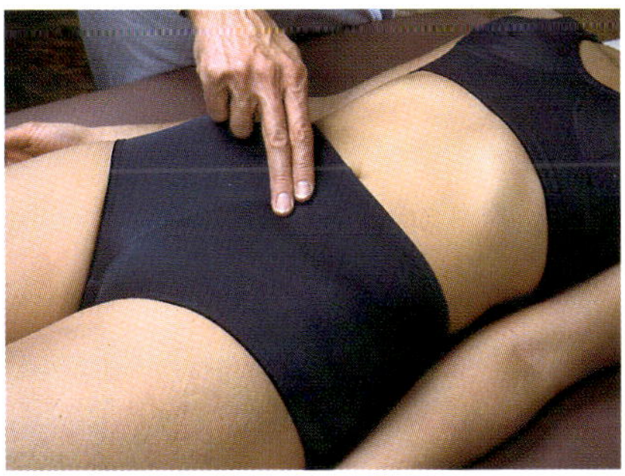

Μυϊκοί Ρευματισμοί:

Περιοχή κεφαλιού, επώδυνες περιοχές του σώματος, στομάχι και έντερα - για να βελτιώσουμε την κίνηση του εντέρου.

1 Μέτωπο

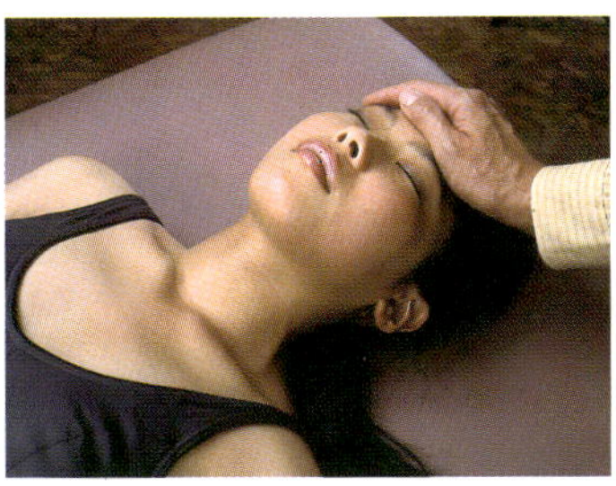

2 Κρόταφοι

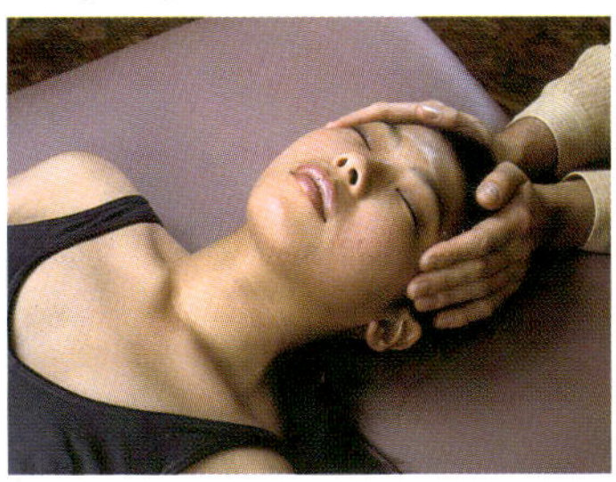

3 Πίσω μέρος του κεφαλιού

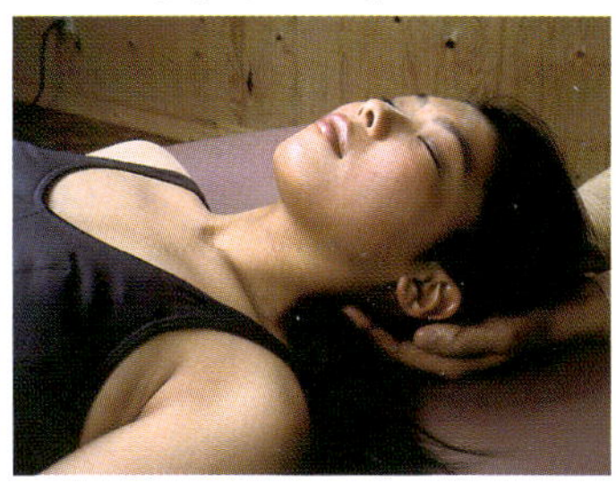

6 Κορυφή του κεφαλιού

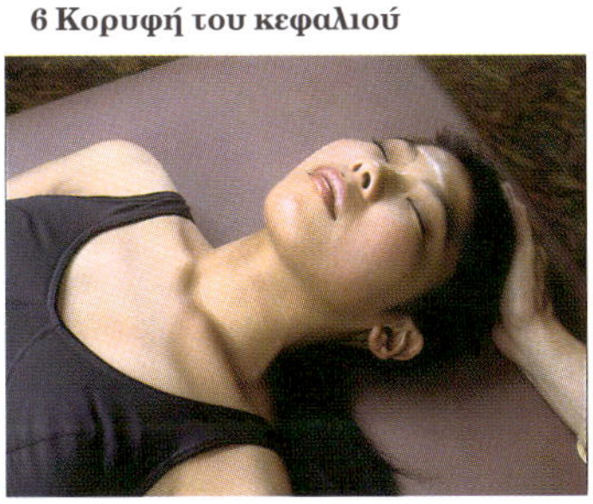

7 Στομάχι και έντερα

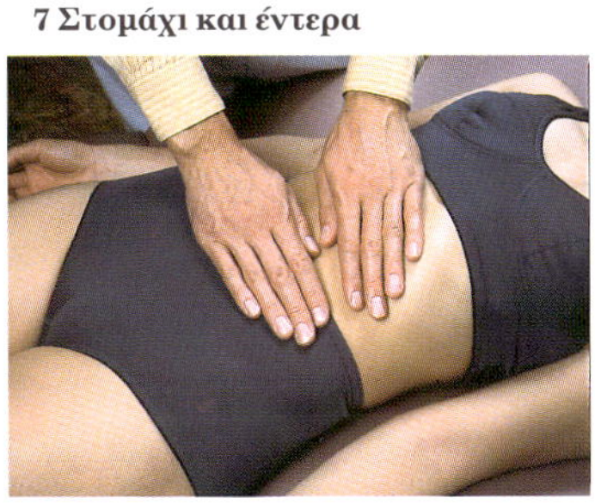

Φθίση της Σπονδυλικής Στήλης:

Περιοχή κεφαλιού, *Τάντεν*, επώδυνες περιοχές του σώματος, προσβεβλημένες περιοχές του σώματος.

1 Μέτωπο

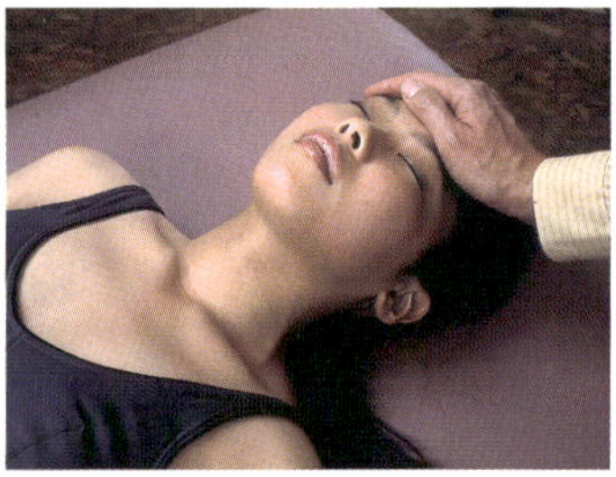

2 Κρόταφοι

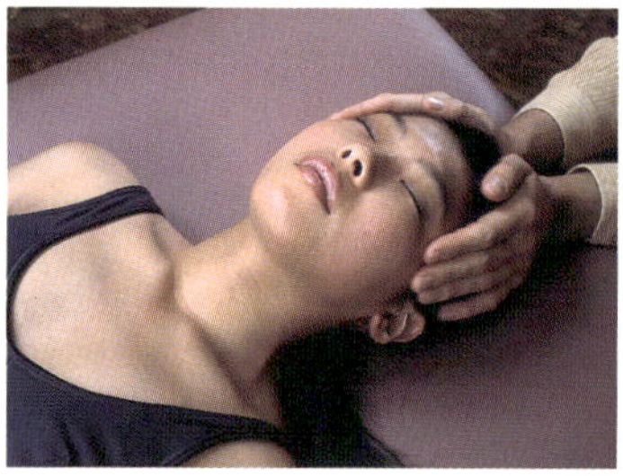

3 Πίσω μέρος του κεφαλιού

6 Κορυφή του κεφαλιού

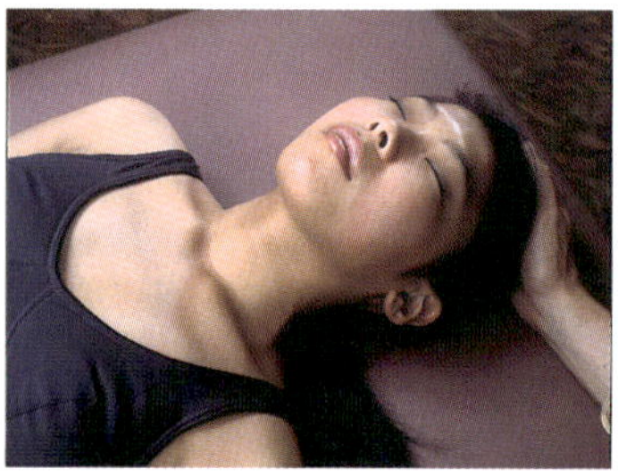

31 Τάντεν

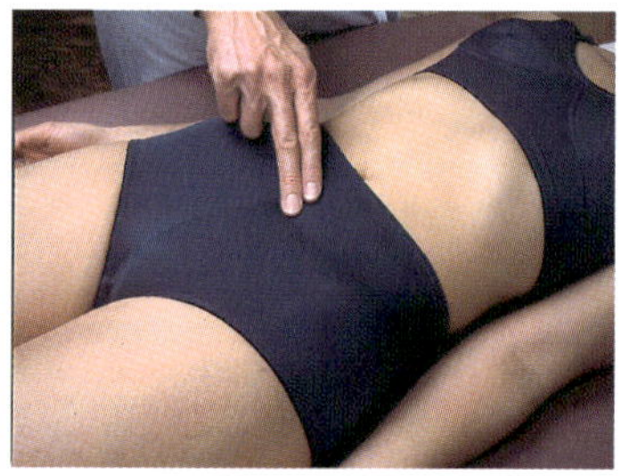

Σκολίωση:

Προσβεβλημένες περιοχές του σώματος.

Σύφιλη της Σπονδυλικής Στήλης:

Περιοχή κεφαλιού, Τάντεν, επώδυνες περιοχές του σώματος, προσβεβλημένες περιοχές του σώματος.

1 Μέτωπο

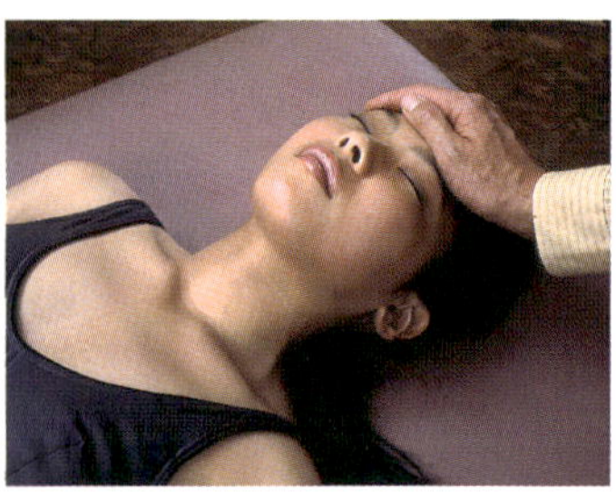

2 Κρόταφοι

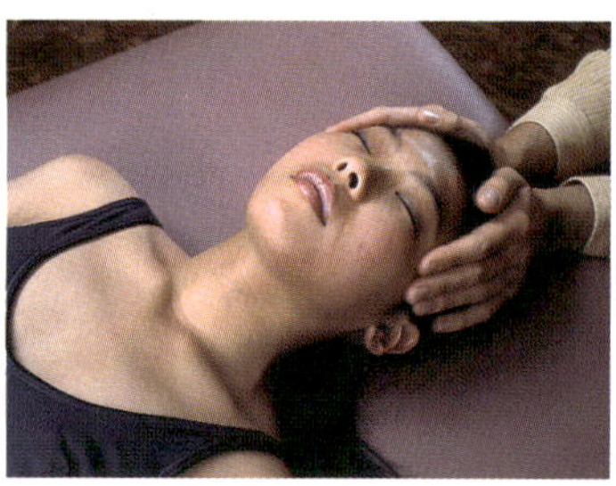

3 Πίσω μέρος του κεφαλιού

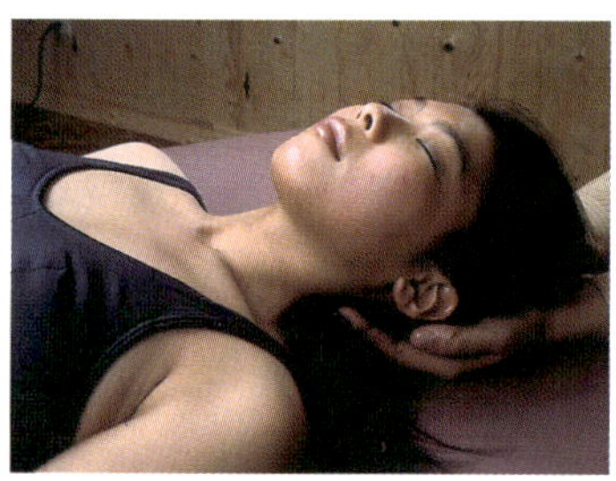

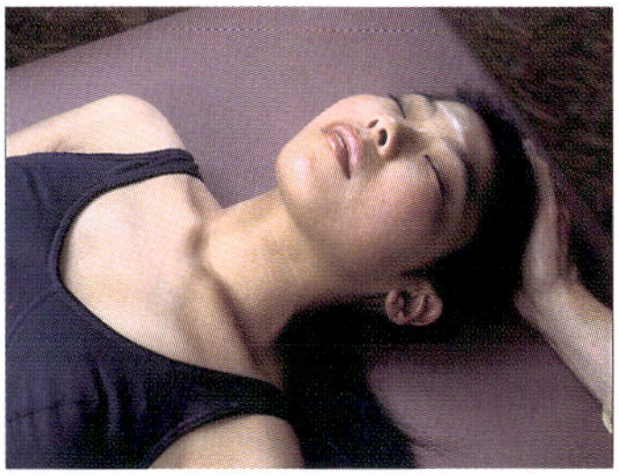

6 Κορυφή του κεφαλιού

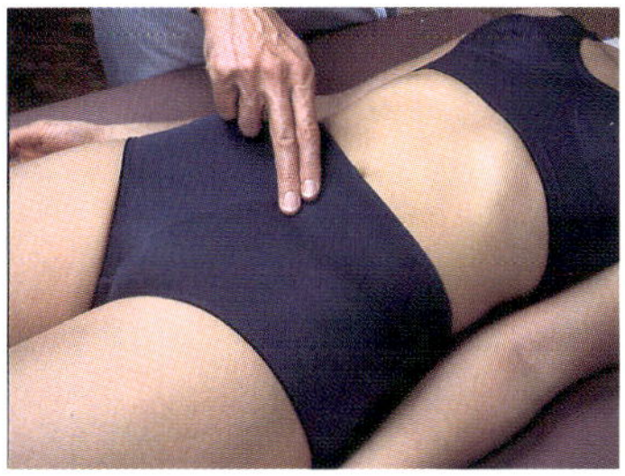

31 Τάντεν

Ίλιγγος, Λιποθυμία:

Καρδιά, περιοχή κεφαλιού - αν το άτομο έχει σωθεί από πνιγμό, κάντε αγωγή μόνο αφού αποβληθεί το νερό από το σώμα.

23 Καρδιά

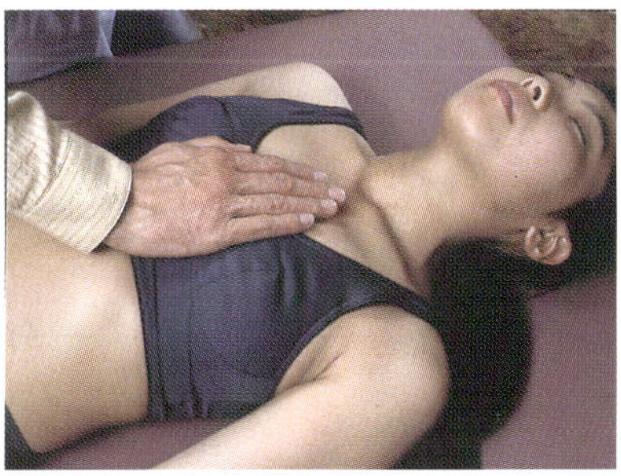

1 Μέτωπο

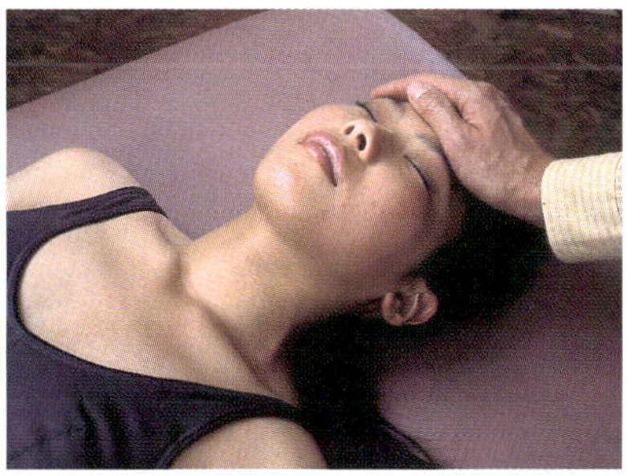

2 Κρόταφοι

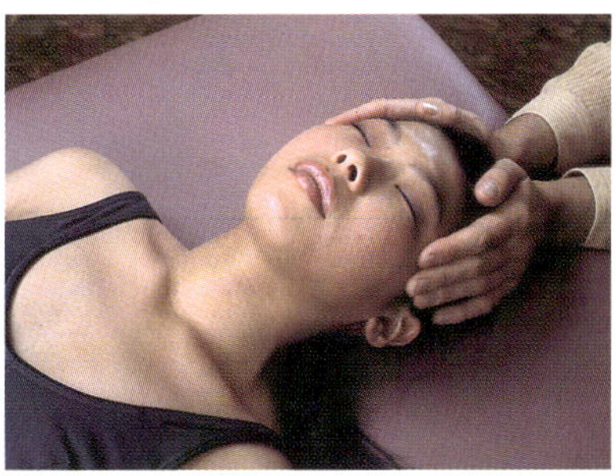

3 Πίσω μέρος του κεφαλιού

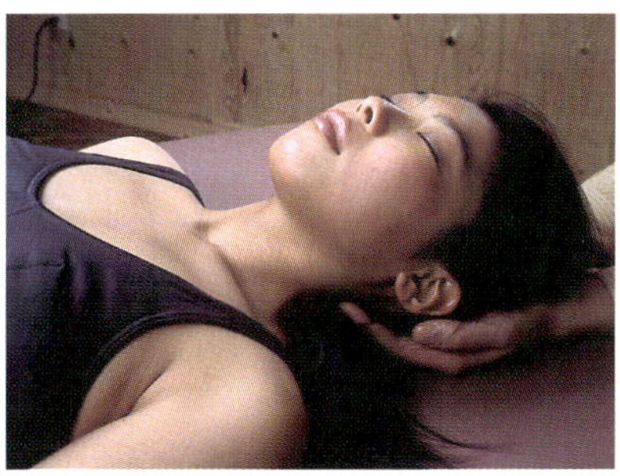

6 Κορυφή του κεφαλιού

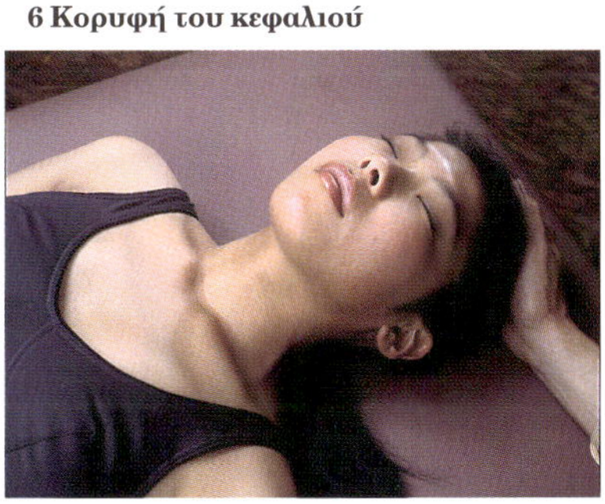

Εξανθήματα, Πρήξιμο, Καρκίνος του Δέρματος:

Τάντεν, προσβεβλημένες περιοχές του σώματος.

31 Τάντεν

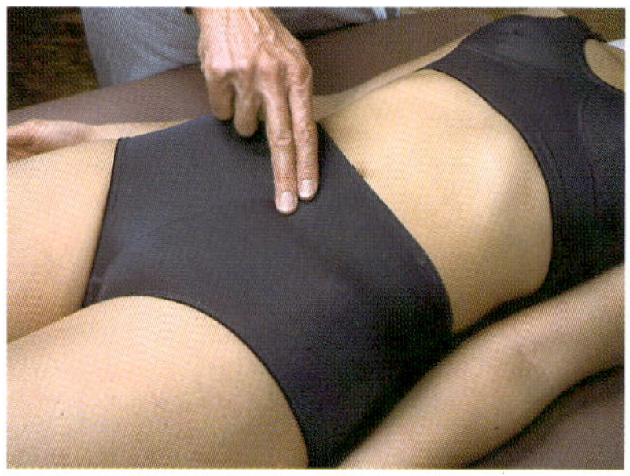

Κνίδωση:

Στομάχι και έντερα, *Τάντεν*, προσβεβλημένες περιοχές του σώματος.

7 Στομάχι και έντερα

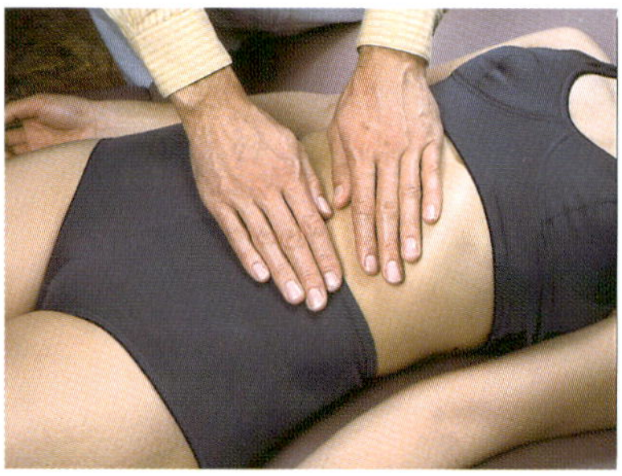

31 Τάντεν

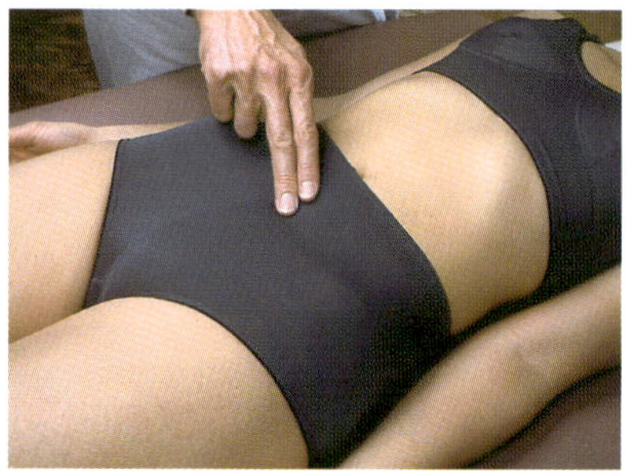

Τριχόπτωση:

Περιοχή κεφαλιού, στομάχι και έντερα, προσβεβλημένες περιοχές του σώματος, *Τάντεν*.

1 Μέτωπο

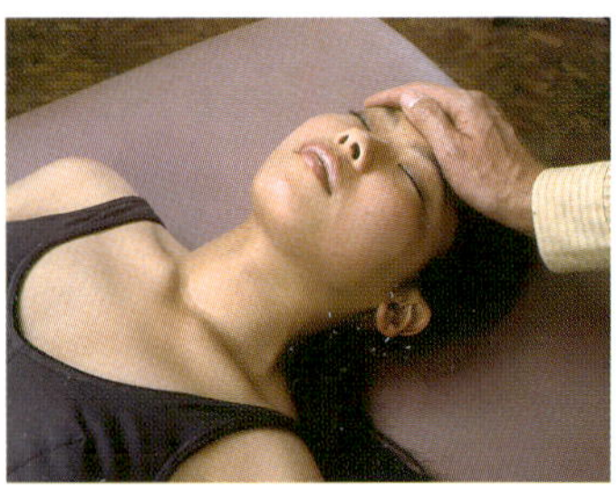

2 Κρόταφοι

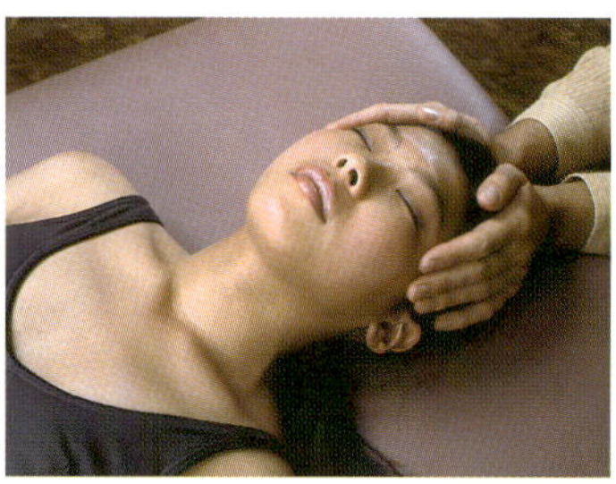

3 Πίσω μέρος του κεφαλιού

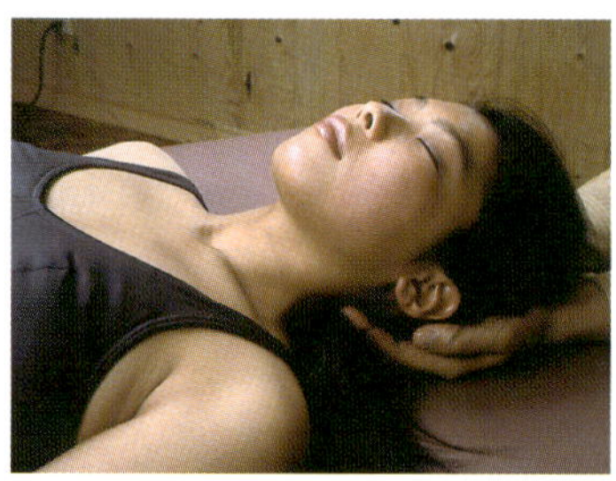

6 Κορυφή του κεφαλιού

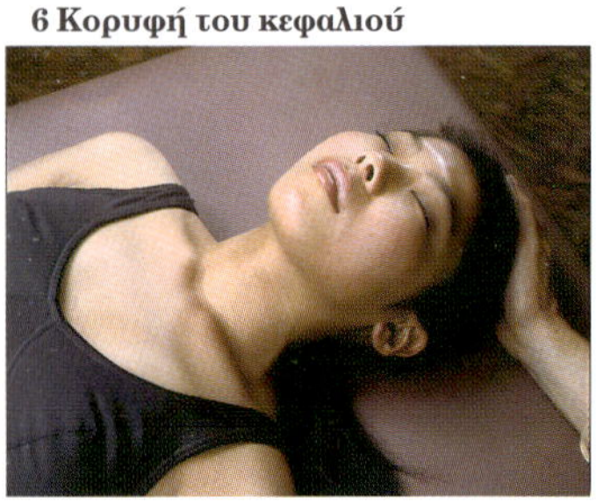

7 Στομάχι και έντερα

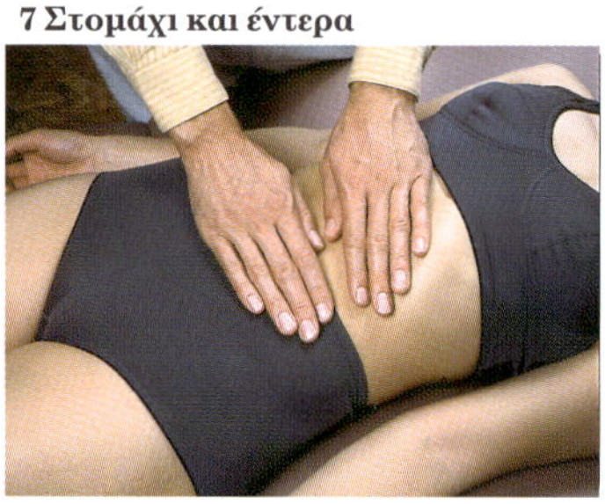

31 Τάντεν

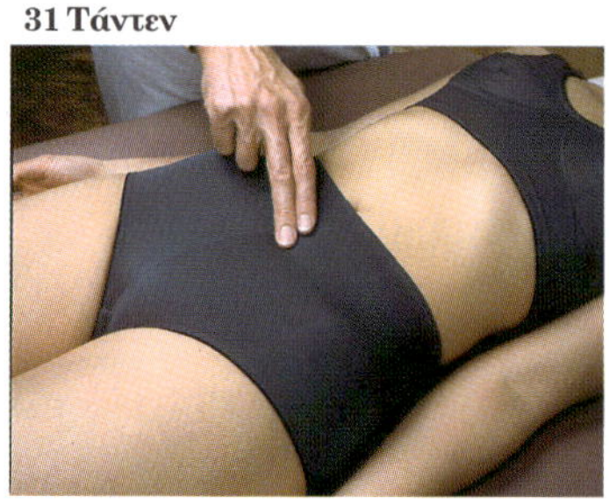

Λέπρα:

Περιοχή κεφαλιού, στομάχι και έντερα, *Τάντεν,* προσβεβλημένες περιοχές του σώματος, μισό σώμα *(Χάνσιν Τσίριο).*

(Αγωγή πρέπει να γίνεται μόνο από γιατρό.)

1 Μέτωπο

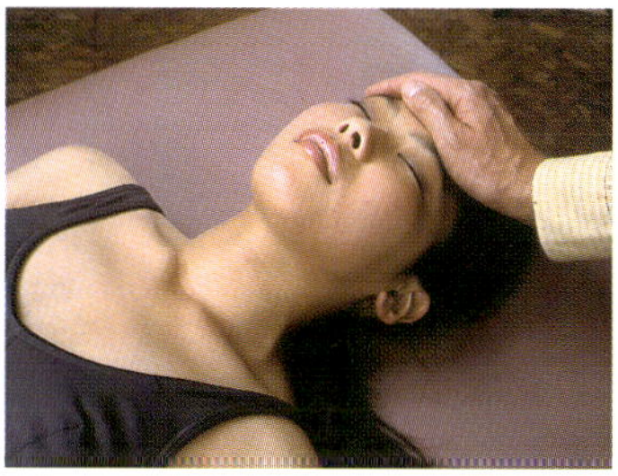

2 Κρόταφοι

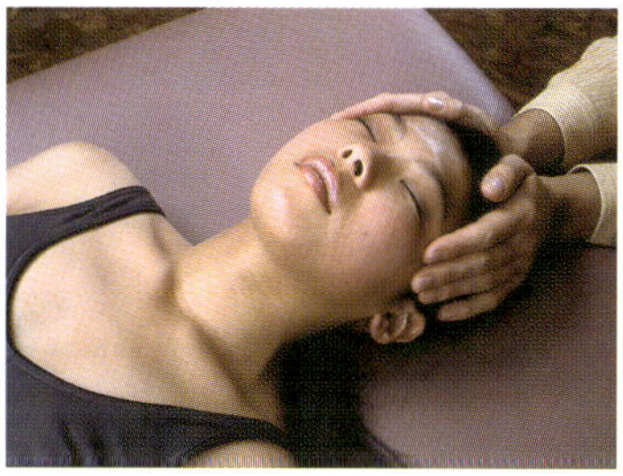

3 Πίσω μέρος του κεφαλιού

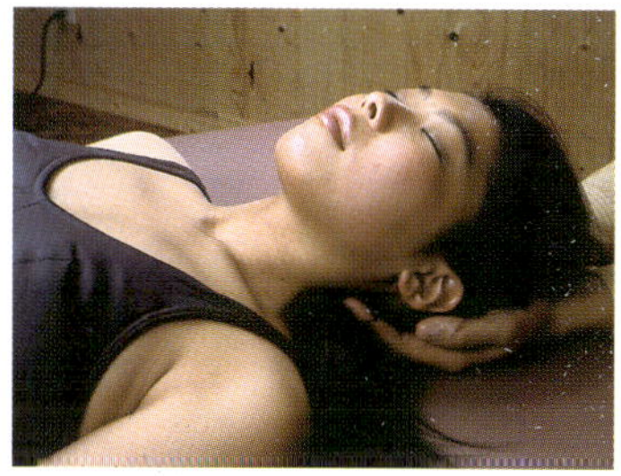

6 Κορυφή του κεφαλιού

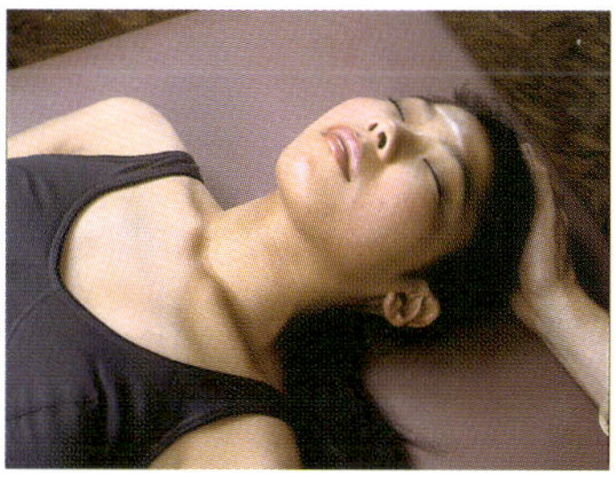

7 Στομάχι και έντερα

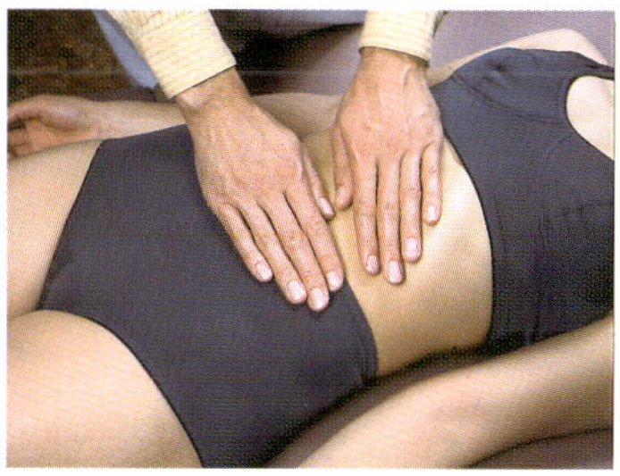

31 Τάντεν

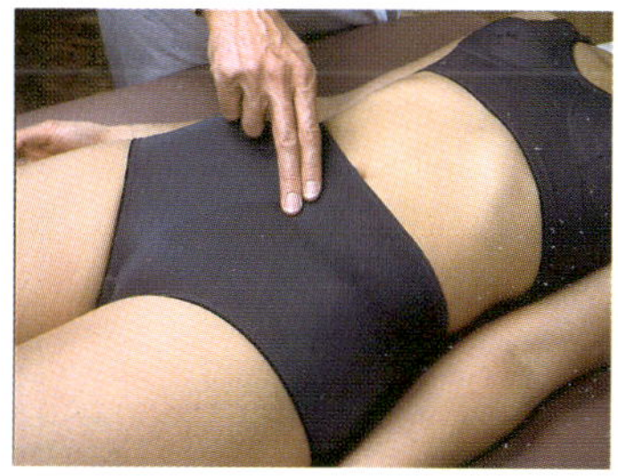

57 Θεραπευτική τεχνική Χάνσιν Τσίριο 1

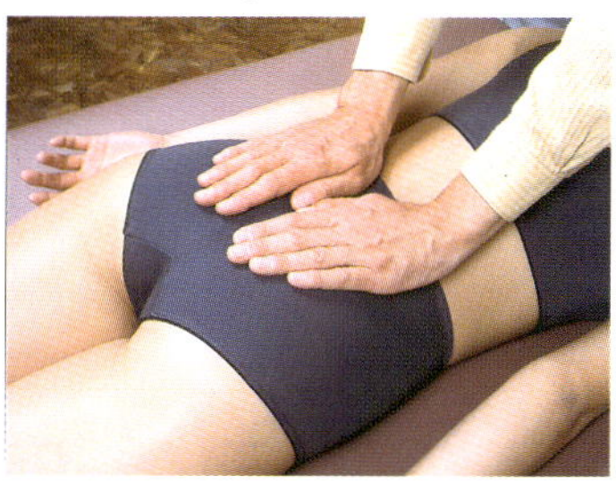

58 Θεραπευτική τεχνική Χάνσιν Τσίριο 2

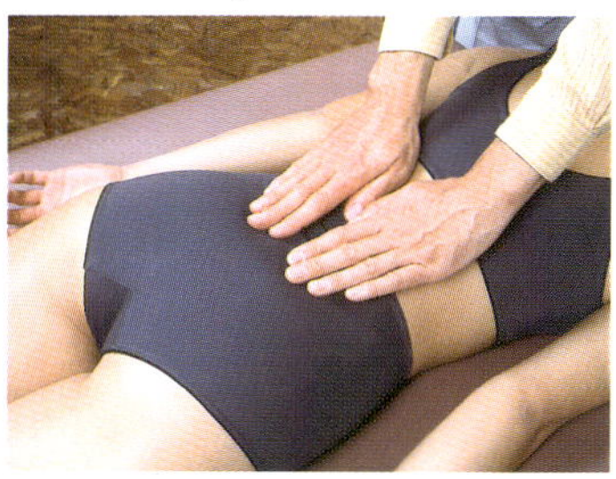

59 Θεραπευτική τεχνική Χάνσιν Τσίριο 3

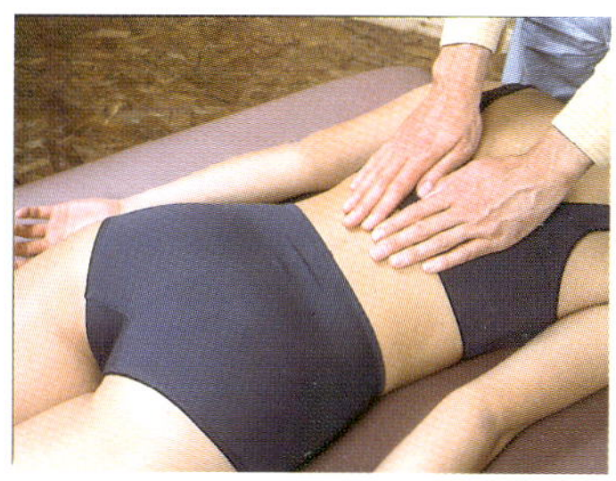

60 Θεραπευτική τεχνική Χάνσιν Τσίριο 4

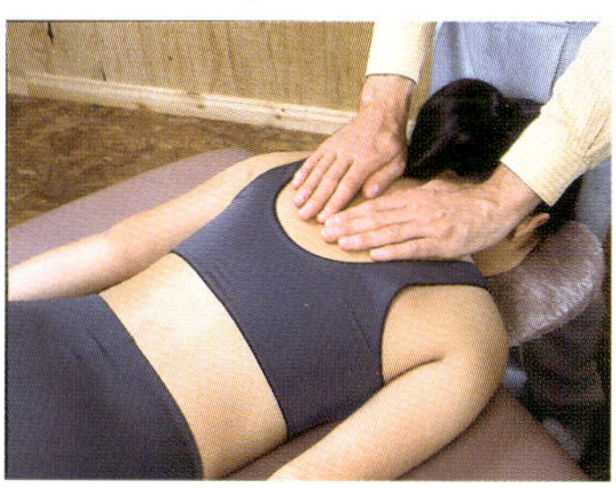

61 Θεραπευτική τεχνική Χάνσιν Τσίριο 5

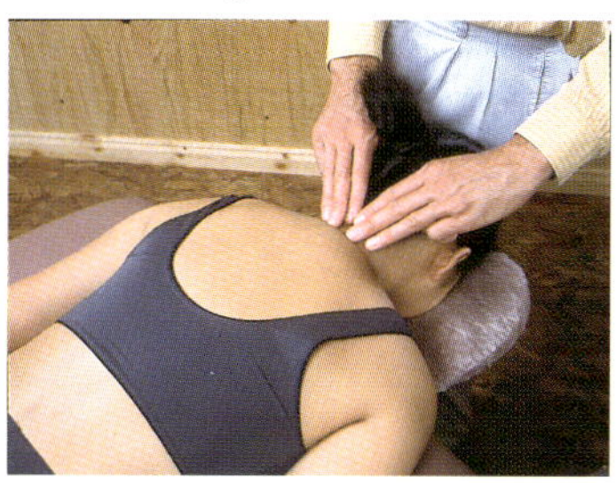

Σύφιλη:

Περιοχή κεφαλιού, στομάχι και έντερα, Τάντεν, προσβεβλημένες περιοχές του σώματος.

(Αγωγή πρέπει να γίνεται μόνο από γιατρό.)

1 Μέτωπο

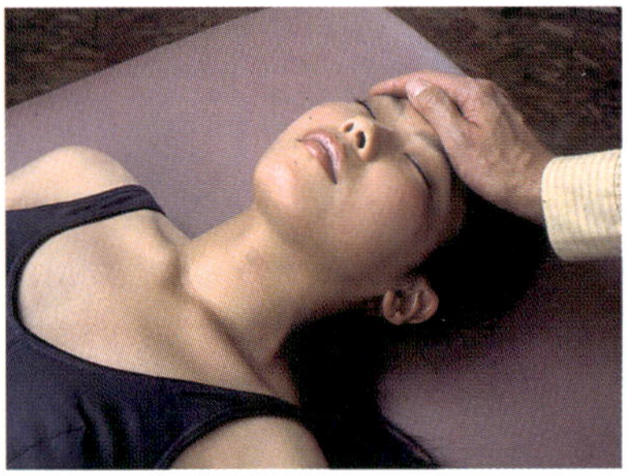

2 Κρόταφοι

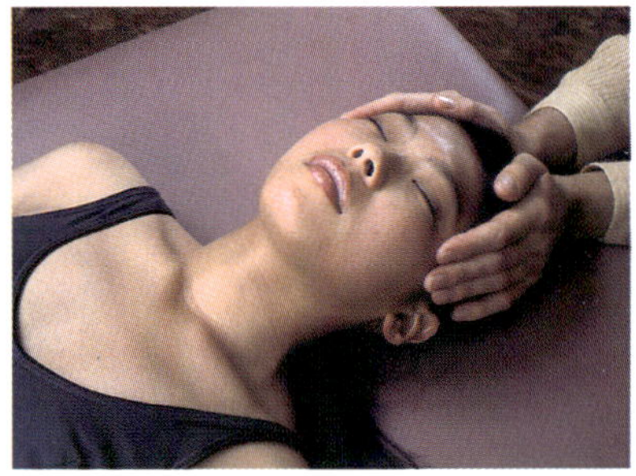

3 Πίσω μέρος του κεφαλιού

6 Κορυφή του κεφαλιού

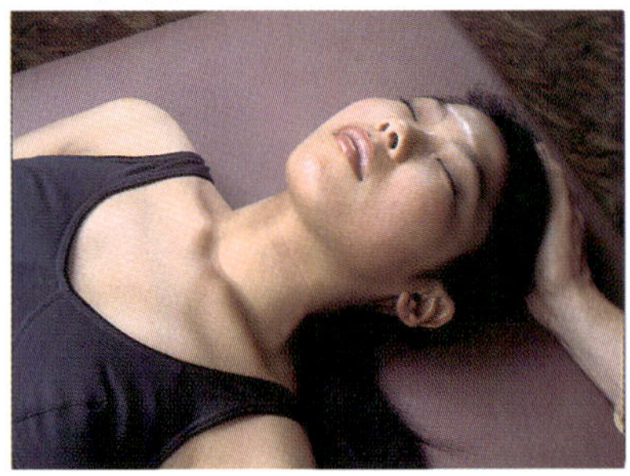

7 Στομάχι και έντερα

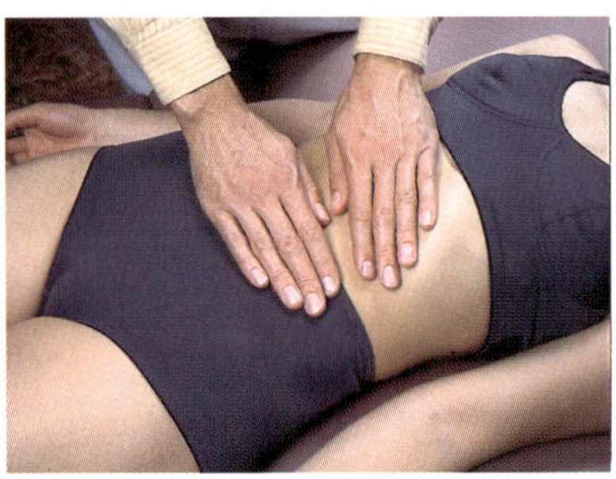

31 Τάντεν

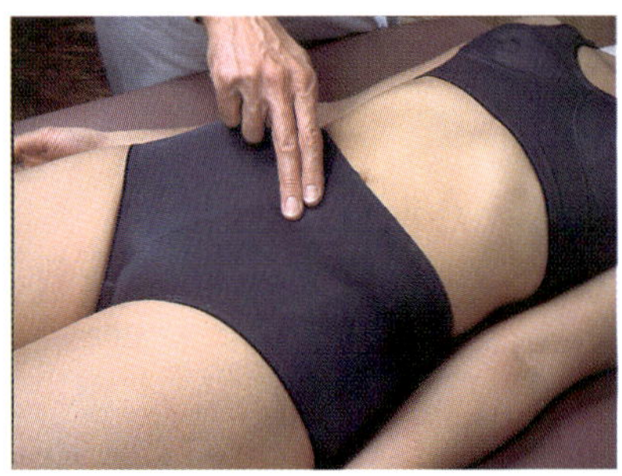

-9-
Παιδικές Παθήσεις

(Προσοχή: Οι παιδικές παθήσεις μπορεί ν' αποβούν πολύ επικίνδυνες για ενήλικες που δεν τις είχαν περάσει στα παιδικά τους χρόνια!)

Νυχτερινό Κλάμα:

Περιοχή κεφαλιού, στομάχι και έντερα.

(Τα παιδιά μέχρι δυόμισι ετών καλό θα είναι να κοιμούνται μαζί με τους γονείς, ή να βάλουμε την κούνια τους δίπλα στο κρεβάτι των γονιών. Τα μικρά παιδιά δεν μπορούν ακόμη ν' αντιμετωπίσουν τους εφιάλτες και το φόβο γενικά. Πρέπει να βρίσκονται κοντά στους γονείς τους, και ιδιαίτερα κοντά στη μητέρα τους στην αρχή της ζωής.)

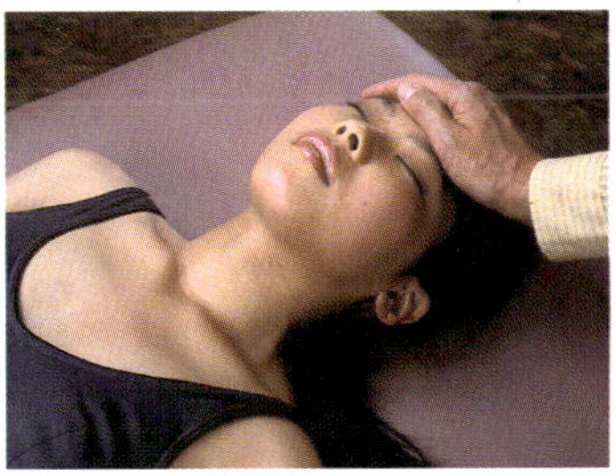
1 Μέτωπο

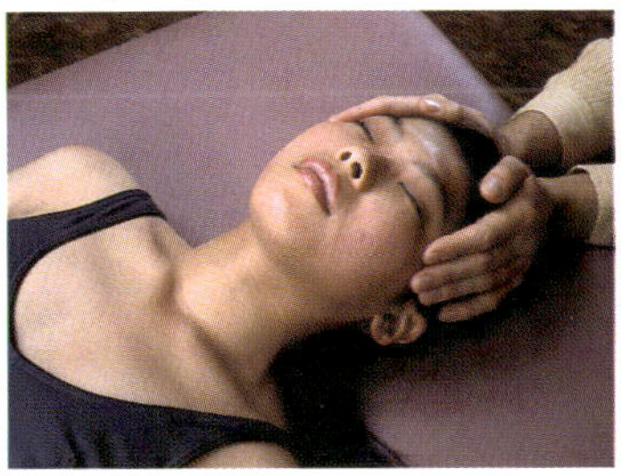
2 Κρόταφοι

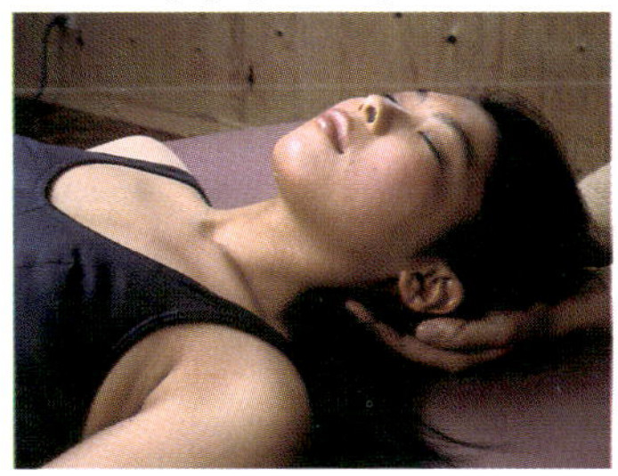
3 Πίσω μέρος του κεφαλιού

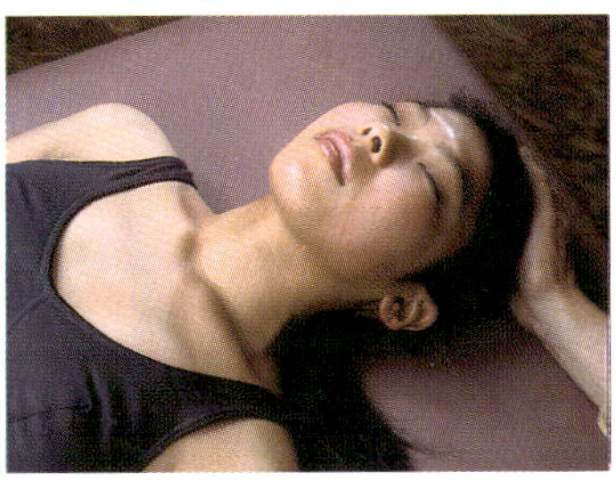
6 Κορυφή του κεφαλιού

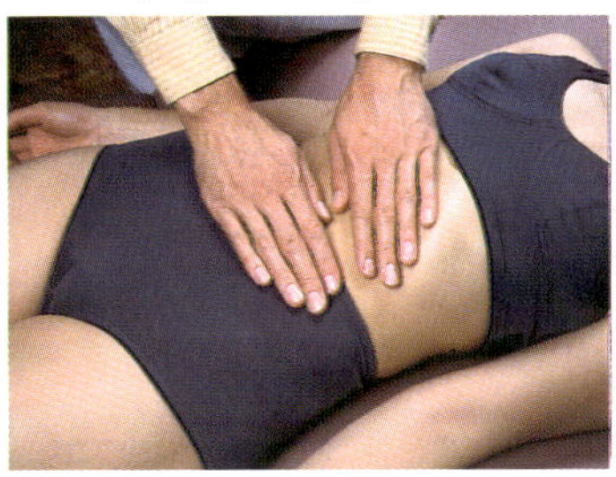
7 Στομάχι και έντερα

Ιλαρά & Ερυθρά:

Περιοχή κεφαλιού, στομάχι και έντερα, καρδιά, προσβεβλημένες περιοχές του σώματος.

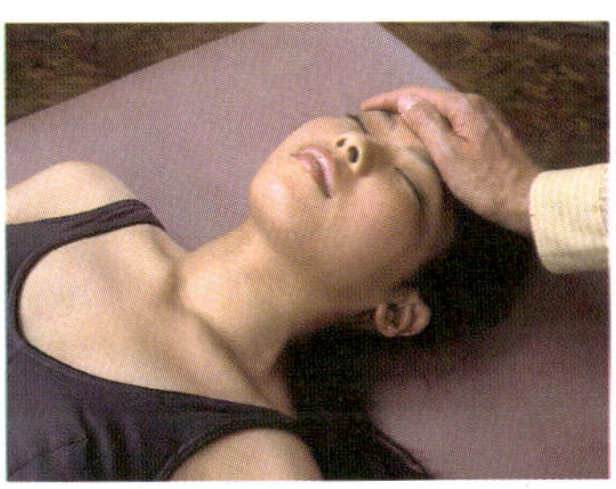
1 Μέτωπο

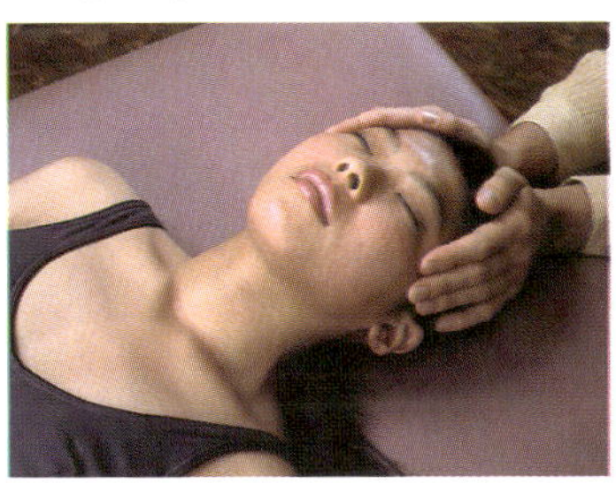
2 Κρόταφοι

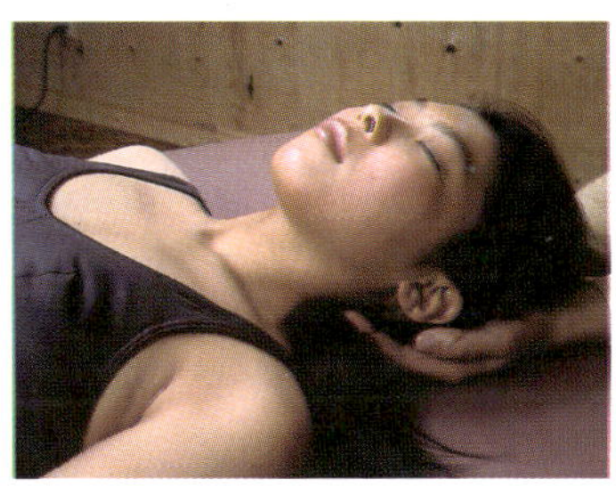
3 Πίσω μέρος του κεφαλιού

6 Κορυφή του κεφαλιού

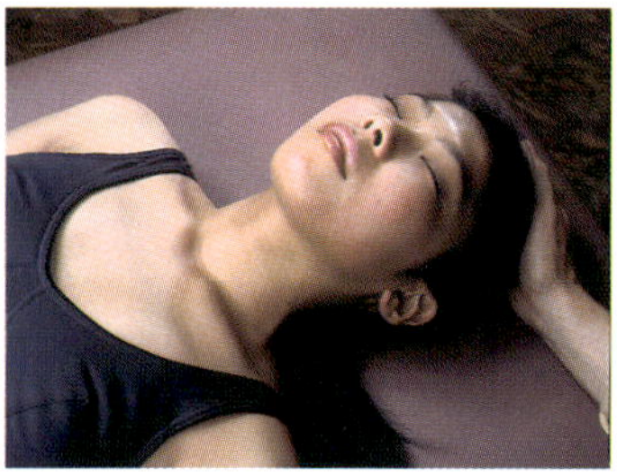

7 Στομάχι και έντερα

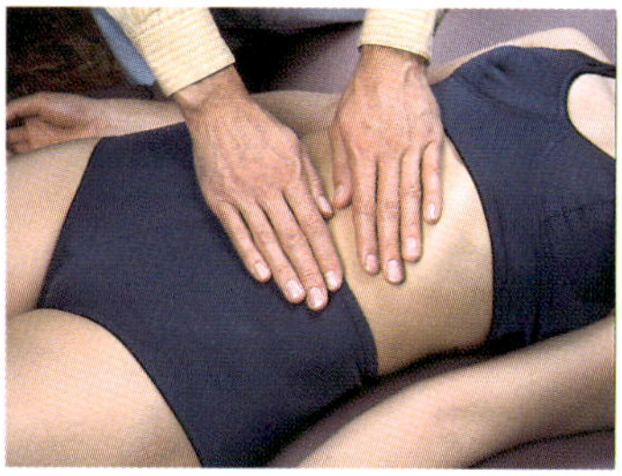

23 Καρδιά

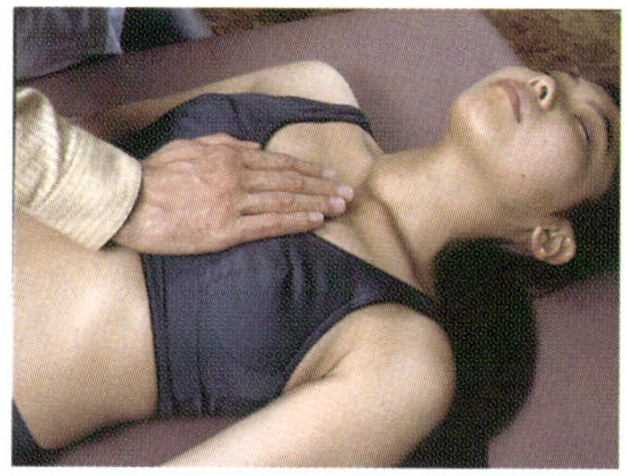

Κοκίτης: Περιοχή κεφαλιού, στομάχι και έντερα, καρδιά, πνεύμονες, λαιμός, κάτω από το στέρνο.

1 Μέτωπο

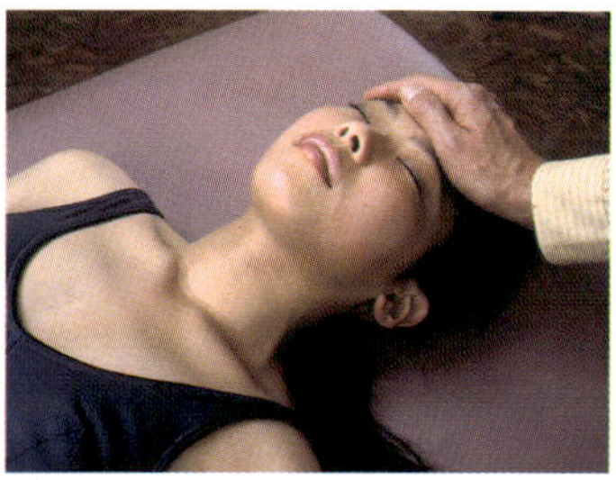

2 Κρόταφοι

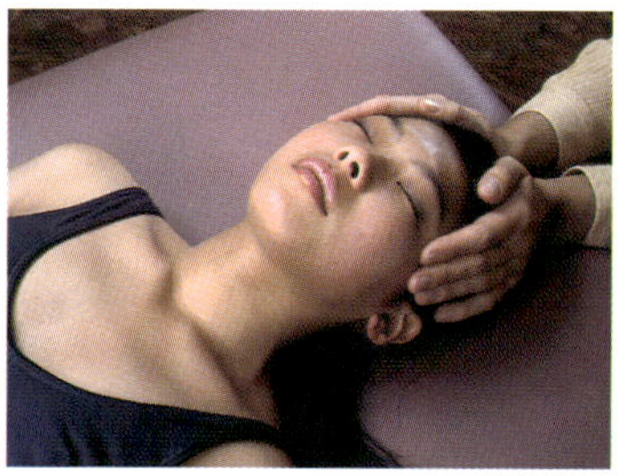

3 Πίσω μέρος του κεφαλιού

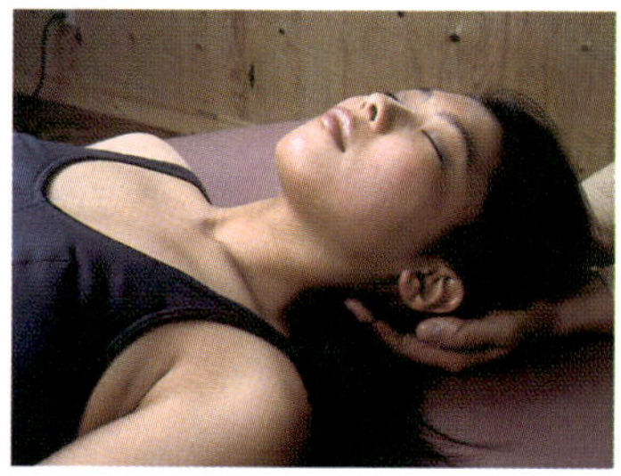

6 Κορυφή του κεφαλιού

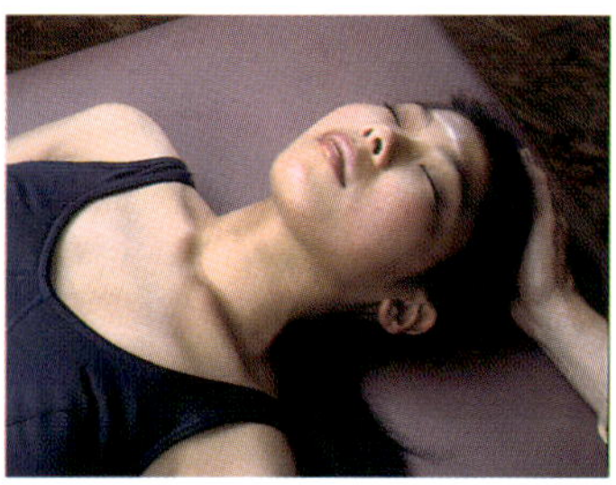

7 Στομάχι και έντερα

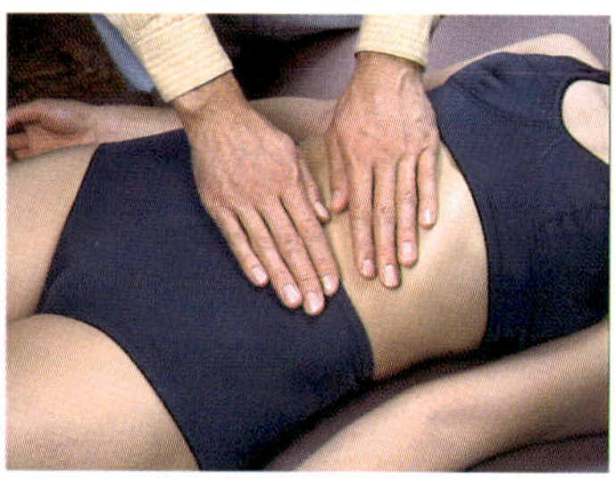

23 Καρδιά

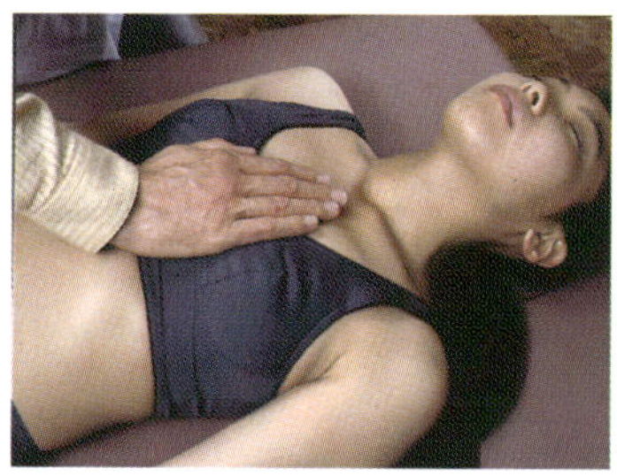

22 Πνεύμονες

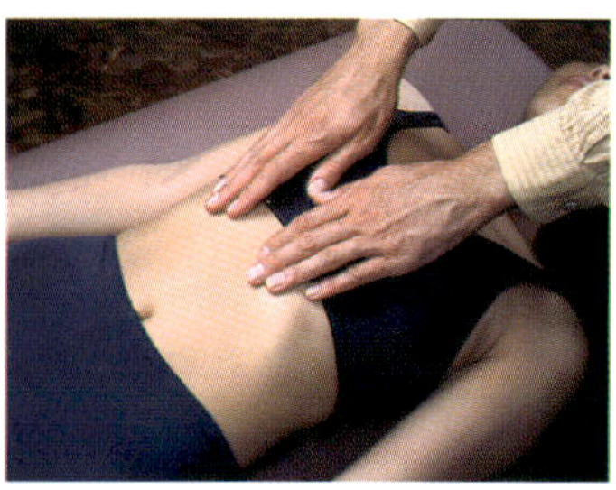

5 Λαιμός

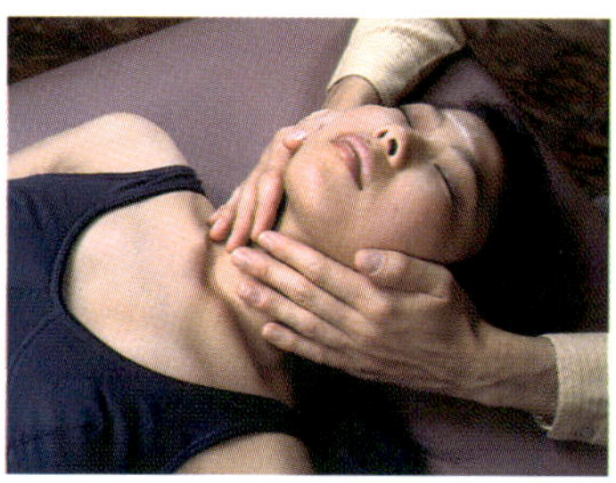

37 Κάτω από το στέρνο

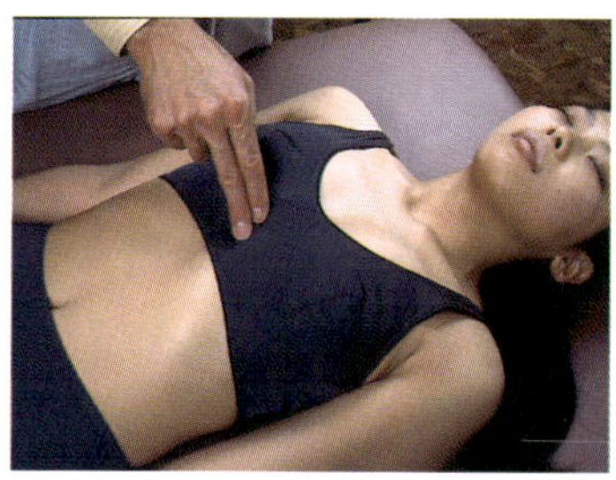

Αμυγδαλίτιδα: Προσβεβλημένες περιοχές του σώματος.

靈氣

Πολιομυελίτιδα:

Περιοχή κεφαλιού, στομάχι και έντερα, σπονδυλική στήλη, παράλυτες περιοχές του σώματος.

1 Μέτωπο

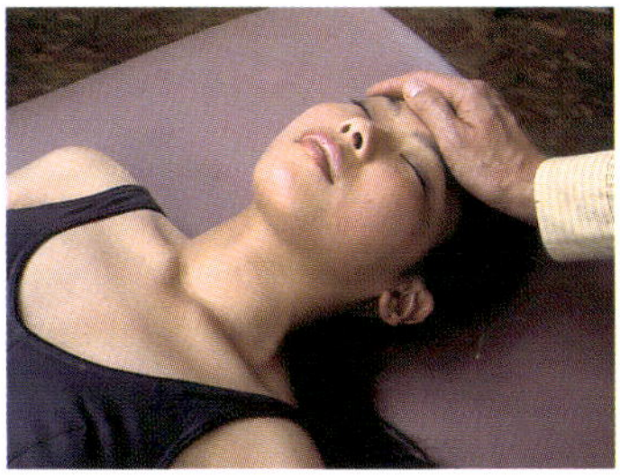

2 Κρόταφοι

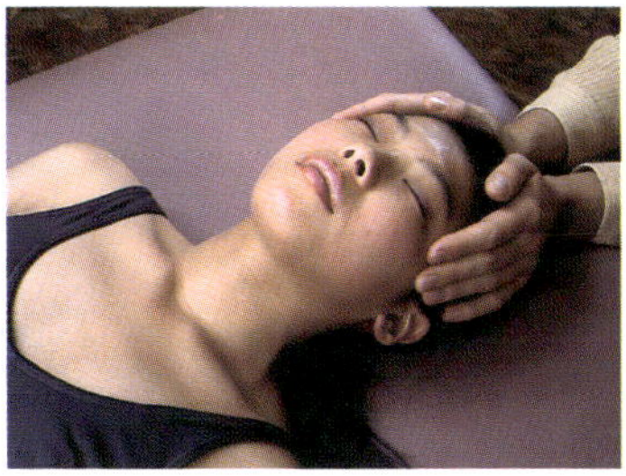

3 Πίσω μέρος του κεφαλιού

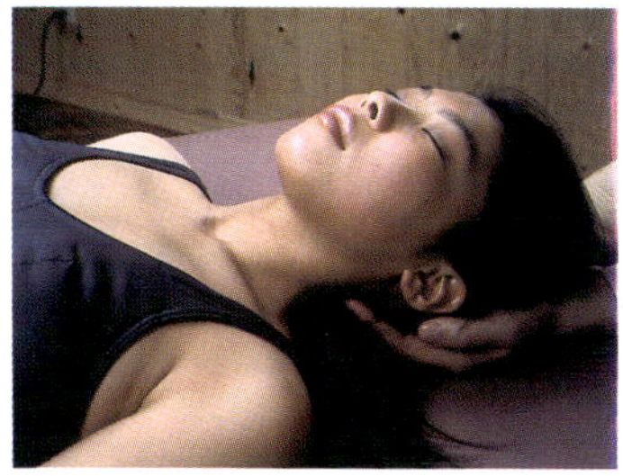

6 Κορυφή του κεφαλιού

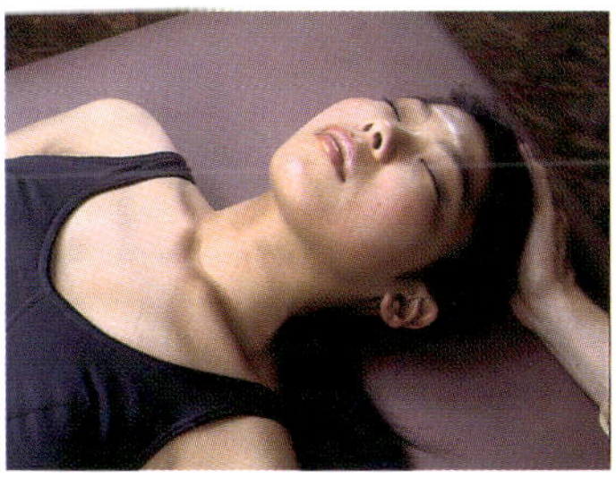

7 Στομάχι και έντερα

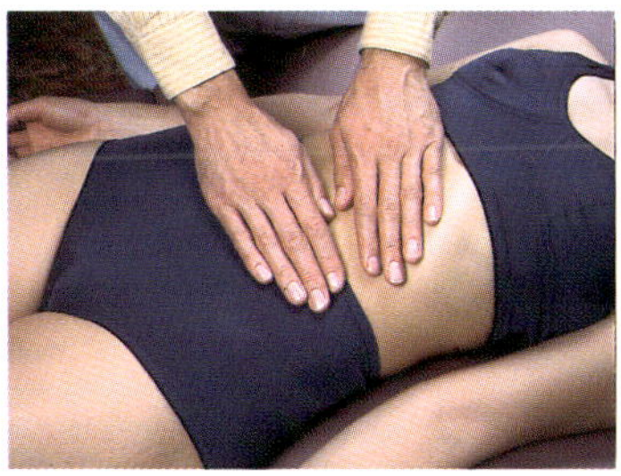

57 Θεραπευτική τεχνική Χανσιν Τσίριυ 1

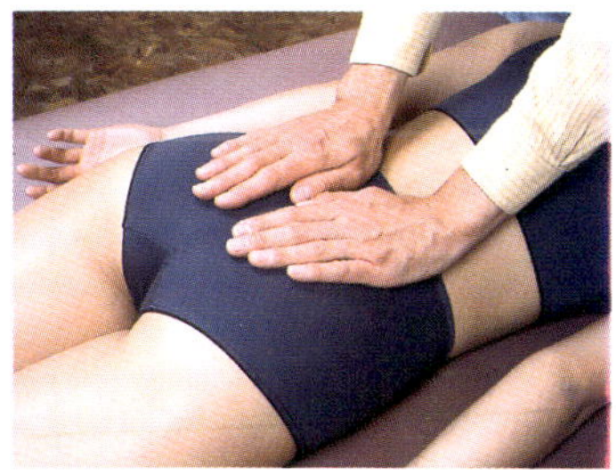

(Για τη θέση της 57 και τις επόμενες τέσσερις, συστήνω ν' αφήσετε τα χέρια σας πάνω στη συγκεκριμένη θέση μέχρι να κινηθούν από μόνα τους στην επόμενη. Σε περίπτωση αμφιβολίας, μείνετε σε κάθε θέση για πέντε λεπτά.).

58 Θεραπευτική τεχνική Χάνσιν Τσίριο 2

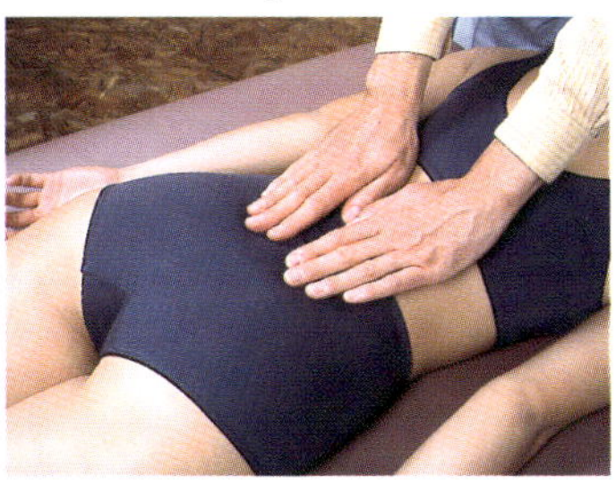

59 Θεραπευτική τεχνική Χάνσιν Τσίριο 3

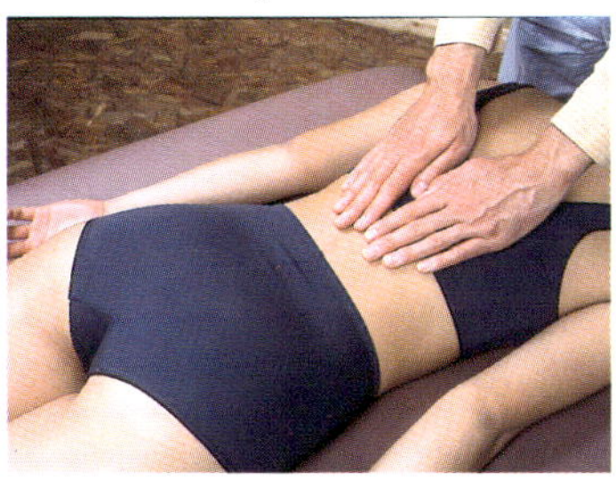

60 Θεραπευτική τεχνική Χάνσιν Τσίριο 4

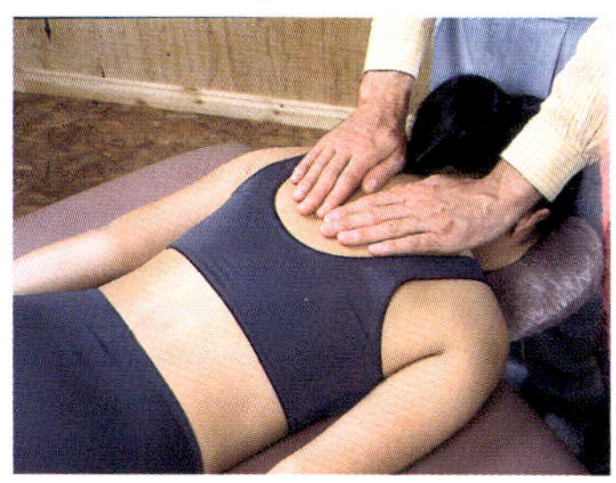

61 Θεραπευτική τεχνική Χάνσιν Τσίριο 5

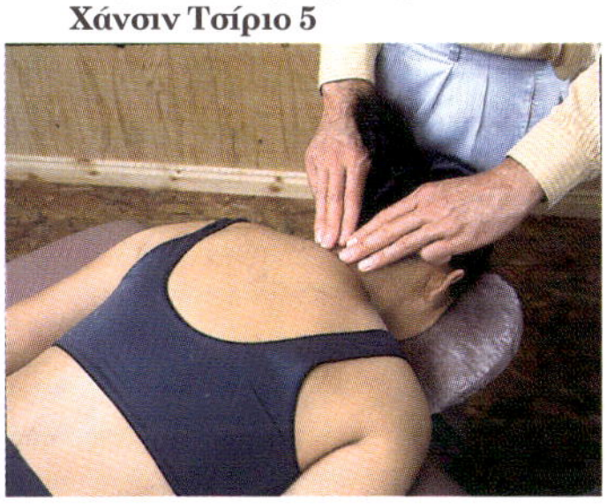

-10-
Υγεία των Γυναικών

Παθήσεις της Μήτρας:

Περιοχή της μήτρας.

29 Περιοχή μήτρας

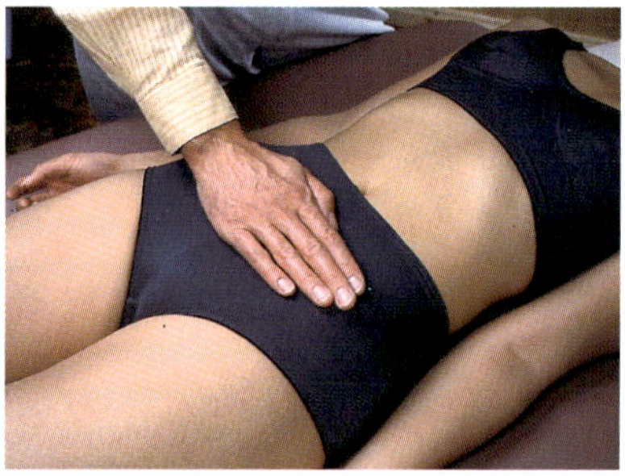

30 Μήτρα από τις δύο πλευρές και ωοθήκες

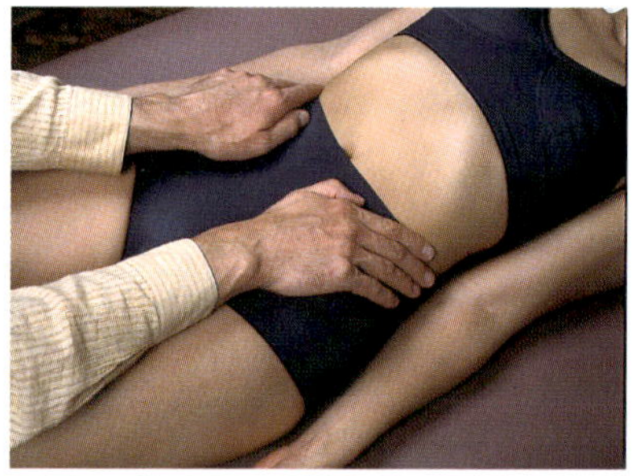

Κατά την Εγκυμοσύνη:

Μήτρα: Αν γίνεται αγωγή στη μήτρα, το παιδί θ' αναπτυχθεί καλά και ο τοκετός θα γίνει χωρίς επιπλοκές.

29 Περιοχή μήτρας

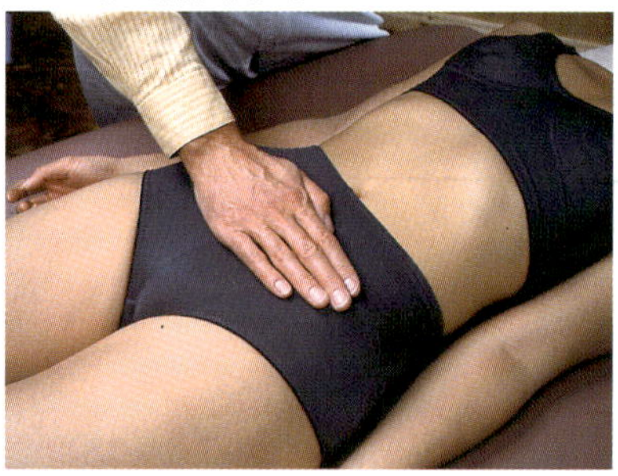

30 Μήτρα από τις δύο πλευρές και ωοθήκες

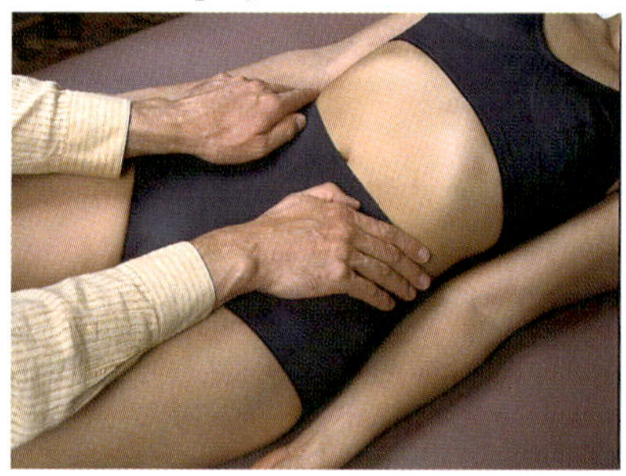

Τοκετός:

Ιερό οστό, υπογάστριο.

54 Ιερό οστό, κόκκυγας

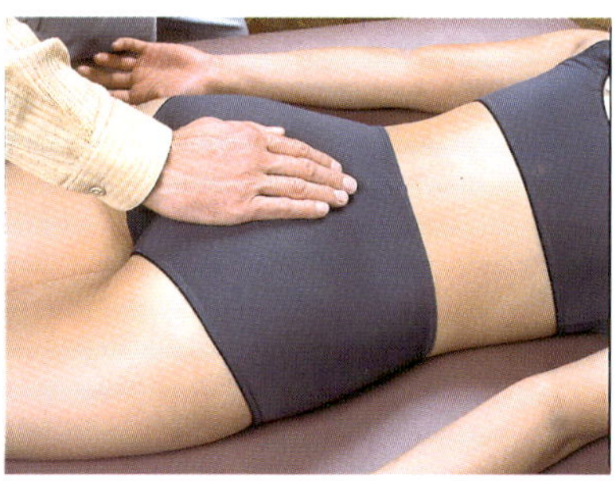

32 Γεννητικά όργανα

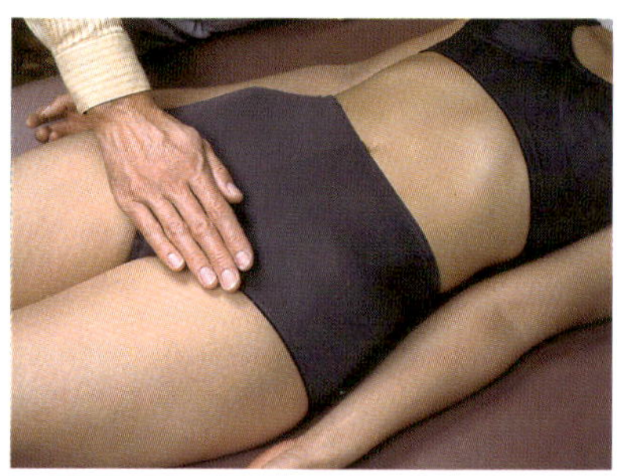

΄Εντονη Πρωινή Αδιαθεσία:

Περιοχή του κεφαλιού, μήτρα, στομάχι και έντερα, κάτω από το στέρνο.

1 Μέτωπο

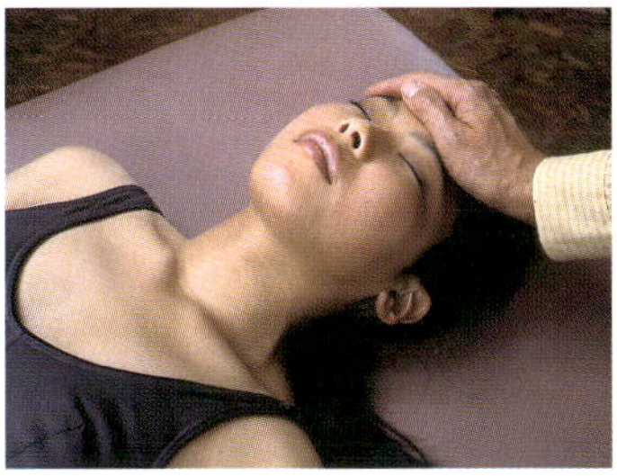

2 Κρόταφοι

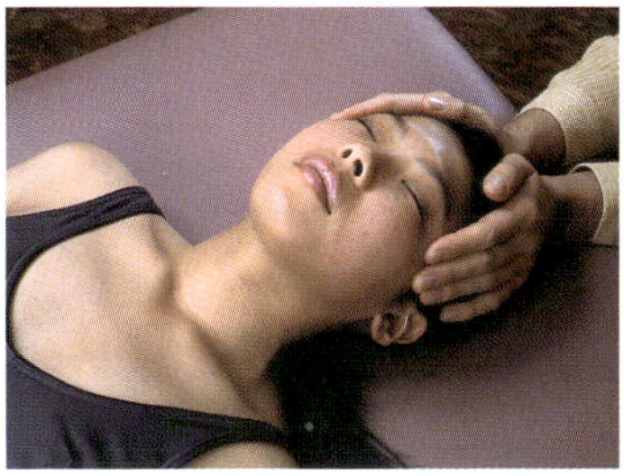

3 Πίσω μέρος του κεφαλιού

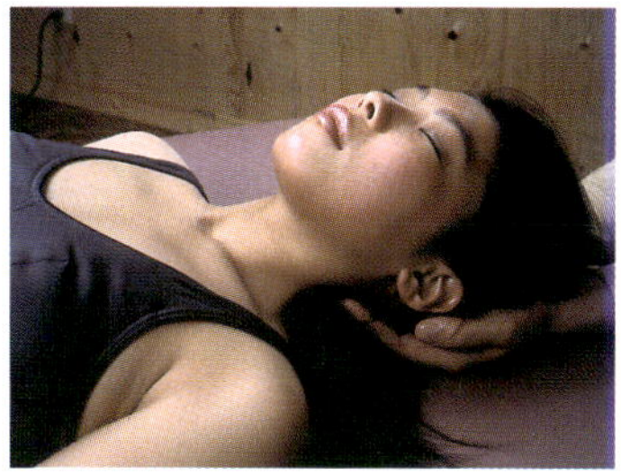

6 Κορυφή του κεφαλιού

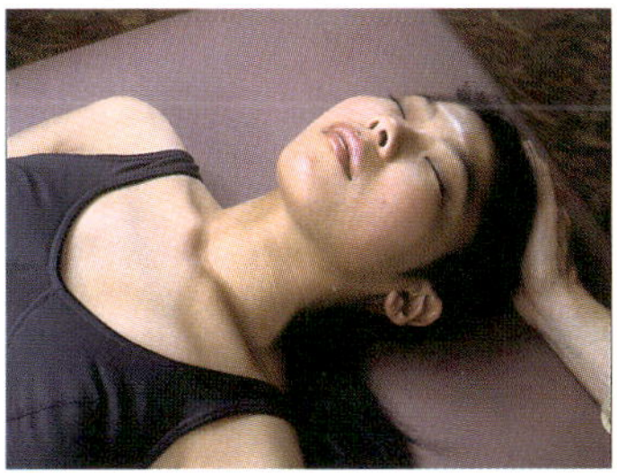

29 Περιοχή μήτρας

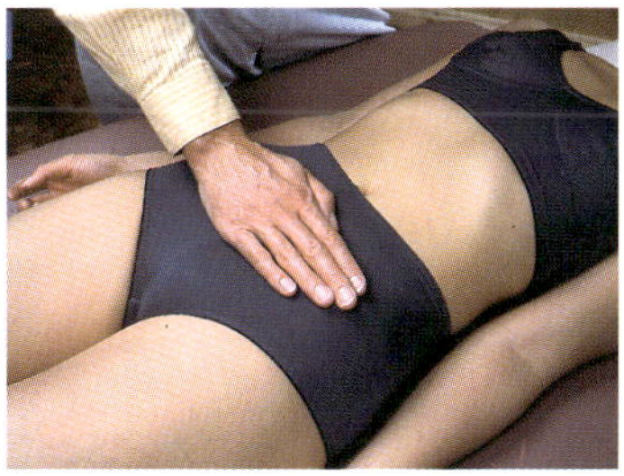

30 Μήτρα από τις δύο πλευρές, ωοθήκες

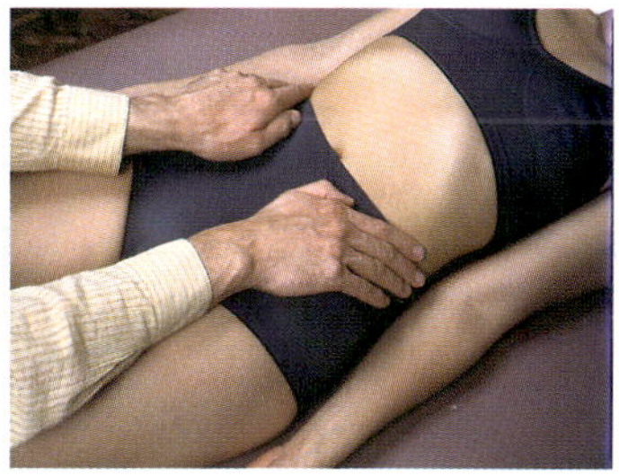

7 Στομάχι και έντερα

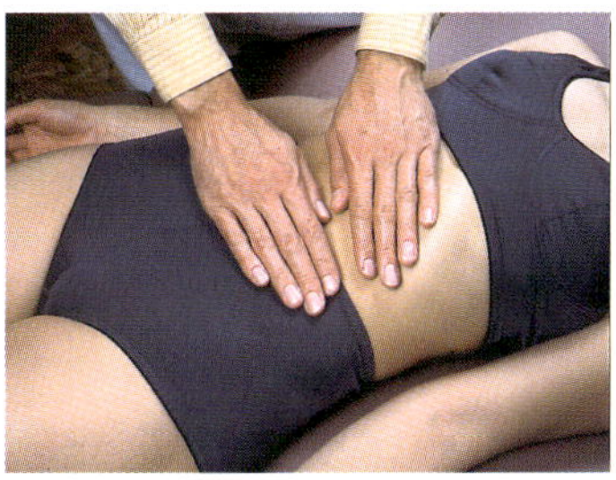

37 Κάτω από το στέρνο

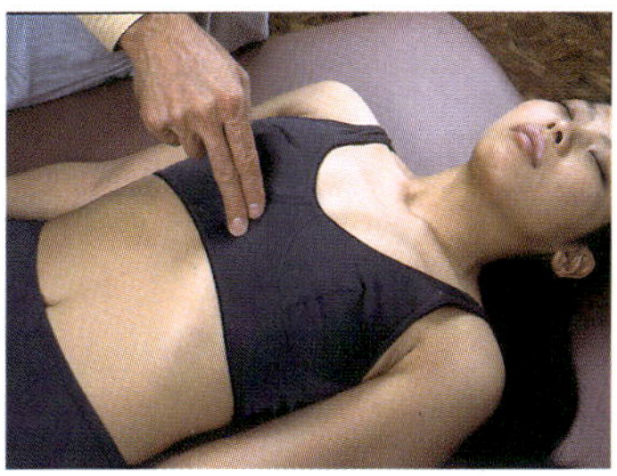

Παθήσεις των Μαστών:

Μαστοί.

(Κατά την αγωγή δεν αγγίζω τους μαστούς, αλλά κρατώ τα χέρια μου τρία έως πέντε εκατοστά από πάνω τους. ΄Εχω διαπιστώσει ότι, σε κάθε σεμινάριο σχεδόν, υπάρχει κάποιος άντρας που εκμεταλλεύεται με αυτό τον τρόπο τις ικανότητές του στο ρέικι.

Αν το επιτρέπει η συγκεκριμένη κουλτούρα, μπορείτε να ρωτήσετε την ασθενή εκ των προτέρων αν μπορείτε ν' αγγίξετε τους μαστούς της χωρίς να την κάνετε να νιώσει άσχημα. Συχνά είναι πιο εύκολο για μια γυναίκα αν την αγγίξει μια άλλη γυναίκα.

Αμέσως μόλις αρχίσουν ν' αναπτύσσονται τα στήθη ενός κοριτσιού, και να προσελκύουν την προσοχή των αντρών, η περιοχή των μαστών "θωρακίζεται" για προστασία. Για ν' αντισταθμίσει αυτή τη διαδικασία, η γυναίκα μου έχει αναπτύξει μια μέθοδο στην οποία δουλεύει με πίεση σαν του σιάτσου ακριβώς πάνω και κάτω από το στέρνο. Η μέθοδος αυτή είναι ωφέλιμη και για τους άντρες!)

41 Μαστοί

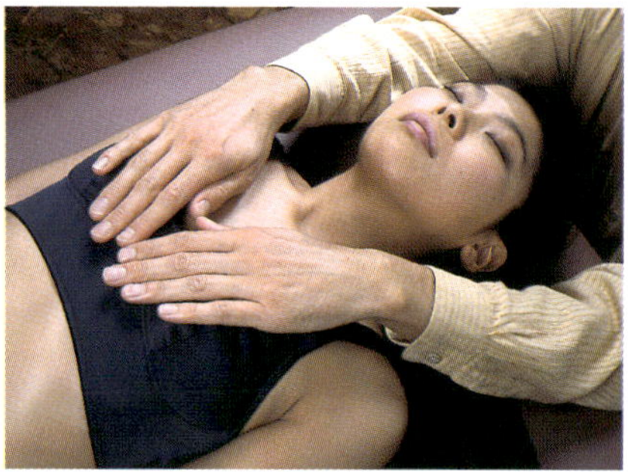

Εξωμήτρια Εγκυμοσύνη (Σαλπιγγική Εγκυμοσύνη):

Περιοχή κεφαλιού, μήτρα, επώδυνες περιοχές του σώματος.

1 Μέτωπο

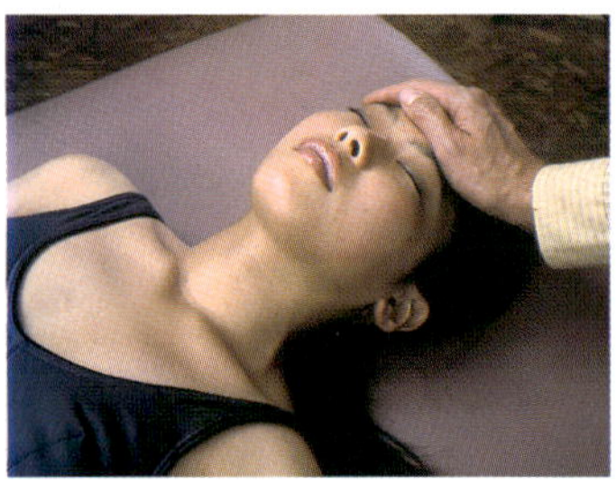

2 Κρόταφοι

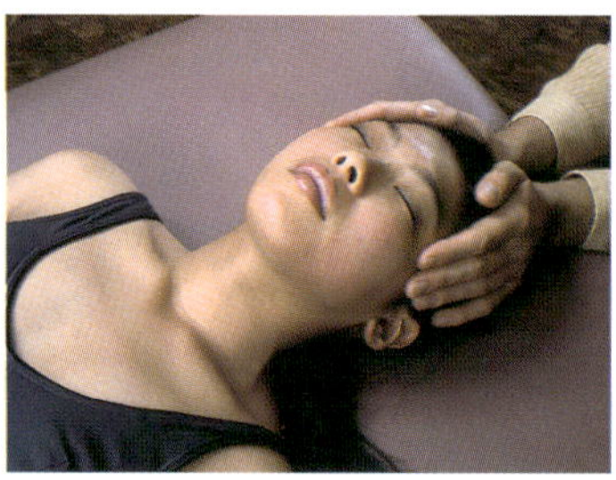

3 Πίσω μέρος του κεφαλιού

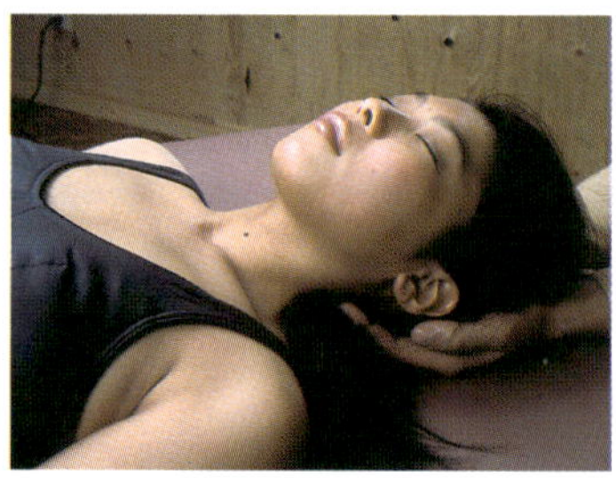

6 Κορυφή του κεφαλιού

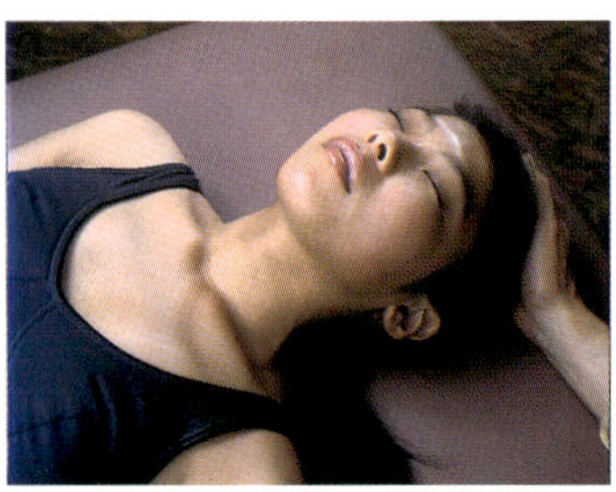

29 Περιοχή μήτρας

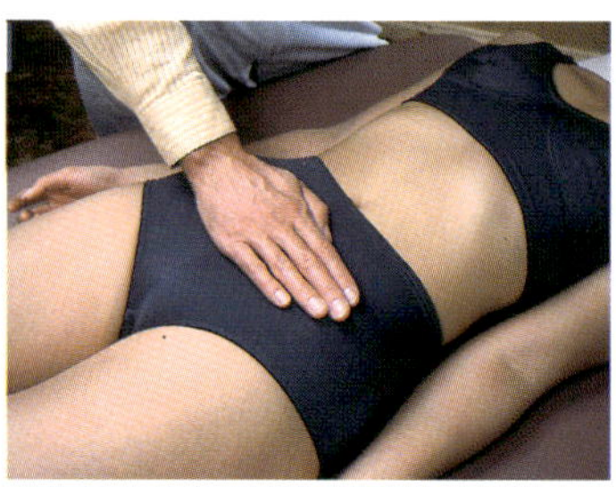

30 Μήτρα από τις δύο πλευρές, ωοθήκες

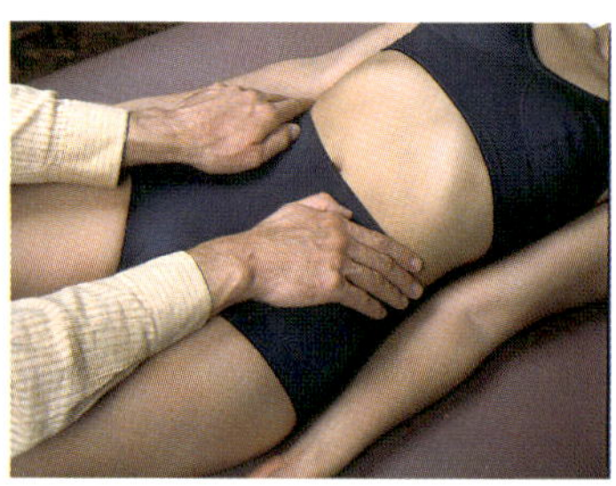

-11-
Μεταδοτικές Ασθένειες

(Πολλές από τις ακόλουθες παθήσεις είναι εξαιρετικά μεταδοτικές κατά την περίοδο της επώασης. Η αγωγή τους σ' αυτό το διάστημα πρέπει να γίνεται μόνο από γιατρούς. Μην αστειεύεστε με αυτές τις παθήσεις! Ιδιαίτερα στις αναπτυσσόμενες χώρες και στις περιοχές κρίσεως, μερικές παθήσεις που είχαν σχεδόν εξαφανιστεί σε πρόσφατες δεκαετίες έχουν αρχίσει τώρα να κάνουν πάλι αισθητή την παρουσία τους και μάλιστα με επιθετικό τρόπο λόγω κατάχρησης των αντιβιοτικών. Εδώ χρειάζεται μεγάλη προσοχή. Όπως και να έχει το πράγμα, η αγωγή πρέπει να γίνεται μόνο από γιατρό.)

Τυφοειδής Πυρετός:

Παρατυφοειδής Πυρετός:

Περιοχή κεφαλιού, καρδιά, στομάχι και έντερα, πάγκρεας, *Τάντεν*.
Όταν υπάρχουν επιπλοκές, χρειάζεται προσοχή στην αγωγή.
Όταν η πάθηση έχει εξασθενήσει τον ασθενή, μπορεί να εμφανιστούν δευτερεύουσες διαταραχές υγείας

1 Μέτωπο

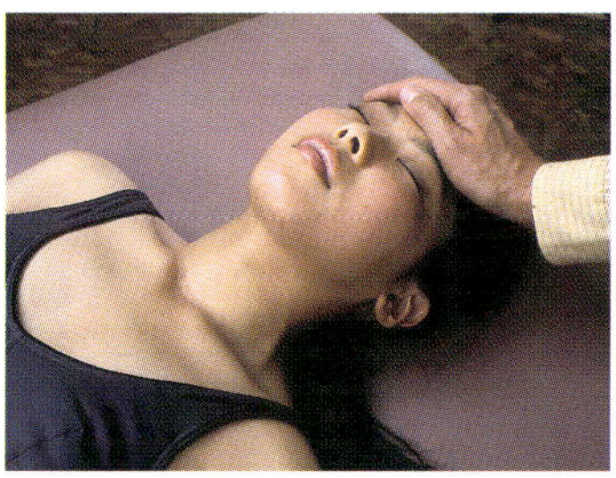

2 Κρόταφοι

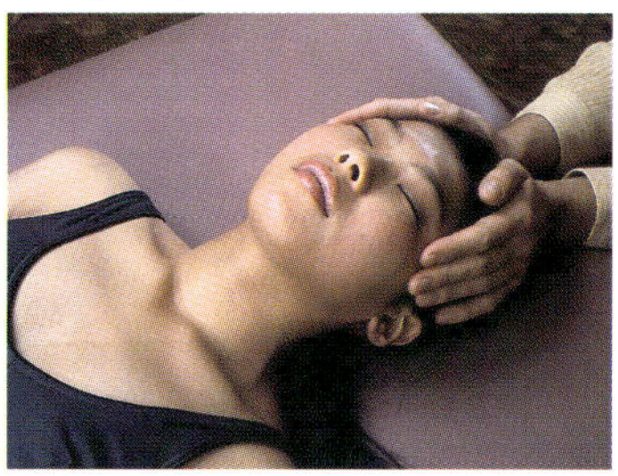

3 Πίσω μέρος του κεφαλιού

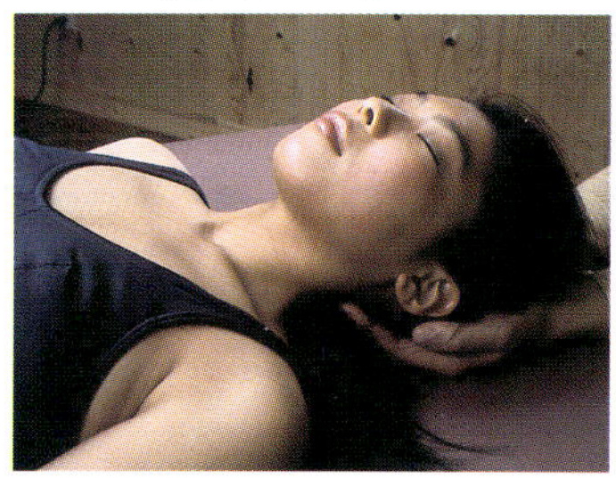

6 Κορυφή του κεφαλιού

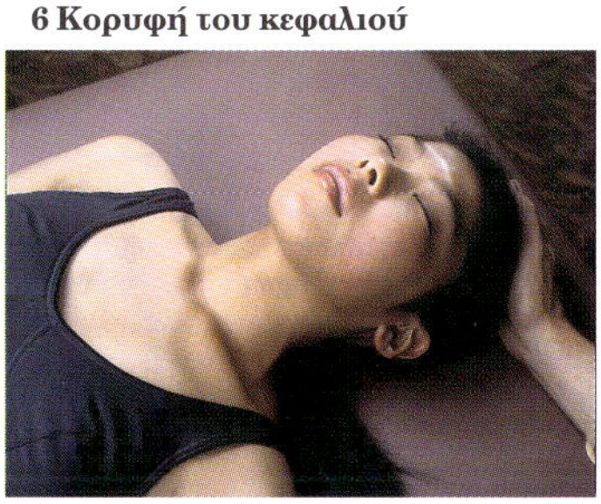

23 Καρδιά

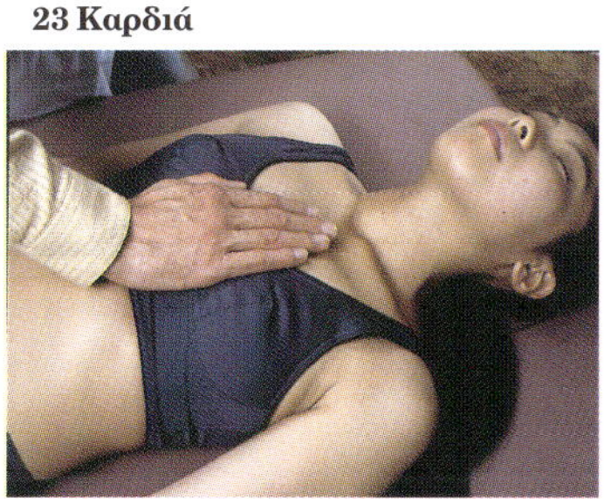

7 Στομάχι και έντερα

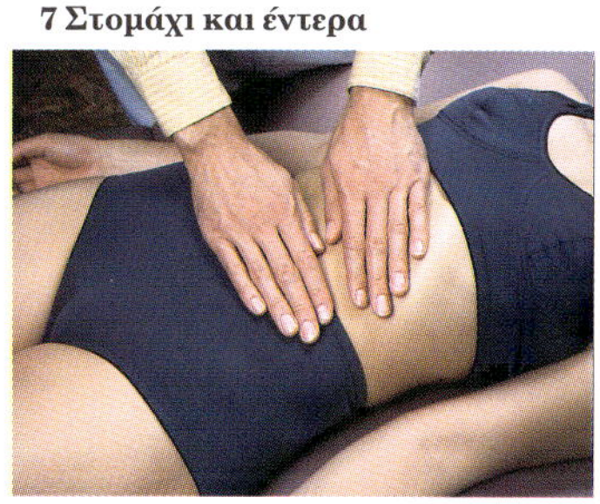

68 Πάγκρεας

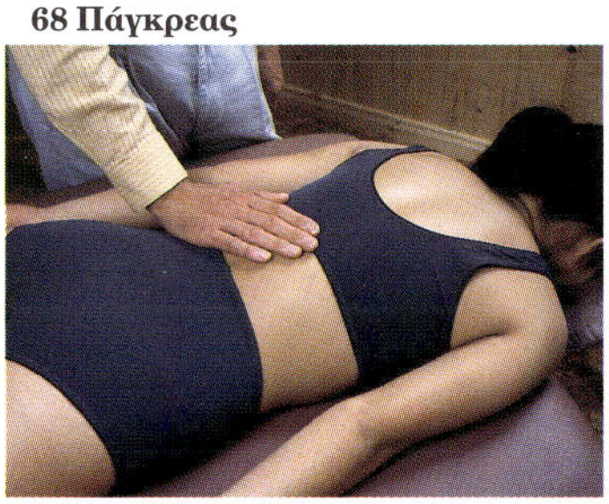

31 Ταντεν

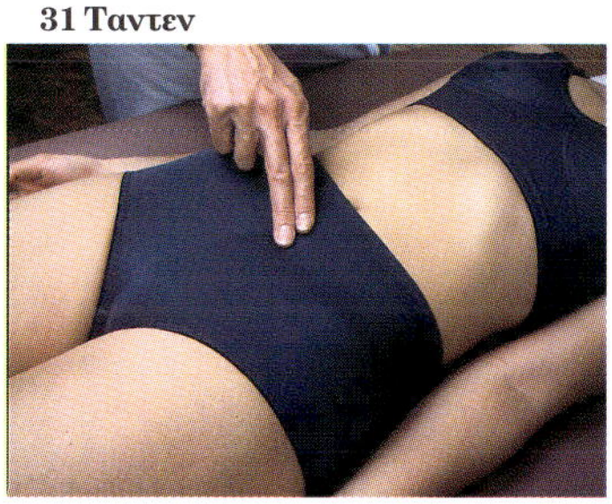

Δυσεντερία: Περιοχή κεφαλιού, καρδιά, στομάχι και έντερα, *Τάντεν*.

Δυσεντερία σε Παιδιά:

1 Μέτωπο

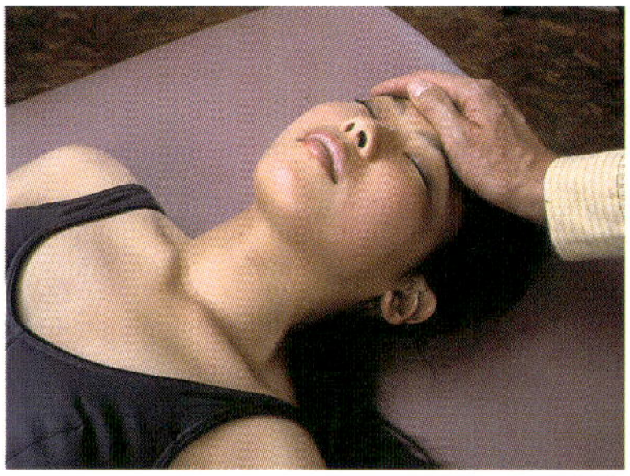

2 Κρόταφοι

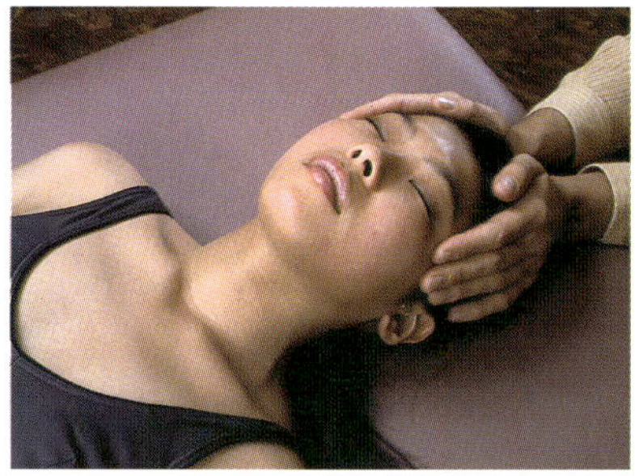

3 Πίσω μέρος του κεφαλιού

6 Κορυφή του κεφαλιού

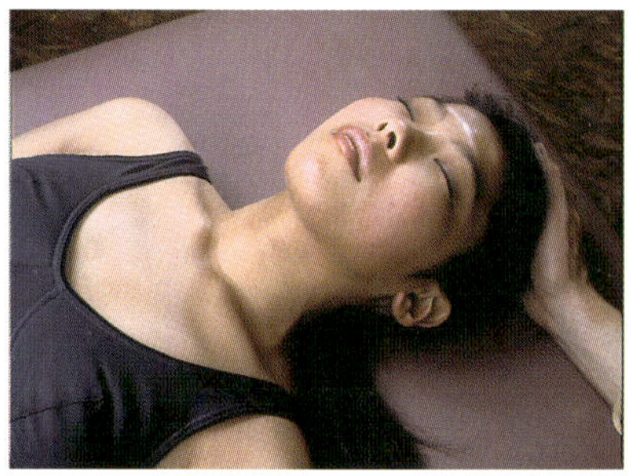

23 Καρδιά

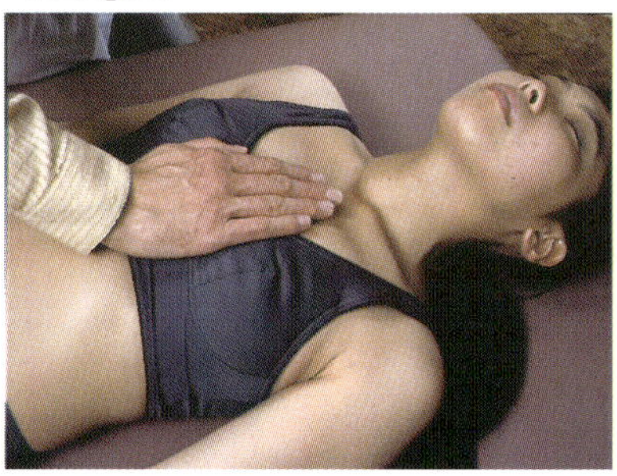

7 Στομάχι και έντερα

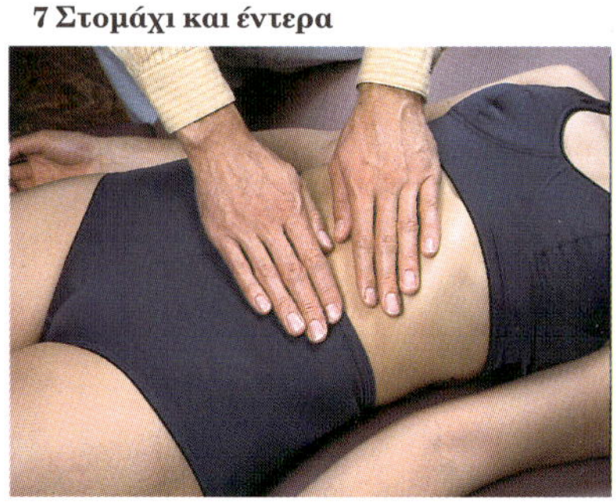

31 Τάντεν

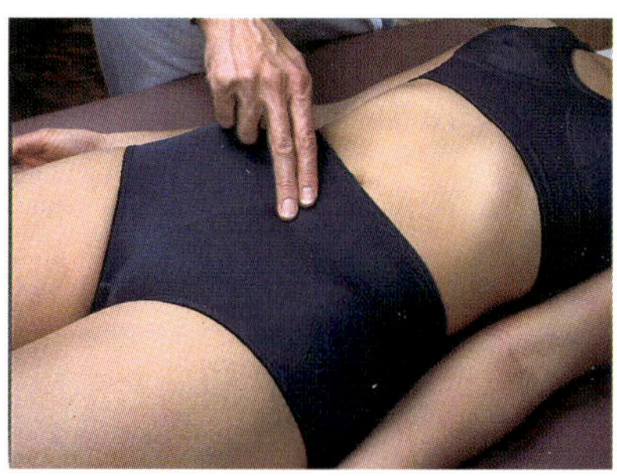

Διφθερίτιδα:

Περιοχή κεφαλιού, λαιμός, καρδιά, στομάχι και έντερα, νεφρά, *Τάντεν*. Ο αντιδιφθεριτικός ορός είναι απολύτως απαραίτητος για επιτυχή αγωγή.

1 Μέτωπο

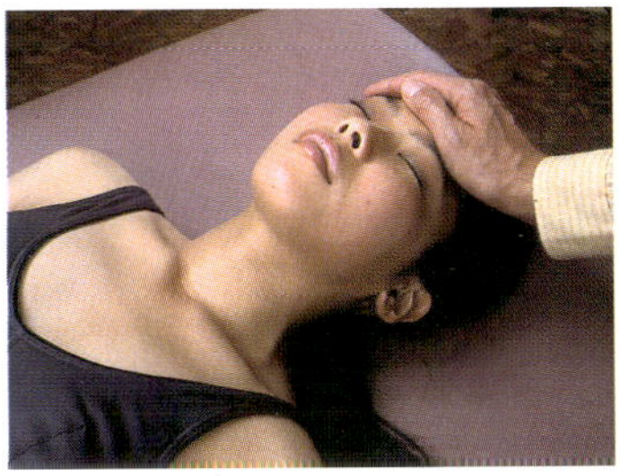

2 Κρόταφοι

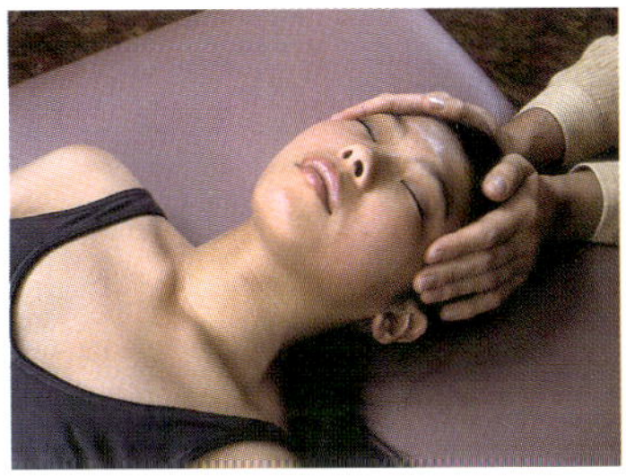

3 Πίσω μέρος του κεφαλιού

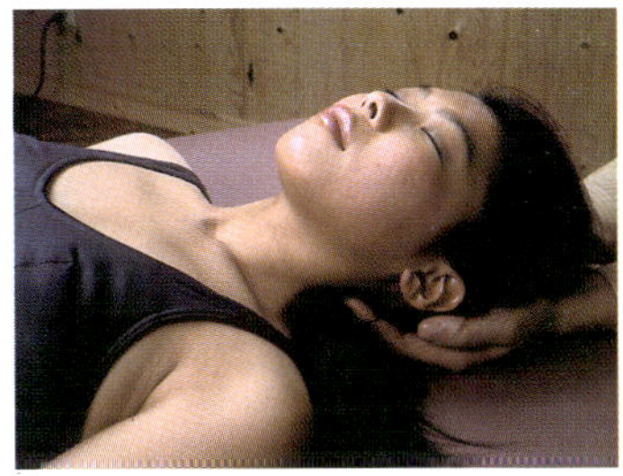

6 Κορυφή του κεφαλιού

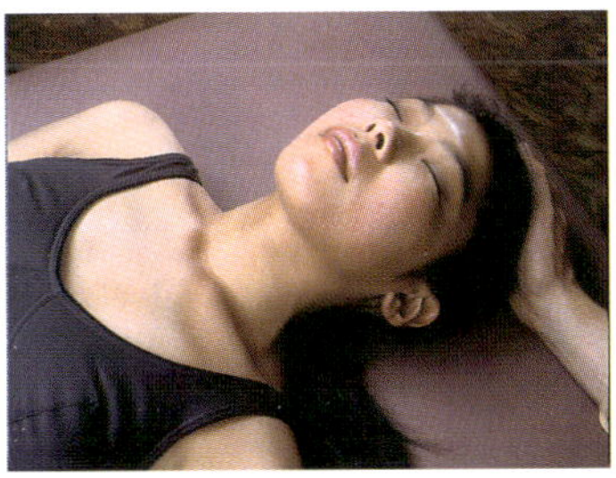

5 Λαιμός

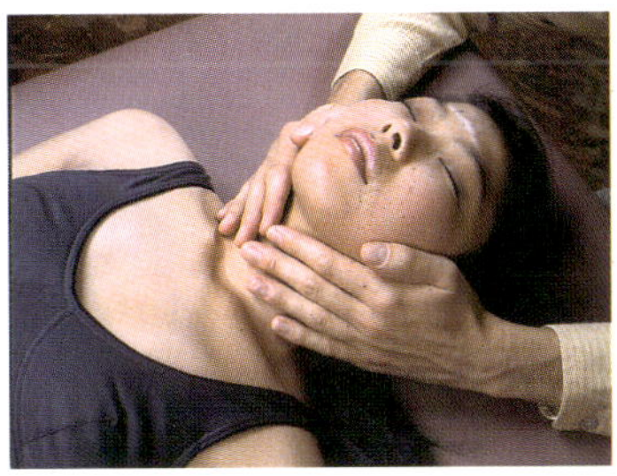

23 Καρδιά

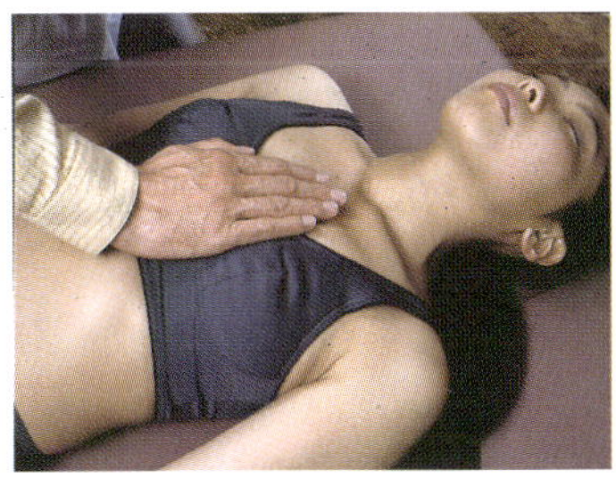

7 Στομάχι και έντερα

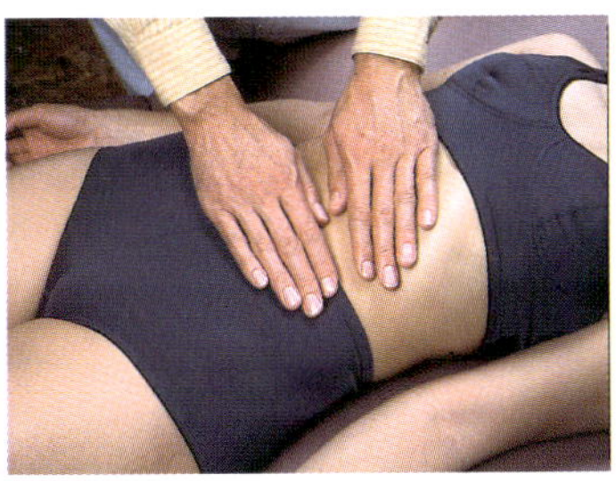

55 Περιοχή νεφρών

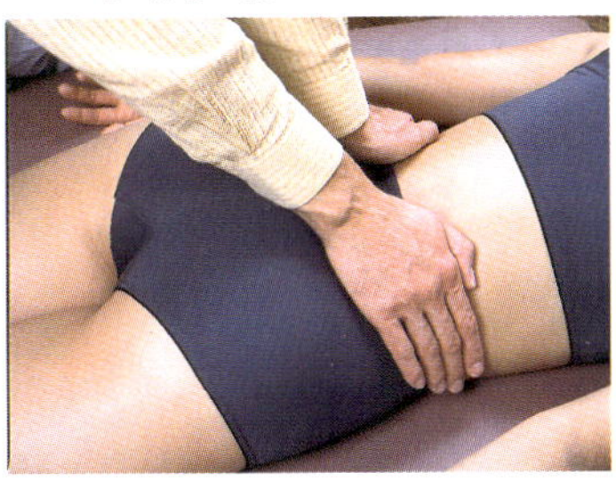

31 Τάντεν

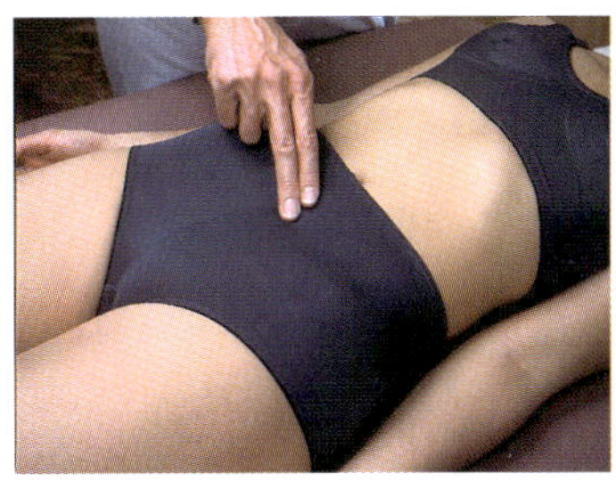

Χολέρα: Περιοχή κεφαλιού, στομάχι και έντερα, καρδιά, *Τάντεν.*

1 Μέτωπο

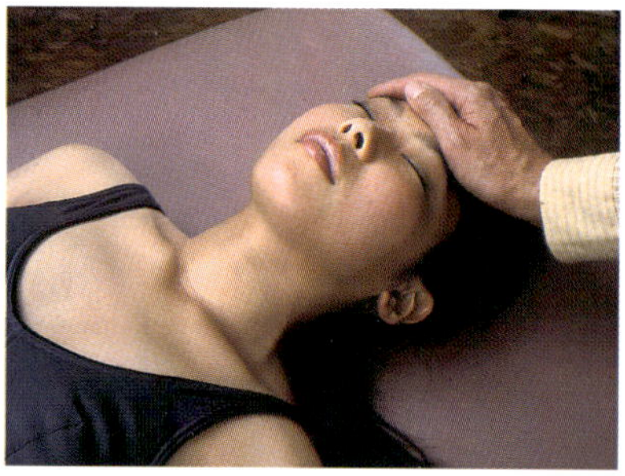

2 Κρόταφοι

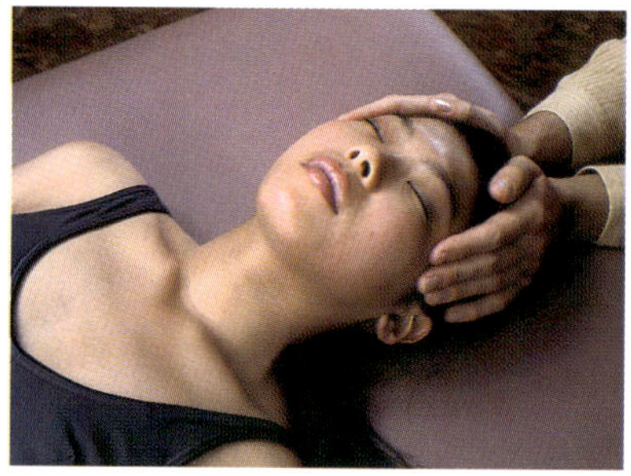

3 Πίσω μέρος του κεφαλιού

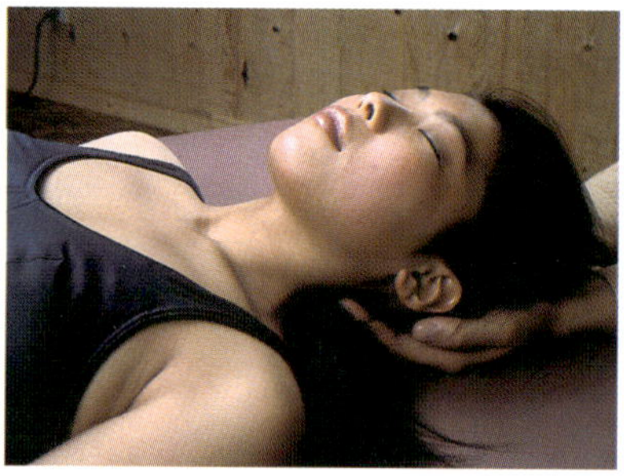

6 Κορυφή του κεφαλιού

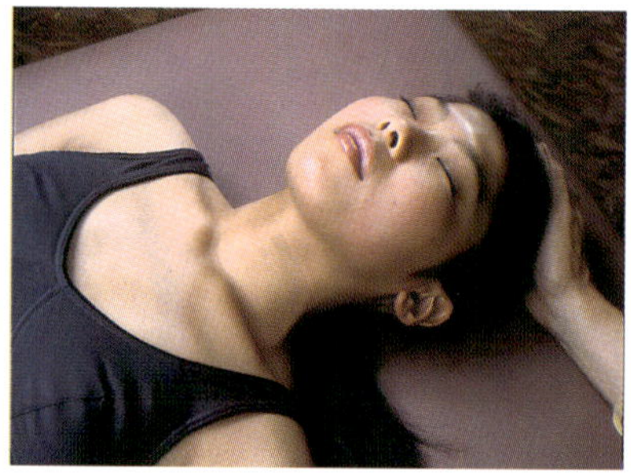

7 Στομάχι και έντερα

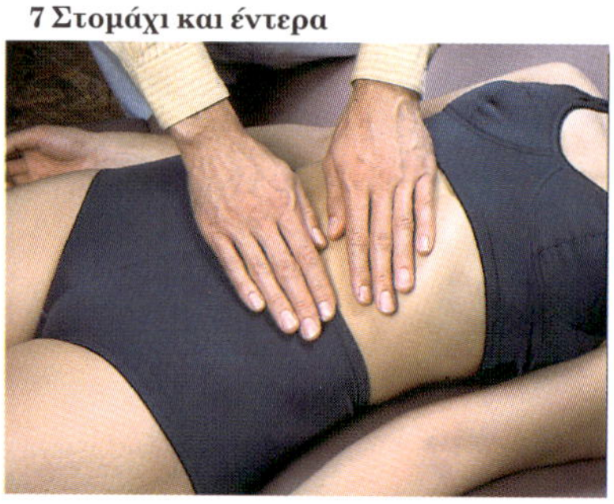

23 Καρδιά

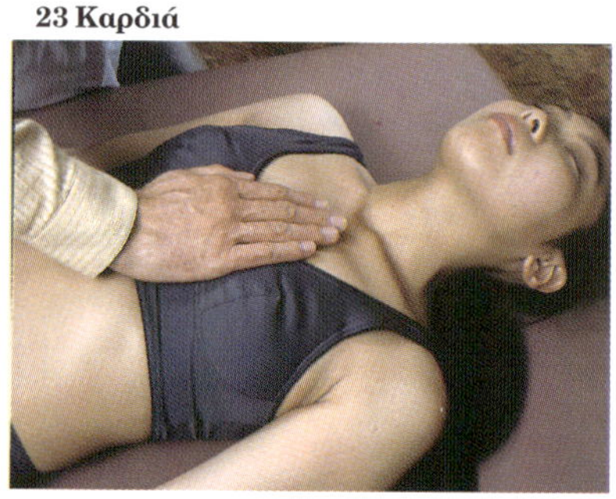

31 Τάντεν

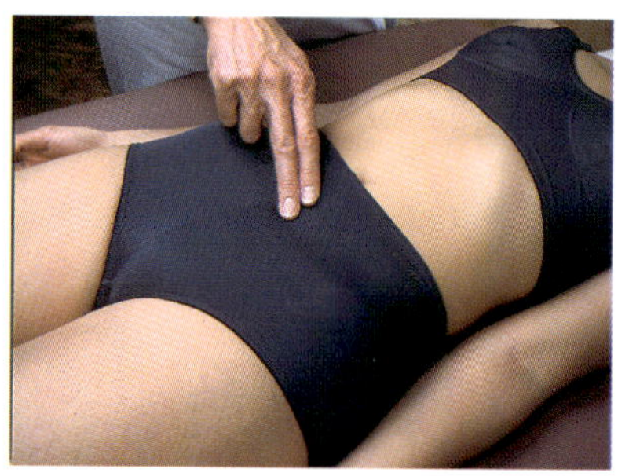

Οστρακιά:

Περιοχή κεφαλιού, στόμα, λαιμός, καρδιά, στομάχι και έντερα, νεφρά, *Τάντεν*, προσβεβλημένες (κόκκινες) περιοχές του σώματος.

1 Μέτωπο

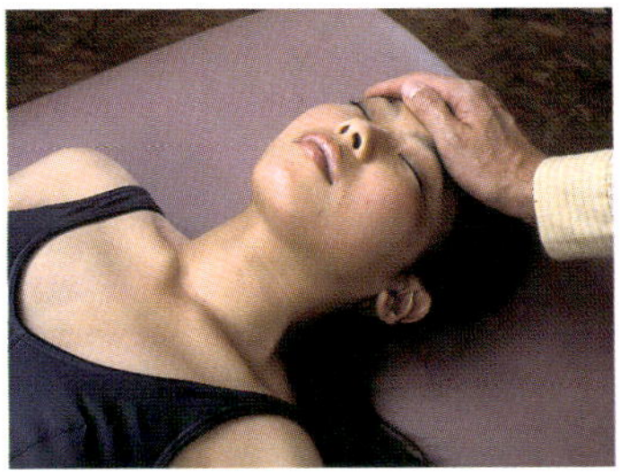

2 Κρόταφοι

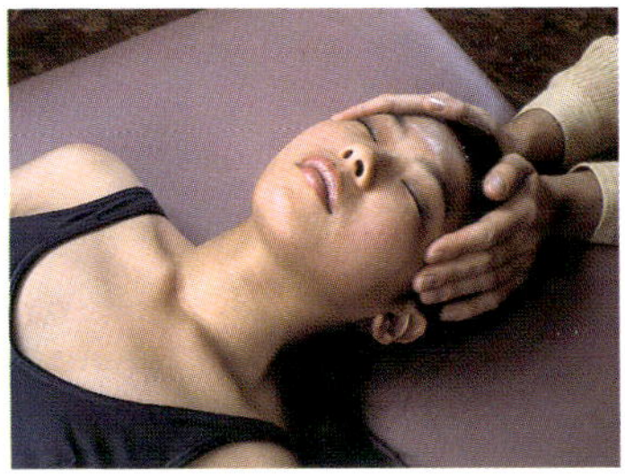

3 Πίσω μέρος του κεφαλιού

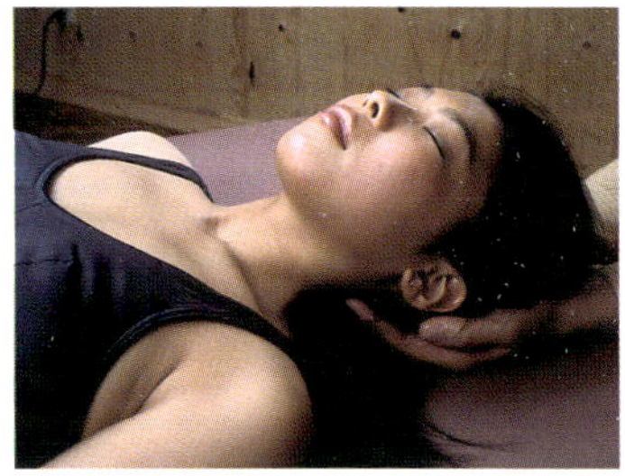

6 Κορυφή του κεφαλιού

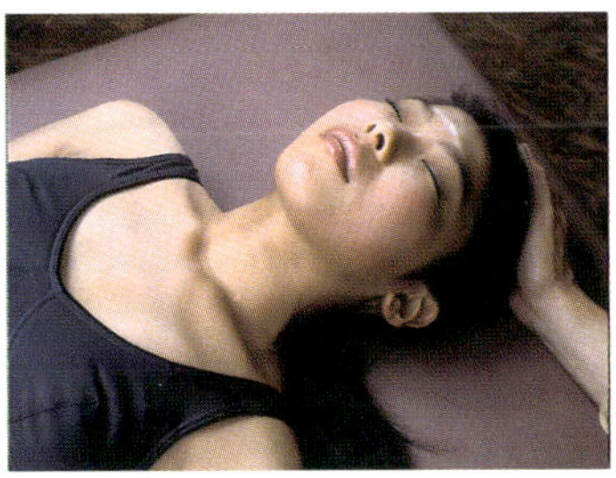

16 Πάνω από το στόμα (χωρίς να κλείσετε τα χείλη)

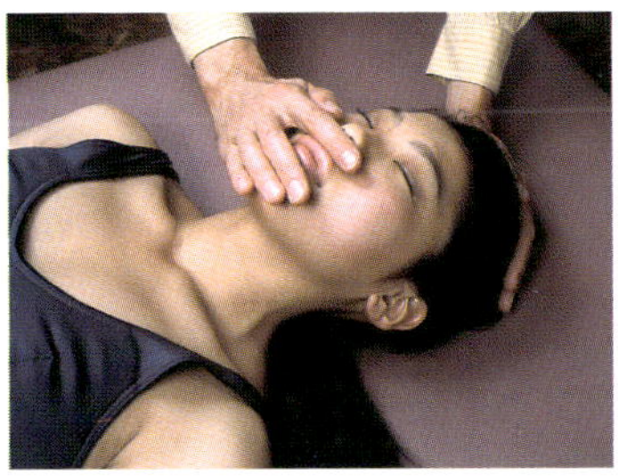

5 Λαιμός

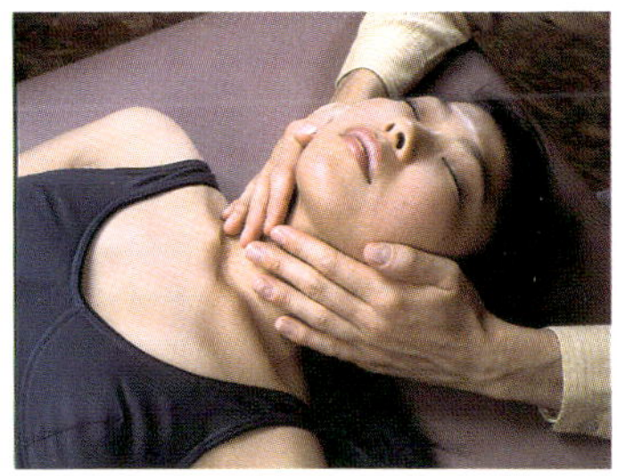

23 Καρδιά

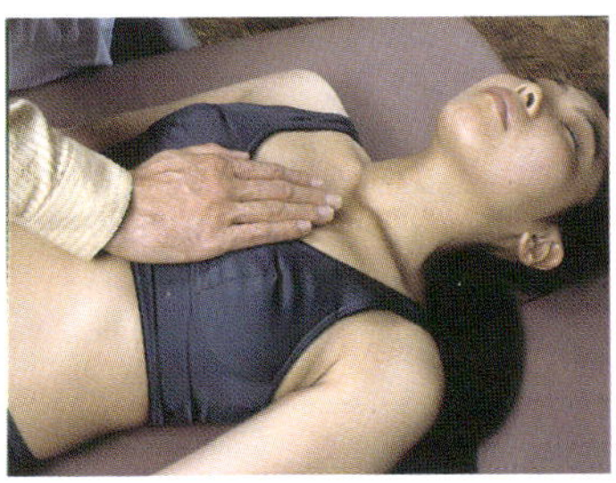

7 Στομάχι και έντερα

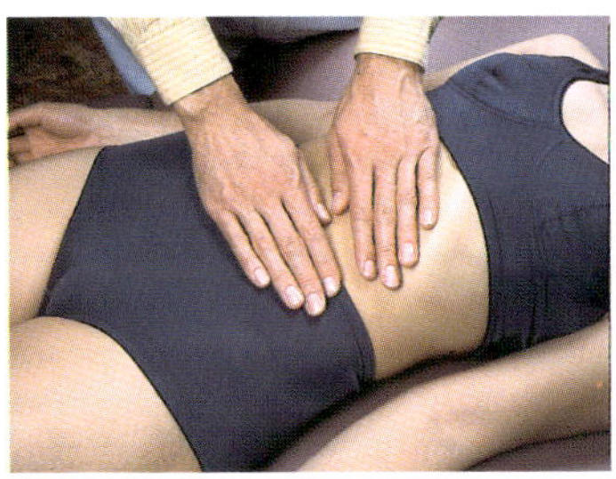

55 Περιοχή νεφρών

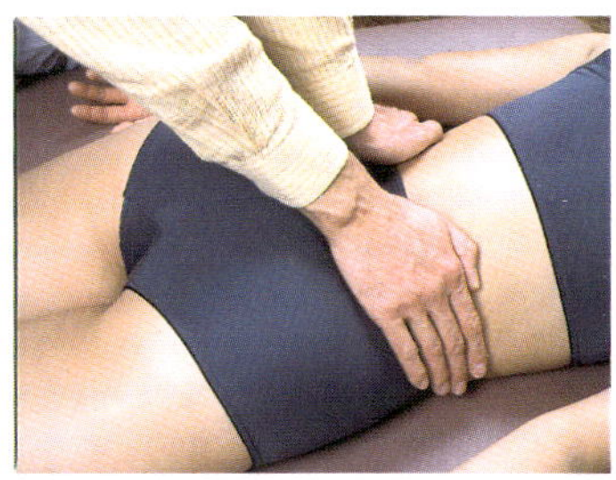

31 Τάντεν

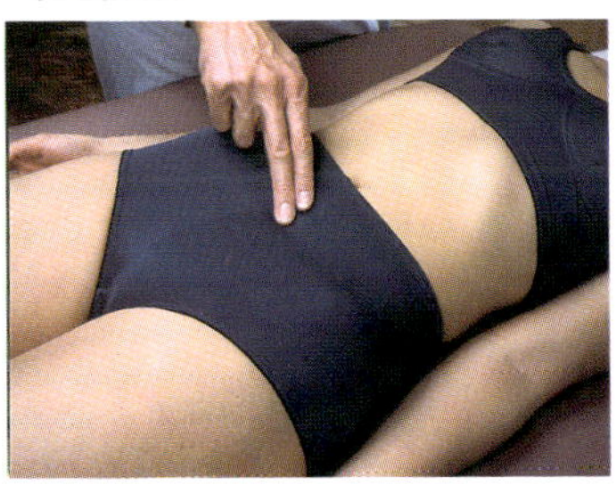

Ιός της Γρίπης: Περιοχή κεφαλιού, καρδιά, πνεύμονες, στομάχι και έντερα, *Τάντεν*, μισό σώμα (Χάνσιν Τσίριο), προσβεβλημένες περιοχές του σώματος.

(Προσωπικά, όταν έχω γρίπη πέφτω στο κρεβάτι και κάνω εξάσκηση στο να είμαι ασθενής! Συστήνονται ιδιαίτερα οι υψηλές δόσεις βιταμίνης C (μέχρι 4 γραμμάρια τη μέρα), και σταγόνες Εχινάκια.)

1 Μέτωπο

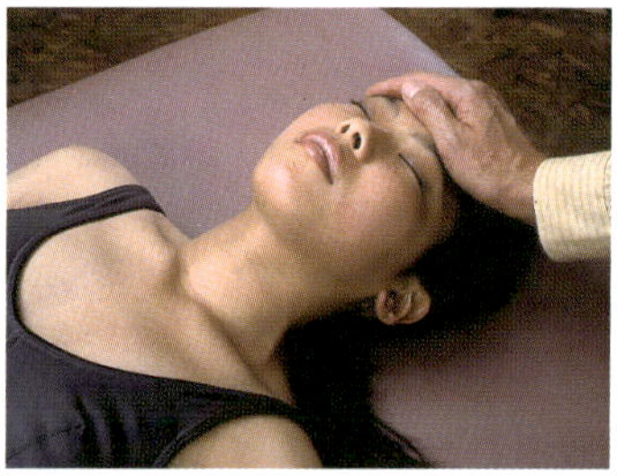

2 Κρόταφοι

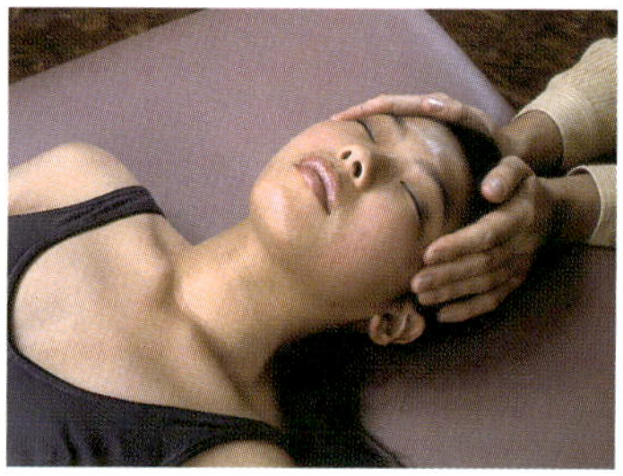

3 Πίσω μέρος του κεφαλιού

6 Κορυφή του κεφαλιού

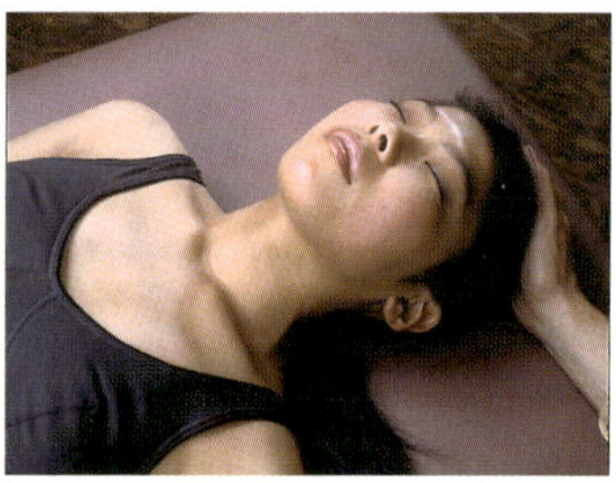

23 Καρδιά

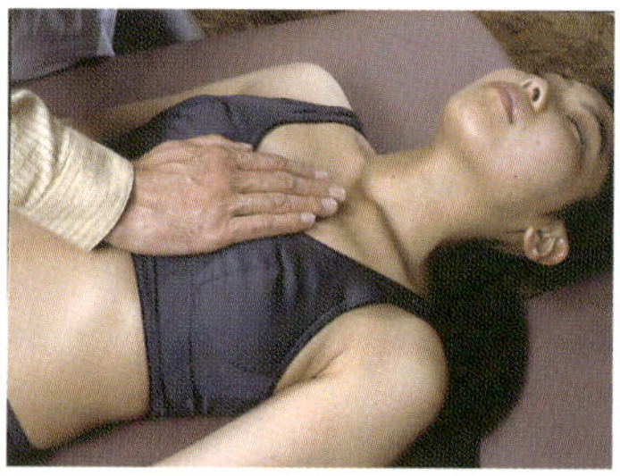

22 Πνεύμονες

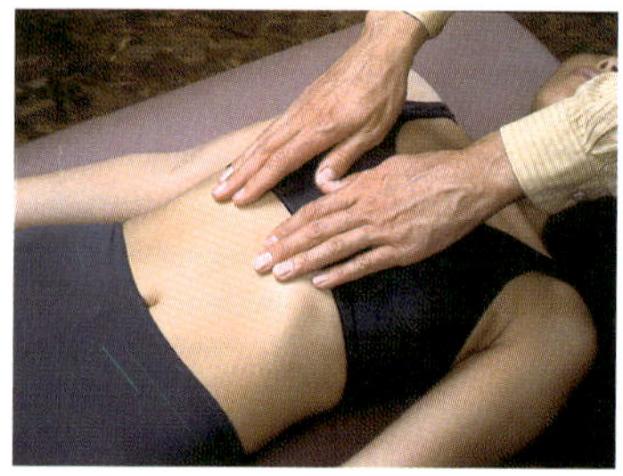

7 Στομάχι και έντερα

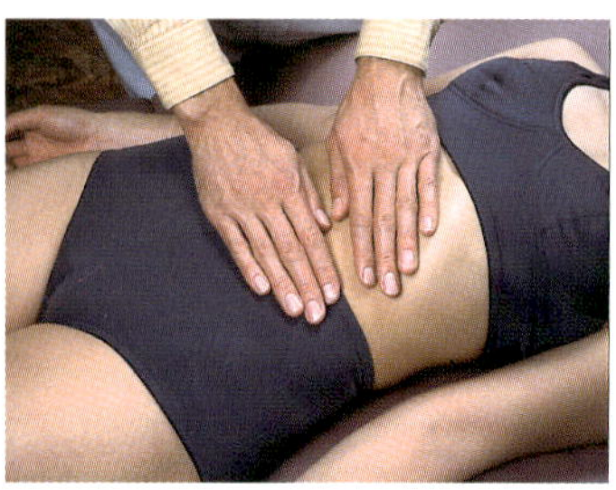

31 Τάντεν

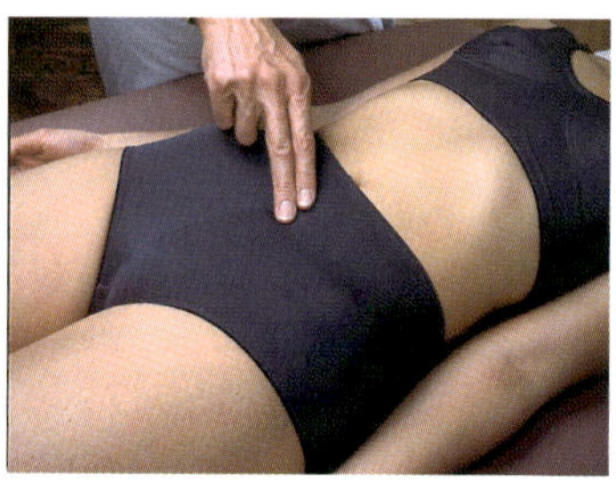

57 Θεραπευτική τεχνική Χάνσιν Τσίριο 1

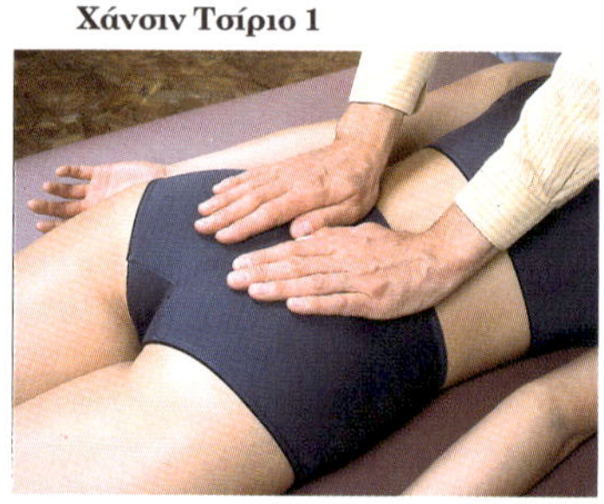

58 Θεραπευτική τεχνική
Χάνσιν Τσίριο 2

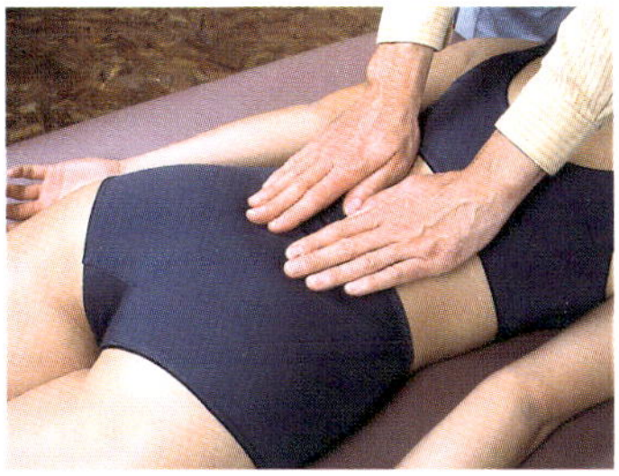

59 Θεραπευτική τεχνική
Χάνσιν Τσίριο 3

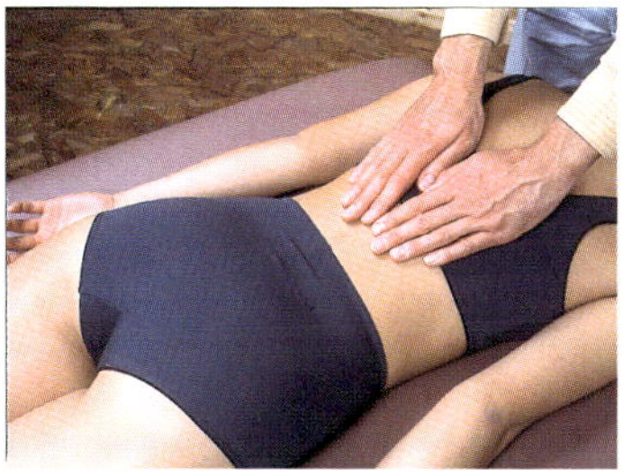

60 Θεραπευτική τεχνική
Χάνσιν Τσίριο 4

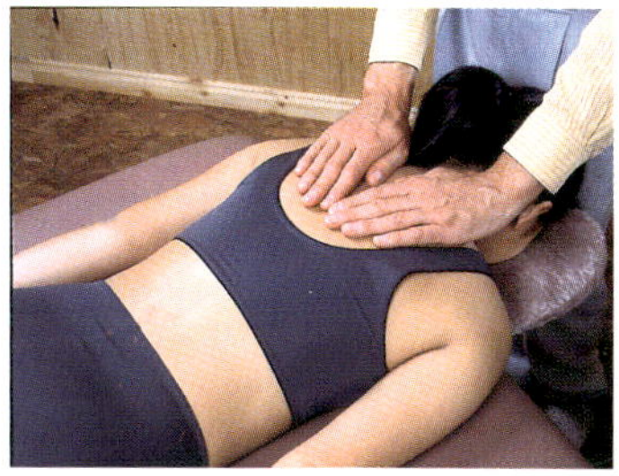

61 Θεραπευτική τεχνική
Χάνσιν Τσίριο 5

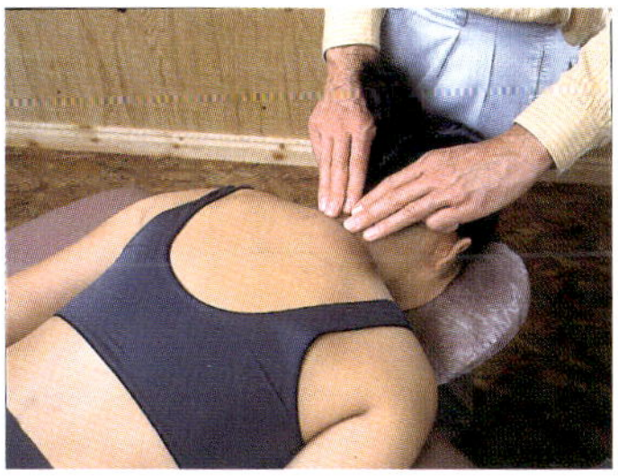

Επιδημική Εγκεφαλονωτιαία Μηνιγγίτιδα:

Περιοχή κεφαλιού, αυχένας, μάτια, καρδιά, στομάχι και έντερα, νεφρά, ουροδόχος κύστη, σπονδυλική στήλη (κυρίως στους αυχενικούς σπονδύλους), Τάντεν, σφιγμένες ή παράλυτες περιοχές του σώματος.

1 Μέτωπο

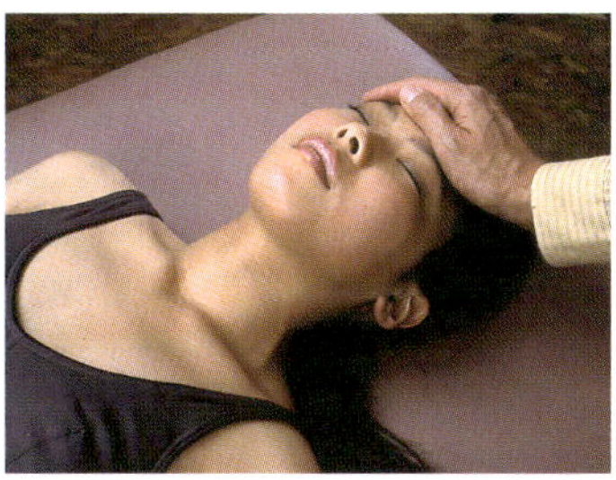

2 Κρόταφοι

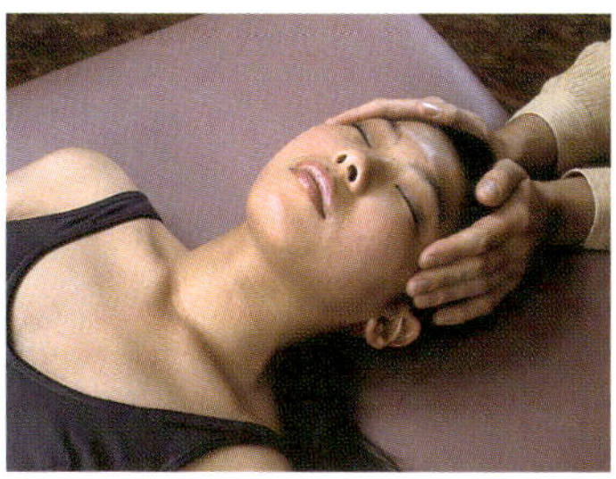

3 Πίσω μέρος του κεφαλιού

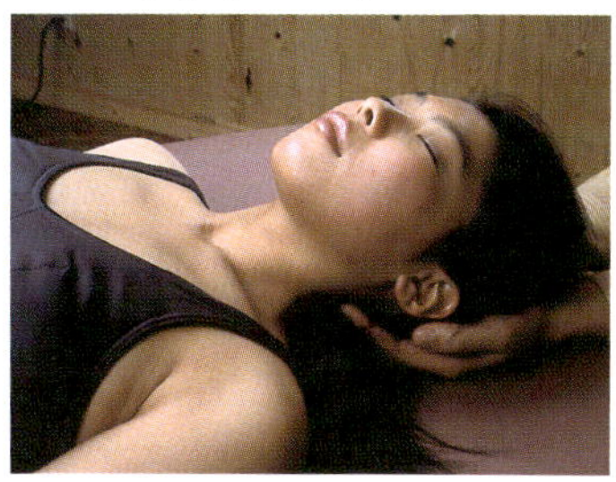

6 Κορυφή του κεφαλιού

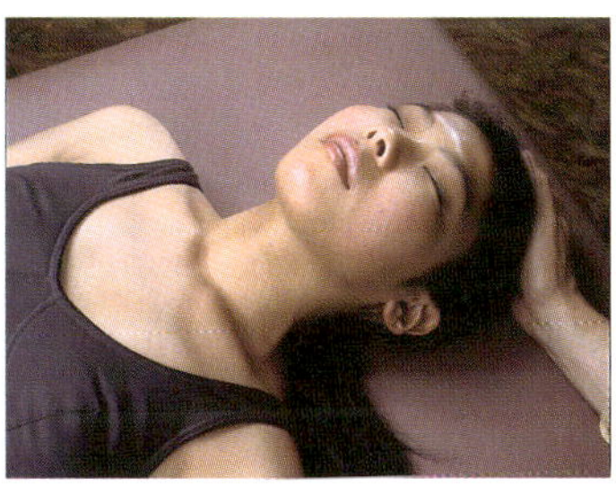

4 Αυχένας

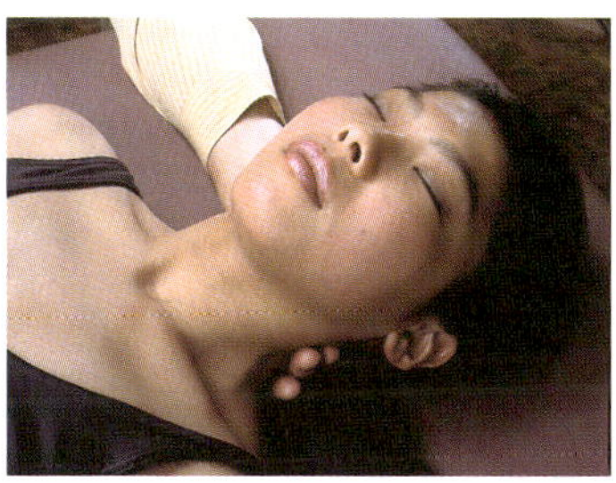

5 Λαιμός

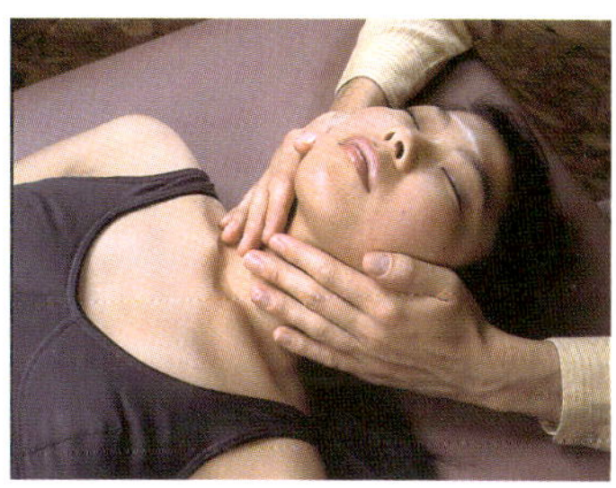

8 Μάτια

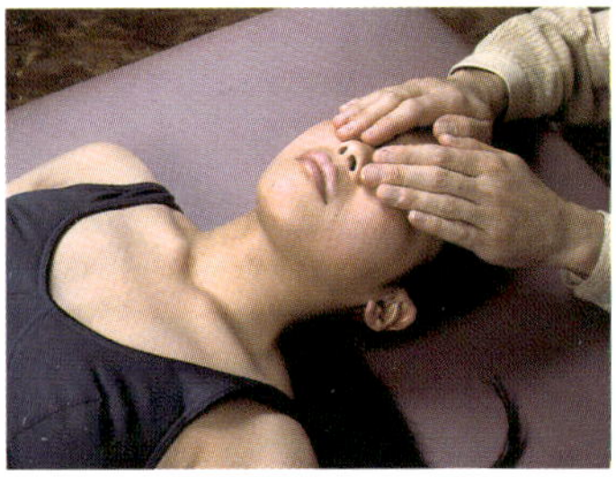

23 Καρδιά

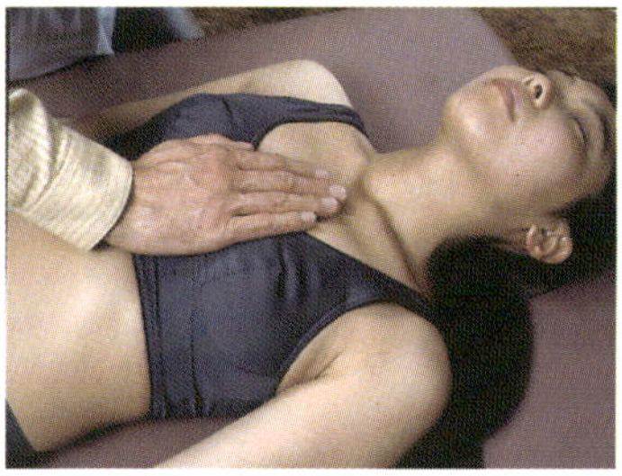

7 Στομάχι και έντερα

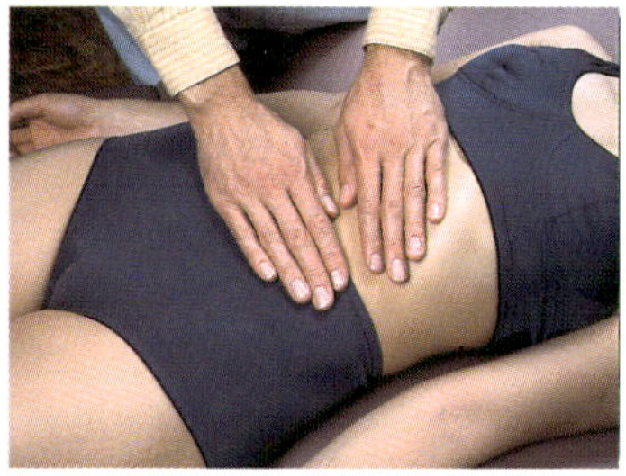

55 Περιοχή νεφρών

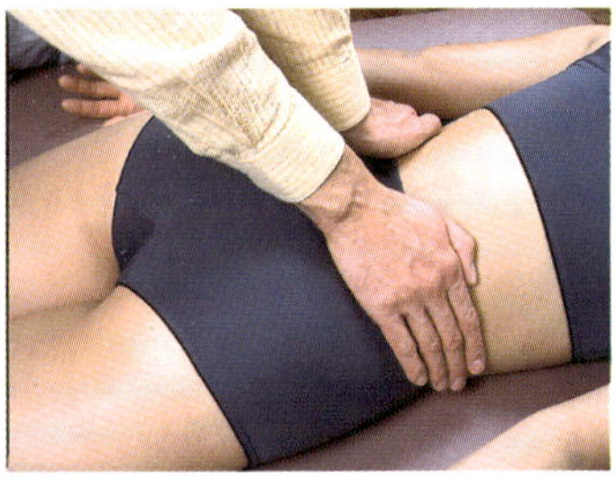

28 Περιοχή ουροδόχου κύστης

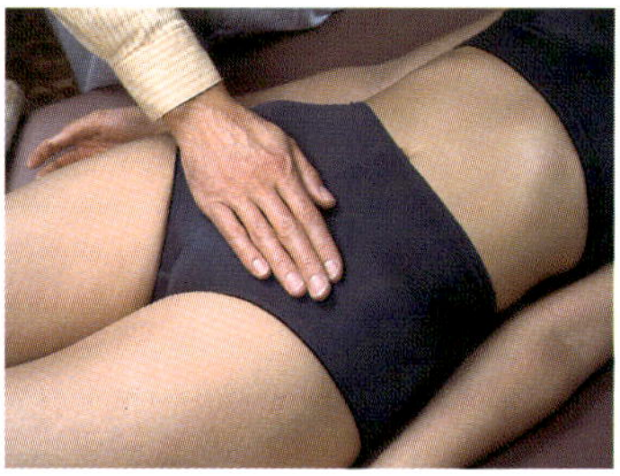

57 Θεραπευτική τεχνική Χάνσιν Τσίριο 1

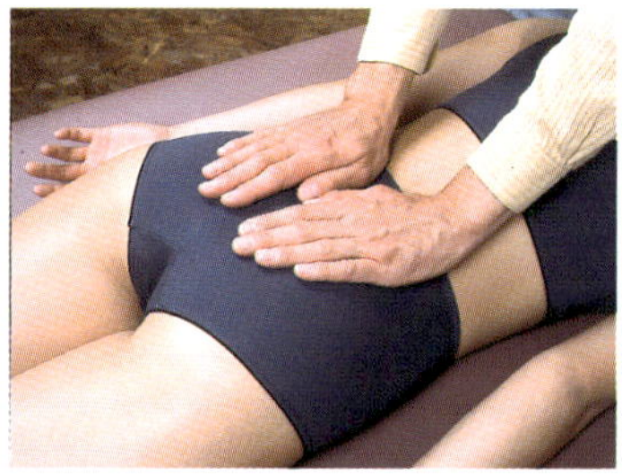

(Για τη θέση 57 και τις επόμενες τέσσερις, συστήνω ν' αφήσετε τα χέρια σας πάνω στη συγκεκριμένη θέση μέχρι να κινηθούν από μόνα τους στην επόμενη. Σε περίπτωση αμφιβολίας, μείνετε σε κάθε θέση για πέντε λεπτά, και μείνετε επίσης στους αυχενικούς σπονδύλους για δέκα λεπτά).

58 Θεραπευτική τεχνική Χάνσιν Τσίριο 2

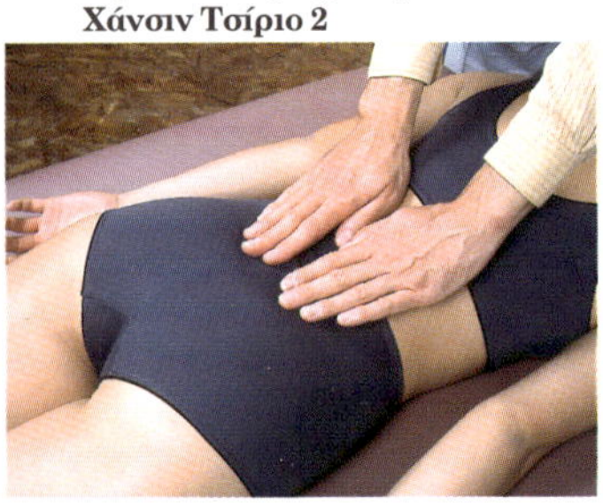

59 Θεραπευτική τεχνική Χάνσιν Τσίριο 3

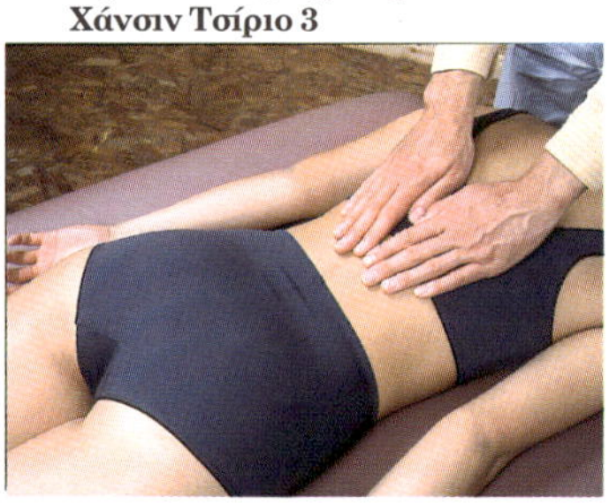

60 Θεραπευτική τεχνική Χάνσιν Τσίριο 4

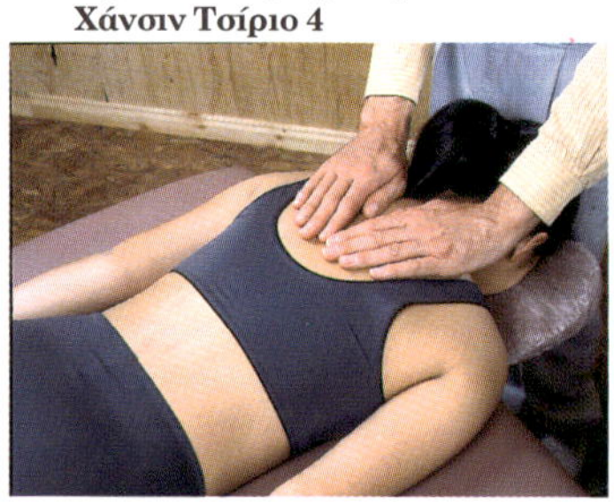

61 Θεραπευτική τεχνική Χάνσιν Τσίριο 5

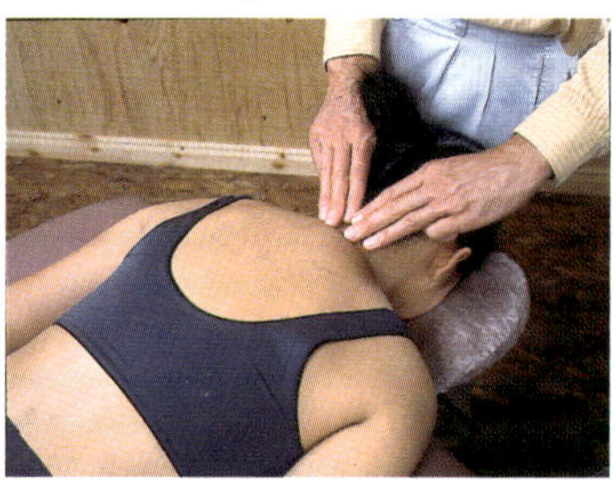

31 Τάντεν

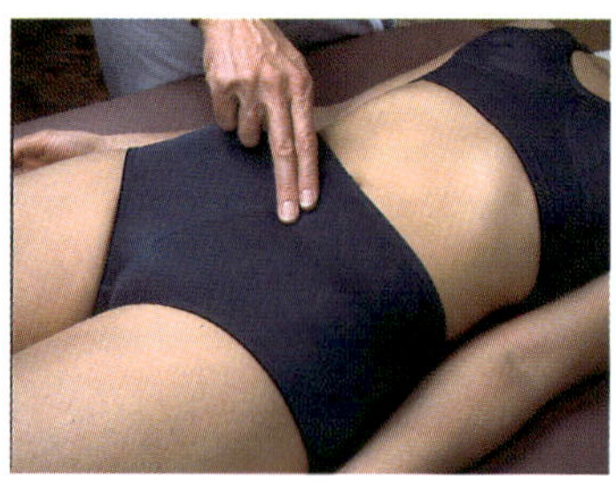

Ελονοσία:

Περιοχή κεφαλιού, καρδιά, στομάχι και έντερα, συκώτι, πάγκρεας, *Τάντεν*.
Αυτή η αγωγή πρέπει να γίνεται μία ώρα πριν την κρίση πυρετού.

1 Μέτωπο

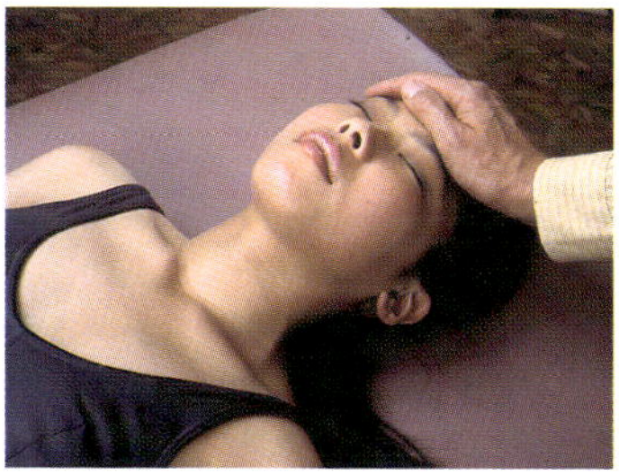

2 Κρόταφοι

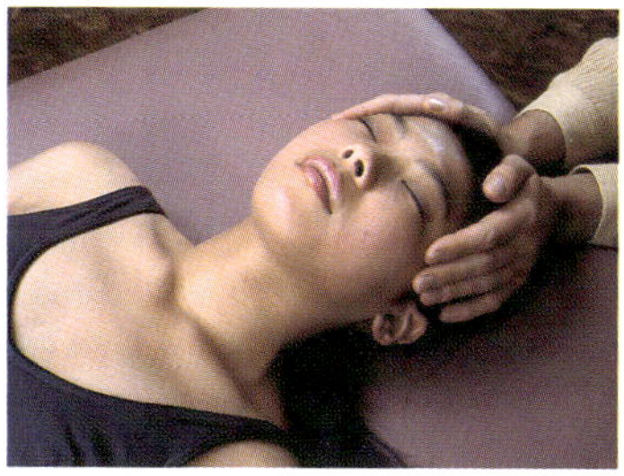

3 Πίσω μέρος του κεφαλιού

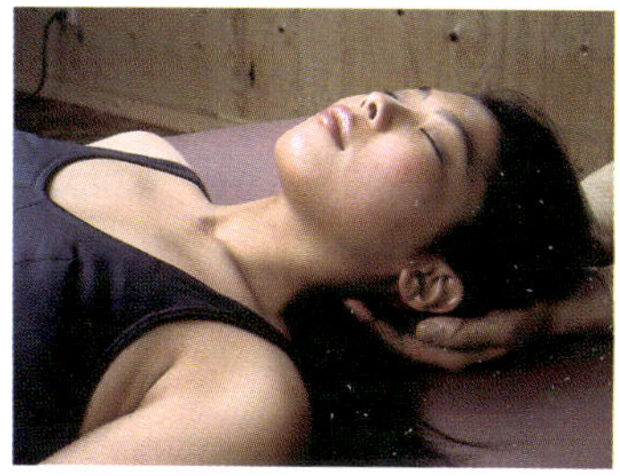

6 Κορυφή του κεφαλιού

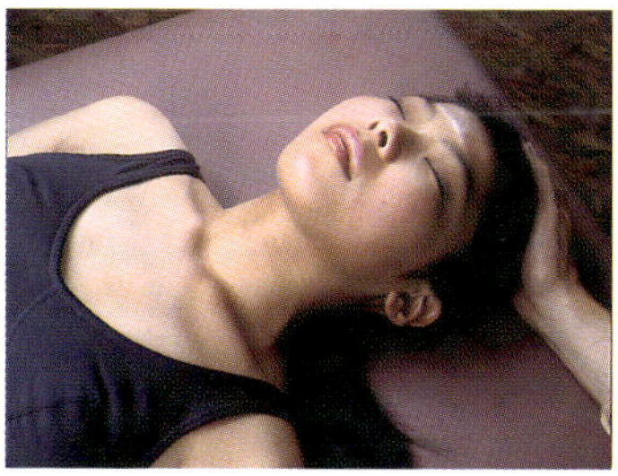

23 Καρδιά

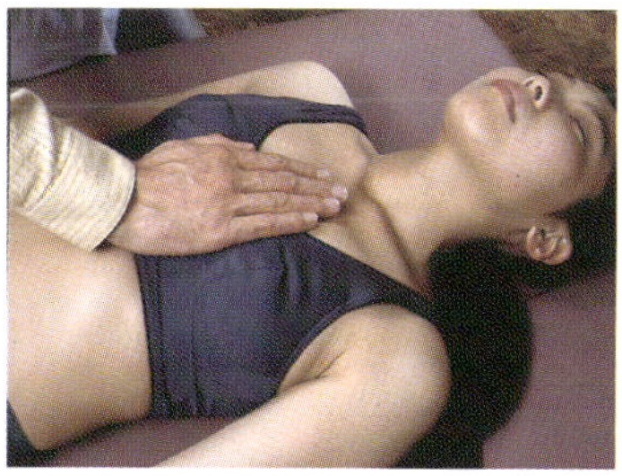

7 Στομάχι και έντερα

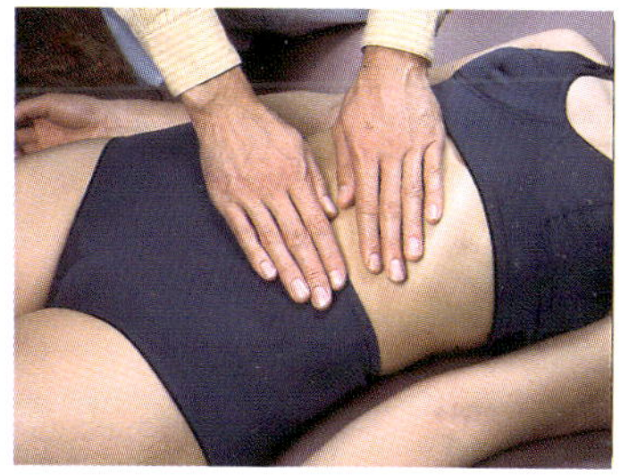

24 Συκώτι

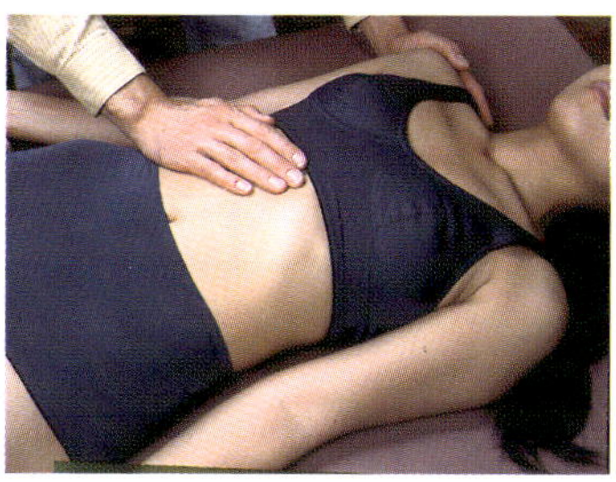

68 Πάγκρεας

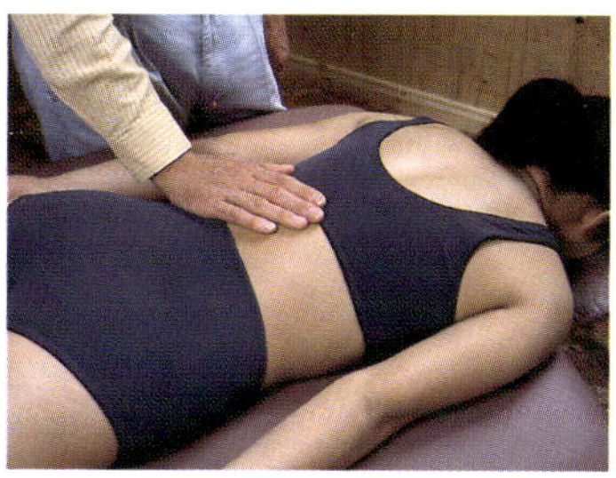

31 Τάντεν

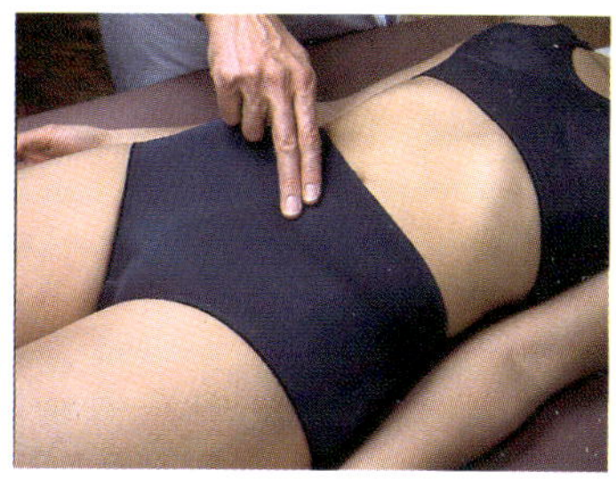

Ερυσίπελας: Περιοχή κεφαλιού, καρδιά, στομάχι και έντερα, *Τάντεν*, προσβεβλημένες περιοχές του σώματος.

1 Μέτωπο

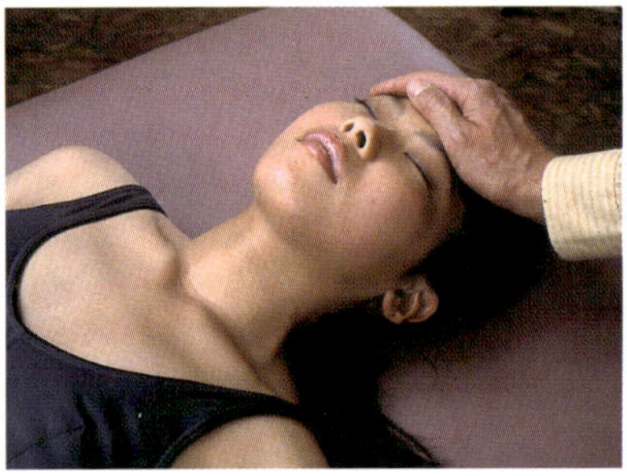

2 Κρόταφοι

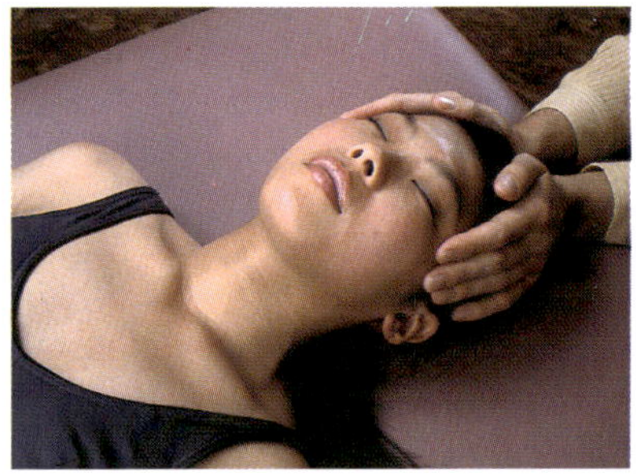

3 Πίσω μέρος του κεφαλιού

6 Κορυφή του κεφαλιού

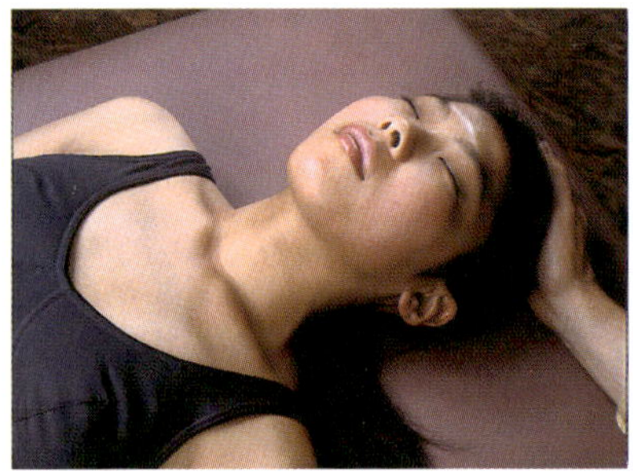

23 Καρδιά

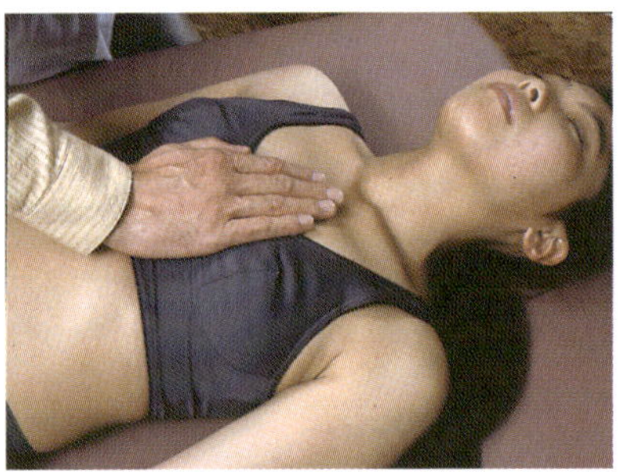

7 Στομάχι και έντερα

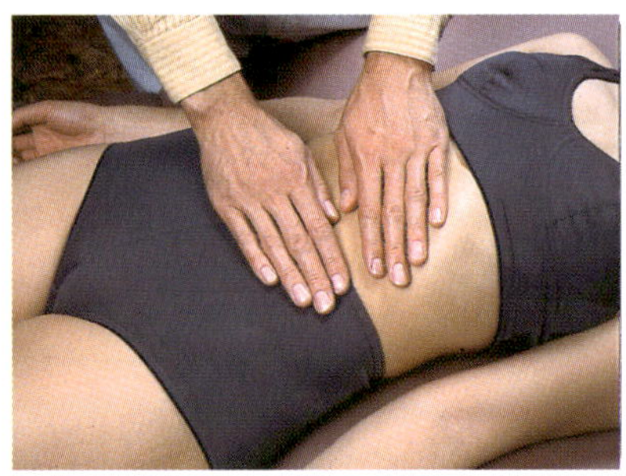

31 Τάντεν

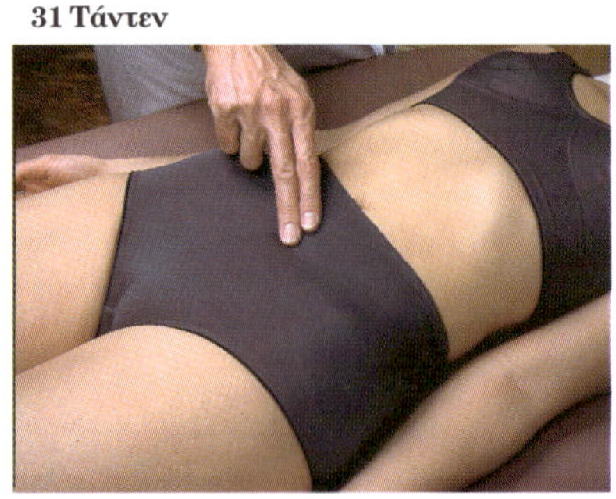

靈氣

Τέτανος:

Περιοχή κεφαλιού, καρδιά, στομάχι και έντερα, *Τάντεν*, προσβεβλημένες περιοχές του σώματος, επώδυνες περιοχές του σώματος.

1 Μέτωπο

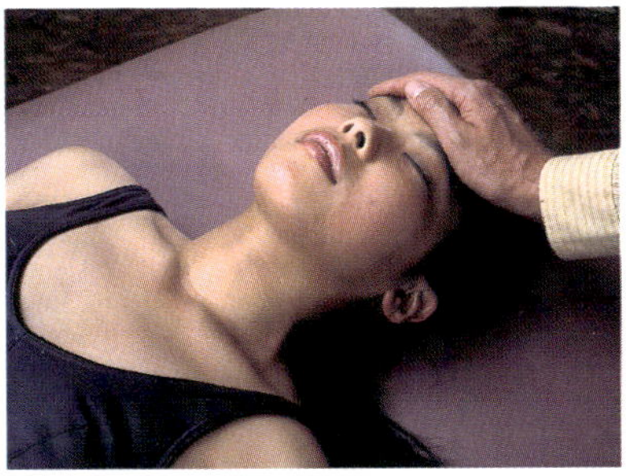

2 Κρόταφοι

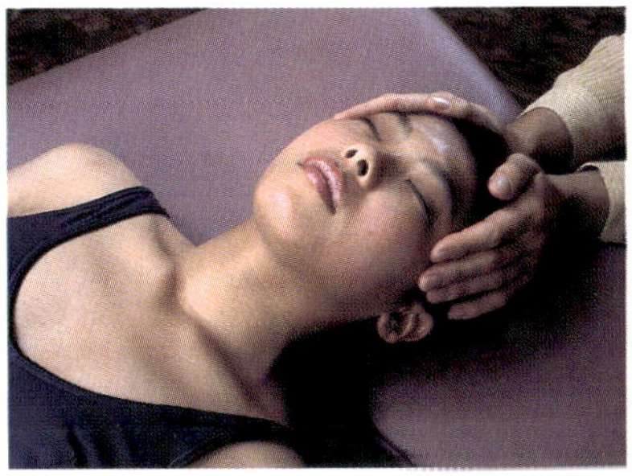

3 Πίσω μέρος του κεφαλιού

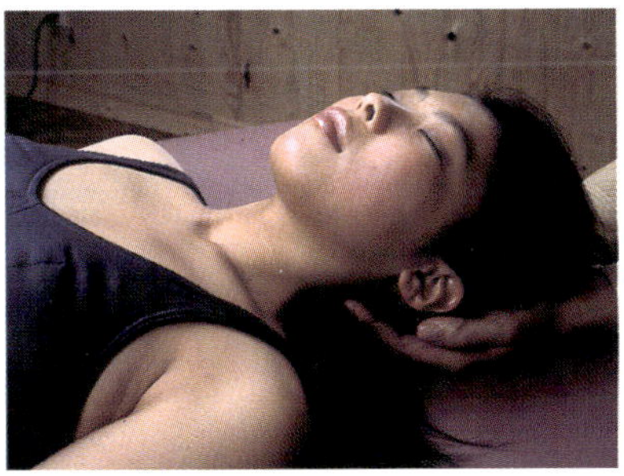

6 Κορυφή του κεφαλιού

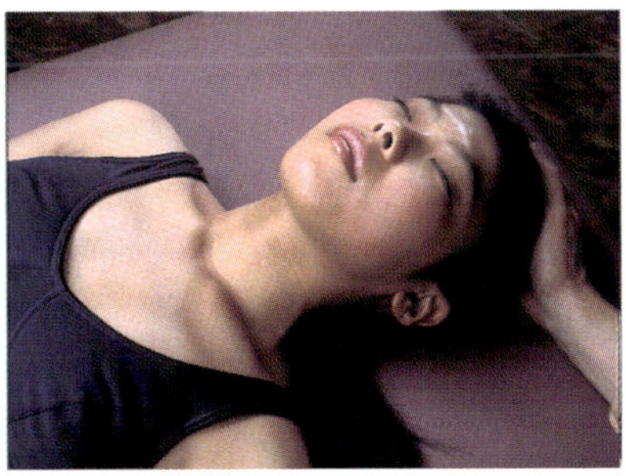

23 Καρδιά

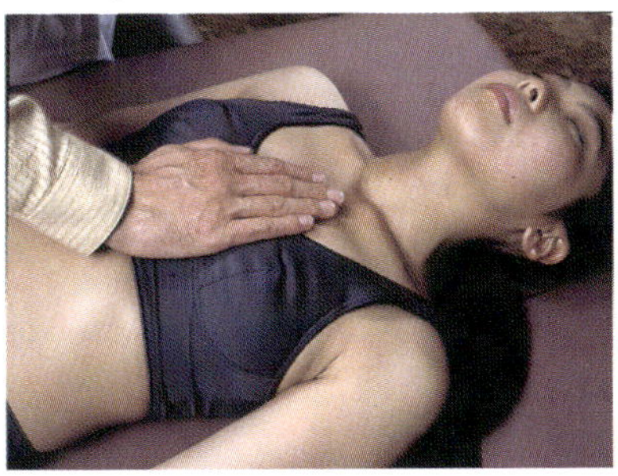

7 Στομάχι και έντερα

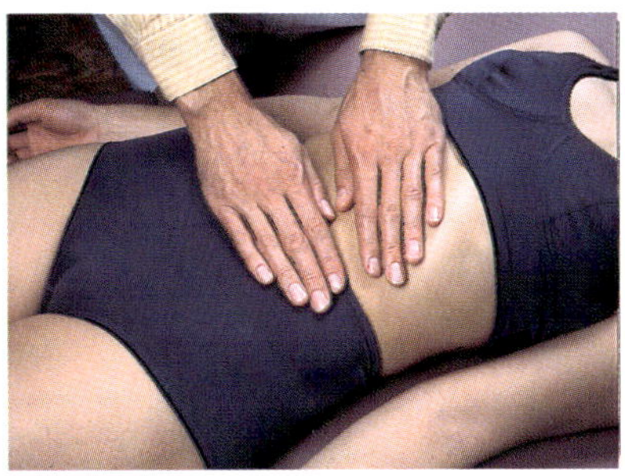

31 Τάντεν

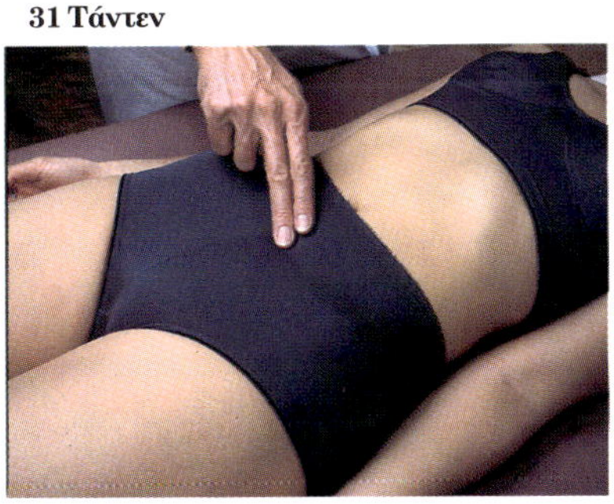

Επίλογος

Πάνω από εβδομήντα χρόνια από το θάνατο του δόκτορα Ουσούι, το παζλ του ρέικι αρχίζει να συμπληρώνεται μπροστά στα κατάπληκτα μάτια μας. Είναι μεγάλη χαρά για μένα που έχω τη δυνατότητα να μοιραστώ αυτές τις πολύτιμες πληροφορίες με όλους εσάς. Δεν ξέρω γιατί δόθηκε σ' εμένα αυτή η τιμή. Κατά πάσα πιθανότητα, ήμουν απλώς στο σωστό μέρος και στο σωστό χρόνο, με τη σωστή γυναίκα. Καθημερινά έρχονται στο φως όλο και περισσότερες πληροφορίες για το δόκτορα Ουσούι ή πληροφορίες του ίδιου του δόκτορα Ουσούι. Ας μην ξεχνάμε ότι ρέικι σημαίνει φως και αγάπη. Πολλοί φίλοι του ρέικι σε όλο τον κόσμο συνεχίζουν να δουλεύουν για να διαδώσουν αυτό το φως και αυτή την αγάπη σε όλο τον πλανήτη.

Είμαστε σίγουροι ότι δεν έχει ακουστεί ακόμη η τελευταία λέξη πάνω στο ρέικι και την ιστορία του. Σίγουρα δεν ισχυρίζομαι ότι είμαι η υπέρτατη αυθεντία πάνω στο θέμα. Εγώ είμαι απλώς ένα όργανο στα χέρια της Ύπαρξης. Με αυτή την έννοια, υποκλίνομαι με βαθιά ευγνωμοσύνη στο δόκτορα Ουσούι και σ' εσάς.

Ελπίζω να σας άρεσε αυτό το βιβλίο και να χρησιμοποιήσετε τις τεχνικές του δόκτορα Ουσούι στην πρακτική σας. Αυτή είναι η μεγαλύτερη χαρά για το δόκτορα Ουσούι και το ρέικι, γιατί εσύ, Αγαπητέ Αναγνώστη, είσαι τα χέρια του δόκτορα Ουσούι.

Πρωτότυπα Ιαπωνικά Κείμενα

Ανταποκρινόμενοι στο αίτημα πολλών αναγνωστών, δίνουμε στις επόμενες σελίδες μερικά πρωτότυπα ιαπωνικά κείμενα. Αφού πολλοί από σας δεν μπορείτε να επισκεφθείτε το εντυπωσιακό αναμνηστικό μνημείο του δόκτορα Ουσούι, για ν' αφήσετε να σας επηρεάσει η όμορφη ακτινοβόλα επιγραφή του, την παρουσιάζουμε εδώ.

Μην ανησυχείτε, ούτε η δημοσίευση αυτού του κειμένου ούτε η φωτογραφία της ταφόπλακας και του μνημείου παραβιάζει κανέναν υπαρκτό, ηθικό ή άγραφο ιαπωνικό νόμο.

Αυτό το μνημείο βρίσκεται σ' ένα δημόσιο νεκροταφείο στο Τόκιο και τοποθετήθηκε εκεί από το *Ουσούι Ρέικι Ριόχο Γκακάι* για να διαβάζεται. Όπως στην Ιαπωνία, έτσι και στις ΗΠΑ, νομίζω, δεν κατασκευάζει κανείς μνημεία όταν θέλει να κρατήσει κάποιο μυστικό!

Ακόμη και αν οι περισσότεροι από σας δεν μπορείτε ν' αποκρυπτογραφήσετε τους χαρακτήρες (μια ικανότητα που, δυστυχώς, δεν έχω αποκτήσει ούτε κι εγώ), δεν παύει να είναι ένα υπέροχο συναίσθημα που μπορούμε επιτέλους να κρατήσουμε στα χέρια μας κάτι του δόκτορα Ουσούι και για το δόκτορα Ουσούι.

Μέχρι τώρα, εμείς στη Δύση νομίζαμε ότι το ρέικι είναι μια λεγόμενη "προφορική παράδοση". Είναι φυσικά στη φύση των πραγμάτων ότι το ρέικι μεταδίδεται κυρίως μέσα από την ενέργεια και τα λόγια που δίνει ο δάσκαλος στο μαθητή. Όμως αυτό δεν αποκλείει το γραπτό λόγο σαν ένα πολύ σημαντικό βοήθημα. Πού θα βρισκόμαστε χωρίς το *Τάο Τε Κινγκ, την Αγία Γραφή, τις Ουπανισάντ,* τις βουδιστικές *Σούτρα* και *το Κοράνι;* Από την παγκόσμια ιστορία, ξέρουμε ότι οι προφορικές παραδόσεις συχνά χάνονται από τον κόσμο μαζί με τους ιδρυτές τους ή ίσως μετά από μερικές γενιές. Ευτυχώς, ο δόκτωρ Ουσούι ήταν εξαιρετικά μορφωμένο άτομο και είχε ένα καθαρό όραμα του μέλλοντος. Επιπλέον, είχε αντιληφθεί τη φύση της ανθρώπινης ψυχής, και γι' αυτό είχε πάρει κάποια προληπτικά μέτρα. Με αυτό τον τρόπο, τα λόγια του έχουν διατηρηθεί για μας μέχρι και σήμερα.

Να η επιγραφή του μνημείου:

臼井先生功德碑

修養練磨ノ實ヲ積ミテ中ニ得ル所アルヲ之ヲ德ト謂ヒ開導拯濟ノ道ヲ弘メテ外ニ施ス所アルヲ之ヲ功ト謂フ功高ク德大ニシテ始メテ一大宗師タルコトヲ得ヘシ古來ノ賢哲俊偉ノ士カ學統ヲ垂レ宗旨ヲ創メシ者ハ皆然ラザルナシ臼井先生ノ如キモ亦其ノ人ナルカ先生新ニ宇宙ノ靈氣ニ本ツキテ心身ヲ善クスル法ヲ肇ム四方傳ヘ聞キ教ヲ乞ヒ療ヲ願フ者翕然トシテ之ニ歸ス鳴呼亦盛ニナルカナ先生通稱甕男號ハ曉帆岐阜縣山縣郡谷合村ノ人其ノ先ハ千葉常胤ニ出ツ父諱ハ胤氏通稱宇左衛門母ハ河合氏先生慶應元年八月十五日ヲ以テ生ル幼ヨリ苦學力行儕輩ニ超ユ長スルニ及ヒ歐米ニ航シ支那ニ游フ既ニシテ世ニ立ツ事志ト違ヒ轗軻不遇屢窮約ニ處リシモ毫モ屈撓セス鍛錬益至レリ一日鞍馬山ニ登リ食ヲ斷チテ苦修辛練スルコト二十有一日倏チ一大靈氣ノ頭上ニ感シ豁然トシテ靈氣療法ヲ得タリ是ヨリ之ヲ身ニ試ミ家人ニ驗スルニ功效立チトコロニ見ハル先生以爲ヘラク獨リ其ノ家人ヲ善クスルヨリハ廣ク世人ニ授ケテ共ニ其ノ慶ニ頼ルモ若カスト大正十一年四月居ヲ東京青山原宿ニ定メ學會ヲ設ケ靈氣ノ療法ヲ授ケ治療ヲ行フ遠近來リ乞フ者履戸外ニ滿ツ十二年九月大震火災起リ創傷病苦到ル處ニ呻吟ス先生深ク之ヲ痛ミ日ニ出テテ市ヲ巡リ救療スルコト幾何ナルヲ知ルヘカラス其ノ急ニ赴キ患ヲ濟フコト大率此ノ如シ後道場ノ狹隘ナリシヲ以テ十四年二月市外中野ニ卜築ス聲譽猶著ハレ地方ヨリ招聘スル者少カラス先生其ノ需ニ應シ呉ニ之キ廣島ニ向ヒ佐賀ニ入リ尋テ福山ニ抵ル偶疾作リ遂ニ客舍ニ歿ス時ニ大正十五年三月九日ナリ享年六十二配鈴木氏名ハ貞子一男一女ヲ生ム男ヲ不二ト曰ヒ家ヲ嗣ク先生人ト為リ溫厚恭謙ニシテ邊幅ヲ飾ラス軀幹豐偉常ニ莞爾トシテ笑ヲ含ム其ノ事ニ當ルヤ剛毅ニシテ善ク忍ヒ用意尤モ深シ素トヨリ才藝多ク讀書ヲ好ミ史傳ニ涉リ醫書及ヒ佛耶ノ經典ニ出入シ心理ノ學神仙ノ方禁呪占筮相人ノ術ニ至ルマテ通セサルナシ蓋シ先生ノ學藝經歷ハ修養練磨ノ資料トナリ修養練磨ハ靈法開創ノ管鍵トナリシコトハ彰彰乎トシテ昭ラカナリ顧フニ靈法ノ主トスル所ハ獨リ疾病ヲ療スルニ止マラス要ハ天賦ノ靈能ニ因リテ心ヲ正シクシ身ヲ健ニシテ人生ノ福祉ヲ享ケシムルニ在リ故ニ其ノ人ヲ教フルヤ先ツ明治天皇ノ遺訓ヲ奉體シ朝夕五戒ヲ唱ヘテ心ニ念セシム一ニ曰ク今日怒ル勿レ二ニ曰ク憂フル勿レ三ニ曰ク感謝セヨ四ニ曰ク業ヲ勵メ五ニ曰ク人ニ親切ナレト是レ實ニ修養ノ一大訓ニシテ古聖賢ノ警戒スル者ト其ノ揆ヲ一ニセリ先生之ヲ以テ招福ノ祕法萬病ノ靈藥トナセハ其ノ本領ノ在ル所知ラルヘシ而カモ開導ノ道ニ至リテハ力メテ卑近ヲ旨トシ何等高遠ノ事ナク靜坐合掌朝夕念誦ノ際ニ醇健ノ心ヲ養ヒ平正ノ行ニ復セシムルニ在リ是レ靈法ノ何人モ企及シ易キ所以ナリ輓近世運推移シ思想ノ變動寡カラス幸ニ此ノ靈法ヲ普及セシムルアラハ其ノ世道人心ニ裨補スル者鮮尠ナラサルヘシ豈啻ニ沈痾痼疾ヲ療スル益ノミナランヤ先生ノ門ニ入ル者二千餘人高弟ノ都下ニ居ル者ハ道場ニ會シテ遺業ヲ繼キ地方ニ在ル者モ亦各其ノ法ヲ傳フ先生逝クト雖モ靈法ハ永ク世ニ宣播スヘシ鳴呼先生ノ中ニ得テ外ニ施ス者豈ニ偉且大ナラスヤ頃者門下ノ諸士相議シ石ヲ豐多摩郡西方寺ノ塋域ニ建テ其ノ功德ヲ頌シ以テ不朽ヲ圖ラントシ文ヲ予ニ囑ス予深ク先生ノ偉蹟ニ服シ諸士カ師弟ノ誼ニ篤キヲ嘉ミシ敢テ辭セスシテ其ノ梗槩ヲ叙シ後人ヲシテ觀感瞻仰議ル能ハサラシメンコトヲ庶幾フ

昭和二年二月

従三位勲三等文學博士　岡田　正之撰

海軍少將従四位勲三等功四級牛田従三郎書

中野町　石細刻

◀ *Στ' αριστερά* η επιγραφή του μνημείου που έχει ανεγερθεί δίπλα στον τάφο του δόκτορα Μικάο Ουσούι.

▼ Στις ακόλουθες σελίδες, θα βρείτε μερικές σελίδες από το πρωτότυπο εγχειρίδιο του δόκτορα Ουσούι, *Ουσούι Ρέικι Ριόχο Χικέι*. Οι σελίδες 32 και 124 αυτού του βιβλίου δείχνουν επίσης τις πρωτότυπες σελίδες που περιγράφουν την αγωγή. Ελπίζω να σας βοηθήσουν να πάρετε μια ιδέα για το πώς ήταν το εγχειρίδιο.

Αυτό το αντίτυπο, το οποίο μας έδωσε ο Τ. Όισι, ήταν τυπωμένο και όχι γραμμένο με το γραφικό χαρακτήρα του ίδιου του δόκτορα Ουσούι. Δυστυχώς, δεν ξέρουμε αν υπάρχει κάποιο χειρόγραφο αντίτυπο.

公開伝授説明

肇祖　臼井甕男

古来能く独自の秘法を創見するや、己か子孫にのみ教えて家伝と為し之に依つて後世一門の生活安定を計り、秘法内容の門外不出を唱うるが如きは実に前世紀の遺習と申すもので、苟も現代の如く人類の共存共栄を以て幸福の基調となし、併せて社会の進歩を要望する時代に於ては、断じて一私するを許しません。

我が臼井霊気療法は前人未発の創見でありまして、世上其比を見ません。されば之をば人間公益の為めに開放し、何人をも共に天恵に浴せしめ、以て霊肉一如を期し、人世天与の福祉を得しめんとするものであります。元より我が霊気療法は宇宙間の霊能に基く霊気の独創療法でありますから、此れに依つて先ず人間自體を壮健にし、思想の穏健と人世の愉悦を増進するのであります。

今や生活の内外に亘り、改善改造を要する秋に於て汎く同胞を悩める心と病災の裡より救うべく敢て公開伝授する所以であります。

Φωτογραγικό Παράρτημα

1 Μέτωπο

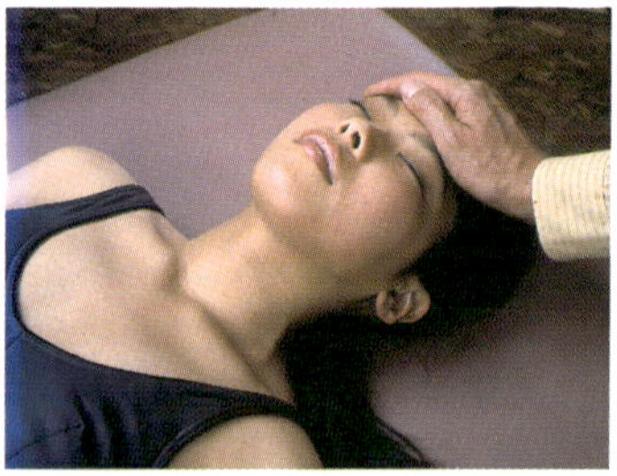

2 Κρόταφοι

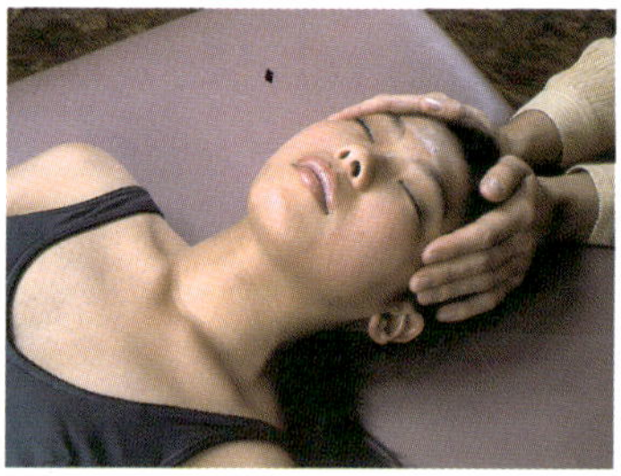

3 Πίσω μέρος του κεφαλιού

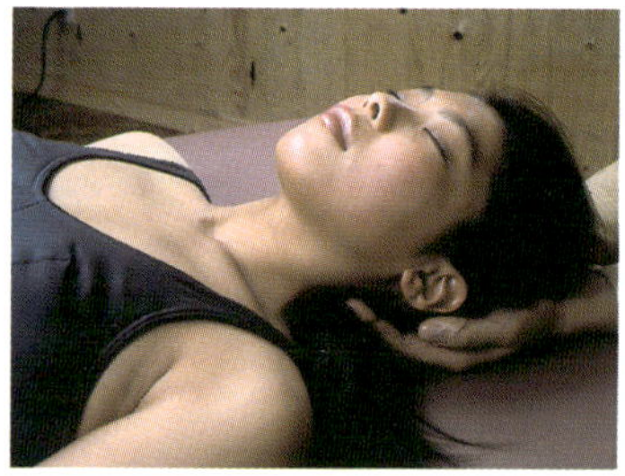

4 Αυχένας

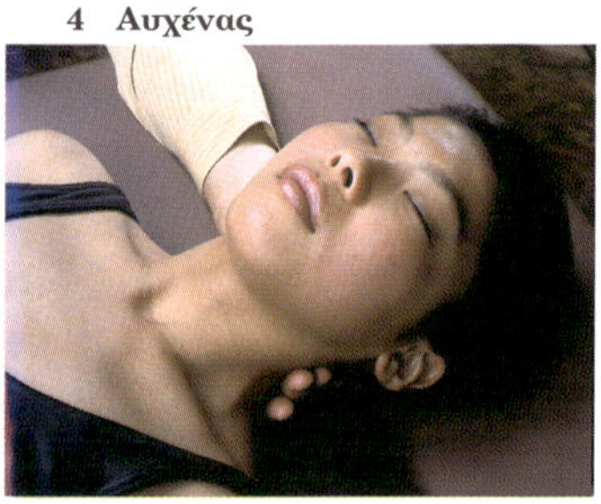

5 Λαιμός

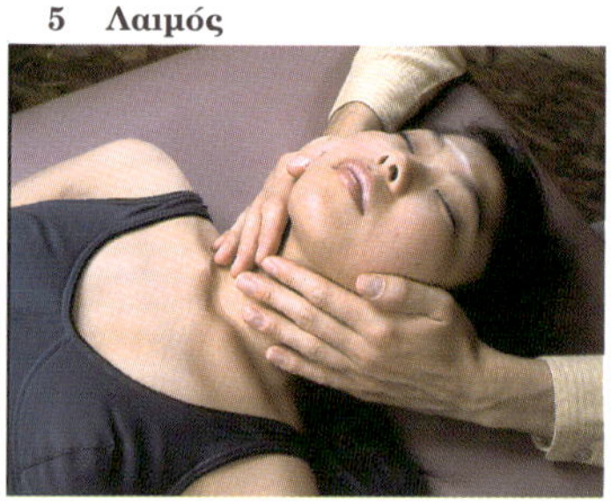

6 Κορυφή του κεφαλιού

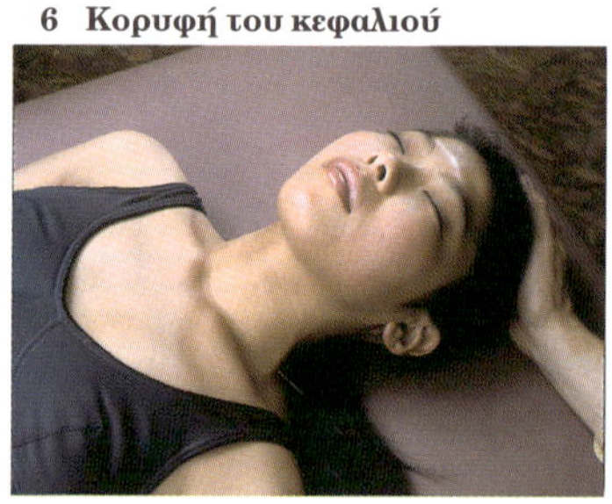

7 Στομάχι και έντερα

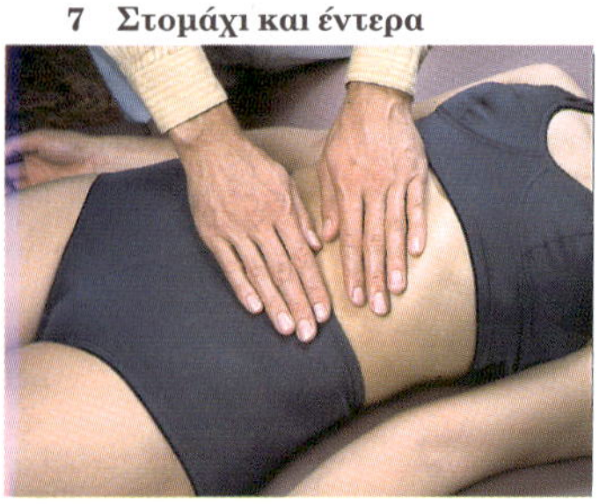

8 Μάτια

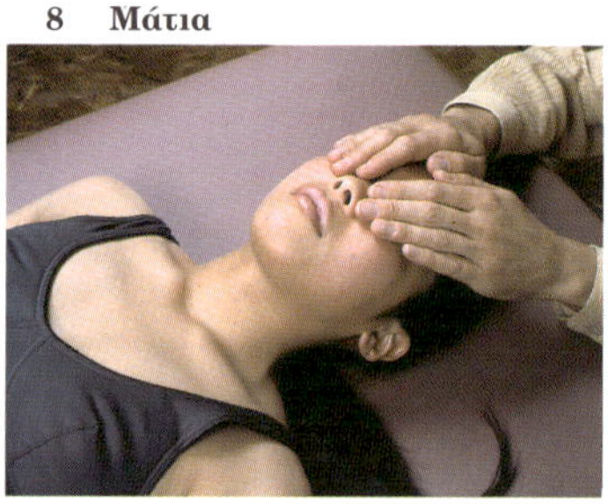

9 Ανάμεσα στα μάτια και τη μύτη

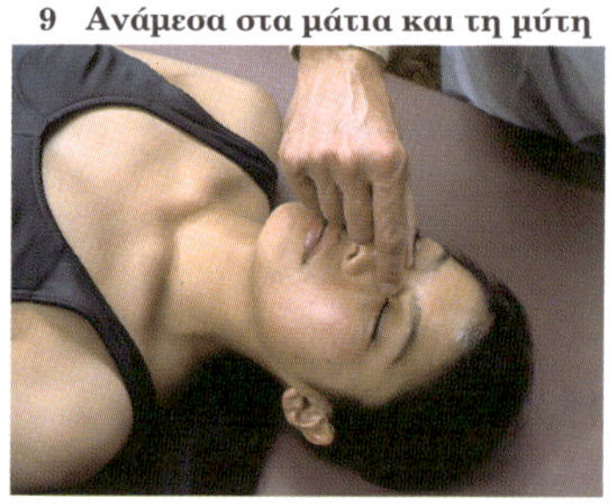

10 Ανάμεσα στα μάτια και τους κροτάφους

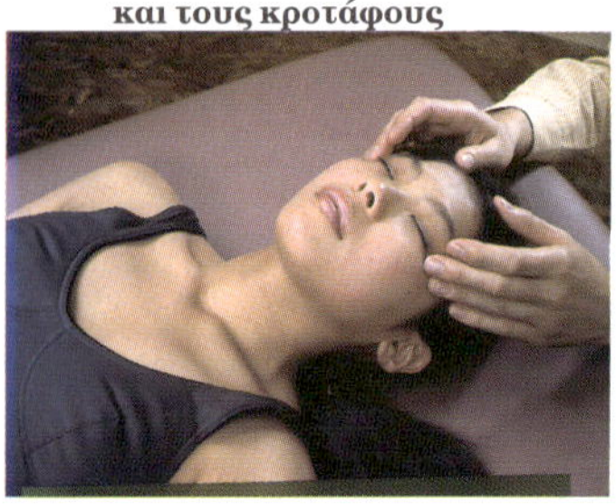

11 Ρινικό οστό

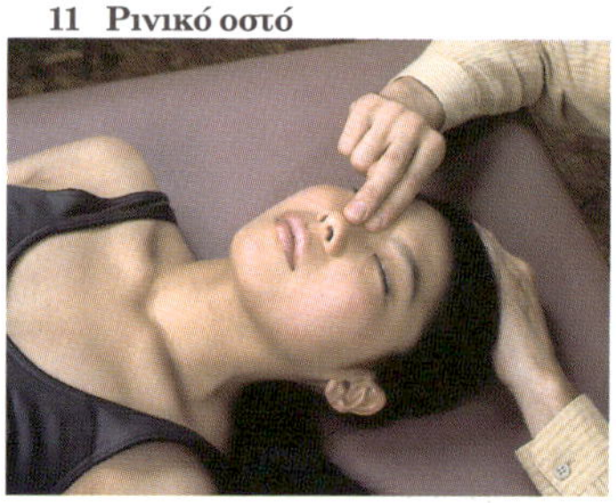

12 Πλάι της μύτης

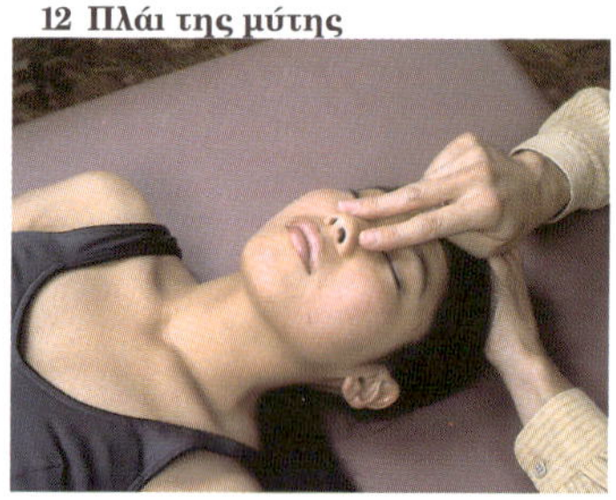

13 Μέση του μετώπου

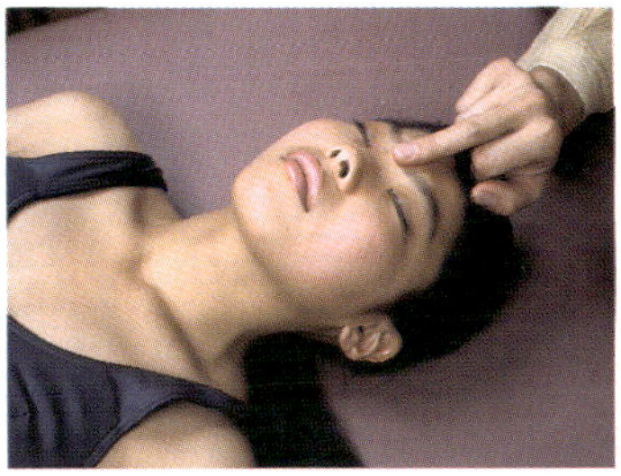

14 Είσοδος ακουστικού πόρου

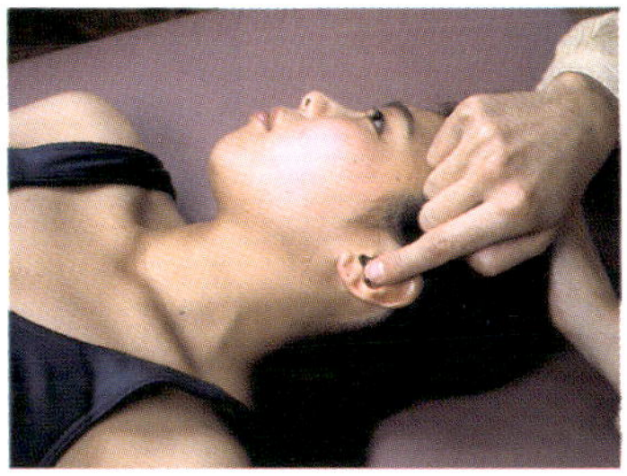

15 Μπροστά και πίσω από το αυτί

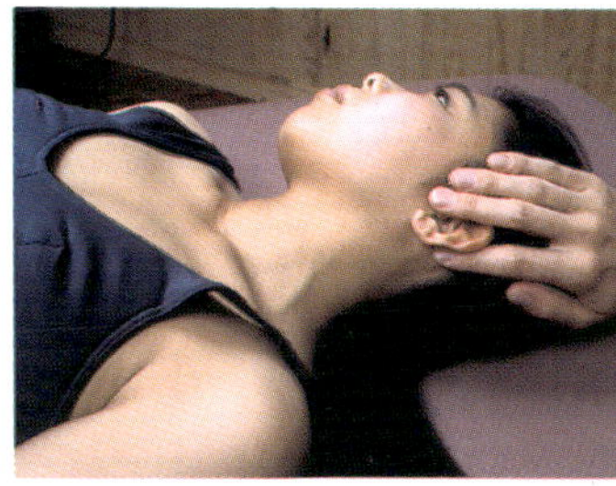

16 Πάνω από το στόμα*

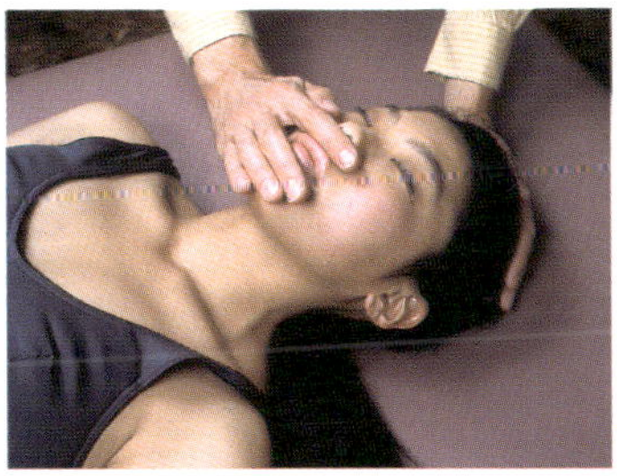

17 Πάνω στη γλώσσα**

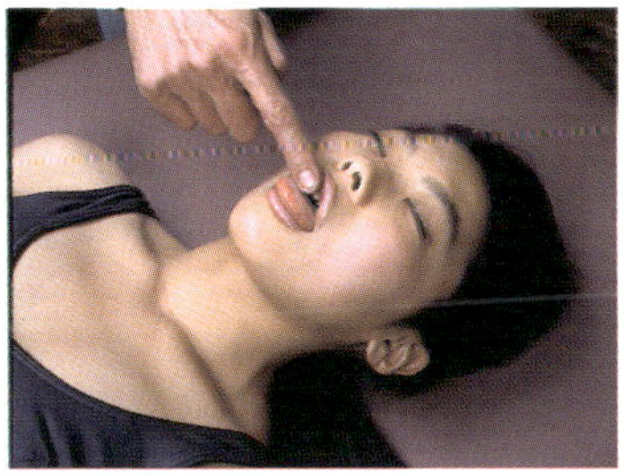

18 Στη ρίζα της γλώσσας**

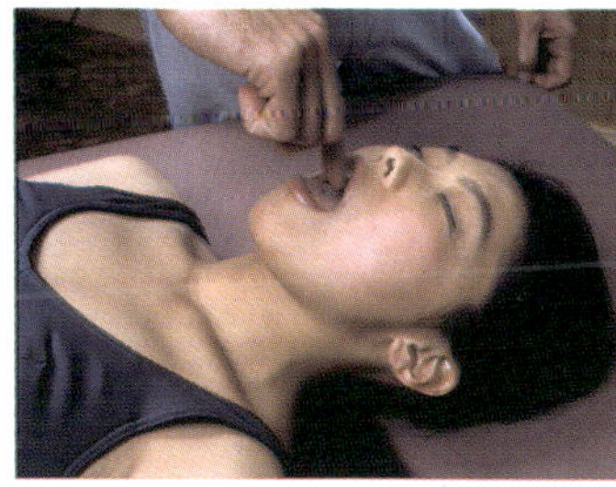

19 Χόνδρος του λαιμού

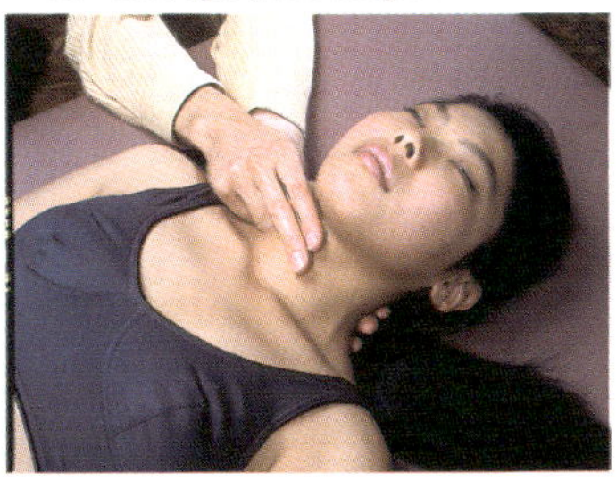

20 Μέσο μετώπου

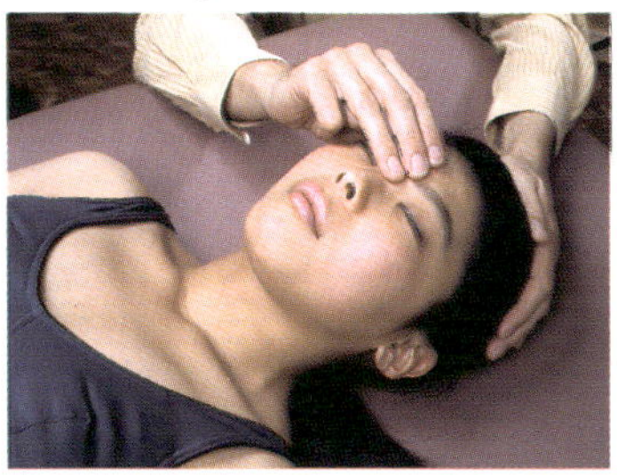

21 Μέση του πάνω χείλους

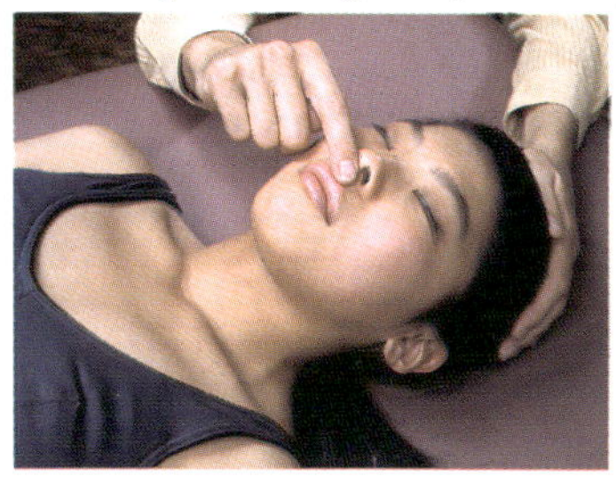

22 Πνεύμονες

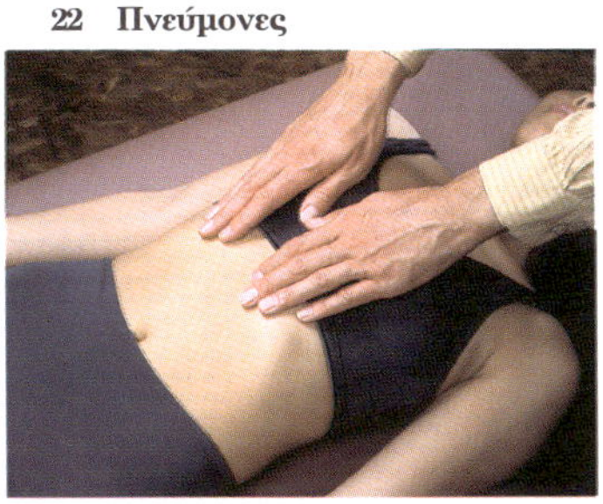

23 Καρδιά

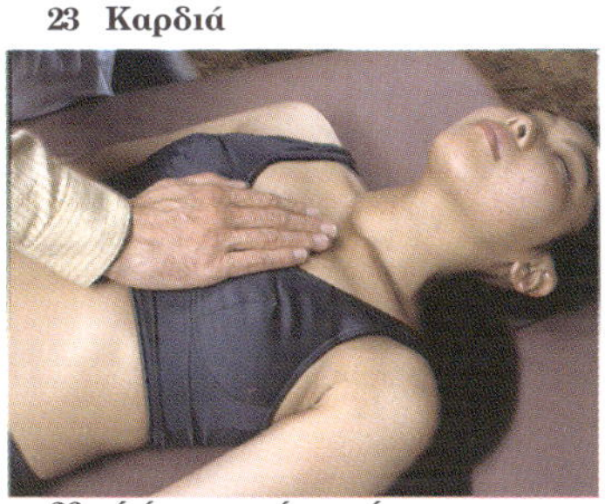

24 Συκώτι

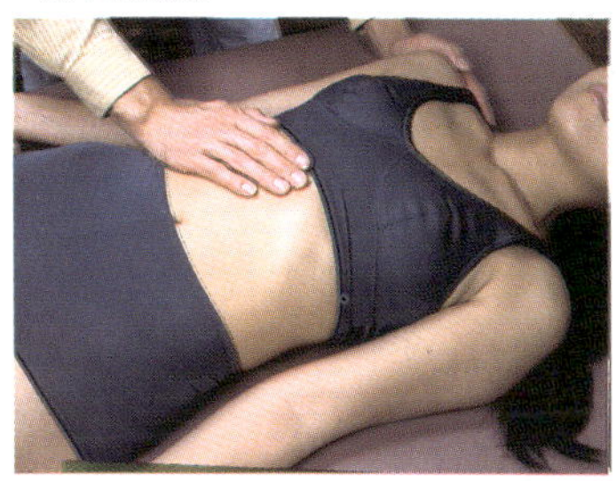

25 Παχύ έντερο πάνω μέρος

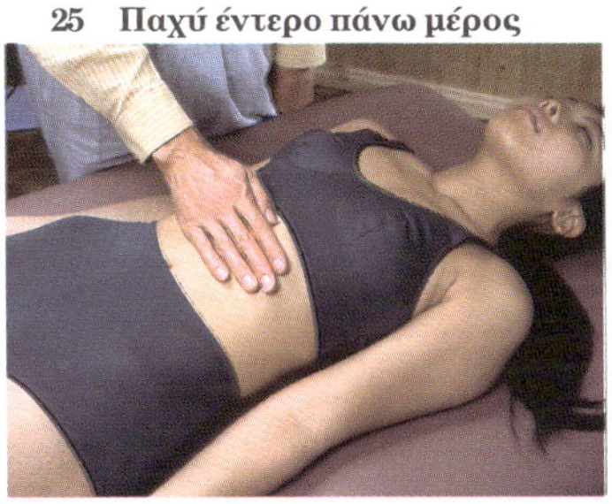

26 ύ έντερο κάτω μέρος από και πλάι

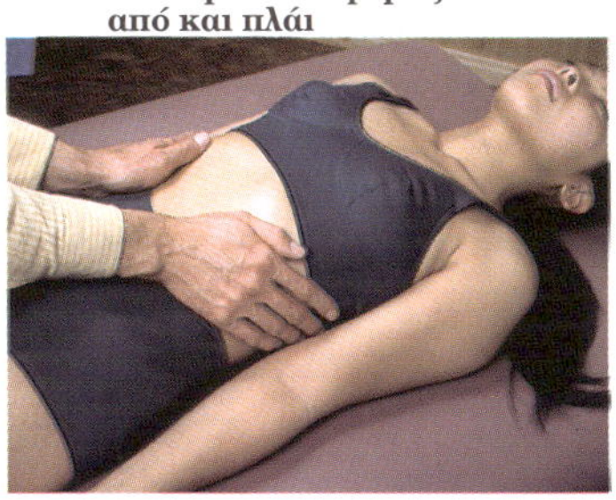

27 Περιοχή λεπτού εντέρου

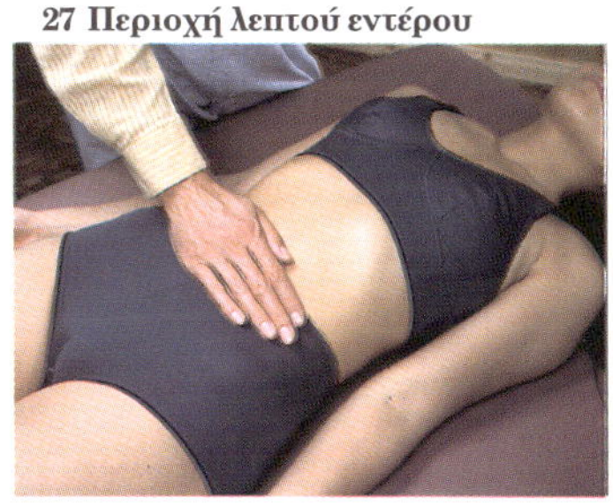

* Μην κλείνετε τα χείλη του ασθενή ** Φορέστε λαστιχένια γάντια

28 Περιοχή ουροδόχου κύστης

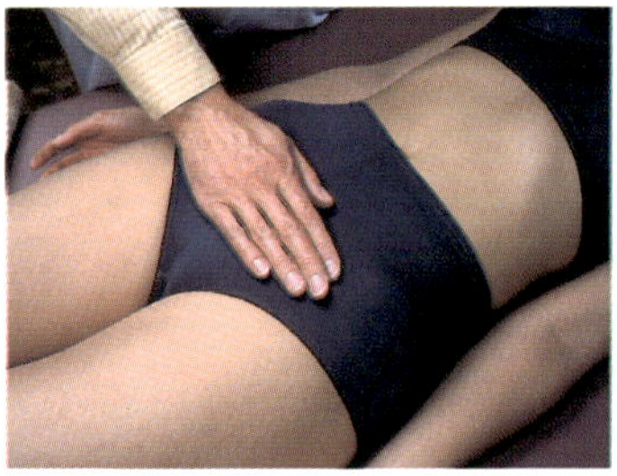

29 Περιοχή μήτρας

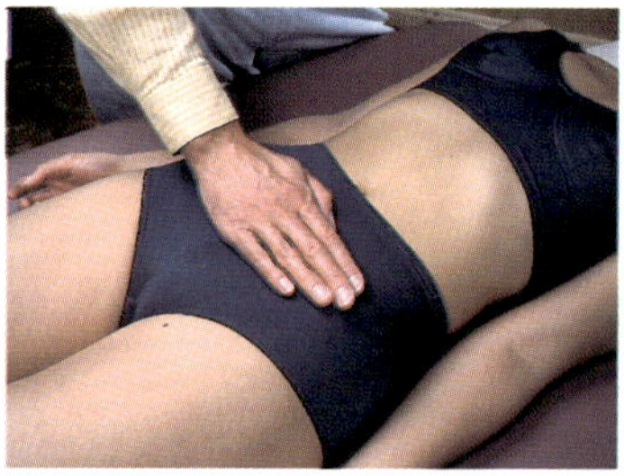

30 Μήτρα από τις δύο πλευρές

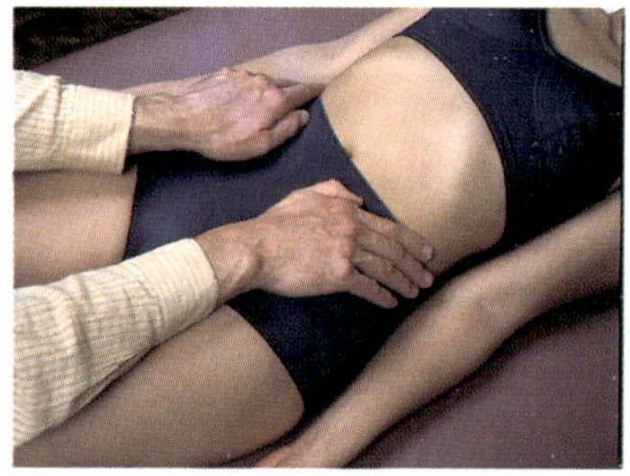

31 Τάντεν

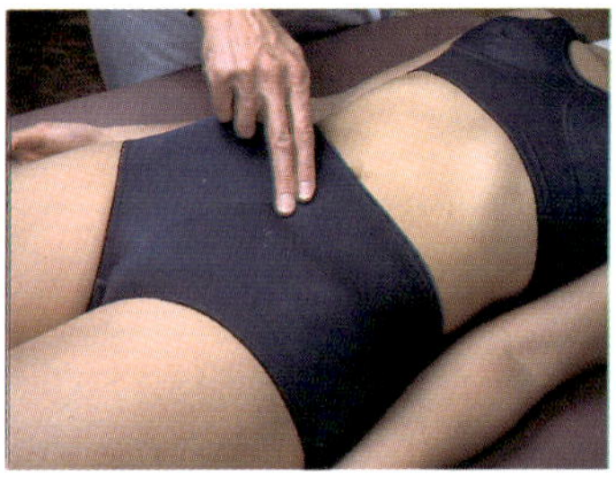

32 Γεννητικά όργανα

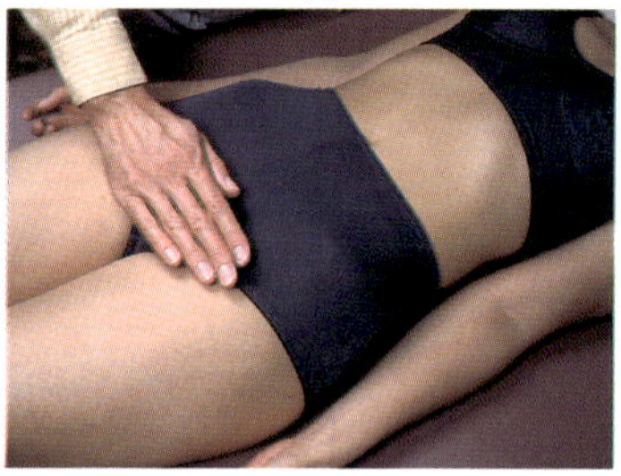

33 Διάφραγμα

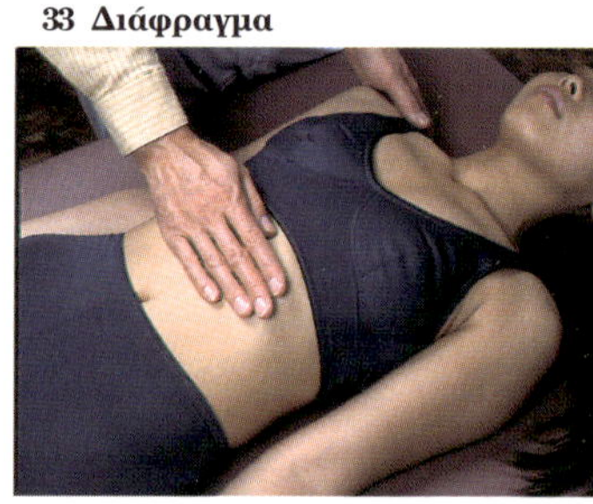

34 Τραχεία

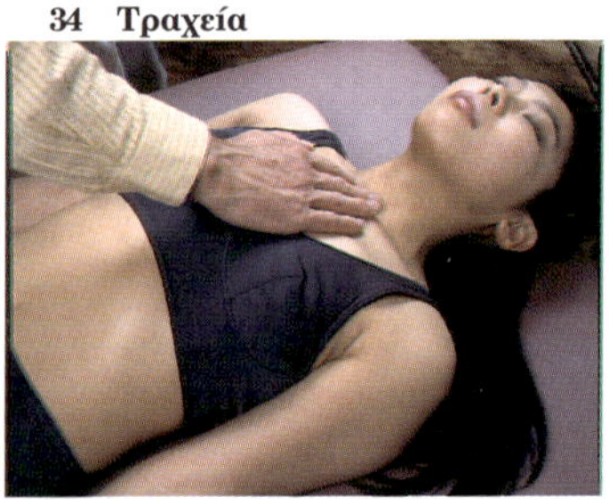

35 Βρογχικοί σωλήνες

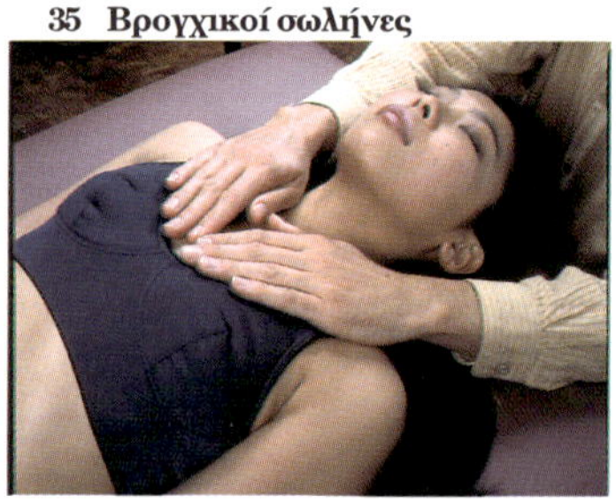

36 Περιοχή καρδιάς

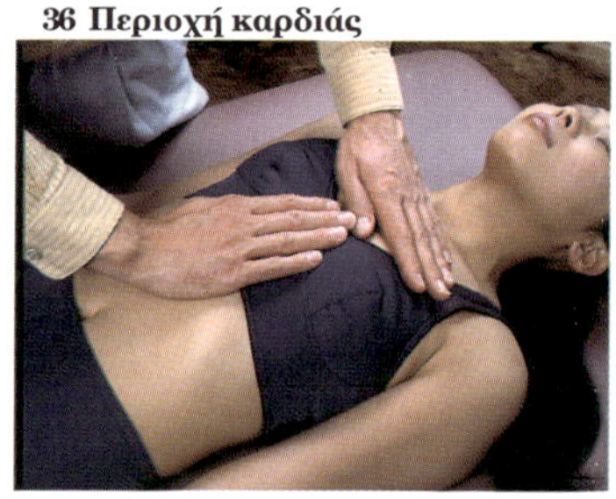

37 Κάτω από το στέρνο

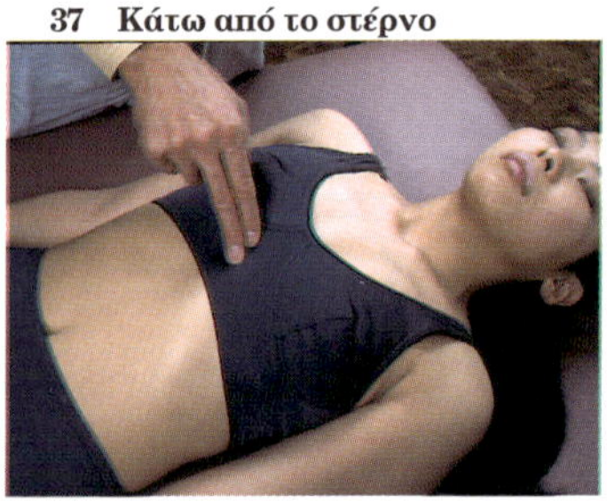

38 Σκωληκοειδίτιδα

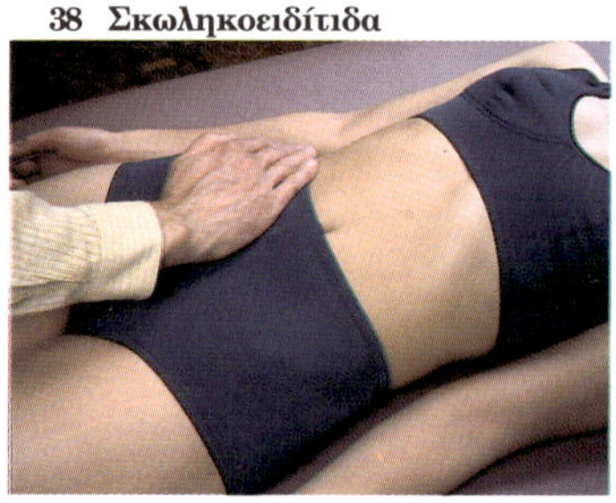

39 Περιοχή κοιλιάς

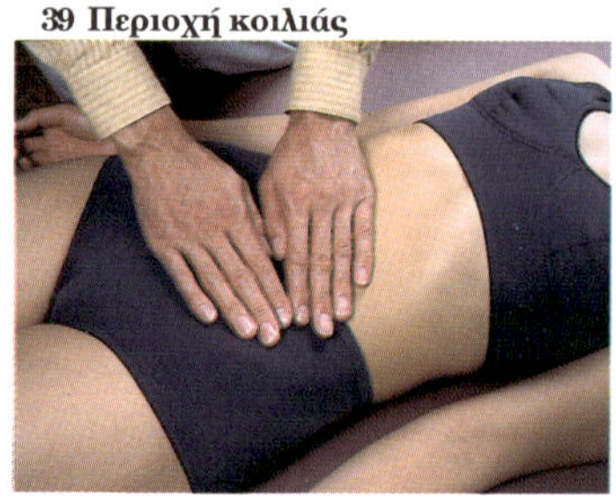

40 Ουρητήρας

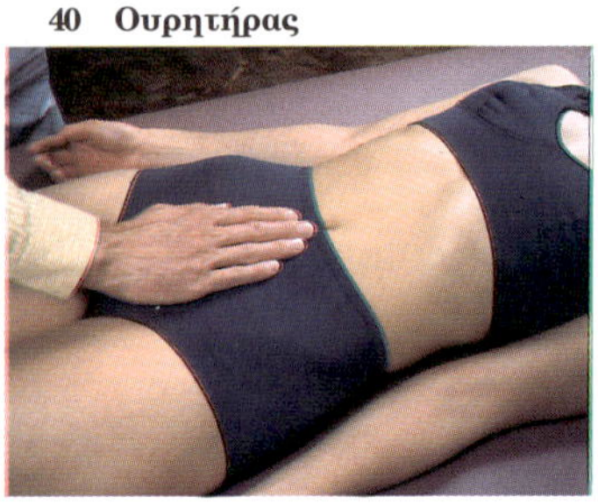

41 Μαστοί

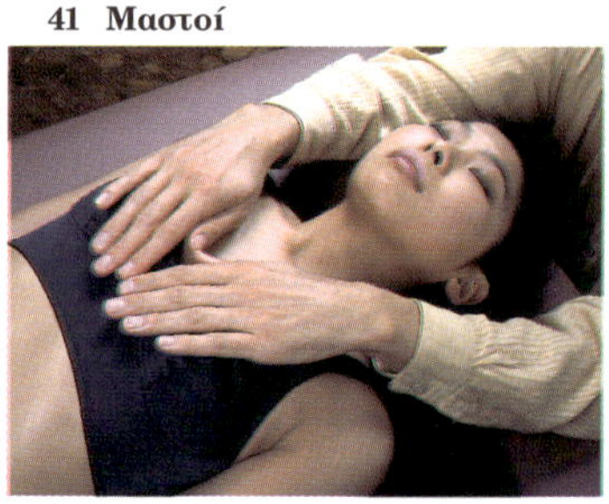

42 Περιοχή πρώτου αυχενικού σπονδύλου

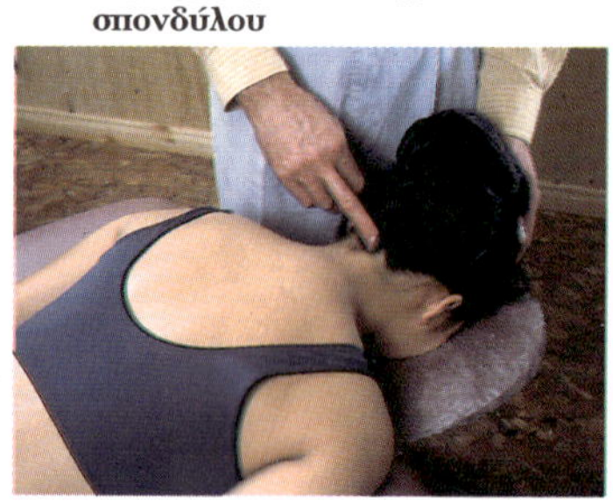

43 Περιοχή αυχενικών σπονδύλων 1-3

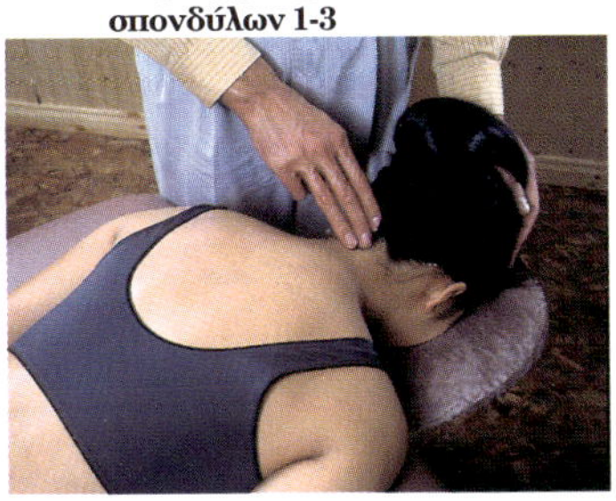

44 Ανάμεσα στις ωμοπλάτες

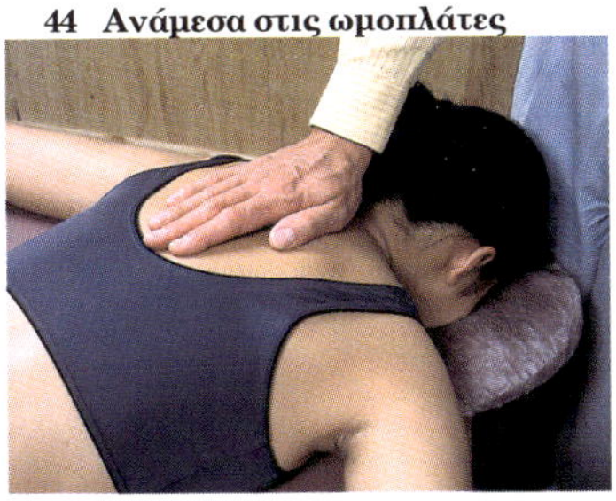

45 Θωρακικοί σπόνδυλοι 2-6

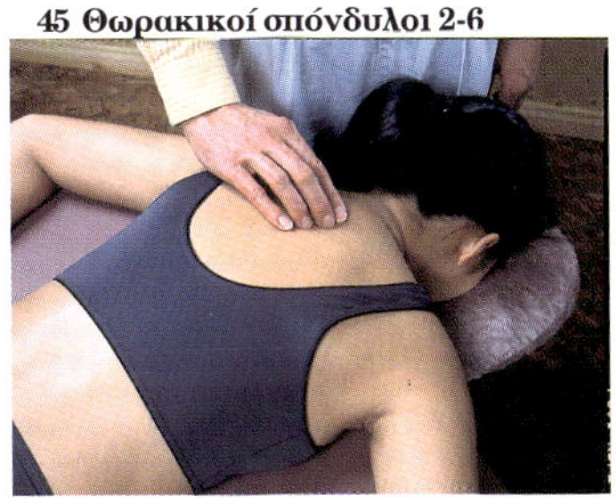

46 Αυχενικοί σπόνδυλοι 5-7

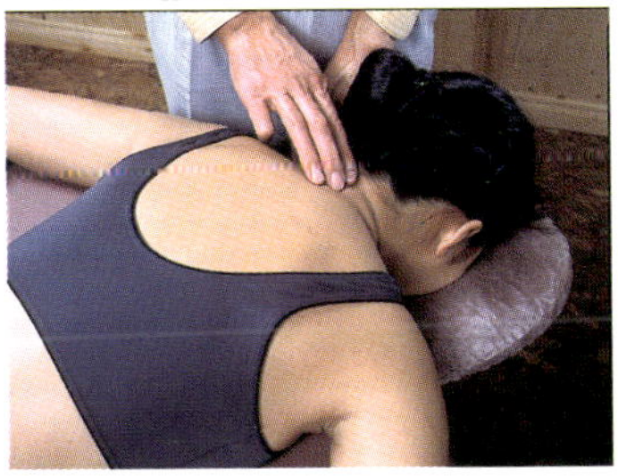

47 Περιοχή αυχενικών σπον/λων 1-5

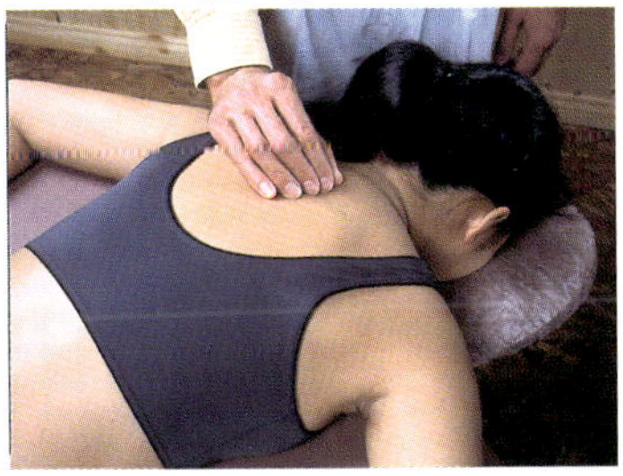

48 Θωρακικοί σπόνδυλοι 8-10***

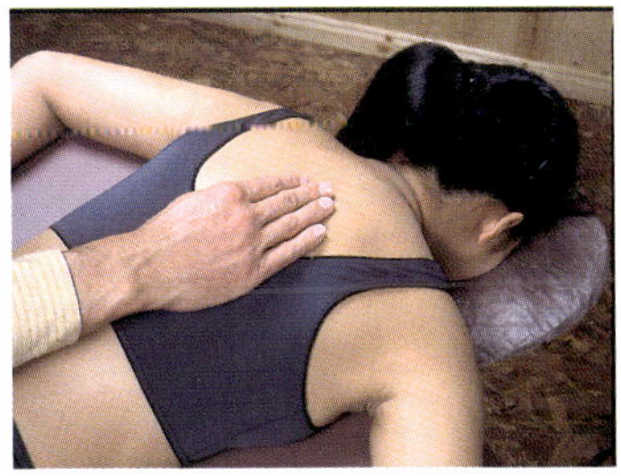

49 Θωρακικοί σπόνδυλοι 4 & 6-10

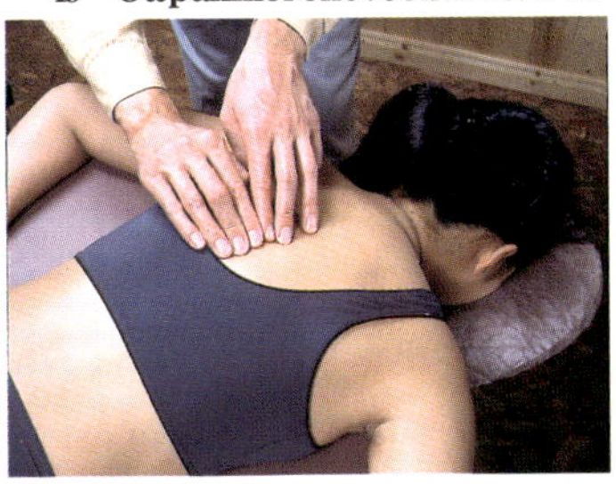

50 Περιοχή οσφυϊκών σπον/λων 2-5

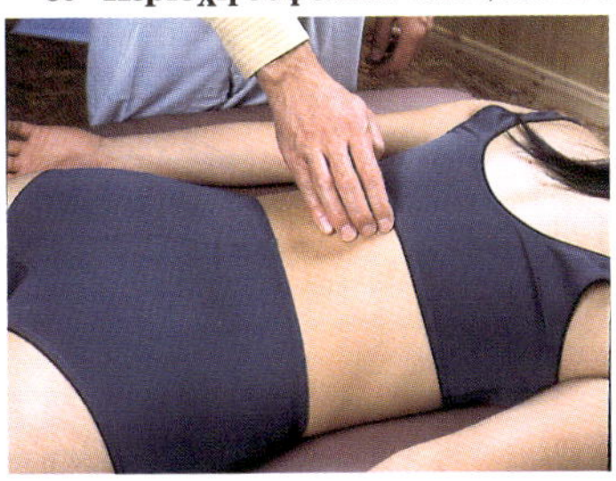

51 Οσφυϊκοί σπόνδυλοι 4-5

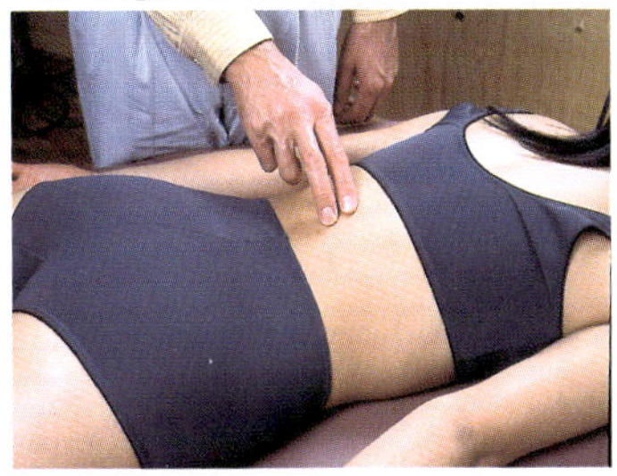

52 Περιοχή θωρακικών σπον/λων 9-12

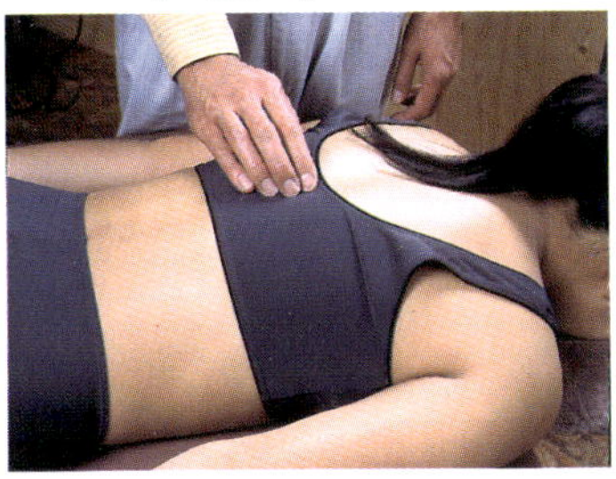

53 Οσφυϊκοί σπόνδυλοι 1-5

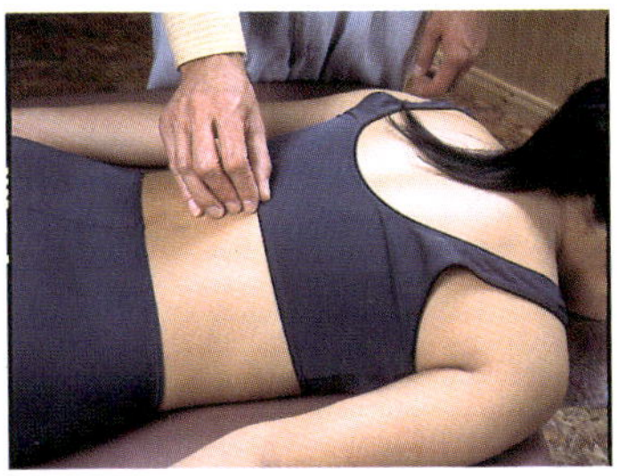

54 Ιερό οστό, κόκκυγας

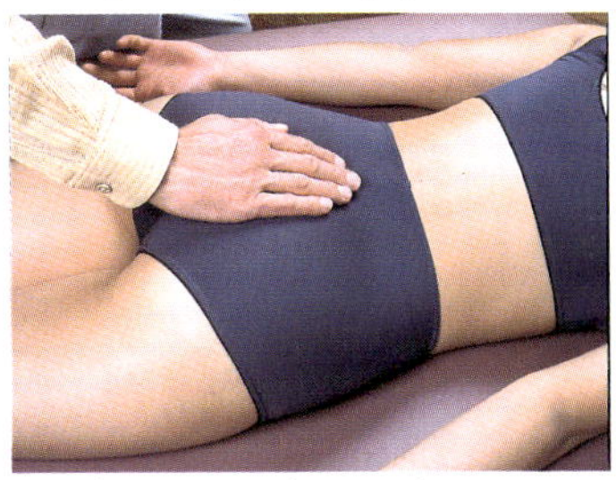

55 Περιοχή νεφρών

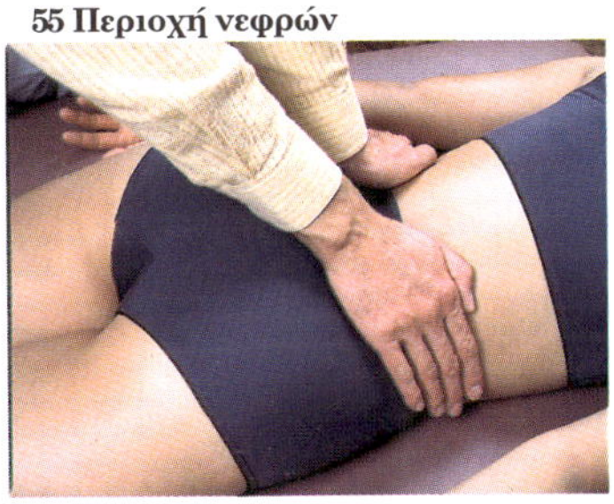

56 Περιοχή θωρακικών σπονδύλων 11-12

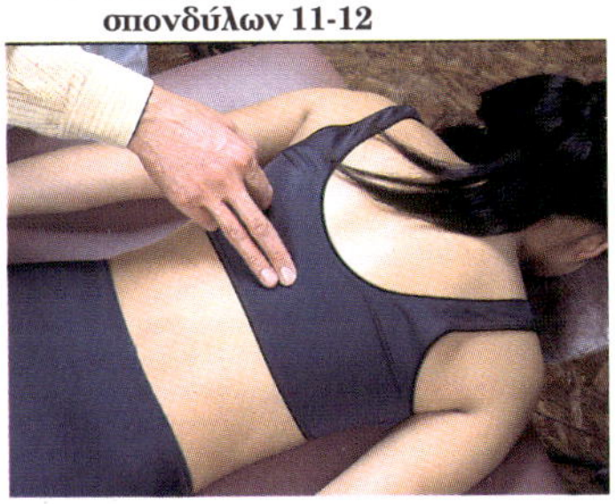

57 Θεραπευτική τεχνική Χάνσιν Τσίριο 1

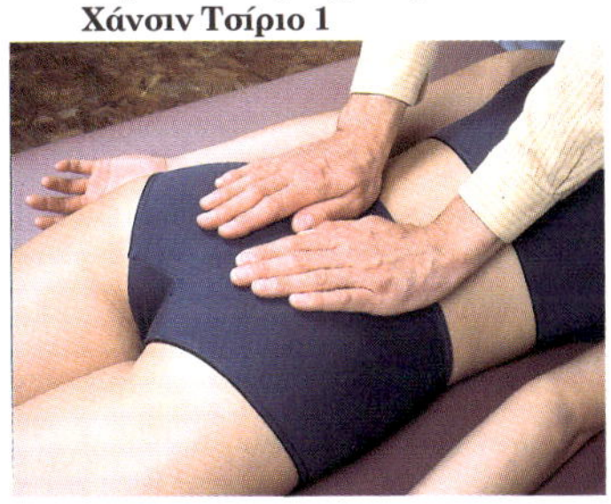

***Κυρίως από τη δεξιά πλευρά

58 Θεραπευτική τεχνική Χάνσιν Τσίριο 2

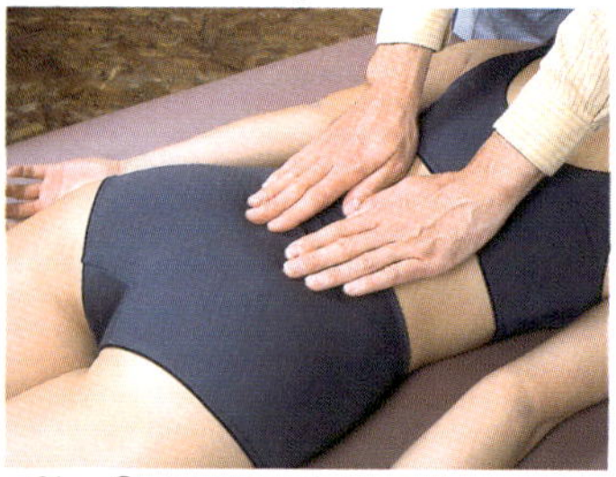

59 Θεραπευτική τεχνική Χάνσιν Τσίριο 3

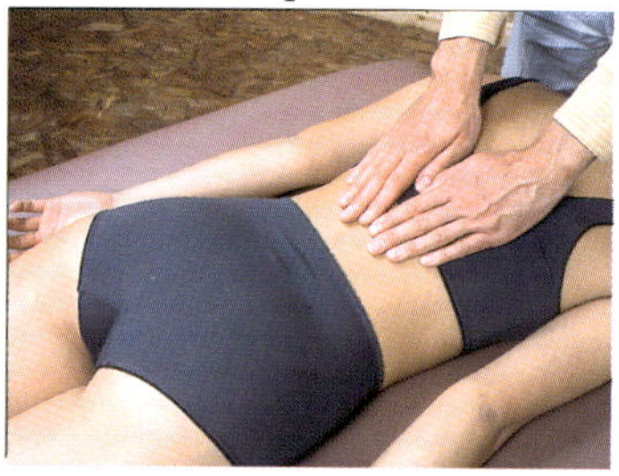

60 Θεραπευτική τεχνική Χάνσιν Τσίριο 4

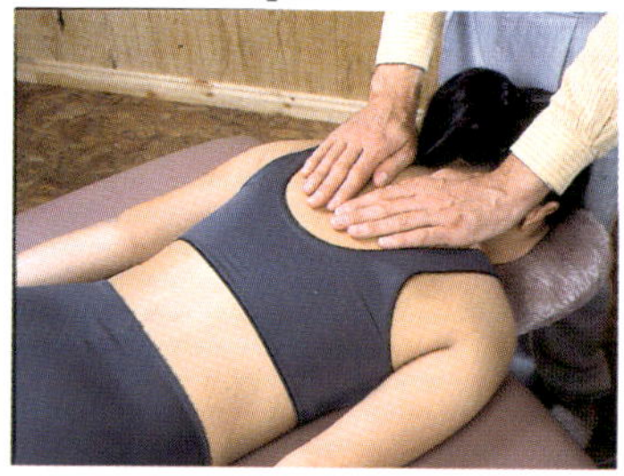

61 Θεραπευτική τεχνική Χάνσιν Τσίριο 5

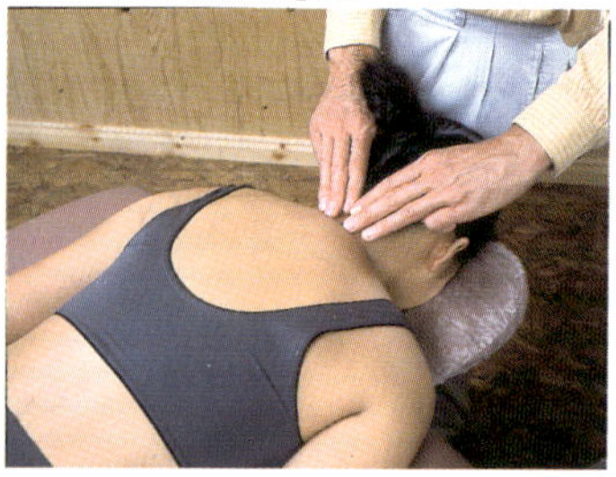

62 Αυχενικοί σπόνδυλοι 3-5

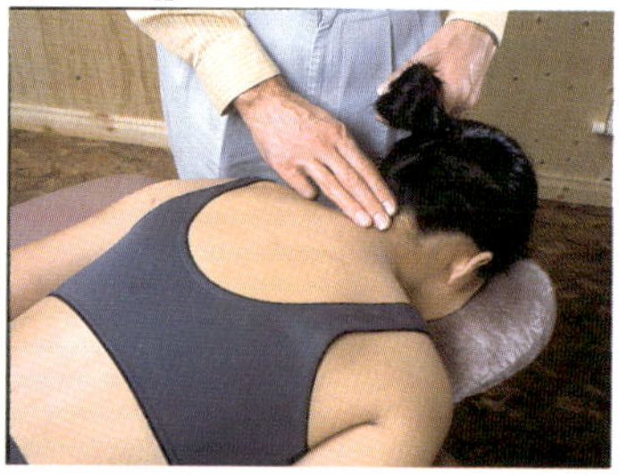

63 Αγκώνες

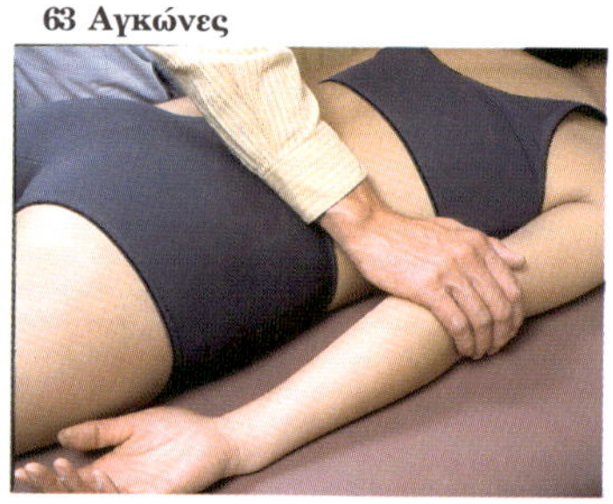

64 Αντίχειρες

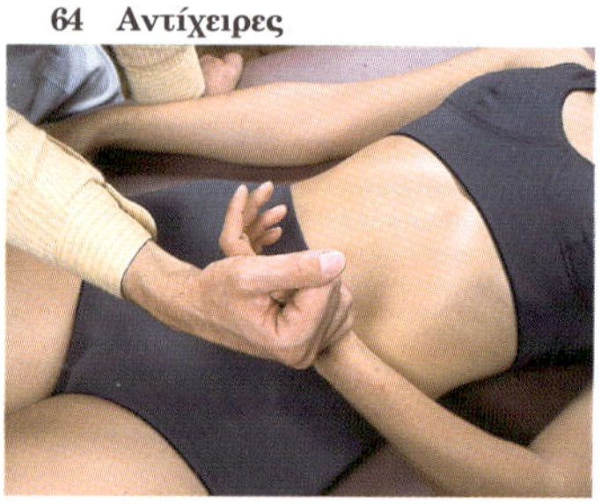

65 Παλάμες

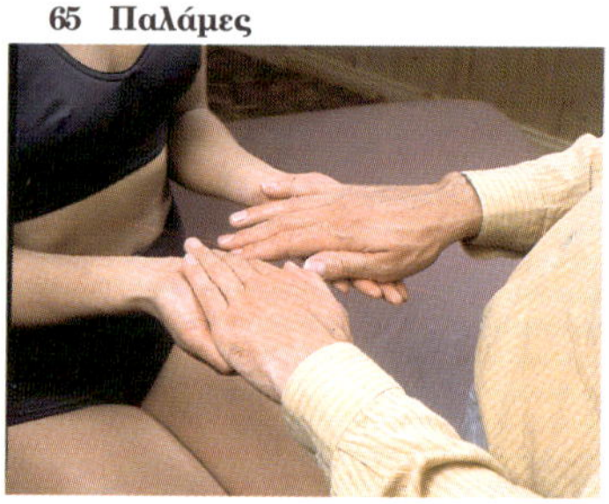

66 Πέλματα

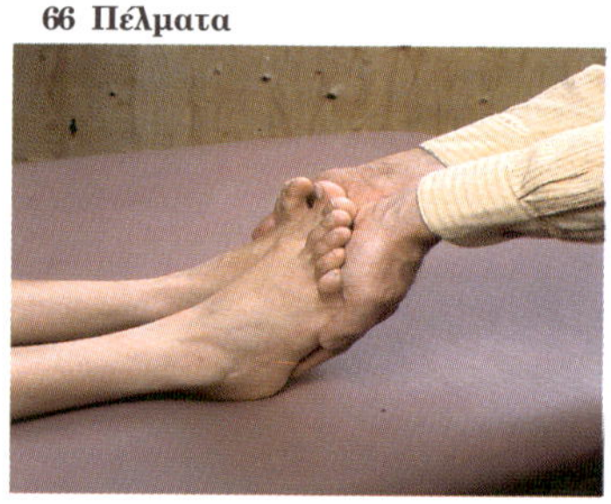

67 Περιοχή πρωκτού

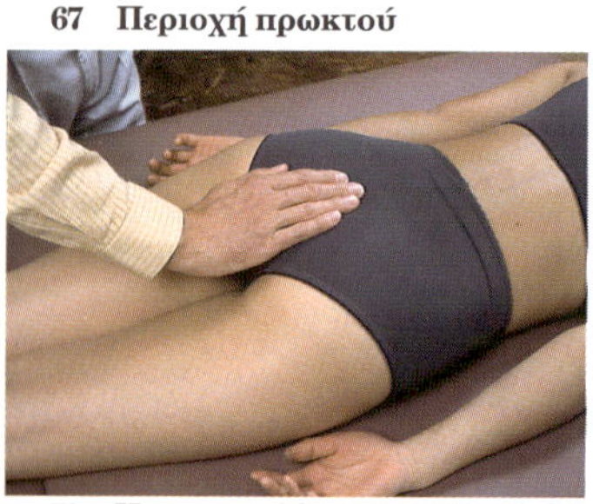

68 Πάγκρεας

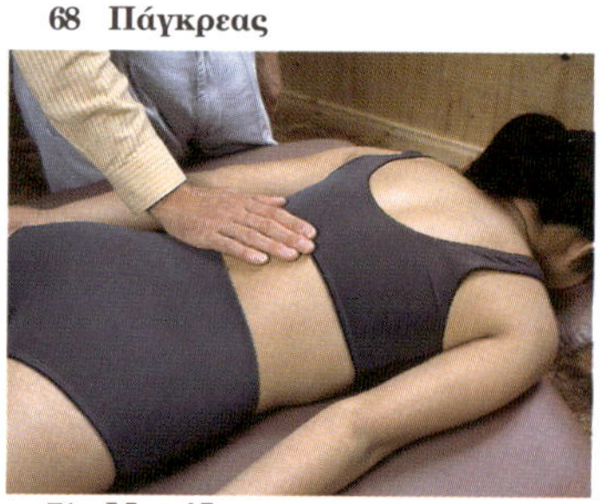

69 Τα μάτια θεραπεύουν

70 Η αναπνοή θεραπεύει

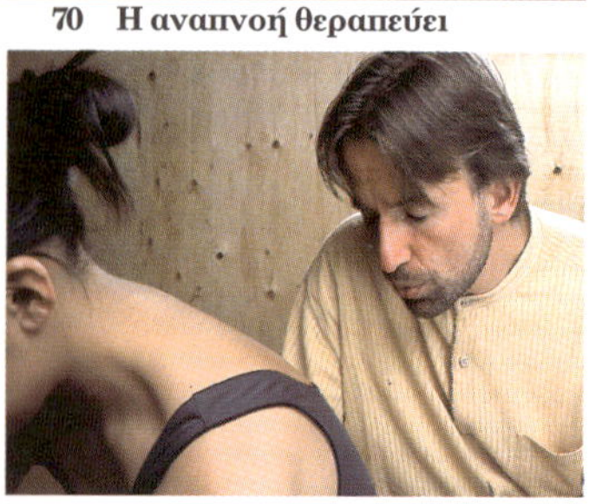

71 Μασάζ

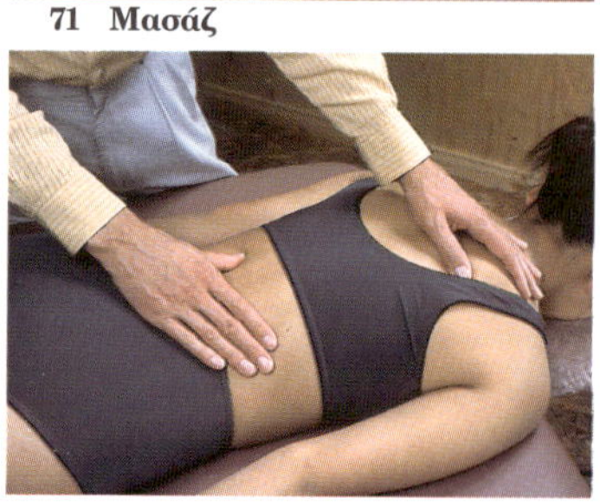

72 Συνολική θεραπευτική τεχνική****

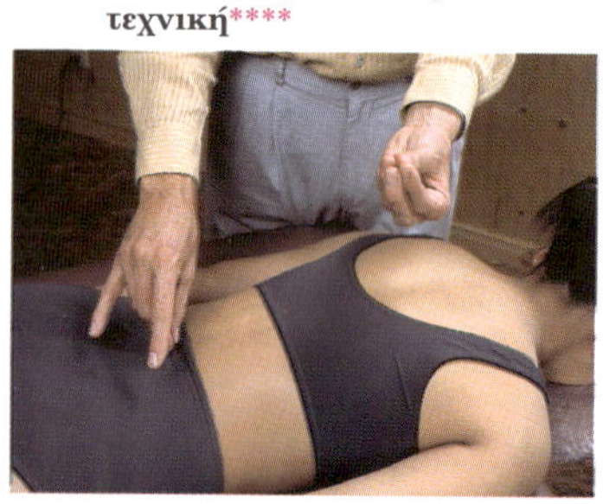

****Όλα τα δάχτυλα του αριστερού χεριού

73 Ελαφρά χτυπήματα με τη γροθιά

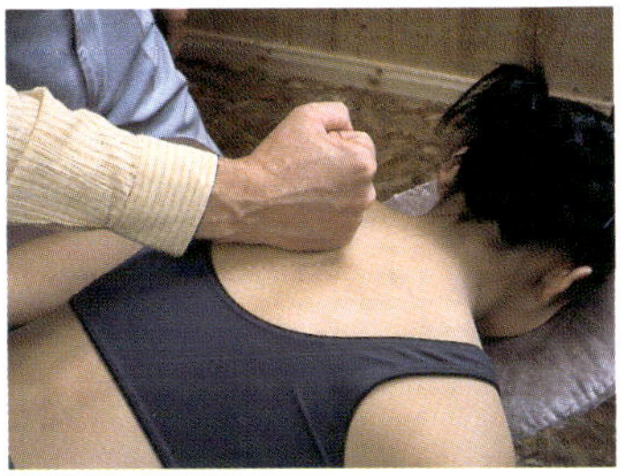

74 Ελαφρά χτυπήματα με τη γροθιά

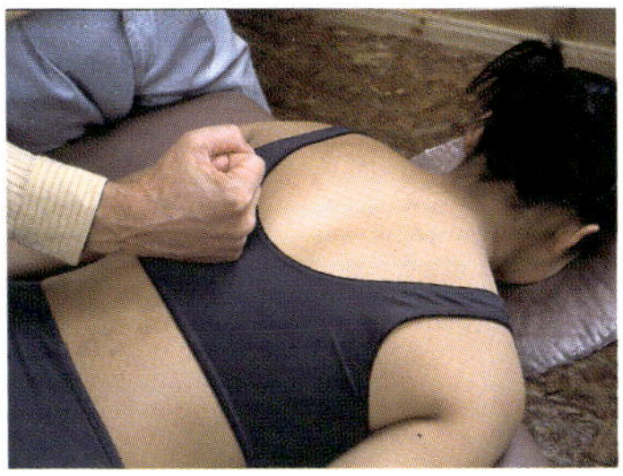

75 Ελαφρά χτυπήματα με τη γροθιά

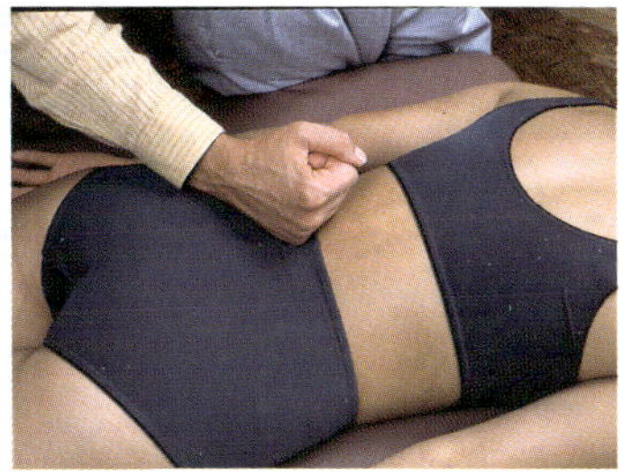

76 Ελαφρά χτυπήματα με τα δάχτυλα

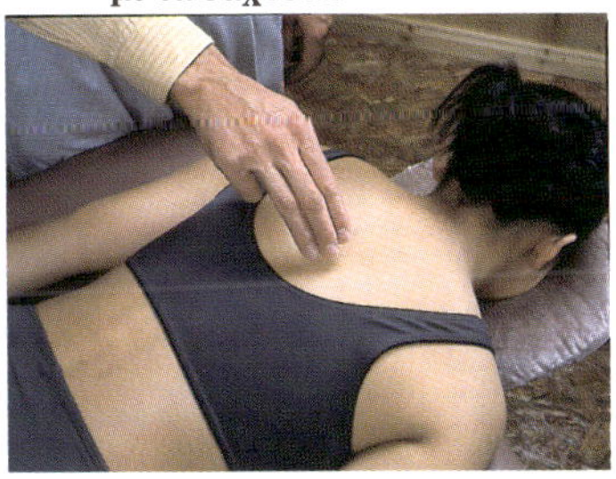

77 Ελαφρά χτυπήματα με τα δάχτυλα

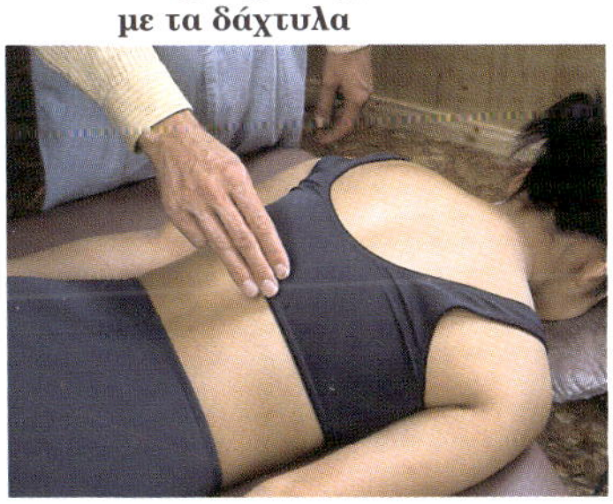

78 Ελαφρά χτυπήματα με τα δάχτυλα

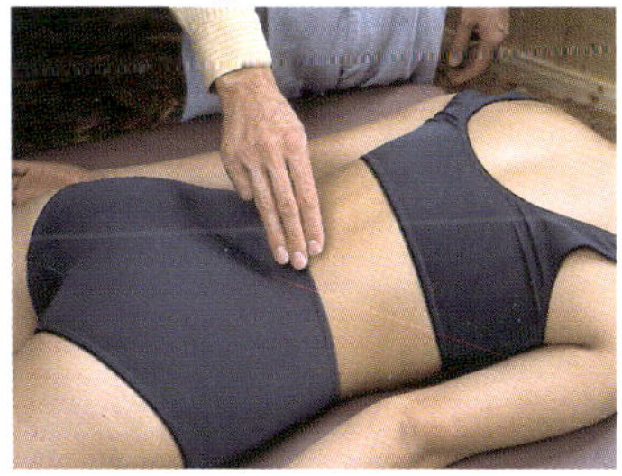

79 Ρέιτζι-Χο

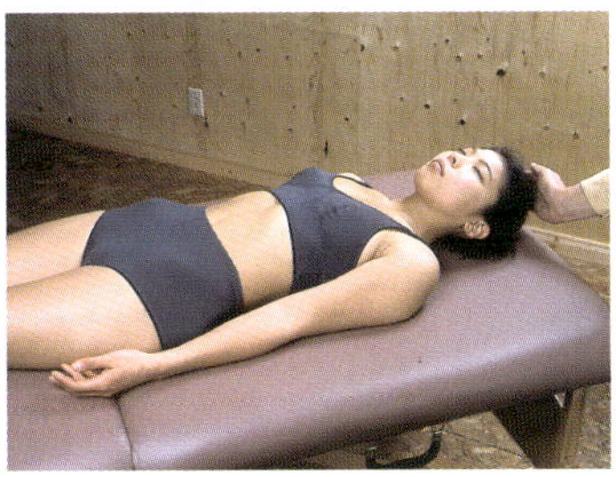

80 Διαλογισμός Γκασό

Από τα αριστερά στα δεξιά, στη φωτογραφία 80: Κουμίκο Κόντο, Τσέτνα Κομπαγιάσι, Φρανκ Αρτζάβα Πέτερ, σε διαλογισμό Γκασό

Εδώ βλέπετε τη σελίδα 21 του πρωτότυπου βιβλίου που περιγράφει τις θέσεις αγωγής του δόκτορα Μικάο Ουσούι.

霊気療法必携

肝臓

胃

腸

膀胱

子宮

二、三、四、五胸椎
肝臓部、第八、九、十、胸椎（殊ニ
右側）
胃部、第四、六、七、八、九、十、胸椎
上行、横行、下行結腸部、小
腸部（臍附近）第六、七、八、九、十、
胸椎、第二、三、四、五、腰椎、臀部
膀胱部、第四、五、腰椎
子宮部及其両側、第九、十、十一、十二、
胸椎、第一、二、三、四、五、腰椎、

Βρίσκοντας τους Σπονδύλους

Η σπονδυλική στήλη χωρίζεται σε επτά αυχενικούς σπονδύλους, δώδεκα θωρακικούς σπονδύλους και πέντε οσφυϊκούς σπονδύλους. Ο πρώτος αυχενικός σπόνδυλος βρίσκεται στον προμήκη μυελό, και ο τελευταίος προεξέχει στο κάτω μέρος του αυχένα. Μπορείτε να τον βρείτε εύκολα βάζοντας το πιγούνι στο στήθος σας και ψηλαφώντας τον αυχένα σας.

Ο πρώτος θωρακικός σπόνδυλος βρίσκεται ακριβώς από κάτω. Ο τελευταίος θωρακικός σπόνδυλος βρίσκεται στο σημείο όπου το κάτω πλευρικό οστό συναντά τη σπονδυλική στήλη. Οι οσφυϊκοί σπόνδυλοι αρχίζουν εκεί και τελειώνουν στο ιερό οστό. Αν αγγίξετε την πλάτη σας καθώς σκύβετε μπροστά, θα προσέξετε πού βρίσκεται ο κάτω οσφυϊκός σπόνδυλος.

Ο πιο εύκολος τρόπος για να βρείτε τους αυχενικούς και θωρακικούς σπονδύλους: βρείτε τον έβδομο αυχενικό σπόνδυλο *(Verterbra Prominens, που ονομάζεται επίσης Α7)* και μετακινηθείτε από εκεί δύο δάχτυλα προς τα πάνω ή προς τα κάτω κατά μήκος της σπονδυλικής στήλης. Οι ακίδες των σπονδύλων δεν είναι ευδιάκριτες σε όλους.

Ο πιο εύκολος τρόπος για να βρείτε τους οσφυϊκούς ή τους κάτω θωρακικούς σπονδύλους: Βρείτε την ειλεϊκή ακρολοφία (το ψηλότερο οστό της λεκάνης πάνω από το ισχίο, περίπου στο ύψος του αφαλού). Ακολουθήστε μια ίσια γραμμή από εκεί μέχρι τη σπονδυλική στήλη. Εδώ θα βρείτε τον τέταρτο οσφυϊκό σπόνδυλο. Ανεβείτε ή κατεβείτε τη σπονδυλική στήλη σε απόσταση 2,5 ή 3 δακτύλων και θα βρείτε τους άλλους οσφυϊκούς σπονδύλους ή τους κατώτερους θωρακικούς σπονδύλους. Η απόσταση μέχρι τον κατώτερο θωρακικό σπόνδυλο είναι συνήθως δύο δάκτυλα.

Οι σπόνδυλοι έχουν διάφορα μεγέθη, ανάλογα με το μέγεθος του σώματος του ατόμου. Ακόμη και ένας επαγγελματίας είναι υποχρεωμένος να μετρά τους σπονδύλους για να τους βρει.

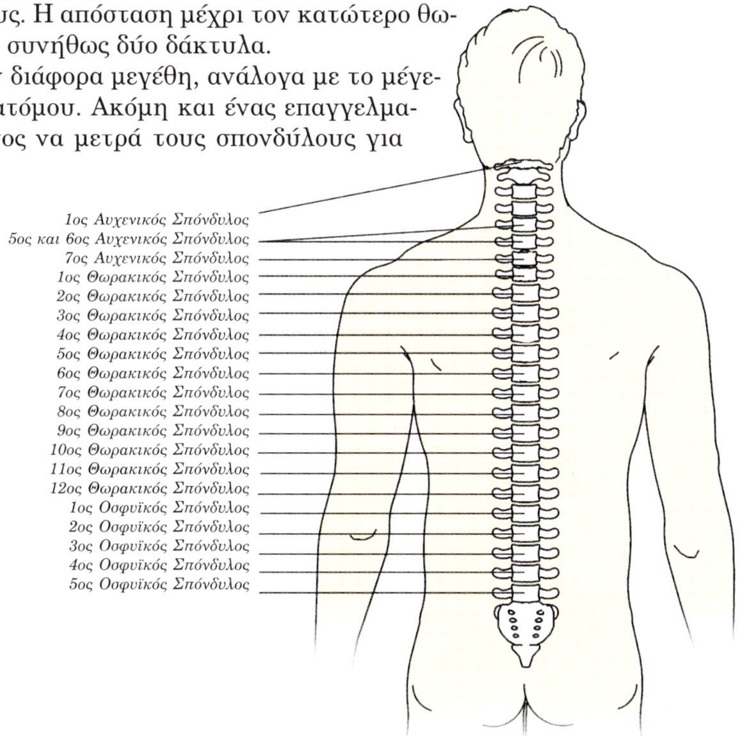

...άλλα Βιβλία του
Frank Arjava Petter

Η Φωτιά του Ρέικι

Το Ρέικι είναι μια μορφή συμπαντικής ενέργειας, και δεν έχει σχέση με καμιά θρησκεία ή κοσμοθεωρία. Οποιοσδήποτε μπορεί να γίνει κανάλι αυτής της θεραπευτικής ενέργειας και να τη διοχετεύει μέσω των χεριών του στον εαυτό του ή σε άλλους. Η Φωτιά του Ρέικι είναι ένας πλήρης οδηγός ο οποίος πέρα από τη σωματική μας κατάσταση λαμβάνει υπόψη το νου, την "καρδιά" και τον εσωτερικό μας κόσμο. Επιπλέον, αποκαλύπτει άγνωστες μέχρι σήμερα πτυχές της ζωής και του έργου του δρα Ουσούι.

ΡΕΪΚΙ – Η Κληρονομιά του Dr. Usui

«Σε όσα όντα εμφυσήθηκε ζωή, έχει δοθεί ως δώρο η "πνευματική" ικανότητα να θεραπεύουν», γράφει ο δρ. Usui στο εγχειρίδιό του. Σε αυτό, ο "πατέρας" τού Ρέικι εξηγεί τι είναι το Ρέικι, πώς χρησιμοποιείται και γιατί δεν αποτελεί "περιουσία" κάποιας ομάδας ή ατόμου.

Στο *Ρέικι - Η κληρονομιά του Dr Usui*, εκτός από το εγχειρίδιο που δίδεται για πρώτη φορά στο πλατύ κοινό, περιλαμβάνονται επίσης: πληροφορίες για τις απαρχές του ρέικι και για τον ιδρυτή του, δρα Usui, και οι προσωπικές εμπειρίες του συγγραφέα Frank Arjava Petter σχετικά με το ρέικι.